Sabine Schlüter / Rainer Gross (Hrsg.)

Macht
Psychoanalytische Betrachtungen

Macht als Fähigkeit, andere dem eigenen Willen zu unterwerfen oder sie dazu zu bringen, sich so zu verhalten, ja sogar so zu denken, wie man selbst es möchte, ist eines der unzugänglichsten Phänomene der Psychologie. Von der Psychoanalyse selten und von Sigmund Freud nie explizit thematisiert, ist ihre enge Verbindung mit unserem Triebleben dennoch offensichtlich. Abstrakter als die Gewalt, subtiler und gleichzeitig zwingender als diese, haftet der Macht auch etwas Geheimnisvolles an, das gern mit dem Wort »dämonisch« umschrieben wird – und mit diesem Attribut ebenfalls den triebhaften Ursprung ahnen lässt. So führt uns die Beschäftigung mit der Macht mitten in die Psychoanalyse hinein.

Weitere Bände bei Brandes & Apsel:

Sigmund-Freud-Vorlesungen 2019: *Psychoanalyse – nicht ohne meinen Körper*

Sigmund-Freud-Vorlesungen 2020: *Me, myself and I*

Sigmund-Freud-Vorlesungen 2021: *Der Nabel des Traums. träumen – denken – phantasieren*

Sigmund-Freud-Vorlesungen 2022: *Fuck you – zur Psychoanalyse von Aggression, Destruktivität und Gewalt*

Sigmund-Freud-Vorlesungen 2023: *Wahnsinn! Zur Psychonalayse der Psychosen*

Sabine Schlüter, Mag^a. phil., Studium der Geschichte, Publizistik und Philosophie, Psychoanalytikerin und Lehranalytikerin (WAP/IPA) in freier Praxis, Psy-3-Lehrtherapeutin. Co-Leiterin des Departments für Theorie und Wissenschaft der Wiener Psychoanalytischen Akademie. Arbeitsschwerpunkte: Triebtheorie, Metapsychologie, psychoanalytisches Verständnis von Sprache, Literatur und gesellschaftlichen Prozessen.

Rainer Gross, Dr. med., ist Facharzt für Psychiatrie und psychotherapeutische Medizin, Psychoanalytiker (WPV/IPA). Er war 35 Jahre in der Versorgungspsychiatrie tätig (davon 18 Jahre als Primarius/Chefarzt einer sozialpsychiatrischen Abteilung) und arbeitet seither in freier Praxis in Wien (Psychotherapie, Psychoanalyse, Supervision). Publikationen: *Der Psychotherapeut im Film* (2012); *Angst vor der Arbeit – Angst um die Arbeit* (2015); *Heimat: Gemischte Gefühle* (2019); *Allein oder einsam?* (2021) sowie zahlreiche Artikel und Buchbeiträge.

Sabine Schlüter / Rainer Gross (Hrsg.)

Macht
Psychoanalytische Betrachtungen

Sigmund-Freud-Vorlesungen 2024

Mit Beiträgen von
Elisabeth Brainin, Karl Fallend, Franz Huber, Esther Hutfless,
Thomas Jung, Fritz Lackinger, Anna Leszczynska-Koenen,
Eveline List, Ti Liu-Madl, Fridolin Mallmann, Bernd Nitzschke,
Klaus Posch, Angelika Purkathofer, Judith Ransmayr,
August Ruhs, Christian Schacht, Elisabeth Skale,
Samy Teicher, Wolfgang Till

Brandes & Apsel

Auf Wunsch informieren wir Sie regelmäßig mit unseren Katalogen *Frische Bücher* und *Psychoanalyse-Katalog*. Wir verwenden Ihre Daten ausschließlich für die Zusendung unserer beiden Kataloge laut der EU-Datenschutzrichtlinie und dem BDS-Gesetz.
Bitte senden Sie uns dafür eine E-Mail an info@brandes-apsel.de mit Ihrer Postadresse. Außerdem finden Sie unser Gesamtverzeichnis mit aktuellen Informationen im Internet unter: www.brandes-apsel.de

1. Auflage 2025

© Brandes & Apsel Verlag GmbH, Scheidswaldstr. 22, 60385 Frankfurt a. M.,
Kontakt: info@brandes-apsel.de
Alle Rechte vorbehalten, insbesondere das Recht der Vervielfältigung und Verbreitung sowie der Übersetzung, Mikroverfilmung, Einspeicherung und Verarbeitung in elektronischen oder optischen Systemen, der öffentlichen Wiedergabe durch Hörfunk-, Fernsehsendungen und Multimedia sowie der Bereithaltung in einer Online-Datenbank oder im Internet zur Nutzung durch Dritte.
DTP: Brandes & Apsel Verlag
Umschlagabbildung: Paul Klee: Scheidung Abends, 1922
Druck: STEGA TISAK d. o. o., Heinzelova 60/1, 10000 Zagreb,
Kontakt: upit@stega-tisak.hr
Printed in Croatia, gedruckt auf säurefreiem, alterungsbeständigem und chlorfrei gebleichtem Papier, FSC CO15522

Bibliografische Information der Deutschen Nationalbibliothek:
Die Deutsche Nationalbibliothek verzeichnet diese Publikation
in der Deutschen Nationalbibliografie; detaillierte bibliografische
Daten sind im Internet über www.ddb.de abrufbar.

ISBN 978-3-95558-393-4

Inhalt

Editorial 7

Eveline List
Zur Dynamik der Ohnmacht 11

Angelika Purkathofer
Die Macht von »Meister« (und Schüler?)
Institutionalisierungsriten auf dem Weg zur Psychoanalytikerin 25

Klaus Posch
Phänomene der (Ohn-)Macht 35

Bernd Nitzschke
Sinn und Macht
»Das Unbehagen in der Kultur« revisited 47

Franz Huber
Über die Macht der Sozialbürokratie in der psychoanalytischen Versorgung
Oder: G'schichten aus dem Wienerbergwald
Ein Nachruf auf die Kassenunterstützung psychoanalytischer Krankenbehandlung 67

Karl Fallend
Macht, Ohnmacht, Machtmissbrauch – Am Beginn der Kinderpsychoanalyse
Oder: »Der schlimme Rolf« 77

Elisabeth Skale
Allmacht und Ohnmacht
Zähe Kämpfe in der Adoleszenz 89

Elisabeth Brainin, Samy Teicher
Ideologie und Macht 103

Fridolin Mallmann
Täter zwischen Macht und Ohnmacht –
Überlegungen zu Perversion und Antisemitismus 113

Inhalt

Ti Liu-Madl
Selbstentmächtigung und Selbstermächtigung des Analytikers/der Analytikerin　121

Anna Leszczynska-Koenen
Psychische Voraussetzungen und Gefährdungen einer
demokratischen Gesellschaft am Beispiel Polens　131

Esther Hutfless
Von Implantationen, Intromissionen und sozialen Urszenen
Zur Psychoanalyse gesellschaftlicher Machtverhältnisse　145

Wolfgang Till
Über die Macht von Diskriminierung, Beleidigung und Heteronormativität,
ihre Aus- und Einwirkungen auf homosexuelle Männer　157

Fritz Lackinger
Durch perverses Pseudo-Containing zur politischen Macht?　167

Christian Schacht
Der schwierige Abschied vom Machtwort – causa non finita　179

Thomas Jung
Wenn die Beendigung der Analyse zur Machtfrage wird　191

Judith Ransmayr
Alles ist möglich, nichts ist genug!
Wir verlustieren uns zu Tode: Über die Macht des Genießens
und ihre Erscheinungsformen in Psyche und Gesellschaft　201

August Ruhs
The Servant (GB 1963)
Einführende und weitergehende Gedanken zu dem
im Rahmen der November-Tagung gezeigten Film　211

Autorinnen und Autoren　219

Editorial

> »Macht bedeutet jede Chance, innerhalb einer sozialen Beziehung
> den eigenen Willen auch gegen Widerstreben durchzusetzen,
> gleichviel worauf diese Chance beruht.«
> *Max Weber, WuG, Kap. 1, § 16*

Macht als Fähigkeit, andere dem eigenen Willen zu unterwerfen oder sie dazu zu bringen, sich so zu verhalten, ja sogar so zu denken, wie man selbst es möchte, ist eines der unzugänglichsten Phänomene der Psychologie. Von der Psychoanalyse selten und von Sigmund Freud nie explizit thematisiert, ist ihre enge Verbindung mit unserem Triebleben dennoch offensichtlich. Abstrakter als die Gewalt, subtiler und gleichzeitig zwingender als diese, haftet der Macht auch etwas Geheimnisvolles an, das gern mit dem Wort »dämonisch« umschrieben wird – und mit diesem Attribut ebenfalls den triebhaften Ursprung ahnen lässt. So führt uns die Beschäftigung mit der Macht mitten in die Psychoanalyse hinein.

Der durch die Internationale Kommission für geistige Zusammenarbeit angeregte öffentliche Briefwechsel zwischen Sigmund Freud und Albert Einstein über die Frage »Warum Krieg?« (Freud, 1933b) ist das einzige Werk, in dem Freud den Begriff Macht streift, der von Einstein viel direkter anvisiert wird. »Recht und Macht sind unzertrennlich verbunden«, äußert Einstein, und Freud – wie ausweichend – fragt: »Darf ich das Wort ›Macht‹ durch das […] Wort ›Gewalt‹ ersetzen?« Es folgt eine Skizze der Genese des Rechts aus der Gewalt, wobei die Macht diese Entwicklung ebenso stetig wie ungreifbar begleitet.

Einen Hinweis auf diese Ungreifbarkeit mag die Herkunft des Wortes bereithalten: Das der »Macht« zugrundeliegende »machen« im Sinne von »können«, »fähig sein« enthält bereits einen Bezug zur Potenzialität, zur Möglichkeit, die realisiert werden kann oder auch nicht und damit freilich unkonkret bleibt. Sichtbar wird auf dem Weg von der Potenzialität (als Möglichkeit) über das Potenzial (als Bündelung vielversprechender Fähigkeiten) hin zur Potenz (als Zeugungsfähigkeit) aber auch die Verbindung zwischen Macht und Sexualität. Dass die Macht über die mit ihr einhergehenden Phänomene wie Zwang, Strafe und Gewalt ein Abkömmling der Aggression und damit des Todestriebes ist, muss nicht eigens argumentiert werden. So trägt sie deutliche Spuren der Abkunft von beiden Triebarten, Eros und Thanatos, an sich.

Das Erleben von Macht und Ohnmacht – zwei Seiten, die das Machtverhältnis notwendig konstituieren – ist dem Menschsein von allem Anfang an eingeschrieben, ruht auf der grundsätzlichen Abhängigkeit vom Objekt und ist eine der schmerzlichsten, wenn auch unvermeidlichen Erfahrungen der Kindheit. Paradoxerweise neigen wir als

Gesellschaft aber dazu, die Notwendigkeit der Existenz von Machtverhältnissen überhaupt infrage zu stellen und programmatisch deren Abschaffung zu fordern, während wir gleichzeitig zu vergessen scheinen, dass Machtstrukturen auf einem Beziehungsgefüge beruhen, das de facto nur zu einem kleinen Teil aus bloßer physischer und materieller Über- bzw. Unterlegenheit besteht. Die Reflexion der Ohnmacht (als Position innerhalb des Machtgefüges) sowie der Möglichkeit, sie zu beenden, scheint besonders schwierig.

Dieses Problems nimmt sich *Eveline List* an, die *Zur Dynamik der Ohnmacht* arbeitet und das Rätsel der mangelnden Gegenwehr mit einem Zitat von Wilhelm Reich gleich an den Anfang stellt: »[…] nicht, dass der Hungernde stiehlt oder dass der Ausgebeutete streikt, ist zu erklären, sondern warum die Mehrheit der Hungernden nicht stiehlt und die Mehrheit der Ausgebeuteten nicht streikt« (S. 11).

Auch *Klaus Posch* thematisiert die *Phänomene der (Ohn-)Macht,* und auch er weist auf die Formbarkeit von Machtverhältnissen als menschengemachte Strukturen hin – allerdings wählt er einen ganz anderen Ansatz, wenn er Machtverhältnisse in Institutionen ins Zentrum seiner Überlegungen stellt und fragt, wie Macht durchgesetzt werden kann.

Mit institutioneller Macht beschäftigen sich gleich mehrere unserer Autor*innen und machen dieses Thema zu einem Schwerpunkt in diesem Band. *Angelika Purkathofer* nimmt als Ausbildungskandidatin eines psychoanalytischen Vereins *Die Macht von »Meister« (und Schüler?)* unter die Lupe und klopft die institutionalisierte psychoanalytische Ausbildung nach den ihr innewohnenden Machtstrukturen ab, wenn sie *Institutionalisierungsriten auf dem Weg zum/zur PsychoanalytikerIn* beschreibt. Auch *Christian Schacht* setzt sich in *Der schwierige Abschied vom Machtwort – causa non finita* kritisch mit Machtansprüchen der Psychoanalyse als Wissenschaft auseinander, insofern sie dem Dogmatismus und pseudoreligiös anmutenden Idealbildungen verfällt. Er zeigt damit Mechanismen auf, mit deren Hilfe eine Wissenschaft unter der Hand und nahezu unbemerkt zu einem Glaubenssystem werden kann und betreibt auf diese Weise auch ein Stück Wissenschaftskritik. *Ti Liu-Madl* legt die Kritik am institutionalisierten Machtgebaren der Psychoanalyse auf das Subjekt um und fragt nach der *Selbstentmächtigung und Selbstermächtigung des Analytikers/der Analytikerin*, der/die im Wunsch nach Anerkennung vonseiten der psychoanalytischen Gemeinschaft und unter der Last dogmatischer Ansprüche ihre eigentliche analytische Funktion mitunter aus den Augen zu verlieren droht.

Einen *Nachruf auf die Kassenunterstützung psychoanalytischer Krankenbehandlung* verfasst *Franz Huber* in seinen Betrachtungen *Über die Macht der Sozialbürokratie in der psychoanalytischen Versorgung oder: G'schichten aus dem Wienerbergwald.* Als Psychoanalytiker, der selbst ins Machtgefüge der größten Krankenkasse Österreichs geriet, die ihm zugedachte Funktion dort aber nicht erfüllte, zeichnet er nach, auf welche Weise administrative Prozesse pervertiert werden können, um Rechtsansprüche zu unterlaufen und die Macht einer Gruppe bzw. einer Ideologie zu sichern.

Die Analyse politischer Macht bildet den zweiten großen Schwerpunkt dieses Bandes. In ihrem Text *Ideologie und Macht* widmen sich *Elisabeth Brainin* und *Samy Teicher* dem Phänomen des Antisemitismus vor dem Hintergrund der aktuellen politischen Situation, und *Fridolin Mallmann* liest den Antisemitismus in seinem Artikel *Täter zwischen Macht und Ohnmacht – Überlegungen zu Perversion und Antisemitismus* mithilfe der Theorien Janine Chasseguet-Smirgels als perversen Lösungsversuch des Ödipuskomplexes.

Einen ebenso perversen Versuch, die Massen durch den Missbrauch der sogenannten Alpha-Funktion (Bion) zu manipulieren, ortet *Fritz Lackinger* in Donald Trumps Strategie, mit der dieser *Durch perverses Pseudo-Containing zur politischen Macht?* zu gelangen versucht. Die »Akkumulation ohne Grenzen«, die er sowohl persönlich anstrebt als auch mit seiner Politik zu befördern versucht, ist das Thema des Beitrags von *Judith Ransmayr*. Kennzeichen der postödipalen Gesellschaft ist die (Selbst-)Optimierung unter dem Diktat eines Über-Ichs, das mit dem Ich-Ideal verschmolzen ist und das Genießen einfordert: *Alles ist möglich, nichts ist genug! Wir verlustieren uns zu Tode: Über die Macht des Genießens und ihre Erscheinungsformen in Psyche und Gesellschaft*. Es ist wohltuend, wenn nach all den düsteren Bestandsaufnahmen der weltweiten politischen und gesellschaftlichen Situation zumindest *Anna Leszczynska-Koenens* Arbeit eine Perspektive eröffnet, wie der Weg in einen totalitären, präfaschistoiden Staat auch gestoppt werden kann: *Psychische Voraussetzungen und Gefährdungen einer demokratischen Gesellschaft am Beispiel Polens* beschäftigt sich mit den sozialpsychologischen Mechanismen, die diktatorischen Führern den Weg ebnen, nennt aber auch Faktoren, die eine Gesellschaft dazu bringen, sich von ihnen abzuwenden.

Ebenfalls mit Blick auf politische und gesellschaftliche Zusammenhänge und ausgehend von Freuds These des Triebverzichts als Grundlage der Kultur, weist *Bernd Nitzschke* auf den Zusammenhang zwischen *Sinn und Macht* hin – *»Das Unbehagen in der Kultur« revisited* – und zeigt uns, wie Sinngebung und Machtstrukturen ineinandergreifen und einander zur gegenseitigen Legitimierung benötigen.

Über die Macht von Diskriminierung, Beleidigung und Heteronormativität, ihre Aus- und Einwirkungen auf homosexuelle Männer arbeitet *Wolfgang Till*. Ihn interessiert, durch welche Mechanismen jemand dazu gebracht werden kann, nicht nur so zu denken, sondern sogar so zu fühlen, wie ein anderer – oder eine Gruppe – es möchte: eine Form der Machtentfaltung, gegen die sich zu wehren besonders schwierig ist. Er stellt dies anhand der ödipalen Entwicklung des Knaben vor allem im Verhältnis zum Vater dar, das oft die Intensität vorbereitet, mit der spätere Diskriminierungserfahrungen erlebt werden. *Esther Hutfless* widmet sich diesem Problem in ihrem Beitrag *Von Implantationen, Intromissionen und sozialen Urszenen. Zur Psychoanalyse gesellschaftlicher Machtverhältnisse* auf einer anderen Ebene. Dort denkt sie darüber nach, wie gesellschaftliche Machtverhältnisse in Form von Laplanches rätselhaften Botschaften übermittelt werden, deren Ergebnis Intromissionen oder Implantationen sind. Je nachdem können sie von den mitübermittelten bzw. gesellschaftlich vorgefundenen Übersetzungscodes mitbestimmt und in Richtung Normativität oder Abweichung, Widersprüchlichkeit oder Kompatibilität, Konflikt oder Übereinstimmung etc. verändert werden.

Das Machtverhältnis zwischen Kindern und Erwachsenen nimmt *Karl Fallend* in den Blick, wenn er über *Macht, Ohnmacht, Machtmissbrauch – Am Beginn der Kin-*

derpsychoanalyse schreibt. Rudolf Hug, »*Der schlimme Rolf*«, wie er genannt wurde, Sohn von Antonie Hug von Hugenstein und Neffe der Kinderanalytikerin Hermine Hug-Hellmuth, steht im Mittelpunkt seiner Arbeit, die nachzeichnet, wie ein vernachlässigtes Kind im psychoanalytischen Milieu des frühen 20. Jahrhunderts zum Mörder seiner Tante wurde.

Um Allmachtsphantasien, die von Ohnmachtsgefühlen begleitet sind, geht es im klinischen Beitrag von *Elisabeth Skale*: Der Text *Allmacht und Ohnmacht. Zähe Kämpfe in der Adoleszenz* beschäftigt sich damit, wie (Zukunfts-)Ängste, die aktuellen realen äußeren Gefahren entstammen, vor dem Hintergrund der Adoleszenzkrise verarbeitet werden. Die Phantasiewelt, die in Online-Spielen, Tabletop Games, Pen-and-Paper-Spielen etc. eindrucksvoll inszeniert wird, gibt einen lebhaften Einblick in die Konflikte der Jugendlichen, die um Angst vor Vernichtung und Identitätsverlust kreisen. Der zweite klinische Beitrag, *Wenn die Beendigung der Analyse zur Machtfrage wird,* stammt von *Thomas Jung*. Ihn beschäftigt diese Frage im Rahmen der Behandlung eines Patienten, dessen Pathologie das analytische Stehvermögen des Autors auf eine harte Probe stellt, bis sich im Zuge einer selbstanalytischen Prüfung eine überraschende Änderung des Blickwinkels ergibt.

Zum Schluss haben wir für Sie noch eine Filmempfehlung zum Thema: *The Servant (GB 1963)* ist die Geschichte der Machtumkehr zwischen einem Diener und seinem Herrn. *August Ruhs* vermittelt aus psychoanalytischer Sicht *Einführende und weitergehende Gedanken zu dem im Rahmen der November-Tagung gezeigten Film*.

Wir wünschen eine interessante Lektüre!

Sabine Schlüter und Rainer Gross

Zur Dynamik der Ohnmacht

Eveline List

> »[…] nicht, dass der Hungernde stiehlt oder dass der Ausgebeutete streikt,
> ist zu erklären, sondern warum die Mehrheit der Hungernden nicht stiehlt
> und die Mehrheit der Ausgebeuteten nicht streikt.«
> *Wilhelm Reich (1933, 20 f.)*

> »[…] taste the addictive delights of power«
> *Hillary Mantel (1992)*

> »Er pflegte zu sagen, der Weg zur Hölle sei leicht,
> gehe man doch abwärts und mit geschlossenen Augen.«
> *Niccolò Machiavelli (1520)*

Ich beginne mit einer Episode aus einer Psychoanalyse:

Ein 40-jähriger Jurist kommt wegen chronischer Unsicherheit. Er ist in sehr traditionell-patriarchalen Verhältnissen aufgewachsen, wo er immer noch lebt. Er wäre gerne Rechtsanwalt geworden, es fehlte ihm aber die Selbstautorisierung für das nötige Auftreten, und so war er Verwaltungsbeamter geblieben. Nach vier Monaten äußert er: »Jetzt kenn' ich Sie erst so kurz und ich glaub' Ihnen schon mehr als meinen Eltern«, und als ich nicht antworte, fragt er zögerlich: »Wie soll ich denn wissen, wer recht hat und nach wem ich mich richten soll?«

Ich bemerke, dass es vielleicht darum gehe, selbst zu erfassen, was ihm entspreche und für ihn richtig sei. Nach längerem Schweigen meint er, er könne das nicht, er spüre nichts und suche immer nach Orientierung von außen. Zuletzt sagt er: »Ich spür bei mir keinen Hinweis und hab keine Sicherheit und könnte mich auch nie so wichtig nehmen.«

Mein spontaner Einfall war damals: Das ist ein politisches Thema. Zu ihm sagte ich: »Deswegen sind Sie hier.«

Ohnmacht führt zu Unsicherheit und Unfähigkeit, sich gegen Angriffe zu verteidigen. Dies wirkt in Bezug auf Dinge und Ideen ebenso wie auf Menschen. Es gelingt nicht, Wünsche durchzusetzen und selbständig etwas zu erreichen, vielmehr dominiert ein Erleben ständiger Überwältigung und nicht selten ein Sich-ohnmächtig-der-Übermacht-Hingeben. Zugleich speist sich die Liebe zu den Autoritäten auch aus der identifikatorischen Teilhabe an deren Macht. Die dabei verleugneten destruktiven Phantasien von

Neid, Wut und Rache werden im Alltag teils gegen sich selbst, teils gegen andere abgeführt und können auch von anderen in Dienst genommen werden. Das hat starke politische Implikationen. Politik ist immer eine Praxis der Machtverteilung.

Wir können nicht ignorieren, dass die existenziell erlittene Ohnmacht bei vielen Menschen das ganze Leben hindurch eine wesentliche Behinderung und Leidensquelle begründet.

Macht und Ohnmacht sind vielfach ursächlich für optimistische oder pessimistische Lebenseinstellungen. Häufiger Mangel an Empathieerfahrung und wiederholte Ohnmachts- und Hilflosigkeitskrisen während der frühen Entwicklung wirken nachhaltig traumatisierend und verhindern die Entwicklung eines angemessenen Selbstwerts, einer positiven Lebensperspektive und nicht selten auch jedes Freiheitsstrebens. Dies kann zu dauerhafter ängstlicher Hilflosigkeit führen, Überangepasstheit ist in diesem Sinn eine Angstminderungsstrategie. Ohnmacht kann aber auch kontraphobisch als Waffe eingesetzt werden und die grundsätzliche Einstellung nähren, dazu berechtigt zu sein, sich an der Welt/an anderen rächend schadlos zu halten. Sigmund Freud meinte, dafür in Shakespeares Darstellung des Tudor-Königs Richard III. ein perfektes Beispiel zu finden (Freud, 1916d, 367 f.).

»Ohnmachts-Patienten« tendieren zu hilflos-ängstlicher Selbstverkleinerung oder aber zu übertriebenem Sicherheits-, Souveränitäts- und Kontrollgebaren. Nach meinem Eindruck finden sich unter den sogenannten »helfenden Berufen« überproportional viele Personen mit solch reaktiven Verarbeitungsweisen. Sich wichtig und mächtig fühlen zu können, ist ein starker kompensatorischer Halt, vermag aber natürlich dahinter liegende Affekte wie Angst, Neid und Wut nicht wirkungslos zu machen. Diese entladen sich vielmehr oft unbemerkt, etwa in berechtigten Anforderungen oder auch in zurechtweisender Kritik und Vorwürfen.

Im Alltag wie in der Politik spielt, wie ich annehme, reaktive Ohnmachtsverkehrung eine eminente Rolle, und starkes Machtgehabe bleibt nicht nur ungestraft, weil es einschüchtert, sondern weil es auch Bewunderung und Identifikationsgenuss erlaubt.

Grundsätzlich sehe ich Ohnmacht nicht – wie oft unterstellt wird – in Opposition zu Allmacht, sondern als Gegenstück bzw. als Negation von Freiheit. Allmacht ist eine Abwehrformation und gerade keine Freiheit. Nicht zuletzt dadurch ergibt sich die politische Dimension. Freiheit ist aber etwas, was als Perspektive zunächst überhaupt erst zugänglich werden muss.

Ich verstehe in Machtkonstellationen den Aspekt der Ohnmacht quasi »primär«, obgleich es sich natürlich um eine Dialektik handelt, deren Ursprung im Einzelfall nicht einfach gefunden werden kann. Gemäß der analytischen Tradition nähere ich mich dem Problem zunächst empirisch und quasi epigenetisch.

Machtverhältnisse sind für mich grundlegende anthropologische Bedingungen, die das Menschsein von Beginn an bestimmen, auch wenn sie in der Folge vielfach gestaltbar sind. Der Mensch wird ohnmächtig in die Welt gebracht und muss, um zu überleben, gewisse Macht erwerben. Wie viel und welche Art von Ermächtigung möglich ist, liegt an der frühesten und frühen Entwicklung des Einzelnen und an den sozioökonomischen Verhältnissen, die situativ und kulturell stark variieren können.

Evolutionstheoretische und verhaltensbiologische Befunde situieren bei jener kleinen Primatengruppe, aus der unsere Vorfahren stammen, eine entscheidende Fähigkeit, die sie »mind reading« nennen und als Vorform und Grundlage der Entwicklung von Empathie und sozialer Intelligenz ansehen (Hrdy, 2009, 41 f.). Schon vor dem Aufkommen verbaler Sprachfähigkeit habe dies zur Heranbildung entsprechender Gehirnareale beigetragen, was unsere Vorfahren u. a. besonders zur dann auch notwendigen langdauernden und sozial geteilten Nachwuchspflege befähigte. Sie ist ein sozial erworbenes historisches »Erbe«, nicht primär biologische Notwendigkeit. Die Schwangerschaften wurden kürzer, die Pflegebedürftigkeit länger.

In populären Anthropologie- und Evolutionsverweisen wird gern die hohe Aggressivität als Besonderheit der Menschen hervorgehoben, weit seltener hingegen die beträchtliche Fähigkeit zu Kommunikation und Kooperation, die letztlich das Überleben der Menschheit insgesamt und jenes jeder neuen Generation gesichert hat und weiterhin sichert. Der Weg vom instinktgeleiteten Primaten zum Symbolwesen Mensch war jedenfalls weit, und das letzte Stück dieses Weges muss in jeder Generation neu bewältigt werden. Diese »Menschwerdung des Affen« hatte nachhaltige Konsequenzen, und die konstitutionelle Ohnmacht ist eine davon. Sie bestimmt den Menschen nicht nur am Beginn des Lebens, sondern begleitet ihn als latente Gefahr sowie prekäre Herausforderung und Möglichkeit.

Die im Lauf der Menschheitsgeschichte verlorene Instinktsteuerung, sich zunehmend entwickelnde psychosoziale Überlebensstrategien und damit verbundenes Gehirnwachstum bedingen eine lange postnatale extrauterine Quasi-Schwangerschaftsperiode im »sozialen Uterus« primärer Pflege und Beziehungen. Dabei sind zentrale Entwicklungsschritte zu absolvieren, die ausgehend von der Triebgenese über Individuierung und differenzierte Symbolisierung zuletzt auch Eigenständigkeit und Kreativität in der Massengesellschaft umfassen. Die Fähigkeit, einen persönlichen Platz in der Welt einzunehmen, fällt vielen nicht leicht, und noch viel schwieriger scheint es für die meisten Menschen zu sein, persönliche Eigenständigkeit und Kreativität in der Massengesellschaft zu finden und zu erhalten.

Jeder Schritt enthält das Potenzial hilfreicher Ermächtigung, sofern er als adäquate Herausforderung in ausreichender Sicherheit bewältigt werden kann, und etabliert damit im günstigen Fall wachsende Möglichkeiten persönlicher Freiheit. Der moderne Mensch braucht neben allgemeinen Überlebensfertigkeiten, die in der Kleingruppe angeeignet wurden, auch die Fähigkeit, mit unüberschaubar komplexen gesellschaftlichen Verhältnissen zurechtzukommen, sich zugleich in dieser Welt heimisch zu fühlen und diese Welt ausreichend verantwortlich mitzugestalten.

Zur Erfassung und Untersuchung dieser beiden Sphären von Ermächtigung, nämlich der spezifisch persönlichen Kleingruppe und des kollektiven Bereichs der Gesellschaft, ist die Psychoanalyse sehr unterschiedlich befähigt. Auch dieser Beitrag hat leider eine deutliche Gewichtung zuungunsten der politischen Massenproblematik.

Lassen Sie mich mit der Triebgenese beginnen: Das Menschenkind kommt als Bündel von Potenzialen und totaler Bedürftigkeit in diese Welt und lebt über lange Zeit in völliger Abhängigkeit von einer/einem anderen mit (hoffentlich) komplementären Potenzialen und ausreichend hoher Fürsorgebereitschaft. Die Ohnmacht ist hier ebenso ursprünglich, wie die komplementäre Macht notwendig ist. Völlig unzureichend ausgestattet, hängt selbst das physische Überleben des Neugeborenen zunächst von der Macht anderer ab, in ihm jenes lebensmotivierende Streben, das die Psychoanalyse Trieb(haftigkeit) nennt, zu entfachen und in der Folge seine Lebenskraft mit ausreichend fürsorglicher Pflege aufrechtzuerhalten:

> Triebgenese und Entstehung von rudimentärem Ich und rudimentärem Objekt erfolgen quasi zugleich und nicht ohne eine(n) andere(n). Es ist die soziale Begegnung mit einem (triebhaftsexuellen) Wesen, die den Trieb installiert. Erst dann kann ein langer, komplizierter und auch prekärer Prozess durchlaufen werden, in dem die infantile Psyche, das Unbewusste, die Verdrängung usw. sich im Rahmen der Sprachkultur entwickeln. (List, 2023, 45)

Um die schrittweise Ermächtigung des ohnmächtigen Säuglings und weiter seine Möglichkeit effektiver persönlicher Freiheit zu untersuchen, geht es zunächst um jene Prozesse, die seine primäre Menschwerdung verstehen helfen. Sigmund Freud blieb dazu ungenau, was v.a. daran liegen dürfte, dass er ein Leben lang grundsätzlich dem biologisch-hereditären Denken verbunden blieb, obgleich er gelegentlich auch psychosoziale Entwicklungsgrundlagen ins Auge fasste. Letztlich hielt Freud einen »Urvater der Vorzeit« für entscheidender als die reale pflegende Mutter und maß überhaupt dem Trieb als physischer Quelle größere Bedeutung bei als den Objekten und dem Austausch mit der Welt und schenkte dann eben dem Stellenwert der Realität verhältnismäßig wenig Aufmerksamkeit.

Freud schrieb noch 1937:

> Wenn wir von »archaischer Erbschaft« sprechen, denken wir gewöhnlich nur an das Es und scheinen anzunehmen, daß ein Ich am Beginn des Eigenlebens noch nicht vorhanden ist. Aber wir wollen nicht übersehen, daß Es und Ich ursprünglich eins sind, und es bedeutet noch keine mystische Überschätzung der Erblichkeit, wenn wir für glaubwürdig halten, daß dem noch nicht existierenden Ich bereits festgelegt ist, welche Entwicklungsrichtungen, Tendenzen und Reaktionen es später zum Vorschein bringen wird. Die psychologischen Besonderheiten von Familien, Rassen und Nationen auch in ihrem Verhalten gegen die Analyse [sic!] lassen keine andere Erklärung zu. Ja noch mehr, die analytische Erfahrung hat uns die Überzeugung aufgedrängt, daß selbst bestimmte psychische Inhalte wie die Symbolik keine anderen Quellen haben als die erbliche Übertragung, und in verschiedenen völkerpsychologischen Untersuchungen wird uns nahegelegt, noch andere, ebenso spezialisierte Niederschläge frühmenschlicher Entwicklung in der archaischen Erbschaft vorauszusetzen. (Freud, 1937c, 86)

Freud lokalisiert das Objekt an der Peripherie des Geschehens und setzt den (biologisch fundierten) Trieb und das urväterliche Erbe ins Zentrum. Das marginalisiert nicht nur die Mutter, sondern relativiert auch die Verantwortung des Analytikers und seine Bedeutung im Übertragungs-/Gegenübertragungsgeschehen.

Primäre Fürsorge

Was ich die »Ur-Urszene« (List, 1993b; 1993c) nannte und im – idealen – Bild des an der Mutterbrust einschlafenden Säuglings szenisch zu erfassen suchte, meint tatsächlich die komprimierte Gesamtheit der Ursprungsbedingungen eines Menschen, die auch die elterliche Vorgeschichte und deren Phantasien bezüglich ihres Kindes und dessen Zukunft einschließt. Diese Szene umfasst Grundlage und Möglichkeiten eines neuen Menschen, in welcher die absolute Ohnmacht des Säuglings und die überlebensnotwendige Komplementärmacht der Mutter lebensichernd verschmelzen. Man könnte auch sagen, der Säugling braucht ein liebesfähiges Gegenüber. Traditionell wurde (und wird) eine solche Eigenschaft quasi von Natur aus bei Frauen vermutet. Das hat Margarethe Hilferding (List, 2006) schon 1910 nachdrücklich in Abrede gestellt. Es sind wohl Erfahrungen und (unbewusste und bewusste) Phantasien der Mutter/Eltern, durch die ihr Verhalten motiviert und durch welche das Kind definiert wird.

Es heißt, die Mutter »identifiziere« sich mit dem Kind. Das ist eine komplizierte Zuschreibung, die streng logisch genommen nicht passt. Ich finde da eher den in der Umgangssprache selten verwendeten deutschen Begriff des »Sich-Anverwandelns« weit stimmiger. Die Pflegeperson nähert sich der Befindlichkeit des Babys in einer sehr speziellen Weise, verwandelt sich auf es hin. Sie macht also eine Veränderung durch, mittels welcher sie zu einer bestimmten stimmigen Einsicht in seine Empfindlichkeit und Bedürftigkeit gelangt. Dies gelingt durch eine spezielle Form der (intra- und interpsychischen) Kommunikation ganzheitlichen sensomotorischen Verstehens. Metapsychologisch handelt es sich um ein komplexes Geschehen: Man kann wohl eine Disposition des Neugeborenen zur »Befriedigungssuche« bzw. »Objektsuche« annehmen. Aus der Nähe zu einem Objekt mit einer bereits entwickelten Psyche entsteht dann eine Beziehung, die Spuren von Bedeutung in beiden Beteiligten hinterlässt. Hilferding meinte, es handle sich um das eigene (erotische) Erleben der Mutter, das ihre Wahrnehmung des Babys färbt und mit welchem sie das Kind quasi umhüllt, sodass eine gewisse Synchronizität entsteht.

Wahrscheinlich mobilisiert ein bedürftiger Säugling bei jedem halbwegs gesunden Erwachsenen intrapsychisch stark affektive (bewusste und unbewusste) Erinnerungen sowie Identifizierungs- und Übertragungsreaktionen, die interpsychisch wirksam werden, eine Beziehung begründen, in beiden Beteiligten Veränderungen bewirken und zur Linderung der ohnmächtigen Bedürftigkeit des Säuglings und zu gewisser partizipatorischer und/oder Überich-induzierter Befriedigung des/der Erwachsenen führen. Das Baby nimmt die affektiven Signale der Mutter direkt auf und reagiert mit diffusem Erleben von Not oder Wohlbefinden. Die frühesten Verinnerlichungen verstehe ich als affektiv geladene Interaktionsszenen auf der Basis von Nachahmung, nicht handelnd, sondern quasi partizipativ mittels Innervation bestimmter Gehirnareale durch Sinnesreize.

Die nötige Fähigkeit der Eltern hängt an deren selbsterfahrener Bewältigungshilfe eigener Ohnmacht durch entsprechende Fürsorge. So gesehen könnte man fast behaupten, Mutterliebe sei zwar nicht angeboren, aber durchaus Konsequenz eines sozialen

Erbes. Dieses Erbe und die elterlichen Wünsche, Ängste und Phantasien bestimmen das erfahrene Ohnmachtsgefühl des Kindes. Sie ergeben sich aus möglicher empathischer Feinabstimmung oder auch »mächtiger« Anspruchlichkeit in Bezug auf das Kind. Dieses ist nach der perfekten Übereingestimmtheit im Mutterleib plötzlich Mangel und Not ausgesetzt und in jeder Hinsicht auf die »Macht« der Pflegepersonen angewiesen.

Die Mutter-Säugling-Beziehung ist eine psychische Einheit, die sich aus der primitiven Organisation eines total abhängigen Säuglings und einer reifen psychosexuellen Mutter zusammensetzt. In dieser Einheit, so kann man sagen, bildet das Unbewusste der Mutter die gemeinsame psychische Struktur. »*Die Affekte der primären Bezugspersonen* bilden den organisatorischen Kern der künftigen Persönlichkeitsstruktur des Säuglings.« (Bürgin, 2022, 77) Empathisches Liebesvermögen und absolute Macht in ihrer jeweiligen Ausformung bilden den Rahmen für das effektive Entwicklungsmilieu. »Das Kind«, so Ferenczi, »muß durch ungeheuren Aufwand von Liebe, Zärtlichkeit und Fürsorge dazu gebracht werden, es den Eltern zu verzeihen, daß sie es ohne seine Absicht zur Welt brachten, sonst regen sich alsbald die Zerstörungstriebe.« (Ferenczi, 1929, 254) Diese »Triebe« waren für ihn traumatischen Ursprungs.

Die frühesten Erinnerungsengramme sind ganzheitlich-prozesshaft und nicht bewusstseinsfähig, sie formen die Psyche und haben bleibende Wirksamkeit. Abgesehen von der »einfühlenden« mütterlichen Fürsorge ist es offensichtlich ein Unterschied, ob ein Baby etwa in einer vertrauten Großfamilie von Hand zu Hand gereicht wird oder relativ isoliert mit nur einer Pflegeperson oder auch in hochkonfliktivem Streitmilieu aufwächst. Das sehr junge Kind ist wehrlos gegenüber offenen und subtilen Aggressionen und jeder Ablehnung und unaufmerksamen Behandlung ohnmächtig ausgesetzt. Es sind meist nicht einzelne extreme Übergriffe, sondern ein Grundtonus, der kontinuierlich in alltägliche Interaktionsformen einfließt.

Frühkindliche Traumatisierung durch habituelle Misshandlung in Form bewusster und unbewusster emotionaler und sinnlicher Vernachlässigung ist wohl Hauptursache für schwere psychische Störungen. Ferenczi beschreibt Zustände, wo »jeder Akt von Selbstschutz und Abwehr ausgeschlossen ist, und alle äußere Entwicklung Impression bleibt ohne Gegenbesetzung von innen«. Er betont »die starke Impressibilität« und vermutet im »Beeindrucktwerden ohne Selbstschutz die ursprüngliche Lebensform« (Ferenczi, 1985, 204).

Umso wichtiger ist eine differenzierte Wahrnehmung der eigenen Macht seitens der Pflegeperson. Deren subtile Antworten auf die Befindlichkeitsäußerungen des Babys sind die kontinuierliche »Verarbeitungshilfe« bei der Affektabstimmung im Verlauf des Aufbaus der kindlichen Psyche und der Symbolisierungsentwicklung. In unterschiedlichen Entwicklungsstadien und verschiedenartigen sozioökonomischen und kulturellen Kontexten ergeben sich je spezifische Fixierungs- und Konfliktpotenziale bezüglich der Macht-Ohnmacht-Verhältnisse. Im günstigen Fall ist es dem Kind nach und nach möglich, die reale Ohnmacht wahrzunehmen und in adäquater Weise zu ertragen und sich dann – außer in extremen Umständen – einem anderen Menschen gegenüber nicht machtlos ausgeliefert zu fühlen und die wohl nie ganz vermeidbare Angst vor (unbekannten) anderen gering zu halten.

Diese Anerkennung der Außenwelt setzt »Unlustbejahung« (Ferenczi, 1926c, 211) voraus, dass also Unlust bringende Objekte nicht mehr verneint werden müssen, sondern in ihrer Ambivalenz erfasst werden können. Unter diesen Gesichtspunkten bedeutet Unlust nicht nur fehlende Lust, vielmehr wird durch die Integration zunächst polarisierter Objektrepräsentanzen die akzeptierte Unlust notwendige Bedingung für das Erkennen der Realität und für eine (gewisse) »Objektivität«. Dies gelingt durch Einsicht in Vermeidbarkeit von noch größerer Unlust. Erst dadurch kann etwa eine differenziertere Wahrnehmung von Machtverhältnissen möglich werden.

Traumatisch wird die Begegnung mit dem Außen, wenn die Unlust, die das Objekt produziert, jede Bejahungsmöglichkeit übersteigt und nur auf Verleugnung und Spaltung zurückgegriffen werden kann, sodass das überfordernde Ereignis unrepräsentiert bleibt. Die dabei häufig auftretende Verleugnung von Schuldhaftigkeit und Verantwortung seitens der Verursacher verstärkt zudem Selbstvorwürfe der Ohnmächtigen. Der Topos einer »selbstverschuldeten Unmündigkeit« ist in diesem Sinn ein klassischer Stabilisator polarisierter Macht-Ohnmacht-Verhältnisse unter Umgehung der Analysen konkreter Verhältnisse. Als Grundeinstellung dominiert er etwa unser Bildungssystem ebenso wie die vorherrschende Einstellung zur sozialen Ungleichheit.

Eine ausreichend gute Entwicklung setzt letztlich voraus, dass das Kind (oder auch der Schüler oder die Staatsbürgerin) als erwünscht und auch als potenzielle Befriedigungsquelle erlebt wird. Das ist keinesfalls immer so, und die pathogene Dynamik zwischen einem ungewollten Kind und der abweisenden Mutter (Schüler/Lehrer, Staatsbürgerin/Machthaber) ist ernst zu nehmen. Wir finden ungewollte, beschädigte Kinder keineswegs nur in Einrichtungen der psychosozialen Versorgung. Eine ungewollte Geburt ist immer mit einem unbewussten Todeswunsch für das Kind verbunden, der die Phantasien und das Verhalten der Frau während der Schwangerschaft prägt und sich manchmal auch auf die Geburt auswirkt.

Am Anfang bilden Mutter und Kind eine wie immer prekäre Dualunion, bestimmt vom mütterlichen Unbewussten, sodass deren Ablehnung die sich bildende Psyche des ohnmächtigen Babys mitdefiniert. Die destruktiv-aggressive mütterliche Übermacht induziert auch »unbewusste selbstzerstörerische Tendenzen« traumatischen Ursprungs (Ferenczi, 1929b, 252). Das Kind wird dann Engramme früher Traumatisierung als unrepräsentierten »Traumaschutt« (nicht repräsentierter, weil nicht verdrängter unbewusster Inhalt) im Unbewussten behalten, aber vielleicht kann es, wenn sich doch eine positivere Beziehung entwickelt, die Defizite kompensieren und viel später, wenn nötig, einen kompetenten Therapeuten finden, der in der Lage ist, die in den Sitzungen präsentierten unsagbaren Inhalte zu erfassen und eine Symbolisierung zu ermöglichen.

Grober Machtmissbrauch und Gewaltübergriffe kommen immer wieder vor, werden allgemein abgelehnt und begegnen uns auch in vielen Analysen als traumatisierende Erfahrungen mit bleibenden Folgen. Weit weniger Aufmerksamkeit wird den viel häufigeren alltäglichen Macht-Ohnmacht-Konstellationen gewidmet, die als Mikrotraumen Ohnmacht und Hilflosigkeit kontinuierlich befördern. Natürlich sind Situationen mangelnder Einfühlung der Pflegepersonen und angsterzeugende Überforderungsmomente nicht ganz vermeidbar. Oft aber kommt situativer Egoismus auch freundlich-sozial und scheinbar hilfsbereit daher, und vielfach ist Machtdemonstration auch milieuspezifisch habituell.

Eine Familienszene

Ein zweijähriges Mädchen sitzt mit Bausteinen auf dem Boden und zieht einen Baustein hin und her, unter einer Art Brücke hindurch und wieder zurück. Es wirkt konzentriert und fasziniert.

Die Mutter unterhält sich bei Kaffee und Kuchen mit einer Freundin am Tisch, an dessen anderem Ende der fünfjährige Sohn mit Playmobil-Figuren spielt. Der Vater steht abseits und telefoniert. Nach einiger Zeit beendet er das Gespräch, schaut sich um, holt sich ein Keks vom Tisch und geht zur Tochter: »Komm, wir bauen was Schönes!« Er übernimmt die Situation und beginnt zu bauen. Die Tochter sitzt teilnahmslos daneben und bleibt unbeachtet. Nach einiger Zeit ruft der Vater: »Schaut, was wir Schönes gebaut haben!« und zeigt stolz ein dreistöckiges Gebäude. Als keine Reaktion kommt, wiederholt er den Hinweis, worauf die beiden Frauen »Schön!« rufen und »Toll habt ihr das gemacht!« Der Sohn ruft laut: »Das hat der Papa alleine gemacht!«, und das Mädchen steht mit unglücklichem Gesicht auf und weint, worauf der Vater irritiert meint: »Sie ist müde.« »Ja«, stimmt die Mutter zu, »sie ist müde«, steht auf, nimmt die Tochter hoch und bringt sie hinaus.

Der Vater unterbricht die zufriedene Betätigung intimer Weltaneignung des Mädchens, bemächtigt sich ihrer Bausteine und macht sein eigenes Ding. Er beachtet die Tochter nicht weiter, ignoriert ihre Befindlichkeit, spricht und agiert aber in ihrem Namen. Als sie sichtlich dysphorisch wird und schließlich weint, interpretiert er das achtlos in offenbar habitueller Beliebigkeit. Alle Erwachsenen scheinen auch die kritische Zurechtweisung des Sohnes zu ignorieren. Achtlosigkeit, Interpretationsmonopol und schließlich physische Entfernung der Tochter fungieren letztlich als wohl weitgehend unbewusstes Machtmittel, gegen welches die Kinder letztlich mit ihrer Ohnmacht allein und die Erwachsenen wohl uneinsichtig bleiben.

Vergleichbares kommt auch in der psychoanalytischen Ausbildung vor, in welcher, wie ich meine, Episoden wie die nachfolgend beschriebene zu einer Grundhaltung der Unehrlichkeit und geringen Selbstachtung seitens der künftigen Analytiker beitragen und insgesamt geringes Vertrauen in die Psychoanalyse und ihr Wahrhaftigkeitspotenzial verraten.

Zur Dynamik der Ohnmacht

Episode aus der analytischen Ausbildung

In einer Analyse berichtet ein Kandidat folgende Szene aus seiner Kontrollsupervision: Sein Patient hätte geäußert, er, der Kandidat, sei ja von ihm abhängig, weil er ihn als Kontrollfall brauche und die Analyse als Kontrollfall nicht zähle, wenn sie nicht lange genug dauere. In seiner Rolle als Analytiker verunsichere ihn das und er wisse nicht, wie er damit umgehen solle.

Darauf habe der Kontrollanalytiker alarmiert gefragt: »Will er abbrechen?«, und der Kandidat habe geantwortet, dass nichts dergleichen geäußert worden sei. Der Kontrollanalytiker habe daraufhin gemeint: »Dann gehen Sie am besten gar nicht mehr darauf ein.« Er, der Kandidat, habe sich dann nicht weiterzufragen getraut, habe aber seither ein komisches Gefühl mit dem Patienten.

Der angehende Analytiker, ohne praktische Erfahrung in seinem Tun und noch unsicher, wird aufgrund realer äußerer Umstände unerwartet vor ein relativ neues, bis dahin kaum diskutiertes Problem gestellt. Er ist verwirrt und ratlos und vertraut angemessenerweise auf die klärende Hilfe des Kontrollanalytikers. Offenbar ist dieser Aspekt des Settings, der ja rechtlich vorgegeben ist, bis dahin in der Kontrollanalyse nicht berücksichtigt worden. Möglicherweise hat der Kontrollanalytiker diese Rahmenbedingung der Ausbildung selbst noch nicht reflektiert, jedenfalls scheint er v. a. an der Fortdauer der Analyse (und der Kontrollanalyse) interessiert zu sein. Als diese nicht gefährdet erscheint, schlägt er vor, die Bemerkung des Patienten zu ignorieren. Das ist natürlich ein absurder Vorschlag, der jeder psychoanalytischen Einsicht in die Dynamik des Unbewussten und in Übertragungs- und Gegenübertragungsverhältnisse widerspricht, und gewiss keine fachliche Hilfe.

Darüber hinaus ereignet sich in der beschriebenen Begebenheit noch etwas Weiteres von vielleicht noch schwerwiegenderer Wirkung. Nicht nur, dass die Hilfe zum Verstehen der analytischen Situation ausbleibt und ein deutlich unanalytisches methodisches Vorgehen empfohlen wird, es erfolgt offenbar auch in einer Art, die dazu führt, dass der Ausbildungskandidat sich »nicht weiterzufragen traut«. Daran kann er auch selbst mit Anteil haben, jedenfalls aber wird er mit einem »komischen Gefühl« gegenüber seinem Patienten zurückgelassen. Hier spiegelt sich das Macht-Ohnmacht-Gefälle, das auch institutionell angelegt ist, aber natürlich zu reflektieren wäre. Letzteres gelingt aber nur, wenn der angehende Analytiker darauf vertrauen kann, dass sein Unverständnis oder auch seine Zweifel bezüglich der gegebenen Interpretationen und Ratschläge offen und interessiert aufgenommen werden. Dies zu verweigern, ist ähnlich grausam und folgenreich wie die Missachtung des kleinen Mädchens in der weiter oben beschriebenen Familienszene.

Ohnmacht und die massenhaft anderen

Die Makroebene der Macht-Ohnmacht-Dynamik hebt die Problematik auf ein weit undurchschaubareres Niveau. Sie entfaltet sich in unzähligen vernetzten Feldern aller Gesellschaftsbereiche mit unerfassbarer Komplexität. Dadurch wird sie zugleich stark potenziert und weniger offensichtlich – Machtverhältnisse zwischen Eltern und Kindern, zwischen den Geschlechtern, Lehrern und Schülern, Arbeitern und Unternehmern, Gesunden und Kranken, Armen und Reichen, öffentlichen Institutionen und sie frequentierenden Parteien usw. Innerhalb aller Institutionen entwickeln sich formalisierte und informelle hierarchische Machtverteilungen, die manchmal durch persönliche Beziehungen abgemildert werden, aber dessen ungeachtet strukturell höchst wirksam sind.

Effektive gesellschaftliche Verhältnisse machen den Großteil der Menschen real ohnmächtig, was Not und Leid schafft. Dies speist auch Selbstentwertung, Flucht aus der Verantwortung, heimliche Aggression, Korruption, Neid, eskapistische Opferhaltung und irrationale Schuldzuweisungen u. dgl. Kollektiv werden dadurch Verleugnung, Verführbarkeit sowie (Zukunfts-)Illusionen, Wunderglauben, Gefolgschaftswillen u. Ä. befördert. Es ist, als ordnete sich alles von selbst in ein hierarchisches Schema. Dagegen erfolgen Rebellionen vergleichsweise sehr selten, und effektive Revolutionen scheiterten bisher an ihrer unzureichenden Organisierbarkeit. So wird die effektive Ohnmacht der Einzelnen auch zu einem entscheidenden Teilaspekt autoritärer bzw. diktatorischer Massenpolitik. Psychoanalytisch könnte man auch sagen, es finde eine »Analisierung« und gewissermaßen auch eine Infantilisierung der Gesellschaft statt, in der nur besser–schlechter bzw. oben–unten regiert und ein »verschieden und gleichwertig« nicht bestehen kann.

Macht ist nicht nur wirksam, indem sie unterdrückt, sondern indem sie Verhältnisse, Strukturen, Dispositionen, Diskurse und emotionale Erlebnisweisen schafft. Sie tradiert sich in Rechtsordnung, familiären Beziehungen und Arbeitsverhältnissen gleichermaßen. Historisch bestanden egalitäre und hierarchische Gesellschaften lange nebeneinander, und es hat auch Entwicklungen in beide Richtungen gegeben. Insgesamt aber hat sich heute die nach ökonomischer Macht strukturierte kapitalistische Ordnung globalisiert, und es bleiben nur wenige (verhältnismäßig) machtlose egalitäre Residualkulturen. Die Sozialpsychologie dieser Zusammenhänge wäre eine wünschenswerte Expansion des Ohnmachts-Themas, übersteigt aber nicht nur den Rahmen meines Beitrags, sondern genau genommen auch die Möglichkeiten psychoanalytischer Untersuchung. Bis jetzt wurde dazu kein befriedigender gedanklicher Zugang entwickelt.

Die weiter oben erwähnte Unlusttoleranz ist auch ein politisch eminent wichtiger Entwicklungsschritt. Wenn die für jedes Verstehen gesellschaftlicher Zusammenhänge unverzichtbare Akzeptanz von Unlust nicht ausreichend erfolgt, ist schon die Erkenntnis der komplexen Realität nicht möglich, und erst recht kein adäquat geplantes Handeln. Dies erklärt auch das hohe Maß an (scheinbarer) Irrationalität in öffentlichen Auseinandersetzungen ebenso wie in Wahlausgängen. Die übliche Affektarmut theoretischer Machtanalysen versucht durch formale Logik Widersprüchlichkeiten kontrolliert zu halten, womit aber die Wirklichkeit verfälscht und der Aussagewert gering wird. Historisch-exemplarische und literarische Texte dagegen widerstehen systematisch eindeutiger Anordnung zugunsten nachvollziehbarer Darstellung, was Leserinnen freilich nicht der Aufgabe enthebt, eine situativ eigene Systematik als Grundlage ihrer persönlichen Urteile zu erarbeiten. Dies ist übrigens eine Entsprechung zur Arbeit von Analytikerinnen, die jenseits aller systematischen Theoriekonzepte in der konkreten Begegnung mit jeweils bestimmten Analysanden zu spezifisch relevanten Einsichten gelangen müssen.

Die Psychoanalyse hilft, die Disposition zur Ohnmacht bei einzelnen Menschen zu verstehen, eventuell auch noch sie befördernde oder relativierende strukturelle Bedingungen in überschaubaren Gruppen. Damit beschäftigen sich Freuds Essay zur Massenpsychologie und andere psychoanalytische Gruppentheorien. Sie vermögen aber nicht die enorme Komplexität von Massengesellschaften zu konzipieren, für welche die Individuen weder kognitiv noch emotional ausgestattet sind, sodass alle zwingend überfordert bleiben. Es ist nur folgerichtig, dass die Menschen daher auch nicht in der Lage sind, die Verhältnisse ausreichend befriedigend zu gestalten.

Würde ich mich Sigmund Freuds Versuchen widmen, das kollektive Macht-Ohnmacht-Dilemma zu erfassen (1921c), könnte ich in seiner Arbeit zur Massenpsychologie keine adäquate Einsicht in die Komplexität derselben finden.[1] Eher noch könnte vielleicht sein historischer Roman zum Moses-Mythos (Freud, 1939a) zumindest einen Eindruck von der das menschliche Denken überfordernden Affektivität und Widersprüchlichkeit von Massenkonstellationen vermitteln. Was Freud im »Mann Moses« u. a. zeigen will, ist, dass friedliche kollektive Ordnung die »Vergeistigung« der Individuen voraussetzt. Er thematisiert auch parallel die Abstrahierung der Gottesgestalt zur abbildlosen Gesetzesinstanz und die Verinnerlichung der Gesetze in Form einer psychischen Über-Ich-Instanz. Damit beschreibt er in Romanform und idealhistorisch stilisiert einen ihm wünschenswerten psychosozialen Entwicklungsprozess von Ordnung in der Massengesellschaft am Beispiel des »auserwählten Volkes«. Die konflikthafte und wunschgeleitete historische Bedeutung seiner Abhandlungen erweist v. a. Freuds Ringen um Antworten auf die Grundlagen der/seiner prekären Identität als Jude, die freilich jeder für sich neu zu klären hat. Darüber hinaus bringt ihn diese Arbeit jedenfalls mehr in die Nähe anderer auch für Psychoanalytikerinnen höchst erhellender Klassiker der Macht-Literatur, die weniger eine abstrakt-systematische Darstellung anstreben und bei allem Gedankenreichtum v.a. auch historisch oder literarisch exemplarisch vorgehen. Sie vollziehen einen Perspektivwechsel vom analytischen zum assoziativ-heuristischen Denken. Zur Einsicht in die Komplexität gesellschaftlicher Machtverhältnisse eignet sich die sinnlichere Semantik der literarischen Form oft besser als die abstrahierende Logik systematischer Untersuchung.

Insgesamt sind grundlegende Texte zum Komplex Macht–Ohnmacht relativ selten, und für etliche Autoren der klassischen Abhandlungen dazu gilt, dass sie selbst wenig

---

[1] In diesem einen Fall ist James Stracheys (unexakte) Übersetzung des Titels von Freuds Essay als »Group Psychology and the Analysis of the Ego« durchaus angemessen.

bekannt sind oder ihre intellektuellen Hinterlassenschaften zumeist ungelesen blieben oder nur böse entstellt tradiert werden. Sie lebten unter sehr heterogenen Machtverhältnissen, von denen sie jeweils bedroht wurden, teils auch Verfolgung, Folter und Todesgefahr ausgesetzt waren. Alle verfassten grundlegende Gedanken über Macht, Wahrheit und Freiheit und hinterließen Texte, die sowohl theoretisch als auch literarisch gestaltet sind. Vieles konnte zu ihren Lebzeiten nicht oder nur verschlüsselt publiziert werden, was sie eben auch zu Meistern der Form machte. Ihre Schriften erscheinen inhaltlich brandaktuell und gewinnen wohl auch durch die realen persönlichen Erfahrungen der Autoren. Es sind letztlich Reflexionen historischer Beobachtungen und Erfahrungen und können natürlich nur kontextualisiert aus ihrer Zeit verstanden werden. Gleichwohl thematisieren sie alle nach wie vor gegenwärtigen Aspekte der Ohnmachtsdynamik, und viele ihrer Gedanken sind in meine Überlegungen eingeflossen.[2]

---

2 Die dichten Überlegungen aus vielen Jahrhunderten kann ich hier natürlich nicht darstellen, nur einige Lektüre-Empfehlungen geben:

Tacitus (58–120) verfasste detailreiche Kommentare zum Alltag des Machtmissbrauchs und Freiheitsverlustes und zum Verfall der Römischen Republik nach Augustus.

Geoffrey Chaucer (1342–1400) wiederum schilderte die ungenierte Alltäglichkeit privater Machtspiele der Ohnmächtigen wie auch die politischen Machtkämpfe im frühen englischen Parlament als eine Art historischer Sozialpsychologie und als große Literatur.

Niccolò Machiavelli (1469–1527) führte die Unmöglichkeit, ein guter Fürst zu sein, ebenso logisch vor, wie er vielfältige Varianten von Machtmissbrauch in formvollendete Literatur und auf die Bühne brachte. Seine Feststellung, Schein sei genuiner Bestandteil politischer Macht, wurde zur zentralen These neuzeitlicher Politik.

Étienne de La Boëtié (1530–1563) beklagte die »willige« Unterwerfung der vielen als Basis von Tyrannei und wendet sich in einem vorwurfsvollen Appell zum Aufruhr an die Ohnmächtigen angesichts der ja stets auch vorhandenen Angst der Mächtigen.

Benedictus (Baruch) Spinoza (1632–1677) legte u. a. dar, wie Ohnmächtige und Machthaber von Angst regiert werden und wie dies unter Umständen die Positionen beider befestigt. In Bezug auf die Freiheit formulierte er zwei zentrale Prämissen: dass erstens Befreiung des Geistes und Befreiung des Körpers zusammengehen müssen und dass zweitens individuelle Befreiung/Rettung nur zugleich mit kollektiver Befreiung/Rettung möglich ist.

Karl Marx (1818–1883) verdeutlichte das systematische Zusammenwirken von Landraub, Entrechtung, Kriminalisierung der Armut, Sklavenhandel, imperialistischer Expansion, technischer Entwicklung und Zentralisierung des Gewaltmonopols zu Beginn der Neuzeit oder entwickelte empirisch-analytisch die Korrumpierung des Pariser Verfassungsparlaments nach 1848 als Indienstnahme der Macht subjektiv Ohnmächtiger durch tradierte Machthaber.

Literatur

de La Boëtié, Étienne (1574): *Von der freiwilligen Knechtschaft. Überarbeitete und ergänzte Fassung der Übersetzung von Gustav Landauer.* Frankfurt a. M.: Trotzdem, 2009.

Bürgin, Dieter (2022): *Die Vitalität der präverbalen Psyche. Psychoanalytische Konzepte über das erste Lebensjahr: der Aufenthalt und die Arbeit im Unentfalteten.* Frankfurt a. M.: Brandes & Apsel.

Chaucer, Geoffrey: *The Canterbury Tales. The Riverside Chaucer*, hg. v. Benson, Larry D. Oxford: Oxford University Press, 1987.

Ferenczi, Sándor (1926c): *Das Problem der Unlustbejahung.* Schriften zur Psychoanalyse II. Frankfurt a. M.: Fischer, 1972, 200–211.

Ferenczi, Sándor (1929b): *Das unwillkommene Kind und sein Todestrieb.* Schriften zur Psychoanalyse II. Frankfurt a. M.: Fischer, 1972, 251–256.

Ferenczi, Sándor (1985): *Ohne Sympathie keine Heilung. Das klinische Tagebuch von 1932.* Frankfurt a. M.: Fischer 1999.

Ferenczi, Sándor/Rank, Otto (1924): *Entwicklungsziele der Psychoanalyse. Zur Wechselbeziehung von Theorie und Praxis.* Wien: Turia + Kant, 1996.

Freud, Sigmund (1916d): *Einige Charaktertypen aus der psychoanalytischen Arbeit.* GW X, 364–391.

Freud, Sigmund (1921c): *Massenpsychologie und Ich-Analyse.* GW XIII, 71–161.

Freud, Sigmund (1937c): *Die endliche und die unendliche Analyse.* GW XVI, 59–99.

Freud, Sigmund (1939a): *Der Mann Moses und die monotheistische Religion: Drei Abhandlungen.* GW XVI, 103–246.

Hrdy, Sarah Blaffer (2009): *Mothers and Others. The Evolutionary Origins of Mutual Understanding.* Harvard University Press.

List, Eveline (1993c): Urszene und Weltbild I: Metapsychologisches. *texte. psychoanalyse. ästhetik. kulturkritik* 13/2, 50–75.

List, Eveline (1993b): Urszene und Weltbild II: Massenpsychologisches. *texte. psychoanalyse. ästhetik. kulturkritik* 13/3, 38–69.

List, Eveline (2006): *Mutterliebe und Geburtenkontrolle. Zwischen Psychoanalyse und Sozialismus. Die Geschichte der Margarethe Hilferding-Hönigsberg.* Wien: Mandelbaum.

List, Eveline (2023): »Common Ground«-Debatten statt Vereinheitlichung. Psychoanalyse im Widerspruch 70, 31–53.

List, Eveline (im Druck): *The Unwelcome Daughter and her Death Drive.*

Macchiavelli, Niccolò (1520): *Das Leben des Castruccio Castracanis aus Lucca*, hg. v. Hoeges, Dirk. München: Beck, 1998.

Mantel, Hillary (1992): *A Place of Greater Safety.* London: Fourth Estate, 2010.

Marx, Karl (1852): *Der Achtzehnte Brumaire des Louis Bonaparte.* Marx-Engels-Werke, Bd. 8. Berlin: Dietz, 1975, 111–207.

Marx, Karl (1867): Die sogenannte ursprüngliche Akkumulation, in: ders.: *Das Kapital. Kritik der politischen Ökonomie*, Bd. 1. Marx-Engels-Werke, Bd. 23. Berlin: Dietz, 1975, 741–791.

Reich, Wilhelm (1933): *Massenpsychologie des Faschismus. Der Originaltext von 1933*, hg., red. u. mit einem Anhang versehen v. Peglau, Andreas. Gießen: Psychosozial, 2020.

de Spinoza, Baruch (1670): *»Theologisch-politischer Traktat«.* Berlin: De Gruyter, 2013.

de Spinoza, Baruch (1676): *Ethik in geometrischer Ordnung dargestellt.* Hamburg: Meiner, 2019.

Tacitus: *Annalen.* Stuttgart: Kröner, 2018.

Die Macht von »Meister« (und Schüler?)
Institutionalisierungsriten auf dem Weg zur Psychoanalytikerin

Angelika Purkathofer

Bei Gesprächen im Vorfeld über das Thema meines Beitrags kam als erste Reaktion meist die Empfehlung, vorher meinen Abschlussvortrag zu halten. Darin kommt eine Macht zum Ausdruck, die nach dem Soziologen Heinrich Popitz »autoritative Macht« genannt werden kann. Er beschreibt diese folgendermaßen: »Es ist ein Indiz für die Wirksamkeit dieser Macht, daß [sic!] sie auch dort Konformität erzeugt, wo Handlungen nicht kontrolliert werden können. [...] Man trägt sie als verinnerlichte Kontrolle mit sich herum.« (Popitz, 1986, 28) Diese »innere Macht« vermag nach Popitz »nicht nur äußeres Verhalten, sondern auch innere Einstellungen zu steuern« (ebd.). Meine innere Einstellung ist demzufolge geprägt von meinem Ausbildungsstatus – um die Worte Ralf Zwiebels zu verwenden: Ich bin Schülerin, während die Lehranalytikerinnen die Meisterinnen sind (vgl. Zwiebel, 2023). Dieser Beitrag konnte so, wie er jetzt ist, also nur entstehen, weil ich noch in Ausbildung bin. Bevor auf die Autoritätsbeziehung zwischen »Schülerin und Meisterin« weiter eingegangen wird, eine kurze, nicht vollständige Begriffsklärung zum Thema »Macht«, welche in der weiteren Untersuchung das gedankliche Fundament bilden soll.

Als Ausgangslage dient Max Webers Begriffsbestimmung, derzufolge »Macht [...] jede Chance [bedeutet], innerhalb einer sozialen Beziehung den eigenen Willen auch gegen Widerstreben durchzusetzen [...]« (Weber, 1921, 28). »Eine fundamentale Voraussetzung aller Macht« (Luhmann, 2012, 16) ist nach Luhmann, dass die Machthaberin Unsicherheit erzeugt, weil sie mehr als eine Alternative hat – der Lehrausschuss kann sich für oder gegen eine Zulassung als Kandidatin entscheiden. Die Macht ist – mit Foucault gedacht – auch deshalb so stark, »weil sie positive Wirkungen auf der Ebene des Begehrens« (Foucault, 2005, 78) hervorbringt – Psychoanalytikerin zu werden, ist das Begehrte.

Für Luhmann wie auch für den schon zitierten Popitz ist Macht eine »Existenzbedingung jeder sozialen oder politischen Ordnung« (Anter, 2012, 13). Macht ist Letzterem zufolge in sozialen Beziehungen omnipräsent, sie formt menschliche Beziehungen (vgl. Popitz, 1986, 17). Macht und Machtverhältnisse sind demnach in sozialen Ordnungen und Institutionen immer vorhanden. Hannah Arendt sagt ebenfalls, dass Macht »allen menschlichen Gemeinschaften immer schon inhärent« (Arendt, 1970, 53) sei, deshalb brauche sie keine Rechtfertigung, sehr wohl aber Legitimität. Dies sieht Popitz anders, der jede Macht für »rechtfertigungsbedüftig« (Popitz, 1986, 17) hält, »da alle Macht

Freiheitsbegrenzung« sei (ebd.). Es geht bei Macht letztlich um die Frage, »[w]er bestimmt, wann was und von wem gemacht wird« (Anter, 2012, 13).

Die Legitimität der Macht kann aus dem Vorsprung an Wissen stammen oder auch aus dem angenommenen Vorsprung an Wissen und Erfahrung, wie die amerikanische Philosophin Miranda Fricker ausführt. Ihr zufolge ist »soziale Macht eine praktische und gesellschaftlich situierte Fähigkeit, die Handlungen anderer Personen zu beeinflussen, wobei diese Fähigkeit von bestimmten sozialen Akteuren (aktiv oder passiv) ausgeübt werden oder aber rein strukturell wirken kann« (Fricker, 2023, 38). Sie definiert Macht als Fähigkeit. Indem sie Macht auch einzelnen Akteurinnen zuspricht, unterscheidet sich ihre Machtdefinition von jener Hannah Arendts, die meint, dass niemals eine Einzelne Macht haben könne, sondern immer nur eine Gruppe. Wenn man einer Einzelnen Macht zuspricht, bedeutet das, dass die Gruppe sie ermächtigt hat, »in ihrem Namen zu handeln« (Arendt, 1970, 45) – sie hat sie zu ihrer »Delegierten« gemacht, wie Bourdieu sagen würde (vgl. Bourdieu, 2015, 67f.). Wie Arendt ist auch Fricker der Meinung, dass Macht und Machtausübung nicht zwangsläufig etwas Schlechtes bedeuten müssen. Macht taucht überall auf, wo sich Gruppen bilden, muss aber den Autorinnen zufolge auch kontrolliert werden. Denn nach Fricker ist das Hauptmerkmal sozialer Macht, »dass jegliche soziale Machtausübung auf soziale Kontrolle abzielt« (Fricker, 2023, 38), und dies muss eben nicht direkt und unmittelbar geschehen, wie die Empfehlung, diesen Vortrag erst nach dem Abschlussvortrag zu halten, zeigt.

Die psychoanalytische Ausbildung soll im Folgenden hinsichtlich der ihr innewohnenden »Machtphänomene« (vgl. Popitz, 1986) von einem philosophischen Standpunkt aus untersucht werden. Als roter Faden dafür diente zwar die Ausbildungsordnung, wie sie auf der Homepage der WPV öffentlich einsehbar ist, ähnliche Machtmomente finden sich aber auch in anderen – auch nichtanalytischen – Ausbildungsinstituten. Ein Schwerpunkt soll auf der Praxis der Lehranalyse und dem Status der Lehranalytikerinnen liegen und darstellen, wie kontrovers diese in der psychoanalytischen Literatur v.a. auch unter dem Machtaspekt diskutiert wurde. Ein zweiter Fokus wird sich mit der Machtpolitik einer Gruppe im Spannungsverhältnis zur Kandidatin beschäftigen. Gezeigt werden soll, dass sowohl am Beginn als auch beim Abschluss der psychoanalytischen Ausbildung die Machtphänomene für die Kandidatin besonders spürbar sind. Betonen möchte ich an dieser Stelle zweierlei: Macht ist grundsätzlich »normativ indifferent« (Anter, 2012, 47) – sie ist also an sich weder gut noch schlecht, sie ist moralisch neutral. Und zweitens ist Macht nicht zu vermeiden – wir Kandidatinnen kommen nicht umhin, ihr bis zu einem gewissen Grad ausgeliefert zu sein, und Lehrausschüsse kommen nicht umhin, Macht auszuüben.

Die Ausbildung beginnt mit einem Zulassungsverfahren, dem Rundgang (vgl. WPV, 2024, 4). In der Ausbildungsordnung heißt es, dass »[a]ufgrund dieser drei Gespräche« (ebd.) entschieden wird, ob jemand »zur Ausbildung zugelassen wird oder nicht« (ebd). Bereits dieses Auswahlverfahren wird kontrovers gesehen. So ist der Rundgang nach Susann Heenen-Wolff eine »unvermeidliche Zumutung« (Heenen-Wolff, 2016, 1084). Die Kriterien des Auswahlprozesses sind dabei wenig transparent. Die Bewerberin ist dem deshalb ausgeliefert, und zwar in einem für ihr weiteres Leben wesentlichen Bereich – entscheidet sich hier hinter verschlossenen Türen schließlich, ob sie den ersehnten Beruf wird erlernen dürfen oder nicht. Der Lehrausschuss seinerseits soll eine prospektive Einschätzung treffen, ob die Lehranalyse mitsamt Theorie und Supervision eine gute Psychoanalytikerin hervorbringen kann oder nicht. Es sind Vorstellungsgespräche für eine Berufsausbildung, in welchen aber das psychische Geschehen der Bewerberinnen jetzt und nach der Ausbildung eingeschätzt wird, worauf Heenen-Wolff hinweist (vgl. ebd.). Auch Cremerius moniert, dass hier »*vor* Beginn der Ausbildung Qualitäten geprüft werden […], die erst *nach* der Ausbildung beurteilt werden können« (Cremerius, 1986, 1082; Herv. i. Orig.). Ein früher Kritiker dieser Praxis war Siegfried Bernfeld, der dieses Auswahlverfahren schon 1952 eine »physiognomische Beurteilung« nannte (Bernfeld, 1952, 450), die »vorrational« (a. a. O., 451) sei.

Bereits am Beginn oder eigentlich noch vor dem Beginn der Ausbildung bildet sich ein erstes Spannungsverhältnis, das bis zum Ende der Ausbildung aufrecht bleibt. Es geht nämlich bei dem Auswahlverfahren keineswegs nur um die Einschätzung der beruflichen Eignung, wie es auch bei der Ausbildung nicht nur um eine Berufsausbildung geht. Es geht vielmehr auch um die Aufnahme in eine Gruppe, um die Frage, ob das potenzielle Gruppenmitglied in die Gruppe passen wird und den Zwecken der Gruppe dient. Angelika Staehle benennt dieses Spannungsverhältnis in ihrem Aufsatz zu »100 Jahre institutionalisierte psychoanalytische Ausbildung« folgendermaßen: »Für das Individuum geht es um die persönliche Entwicklung zum Analytiker-Werden. Für die Institution geht es darum, zukünftige Mitglieder auszubilden […]« (Staehle, 2021, 202).

Hannah Arendt (1970, 45) sagt, »Macht entspricht der menschlichen Fähigkeit […] sich mit anderen zusammenzuschließen und im Einvernehmen mit ihnen zu handeln. Über Macht verfügt niemals ein Einzelner; sie ist im Besitz einer Gruppe und bleibt nur solange existent, als die Gruppe zusammenhält«. Es braucht ihr zufolge also eine Gruppe, damit Macht entsteht und wirksam werden kann. Macht ist nach Arendt ein Selbstzweck (vgl. a. a. O., 52). Dazu passend geht es dem scharfen Kritiker Cremerius zufolge bei der Gründung der psychoanalytischen Institution – der Gruppenbildung – in erster Linie um die Sicherung von Macht: Es geht um die Deutungsmacht darüber, was Psychoanalyse ist, und das soll durch die institutionelle Ausbildung sichergestellt werden. Es geht darum, den »wahren Glauben« zu bewahren, und »[w]er bewahren will, muß [sic!] sich gegen Veränderung schützen« (Cremerius, 1986, 1068), so Cremerius. Das Zulassungsverfahren, das über die Aufnahme entscheidet, sei einzig durch »Motive der Machtpolitik« begründet (a. a. O., 1080). Mit Balint versteht Cremerius das Auswahlverfahren als »Initiationsritual«, »dessen Sinn es ist, dem Eintretenden die Macht der Herrschaft und seine Ohnmacht zu zeigen. Bestehen kann es nur der, der sich anpaßt [sic!] und unterwirft« (a. a. O., 1084). Eike Hinzes Vergleich der Aufnahmerituale einer psychoanalytischen Institution mit den Aufnahmeritualen in Burschenschaften (Hinze, 2021, 145) weist in eine ähnliche Richtung. Hier wird deutlich, dass es eben nicht nur um die Berufseignung geht, sondern auch um die Aufnahme in eine Gruppe, eine Institution, die damit gleichzeitig auch bestätigt und erhalten wird: die Initiationsriten werden zu »Institutionalisierungsriten« (Bourdieu, 2015, 65).

Das erste Ritual am Weg zur Institutionalisierung ist also der »Rundgang«. Ist dieser geschafft, wird aus der Bewerberin eine Kandidatin, und sie kann sich eine Lehranalytikerin auswählen. Lehranalytikerinnen, welche im Lehrausschuss über die Aufnahme entscheiden, Seminare leiten, Supervisionen und eben Lehranalysen durchführen, befinden sich in einer Autoritätsbeziehung zur Kandidatin. Kernberg kritisiert die »Entwicklung eines Dreiklassensystems« (Kernberg, 2013b, 71) innerhalb der Mitgliedschaft der Vereinigung durch die Etablierung von Lehranalytikerinnen. Wie ich gegen Ende des Vortrags ausführen werde, machen größere Gruppen es nach Bourdieu aber durchaus notwendig, dass Delegierte ausgewählt werden, welche die Gruppengrenzen nach außen überwachen (vgl. Bourdieu, 2015, 66).

Wie schon eingangs erwähnt, führen nach Popitz Autoritätsbeziehungen »nicht nur zu Anpassungen des Verhaltens, sondern auch der Einstellung. Der Autoritätsabhängige übernimmt Urteile, Meinungen, Wertmaßstäbe der Autoritätsperson [...] [er] sieht sich selbst auf die Finger. Er beurteilt sein eigenes Verhalten im Sinne der Autorität, deren Kriterien und Perspektiven er übernommen hat« (Popitz, 1986, 108). Insofern wäre es gar nicht möglich gewesen, vor diesem Vortrag meinen Abschlussvortrag zu halten, denn dann wäre ich nicht mehr Autoritätsabhängige und hätte andere Einstellungen. Die Übernahme der Kriterien und Perspektiven der Autoritäten, also der Lehranalytikerinnen – und damit ist nicht nur die persönliche Lehranalytikerin gemeint – ist durchaus im Sinne der Institution, wie Balint ausführt. Ihm zufolge ist nämlich das Ziel der Initiation die Identifizierung der Kandidatin mit ihrer Lehranalytikerin, sie solle diese und ihre Ideale introjizieren und von dieser Identifikation aus ein starkes, lebenslang wirksames Über-Ich ausbilden. Andererseits aber – und hier zeigt Balint einen Widerspruch auf – ist das bewusste Ziel der Lehrinstitution, dass die Kandidatinnen ein starkes, kritisches Ich bilden, das frei ist von überflüssigen Identifikationen und von automatischen Übertragungen oder Denkmustern (vgl. Balint, 1948, 167). Zwar wurde die Macht der Lehranalytikerinnen in der Lehranalyse durch Einführung des »Non-Reporting-Systems« gemildert (vgl. Hagedorn, 1992, 86), Lehranalytikerinnen sind aber weiterhin epistemische Autoritäten, also Autoritäten durch ihren Wissensvorsprung. Das hat zur Folge, dass ihnen meist ein hohes Maß an Glaubwürdigkeit zugestanden wird, und zwar auch durch die Kandidatin selbst. Lehranalytikerinnen wird damit zugestanden, dass sie zum Wissens- und Erkenntnisstand mehr beizutragen haben als Kandidatinnen – sie haben mehr »epistemische Glaubwürdigkeit« (vgl. dazu Fricker, 2023). In strittigen Fällen kann dieses Ungleichgewicht für die Kandidatin Nachteile haben. Als epistemische Autoritäten verfügen die Lehranalytikerinnen des Ausbildungsvereins über das größte »symbolische Kapital« (Bourdieu, 2020, 309) der Gruppe. Das »symbolische Kapital« ist ein Begriff des Soziologen Pierre Bourdieu. Er beschreibt es als »soziale Bedeutung« (ebd.), es entsteht aus der »Verklärung einer Machtbeziehung zu einer Sinnbeziehung« (a. a. O., 311). Das symbolische Kapital existiert nach Bourdieu »[...] ausschließlich in der Wertschätzung, der Anerkennung, dem Glauben, dem Kredit, dem Vertrauen der anderen und durch sie [...]« (a. a. O., 213).

Nach Hannah Arendt legitimiert sich der Machtanspruch »durch Berufung auf die Vergangenheit […]« (Arendt, 1970, 53) – Lehranalytikerinnen haben in der Vergangenheit verschiedene Kriterien erfüllen müssen, um nun in dieser Position sein zu können. Die Leistungen der Vergangenheit legitimieren ihre gegenwärtige Macht und ihre Autorität.

Die Lehranalyse wurde 1919 (vgl. Bohleber, 2019) verpflichtend eingeführt und wurde von verschiedenen Psychoanalytikerinnen immer wieder als infantilisierend kritisiert, so etwa vom schon zitierten Bernfeld (vgl. Bernfeld, 1952, 457), aber auch von Kernberg (vgl. Kernberg, 2013b, 84). Bernfelds Kritik der Lehranalyse ist aus 1952, während voriges Jahr der Lehranalytiker Ralf Zwiebel die Beziehung von Lehranalytikerin und Lehranalysandin mit der Beziehung von einem »Zen-Meister und seinem Schüler« vergleicht (Zwiebel, 2023, 238), was tatsächlich infantilisierend anmutet. Cremerius bezeichnet die Lehranalyse gar als »Unterwerfungsritual« (Cremerius, 1989, 192) und hält sie für ein »Instrument der Machtpolitik« (ebd.). Zwar beschreibt auch Anna Freud in einem gleichlautenden Aufsatz »Probleme der Lehranalyse« (vgl. A. Freud, 1959). Sie betont aber auch, dass die Lehranalyse eine »Inspiration« sein könne.

Bei vielen diesbezüglichen Überlegungen taucht die Frage nach dem Unterschied zwischen therapeutischer Analyse und Lehranalyse auf. Kernberg formuliert das folgendermaßen: »Das explizite Ziel der Analyse besteht in der Auflösung der Übertragung, während das implizite Ziel der Lehranalyse die Identifikation mit dem Analytiker ist.« (Kernberg, 2013b, 70) Mittlerweile wurde im Machtverhältnis zwischen Lehranalytikerin und Lehranalysandin einiges entschärft. Dennoch liegt hier ein Machtverhältnis verborgen – schließlich ist auch die therapeutische Analyse ein Machtverhältnis. Charles Brenner bringt es auf folgenden Punkt: »Patient und Analytiker sind in der analytischen Situation nicht gleichberechtigt.« (Brenner, 1999, 36) Obwohl die Lehranalyse also auch als persönliche Analyse eine Autoritätsbeziehung ist, kann sie gleichwohl bereichernd und inspirierend sein – »als bleibende Identifizierung mit etwas Gutem, eine Inspiration, die zurückbleiben darf« (A. Freud, 1976, 2810), wie Anna Freud sagt.

Nach einem Jahr Lehranalyse kann die Kandidatin an den Seminaren und anderen wissenschaftlichen Veranstaltungen teilnehmen (WPV, 2024, 5) und schließlich nach dem Erstgesprächskolloquium den Status »in Ausbildung unter Supervision« erlangen. Mit Erreichung des Status wird das Ziel, Psychoanalytikerin zu werden, spürbarer, da nun mit Patientinnen gearbeitet werden darf. Die Erlangung des Status kann durchaus als weiteres Institutionalisierungsritual angesehen werden, in dem der Lehrausschuss dem bisherigen Ausbildungsweg Anerkennung zollt. Popitz sagt, dass es der Autoritätsabhängigen um Anerkennung vonseiten der Autoritäten gehe (vgl. Popitz, 1986, 29). Im Fall der Ausbildung ist diese Anerkennung notwendig für das weitere persönliche Fortkommen der Autoritätsabhängigen, also der Kandidatin.

Wurde der »Status« erlangt, tritt nach Lehranalyse und Theorieseminaren die dritte Säule der Ausbildung in Kraft und mit der Supervision eine weitere Autoritätsbeziehung ins Leben der Kandidatin. Kernberg misst den Supervisorinnen die größte Bedeutung im Ausbildungsverlauf bei, er sagt: »Die Auswahl der Supervisoren und die Gewährleistung, daß [sic!] ihre Arbeit ein bestimmtes Qualitätsniveau hat, ist vielleicht der wesentlichste Aspekt der Verantwortung, die das psychoanalytische Institut innehat.« (Kernberg, 2013b, 101)

Lehranalytikerinnen und Supervisorinnen sind zwar epistemische Autoritäten, das bedeutet aber nicht, dass dies zu einer autoritären Machtstruktur führen muss. Kernberg plädiert ausdrücklich für eine kollegiale Ausbildungsbasis und meint, autoritäre Strukturen in Instituten seien zu vermeiden, weil sie die Kreativität und damit das wissenschaftliche Potenzial des Instituts einschränken würden. Das ist kein Widerspruch zu seiner Meinung, dass Supervisorinnen

> ihre Kandidaten eindeutig beurteilen [müssen] und auf diese Weise eine Qualitätskontrolle ausüben; man muß [sic!] von ihnen erwarten können, daß [sic!] sie den Mut haben, die Schwierigkeiten der Kandidaten direkt mit ihnen zu besprechen [...] Es erscheint äußerst wichtig, daß [sic!] die Supervisoren miteinander kommunizieren und gemeinsam beurteilen, wie ihre Kandidaten mit ihren verschiedenen Kontrollfällen zurechtkommen; diese Informationen müssen auch tatsächlich zu den Kandidaten gelangen (a. a. O., 102).

Er spricht sich also für einen fortwährenden Feedback-Prozess in der Ausbildung aus, damit die Kandidatinnen nicht nur formal, sondern auch inhaltlich wissen, wo sie in der Ausbildung stehen, und sich dadurch verbessern können (vgl. ebd.).

Die Ausbildung wird schließlich der Ausbildungsordnung gemäß mit einer Falldarstellung in einem 45-minütigen Vortrag abgeschlossen (vgl. WPV, 2024, 11). Klare Formulierungen zu den Voraussetzungen für den Abschluss einer Ausbildung sind wichtig, da sonst Unsicherheiten auftauchen zu einem Zeitpunkt, wo schon sehr viel in die Ausbildung investiert wurde. Unklarheiten an dieser Stelle könnten dazu führen, sich am Ende der Ausbildung noch einmal einer intransparenten Machtausübung ausgesetzt zu sehen. Insofern schließt sich hier der Kreis zum ersten Institutionalisierungsritual, dem Rundgang, der auch intransparent erlebt werden kann. Im Unterschied zum Rundgang kann hier die »unvermeidliche Zumutung«, wie es Heenen-Wolff genannt hat, aber vermieden werden, damit es nicht ganz am Ende der Ausbildung noch zu einer Überraschung kommt. Kernberg argumentiert übrigens sowohl gegen die Abschlussarbeit als auch gegen den Abschlussvortrag. Er sagt: »Eine wissenschaftliche Arbeit als Vorbedingung für die Aufnahme in die Gesellschaft scheint ein bürokratischer und sehr fraglicher alter Brauch zu sein [...]« (Kernberg, 2013c, 115). Statt eines Abschlussvortrags hält er es für sinnvoller, eine wissenschaftliche Arbeit »erst nach der Aufnahme« zu halten, »als freudig begrüßter Beitrag zum Einstand und nicht als ein weiterer Initiationsritus« (a. a. O., 97).

Da ist er wieder: Der Begriff Initiationsritus, der über die Aufnahme in die Gruppe entscheidet und als Institutionalisierungsritus das Institut in seinen Grenzen bestätigt. Beim allerletzten Ausbildungsschritt geht es ganz deutlich um die Mitgliedschaft in der Gruppe, was in der darauffolgenden Aussendung, XY sei als ordentliches Mitglied in die WPV und die IPA aufgenommen worden, explizit gemacht wird. Es wird nicht verkündet, dass XY jetzt zur selbstständigen Berufsausübung berechtigt ist.

Hier geht es um Machterhalt in zweierlei Hinsicht: um die Erhaltung der Macht einer bestimmten sozialen Gruppe und um den Fortbestand dieser Gruppe an sich. An dieser Stelle soll noch einmal betont werden, dass Macht moralisch neutral und Machterhalt auch notwendig ist, um dem Vereinszweck zu dienen.

Schon vor Beginn der Ausbildung kommt die Ausbildungswillige mit der Macht des Ausbildungsvereins in Kontakt: Es gibt Aufnahmekriterien, welche erfüllt werden müssen. Der Lehrausschuss ist vom Ausbildungsverein dazu bestimmt worden, über die Grenzen der Gruppe zu wachen, indem er bestimmt, wer – zunächst als Kandidatin – beitreten darf. Michael Schröter nennt schon den allerersten Unterrichtsausschuss am Berliner Institut von 1923 als »eigentliche[s] Machtzentrum des Instituts« (Schröter, 2021, 31).

Es geht eben auch um die Aufnahme in eine bestimmte soziale Gruppe, einen Verein. Der Lehrausschuss hat dabei die Aufgabe, das soziale Kapital der Gruppe zu bewachen und zu bewahren. Das soziale Kapital ist nach Bourdieu »die Gesamtheit der aktuellen und potenziellen Ressourcen, die mit dem Besitz eines dauerhaften Netzes von mehr oder weniger institutionalisierten *Beziehungen* gegenseitigen Kennens oder Anerkennens verbunden sind; oder, anders ausgedrückt: es handelt sich dabei um Ressourcen, die auf der *Zugehörigkeit zu einer Gruppe* beruhen« (Bourdieu, 2015, 63; Herv. i. Orig.). Es geht demnach bei der Bildung einer sozialen Gruppe – also auch eines Vereins – darum, ein Beziehungsnetzwerk zu schaffen, das den einzelnen Mitgliedern nützt. Nach Bourdieu wird die Gruppe durch die gegenseitige Anerkennung der Gruppenmitglieder reproduziert und in ihren Grenzen bestätigt (vgl. a. a. O., 66). Er sagt, dass »[j]edes Gruppenmitglied […] so zum Wächter über die Gruppengrenzen [wird]« (ebd.). Alle ordentlichen Mitglieder stimmen nach dem Abschlussvortrag über die Aufnahme in die Gruppe ab. Aber, wie Bourdieu ausführt: »[…] mit der Einführung neuer Mitglieder in eine Familie, einen Clan oder einen Klub wird die Definition der ganzen Gruppe mit ihren Grenzen und ihrer Identität aufs Spiel gesetzt und von Neudefinitionen, Veränderungen und Verfälschungen bedroht« (ebd.). Für die Gruppe ist die Aufnahme neuer Mitglieder also immer mit einem Risiko verbunden, gleichzeitig kann sie aber nur durch die Aufnahme neuer Mitglieder weiter bestehen; sie muss sich dieser Gefahr also aussetzen. Sie tut aber gut daran, dies sorgfältig zu tun. Es ist also sinnvoll und notwendig, dass der Lehrausschuss die Grenzen der Gruppe gut bewacht. Freilich geht es beim Auswahlprozess nicht nur um das soziale Kapital der Gruppe, sondern auch um die Verantwortung den Patientinnen gegenüber. Der Lehrausschuss muss auch im Sinne der Patientinnen sorgfältig auswählen, wer ausgebildet wird.

Die Regeln, wonach die Ausbildung und damit die Aufnahme in die Vereinigung zu erfolgen haben, sind anscheinend klar und transparent. Sie begrenzen damit nicht nur die Freiheit der nunmehrigen Kandidatin, sondern auch die Macht des Lehrausschusses – auch dieser hat sich an die Regeln zu halten und ist in seinem Spielraum eingeschränkt.

An dieser Stelle, ganz am Ende der Ausbildung, sollte es nicht noch einmal zu einer Machtdemonstration kommen: Wir erinnern uns, Luhmann hat von der Unsicherheit als fundamentaler Voraussetzung der Macht gesprochen. Und auch Bourdieu sagt, »[d]ie absolute Macht besteht in der Unvorhersehbarkeit« (Bourdieu, 2020, 293). Und weiter: »Die absolute Macht folgt keiner Regel oder, genauer: sie folgt der Regel, keiner zu folgen. Ja, schlimmer noch: die Regel jedesmal [sic!] oder nach Belieben und nach Maßgabe ihrer Interessen zu ändern« (a. a. O., 295). Das erinnert an Kernbergs 9. Empfehlung zur »Unterdrückung der Kreativität von Kandidaten der Psychoanalyse« (Kernberg, 1998), wo es heißt: »Verstärken Sie die Rituale der Prüfung durch alle nur denkbaren Mittel. […] So läßt [sic!] sich zum Beispiel eine schriftliche Falldarstellung für die Prüfung verlangen, die dann zahlreichen Revisionen und Korrekturen unterzogen wird.« (a. a. O., 202) Es ist wichtig, dass die Kriterien für den Abschluss klar formuliert sind, denn sonst könnte hier absolute Machtausübung möglich werden. Das sollte aber vermieden werden, denn, so Anter: »Es ist unter allen Umständen erstrebenswert, absolute Macht und Machtkonzentration zu verhindern« (Anter, 2012, 44).

Ziel des Beitrags war es, Machtphänomene in der Ausbildung zu untersuchen, ohne diese zu bewerten, denn Macht ist in sozialen Gruppen omnipräsent und Machtausübung nicht zu vermeiden.

Literatur

Anter, Andreas (2012): *Theorien der Macht zur Einführung*. Hamburg: Junius, 5. Aufl. 2020.
Arendt, Hannah (1970): *Macht und Gewalt*. München: Piper, 20. Aufl. 2011.
Balint, Michael (1948): On the Psycho-Analytic Training System. *Int. J. Psycho-Anal.* 29, 163–173.
Bernfeld, Siegfried (1952): Über die psychoanalytische Ausbildung. *Psyche – Z. Psychoanal.* 38/5 (1984), 437–459.
Bohleber, Werner (2019): Zur Geschichte des Eitingon-Modells und seiner Bedeutung für die psychoanalytische Ausbildung. *Psyche – Z. Psychoanal.* 73/7, 477–496.
Bourdieu, Pierre (2015): Ökonomisches Kapital – Kulturelles Kapital – Soziales Kapital, in: ders.: *Die verborgenen Mechanismen der Macht. Schriften zu Politik und Kultur 1*. Hamburg: VSA.
Bourdieu, Pierre (2020): *Meditationen. Zur Kritik der scholastischen Vernunft*. Frankfurt a. M.: Suhrkamp, 5. Aufl.
Brenner, Charles (1999): Die Art des Wissens und die Grenzen der Autorität in der Psychoanalyse, in: Hardt, Jürgen/Vaihinger, Antje (Hg.): *Wissen und Autorität in der psychoanalytischen Beziehung*. Gießen: Psychosozial, 31–39.
Cremerius, Johannes (1986): Spurensicherung. Die »Psychoanalytische Bewegung« und das Elend der psychoanalytischen Institution. *Psyche – Z. Psychoanal.* 40/12, 1063–1091.
Cremerius, Johannes (1989): Lehranalyse und Macht. Die Umfunktionierung einer Lehr-Lern-Methode zum Machtinstrument der institutionalisierten Psychoanalyse. *Forum der Psychoanalyse* 5/3, 190–208.
Freud, Anna (1959): *Probleme der Lehranalyse*. Die Schriften der Anna Freud V. Frankfurt a. M.: Fischer Taschenbuch, 1987, 1397–1410.
Freud, Anna (1976): *Bemerkungen über Probleme der psychoanalytischen Ausbildung*. Die Schriften der Anna Freud X. Frankfurt a. M.: Fischer Taschenbuch, 1987, 2805–2810.

Foucault, Michel (2005): Macht und Körper, in: ders.: *Analytik der Macht.* Frankfurt a. M.: Suhrkamp, 9. Aufl. 2021, 74–82.

Fricker, Miranda (2023): *Epistemische Ungerechtigkeit. Macht und die Ethik des Wissens.* München: C. H. Beck.

Hagedorn, Egon (1992): Die Macht der Lehre und die Ohnmacht der Analyse. Identifizierung als Konfliktfeld zwischen Analyse und Lehre, in: Streeck, Ulrich/Werthmann, Hans-Volker (Hg.): *Lehranalyse und psychoanalytische Ausbildung.* Göttingen: Vandenhoeck & Ruprecht, 84–98.

Hardt, Jürgen/Vaihinger, Antje (Hg.) (1999): *Wissen und Autorität in der psychoanalytischen Beziehung.* Gießen: Psychosozial.

Heenen-Wolff, Susann (2016): Die psychoanalytische Institution. Plädoyer für eine Öffnung der Ausbildungsausschüsse. *Psyche – Z. Psychoanal.* 70/11, 1075–1088.

Hermanns, Ludger/Bouville, Valérie/Wagner, Cornelia (Hg.) (2021): *Ein Jahrhundert psychoanalytische Ausbildung. Einblicke in internationale Entwicklungen.* Gießen: Psychosozial.

Hinze, Eike (2021): Die Lehranalyse, in: Hermanns, Ludger/Bouville, Valérie/Wagner, Cornelia (Hg): *Ein Jahrhundert psychoanalytische Ausbildung. Einblicke in internationale Entwicklungen.* Gießen: Psychosozial, 141–151.

Kernberg, Otto (1998): Dreißig Methoden zur Unterdrückung der Kreativität von Kandidaten der Psychoanalyse. *Psyche – Z. Psychoanal.* 52/3, 199–213.

Kernberg, Otto (2013a): *Affekt, Objekt und Übertragung. Aktuelle Entwicklungen der psychoanalytischen Theorie und Technik.* Gießen: Psychosozial, 2. Aufl.

Kernberg, Otto (2013b): Eine besorgt-kritische Untersuchung der psychoanalytischen Ausbildung, in: ders.: *Affekt, Objekt und Übertragung. Aktuelle Entwicklungen der psychoanalytischen Theorie und Technik.* Gießen: Psychosozial, 2. Aufl.

Kernberg, Otto (2013c): Überlegungen zu Neuerungen in der psychoanalytischen Ausbildung, in: ders.: *Affekt, Objekt und Übertragung. Aktuelle Entwicklungen der psychoanalytischen Theorie und Technik.* Gießen: Psychosozial, 2. Aufl.

King, Vera (2022): *Sozioanalyse. Zur Psychoanalyse des Sozialen mit Pierre Bourdieu.* Gießen: Psychosozial.

Luhmann, Niklas (2012): *Macht.* Konstanz, München: UVK, 4. Aufl.

Popitz, Heinrich (1986): *Phänomene der Macht.* Tübingen: Mohr Siebeck, 2. Aufl. 1992.

Schröter, Michael (2021): Das alte Berliner Psychoanalytische Institut. Geschichte – Profil – Bedeutung, in: Hermanns, Ludger/Bouville, Valérie/Wagner, Cornelia (Hg): *Ein Jahrhundert psychoanalytische Ausbildung. Einblicke in internationale Entwicklungen.* Gießen: Psychosozial, 27–40.

Staehle, Angelika (2021): 100 Jahre institutionalisierte psychoanalytische Ausbildung, in: Hermanns, Ludger/Bouville, Valérie/Wagner, Cornelia (Hg): *Ein Jahrhundert psychoanalytische Ausbildung. Einblicke in internationale Entwicklungen.* Gießen: Psychosozial, 195–205.

Streeck, Ulrich/Werthmann, Hans-Volker (Hg.) (1992): *Lehranalyse und psychoanalytische Ausbildung.* Göttingen: Vandenhoeck & Ruprecht.

Weber, Max (1921): *Wirtschaft und Gesellschaft.* Tübingen: Mohr Siebeck, 5. Aufl. 1972.

WPV (2024): *Ausbildungsordnung:* www.wpv.at/fileadmin/Documents/WPV/Menu-Seiten/Ausbildung/WPV_AO_GV.28.11.2023.pdf (20.12.2024).

Zwiebel, Ralf (2023): Überlegungen zum psychoanalytischen Arbeitsmodell in der Lehranalyse. *Psyche – Z. Psychoanal.* 77/3, 222–249.

Phänomene der (Ohn-)Macht

Klaus Posch

Bei einer ersten Durchsicht psychoanalytischen Schrifttums zu Macht und Ohnmacht fällt auf, dass »Ohnmacht« häufiger, »Macht« seltener Gegenstand von Erörterungen ist. Eine theoretisch-systematische Auseinandersetzung mit Macht aus psychoanalytischer Perspektive steht zwar aus, es gibt aber einige Publikationen aus der Feder von PsychoanalytikerInnen zu verschiedenen Aspekten von »Macht«, die ich jedenfalls erwähnen und zur Lektüre vorschlagen möchte:

- Hans-Jürgen Wirth legte in »Narzissmus und Macht. Zur Psychoanalyse seelischer Störungen in der Politik« (2002) Psychopathologien zu mächtigen Politikern vor.
- Sylvia Zwettler-Otte erzählt in ihrer Monografie »Unbehagen in psychoanalytischen Institutionen« (2019) von unseren »Ohnmachtsgeschichten« als PsychoanalytikerInnen in psychoanalytischen Organisationen und deutet diese psychoanalytisch.
- In Johann August Schüleins Buch »Psychoanalyse als gesellschaftliche Institution. Soziologische Betrachtungen« (2021) fand ich zahlreiche Analysen zur Macht-Ohnmacht-Problematik in der institutionellen Psychoanalyse der Gegenwart, von denen zwei Aspekte in meinen theoretisch-systematischen Überlegungen aufgegriffen werden: »Es gibt nur wenige Zünfte mit so ausgeprägtem Stolz und komplementär so deutlicher Distanzierung zur profanen Umwelt« (S. 228) und weiter: »In Bezug auf die organisatorischen Grundlagen der Psychoanalyse gibt es noch viel zu tun. Vor allem das Fehlen einer offensiven Außenpolitik, aber auch eine angemessene Form der Innenpolitik sind entscheidende Schwachstellen.« (S. 280)
- Gabriele Junkers gab 2022 einen Sammelband mit Aufsätzen führender FunktionärInnen der internationalen Psychoanalyse heraus und entwickelte daraus so etwas wie ein »Leitbild« für die internationale Psychoanalyse der Gegenwart: »Psychoanalyse leben und bewahren. Für ein kollegiales Miteinander in psychoanalytischen Institutionen.«
- Und nicht zuletzt möchte ich an Douglas Kirsner erinnern. In seinem Aufsatz über »Ein Leben unter Psychoanalytikern« (2002) fand ich folgende Bemerkung: »Zunehmend wurde mir bewusst, welch starken Einfluss Macht auf Wissen hat …« – auch auf diese werde ich zurückkommen.

Was weitgehend fehlt, ist der thematische Diskurs der Psychoanalyse mit der Sozialphilosophie (u. a. Han, 2005; Anter, 2012) und der Soziologie, die, beginnend mit Georg Simmels Studie »Der Streit als spezielle Form von Vergesellschaftung« (1908), einen für Theorie und Praxis der Psychoanalyse wertvollen, aber selten gehobenen Schatz von Arbeiten zum Phänomen (Ohn-)Macht bereitstellt. Mein Beitrag soll eine Brücke zwischen Psychoanalyse und Soziologie, speziell der soziologischen Studie »Phänomene der Macht« von Heinrich Popitz (1992), schlagen. Bei der Diskussion der theoretischen Erwägungen für die Psychoanalyse werde ich auf drei Erzählungen aus meinem Leben als Psychoanalytiker zurückgreifen.

Wer war Heinrich Popitz? Heinrich Popitz (1925–2002) wuchs in Berlin auf, er war der Sohn des preußischen Finanzministers und Widerstandskämpfers Johannes Popitz. Sein Vater wurde 1944 von den Nationalsozialisten hingerichtet, als der Sohn gerade 19 Jahre alt war (Popitz, 1980, 15).

Bekanntlich kommen wir bei der theoretischen Erörterung schwieriger Themen nicht ohne Metaphern aus, nicht im Alltag, nicht in Diskussionen und auch nicht in den Wissenschaften. In Heinrich Popitz' Monografie »Phänomene der Macht« (1992) fand ich für das Phänomen Macht zwei – wie ich meine: besonders beeindruckende – Metaphern für Macht:

– Macht ist »ein abstraktes Gespenst« (a. a. O., 227);
– Macht ist »ein Dickicht, für dessen Untersuchung so etwas wie ein Wegenetz erforderlich ist, um sich nicht zu verirren« (a. a. O., 5).

Macht ist beides: ein Gespenst und ein Dickicht mit Wegenetz. Lassen wir Ersteres nicht aus den Augen; erfolgversprechender und hilfreicher für die Suche nach einer Antwort, was Macht sei, erscheint mir die zweite Metapher. Das von mir vorgestellte Wegenetz ist eine stark abgekürzte Variante des von Heinrich Popitz entwickelten Wegenetzes. Dieses hat drei Stationen, die durch folgende Leitfragen bestimmt sind:

1. Wie können wir das Phänomen Macht verstehen?
2. Wie setzt sich Macht durch?
3. Wie bildet sich Macht aus?

Bei der Suche nach Antworten auf diese drei Leitfragen wird erkennbar, dass Macht als Phänomen nicht ohne Ohnmacht und Ohnmacht als Phänomen nicht ohne Macht denkbar ist. Macht und Ohnmacht stehen in einer unauflöslichen Beziehung. Daher erscheint es theoretisch zwingend notwendig zu sein, entweder von Macht/Ohnmacht oder von Ohnmacht/Macht als Phänomene sprechen.

Ad 1: Wie können wir das Phänomen Ohnmacht/Macht verstehen?

Wir unterstellen mit großer Selbstverständlichkeit, dass Macht/Ohnmacht ein allgemeines Element der Conditio humana sei und das Wesen menschlicher Vergesellschaftung von Grund auf bestimme. Wenn wir das unterstellen, müssen wir zunächst »von Grund auf« fragen: Worauf beruht menschliche Macht? Auf welchen menschlichen Handlungsfähigkeiten, auf welchen vitalen Bedingtheiten beruht sie? (vgl. Popitz, 1992, 11)

Der Begriff »Macht«, so Popitz, entwickelte sich aus gesellschaftlichen Ereignissen, über die nachträglich nachgedacht wurde – im Sinne einer Problematisierung des Vergangenen. Beim Nachdenken entwickelten sich nach und nach Prämissen eines kritisch-reflexiven Machtbegriffs:
- Die erste und grundlegende dieser Prämissen ist der Glaube an die Machbarkeit von Machtordnungen durch Menschen.
- Die zweite Prämisse hält fest, dass soziale Ordnungen menschlich verfasst sind: Ordnungen des menschlichen Zusammenlebens sind etwas Gestaltbares, Veränderbares, Disponibles. Somit gilt auch: Eine bessere Ordnung als die erlebte ist denkbar.
- Ein kritisch-reflexives Machtverständnis beruht drittens auf der Prämisse, dass alle Machtanwendung Freiheitsbegrenzung und jegliche Macht rechtfertigungsbedürftig ist.

Kurz gesagt (vgl. a. a. O., 20):
- Macht ist machbar,
- Machtordnungen sind veränderbar,
- eine gute Ordnung ist »entwerfbar«,
- Macht ist omnipräsent und
- alle Macht ist fragwürdig.

Macht meint somit etwas, das wir als Menschen vermögen, anders gesagt: Wir verfügen über das Vermögen, etwas zu verändern und uns dabei gegen fremde Kräfte durchzusetzen. Das wiederum bringt es mit sich, dass in allen Beziehungen zwischen Menschen Mächtige Ohnmächtige verletzen (vgl. a. a. O., 22 ff.). Macht ist in dieser Hinsicht potenziell »Verletzungsmacht«. Über Verletzungsmacht verfügen wir gegenüber allen Objekten, somit auch gegenüber allen Organismen, letztlich auch gegenüber anderen Menschen.

Umgekehrt sind wir Menschen in vielfältiger und oftmals auch in kaum wahrnehmbarer Weise »verletzungsoffen«, potenziell ohn-mächtig, und nicht zuletzt ist stets mitzubedenken, dass allem, was lebt, das Leben genommen werden kann. Die Ausgesetztheit des menschlichen Körpers ist zwar besonders sinnfällig, dazu kommen aber noch zwei weitere Formen unserer Verletzbarkeit: die ökonomische Verletzbarkeit und die Verletzbarkeit durch den Entzug sozialer Teilhabe. Diese drei Formen unserer Verletzbarkeit ergeben die instrumentelle Macht. Basis der instrumentellen Macht ist das Geben-und-Nehmen-Können, konkreter die Verfügung über Strafen, Belohnungen und Hoffnungen. Hoffnungen können langfristig manipuliert werden, Drohungen können zu einer Macht des Angstmachens ausgebaut werden. Die instrumentelle Macht des Drohens und Versprechen ist nicht immer ein Akt der Rede, es ist im weiteren Sinn ein Tun: Versprechen ist eine typische Alltagsmacht, eine konventionelle Form der Durchsetzung gegen fremde Kräfte (vgl. a. a. O., 26).

Obwohl wir PsychoanalytikerInnen vermeiden, es auszusprechen, versprechen wir unseren AnalysantInnen »implizit« doch einiges: z. B. die Heilung von psychischem und psychosomatischem Leid oder die Beseitigung bzw. Minderung der Angst vor dem Kranksein und nicht zuletzt der Angst vor dem eigenen Tod. Die Psychoanalyse als Psychotherapie organisiert ein Angebot für Menschen, die leiden, und gehört in der gegenwärtigen Moderne zu den typischen Alltagsmächten. Um sich als moderne Alltagsmacht zu etablieren, brachte sie Organisationen hervor, die nach innen Machtordnungen mit Verletzungsmacht ausbildeten (vgl. Grubner, 2018). Unter ihnen sind die Ausbildungsordnungen von besonderer Bedeutung (vgl. Purkathofer, S. 25–33 in diesem Band). Für unsere Ausbildungsordnungen als innere Machtordnung gelten naturgemäß die allgemeinen Prämissen von Macht, z. B. die Prämissen, wonach eine gute Ordnung entworfen und Machtordnungen verändert werden können.

Dazu meine erste Erzählung über Erfahrungen mit »Gewaltenteilung« in der psychoanalytischen Ausbildung (zum Prinzip der Gewaltenteilung als Einhegung von Macht und Ohnmacht vgl. Anter, 2012, 45 ff.):

Als ich 1984 nach Graz kam, war die Zahl der Mitglieder im Grazer Arbeitskreis für Psychoanalyse auf ein Minimum geschrumpft – wir waren zu dritt. Nach einigen Diskussionen trafen wir die Entscheidung, den Grazer Arbeitskreis für Psychoanalyse wieder aufzubauen und dazu ein Ausbildungssystem zu entwickeln.

Wir kamen überein, dass es

– keinen verfestigten Status des Lehranalytikers geben solle und dass
– kein Analytiker mehr als 25 % seiner Arbeitszeit für die Durchführung von Eigen- bzw. Lehranalysen verwenden dürfe.
– Zuletzt wurde vereinbart, dass Personen, die die Ausbildung im Grazer Arbeitskreis für Psychoanalyse machen, von Beginn ihrer Ausbildung an in vereinsrechtlicher Sicht Mitglieder des Arbeitskreises sind.

Damit sollte den KollegInnen, die bei uns in Ausbildung sind, ein Anstoß gegeben werden, ihre psychoanalytische Ausbildung mitzugestalten und dafür Mit-Verantwortung zu übernehmen.

Die Beziehung zwischen KandidatInnen und LehranalytikerInnen ist jedenfalls eine Autoritätsbeziehung, in der die Prämissen von Macht-Ohnmacht-Verhältnissen wirksam sind (vgl. Posch, 2017). Als Autoritätsbeziehung beruht sie auf einem zweifachen Anerkennungsprozess: auf der Anerkennung der Überlegenheit eines anderen als Maßsetzendem, Maßgebendem, und zugleich auf dem Streben, von diesem Maßgebenden selbst anerkannt zu werden, Zeichen der Bewährung zu erhalten (vgl. Popitz, 1992, 29). Das scheint mir ein Kernkonflikt in Lehranalysen zu sein, der in den jeweiligen Eigen- und Lehranalysen und in den psychoanalytischen Organisationen thematisiert werden kann und soll. Lewis Coser (1972, 83) im Anschluss an Simmel (1908) »schärfte« diese Einsicht, indem er festhält: »Wir können sagen, dass ein Konflikt leidenschaftlicher und radikaler ist, wenn er aus engen Beziehungen entsteht.« Bereits Georg Simmel schrieb dem »Streit« eine positive Funktion für die Ausbildung und Erhaltung von gesellschaftlichen Formationen zu. Diese positive Funktion kann auch durch indirekte Mittel erreicht werden, von denen der Witz eines ist (vgl. Freud, 1905c, 113, 115).

Wie bereits angedeutet, liegen die Wurzeln sozialer Macht in der Entsprechung konstitutiver Handlungsfähigkeiten einerseits und vitaler Abhängigkeiten andererseits (Popitz, 1992, 32).

Konstitutive Handlungsfähigkeiten wären:
– unsere Fähigkeit, Maßstäbe zu setzen;
– unsere Fähigkeit zum technischen Handeln, z. B. Anwendung von Techniken;
– unsere Fähigkeiten zu verletzenden Aktionen;
– unsere Fähigkeit, Angst und Hoffnungen zu erzeugen usw.

Vitale Abhängigkeiten wären:
– unsere Verletzbarkeit;
– unsere Sorge um die Zukunft;
– unsere Maßstabs- und Anerkennungsbedürftigkeit;
– unsere Angewiesenheit auf Artefakte (z. B. Zertifikate und Bestätigungen) usw.

Die »Chance« zur Machtausübung ist für uns in sämtlichen alltäglichen sozialen Interaktionen gegeben. Sie kann in unzähligen Konstellationen intentional und eklatant genutzt werden. Im Prozess der Sozialisation wird sie stets genutzt und muss immer genutzt werden: Jedes Kind lernt den Umgang mit Macht. Es erleidet seine Verletzungsoffenheit – und sei es nur, wenn ihm etwas gewaltsam weggenommen wird, um es zu schützen. Es lernt zu begreifen, dass seine Handlungen gute und böse Folgen haben und dass andere diese Folgen herbeiführen können. Nicht zu übersehen ist, dass auch Kinder Macht ausüben und dabei Lust empfinden: über ihre Eltern, über Freunde, über andere Menschen, auch Gegenstände, Umwelten usw., nicht zuletzt über sich selbst. Darüber erfahren wir selten etwas in Analysen – weil wir es zu wenig beachten. Die Idee Theodor Fechners eines »Lustprinzip[s] des Handelns« (1848) hat in die psychoanalytische Metapsychologie kaum Eingang gefunden: In Lehranalysen wird häufig über Ohnmachtserfahrungen, aber selten oder »verklausuliert« über die Lust des Handelns im Sinne von Machtausübung gesprochen.

Augenfällig hingegen ist, dass im Verbrechen Menschen über andere Menschen Macht ausüben. Dementsprechend gehört es zu den besonders wichtigen, aber zugleich besonders schwierigen Aufgaben, von den Tätern etwas über die innere Seite ihres Verbrechens – genauer: über ihr Lustempfinden, andere Menschen zu verletzen – zu erfahren. Dazu eine kurze Erzählung aus meinem Leben als Psychoanalytiker in der Bewährungshilfe:

Bevor Michael seinen sieben Monate alten Buben nahezu tötete, war er bereits von einem Bewährungshelfer betreut worden. Auf diese Betreuung hatte Michael außerordentlich positiv reagiert: Er fand eine Arbeit, eine Lebensgefährtin, gemeinsam fanden sie eine Wohnung; der Kontakt zum Bewährungshelfer war außerordentlich gut – freundschaftlich, könnte man sagen. Aufgrund des positiven Verlaufs der Betreuung wurde vom Bewährungshelfer bei Gericht angeregt, die Probezeit abzukürzen. Die Geburt des gemeinsamen Sohnes schien gleichfalls zur weiteren Stabilisierung der psychischen und sozialen Situation Michaels beizutragen.

Wir waren völlig überrascht, als wir wenige Tage nach Einbringen des Antrags bei Gericht benachrichtigt wurden, dass Michael festgenommen worden war, nachdem er versucht hatte, seinen Sohn zu töten. Wir fragten uns betroffen, wie es dazu gekommen war, und erfuhren nach und nach Folgendes: Während seine Lebensgefährtin einer Halbtagsbeschäftigung nachging, sollte Michael auf seinen Sohn aufpassen. Doch dieser störte ihn beim Fernsehen. Auf diese Weise in Wut versetzt, fasste Michael das Baby an den Unterarmen und schüttelte und drückte es heftig, bis es nicht mehr schreien konnte.

Wenige Tage nach diesem Vorfall sollte Michael wieder auf sein Kind aufpassen. Er wollte jedoch schlafen und wurde durch das Weinen des Kindes geweckt. In seinem Zorn schleuderte er es mit Wucht auf den Wickeltisch, wobei das Baby zuerst mit dem Kopf aufprallte. Es schloss die Augen und hörte auf zu atmen. Als Michael das bemerkte, wendete er den Tod seines Kindes durch Wiederbelebungsmaßnahmen ab.

Ich betreute Michael bis zu seiner Gerichtsverhandlung und setzte die Betreuung danach in eingeschränktem Maße fort. Er ging mit mir entwertend und aggressiv um, beschuldigte mich laufend, dass ich zu wenig für ihn tun würde, stellt mich als »Dodl« hin, der nicht weiß, worum es im Leben geht. Michael gelang es nicht, sich mit seinen Schuldgefühlen gegenüber seinem Kind auseinanderzusetzen, obwohl ich ihn laufend damit konfrontierte.

Ich erlebte Michael als zuneigungsbedürftig, zugleich als verfolgend, entwertend und rücksichtslos. Ich selbst fühlte mich ohnmächtig, und es gab Momente, in denen ich Michael abgrundtief hasste und ihn am liebsten umgebracht hätte. Diese Phantasie meiner Verletzungsmacht gegenüber Michael ermöglichte es mir jedoch, mit Michael in Kontakt zu bleiben und den psychoanalytischen Dialog mit ihm fortzusetzen.

Warum hat Michael – so eine der vielen Fragen zu dieser Geschichte – nach dem ersten Übergriff auf sein Kind seine Verletzungsmacht noch weiter gesteigert? Anders gefragt: Können wir Macht, unsere Lust an Macht, begrenzen? Als AlltagspsychologInnen glauben wir, dass es eine grundlegende menschliche Tendenz gibt, Macht zu begrenzen. Doch weit gefehlt! Machtakkumulationen werden durch die Disposition zur Verallgemeinerung von Machterfahrungen gefördert: Wo Macht ist, kommt weitere Macht hinzu, und wo Ohnmacht ist, kommt weitere Ohnmacht hinzu (Popitz, 1992, 36). Demnach gibt es ein Erweiterungs- oder Ausdehnungsprinzip von Macht und Ohnmacht. Darauf verwies Sigmund Freud 1924, also vor 100 Jahren, in seiner Arbeit »Das ökonomische Problem des Masochismus«:

> Man hat ein Recht dazu, die Existenz der masochistischen Strebung im menschlichen Triebleben als ökonomisch rätselhaft zu bezeichnen. Denn wenn das Lustprinzip die seelischen Vorgänge in solcher Weise beherrscht, daß Vermeidung von Unlust und Gewinnung von Lust deren nächstes Ziel wird, so ist der Masochismus unverständlich. Wenn Schmerz und Unlust nicht mehr Warnungen, sondern selbst Ziele sein können, ist das Lustprinzip lahmgelegt, der Wächter unseres Seelenlebens gleichsam narkotisiert. (Freud, 1924c, 371)

Freud kommt am Schluss seiner Masochismus-Arbeit zu folgender Lösung der zuvor aufgeworfenen Rätsel:

> Der Sadismus des Über-Ichs und der Masochismus des Ichs ergänzen einander und vereinigen sich zur Hervorrufung derselben Folgen. Ich meine, nur so kann man verstehen, daß aus der Triebunterdrückung – häufig oder ganz allgemein – ein Schuldgefühl resultiert und daß das Gewissen umso strenger und empfindlicher wird, je mehr sich die Person der Aggression gegen andere enthält. Man könnte erwarten, daß ein Individuum, welches von sich weiß, daß es kulturell unerwünschte Aggressionen zu vermeiden pflegt, darum ein gutes Gewissen hat und sein Ich minder mißtrauisch überwacht. Man stellt es gewöhnlich so dar, als sei die sittliche Anforderung das Primäre und der Triebverzicht ihre Folge. Dabei bleibt die Herkunft der Sittlichkeit unerklärt. In Wirklichkeit scheint es umgekehrt zuzugehen: der erste Triebverzicht ist ein durch äußere Mächte erzwungener, und er schafft erst die Sittlichkeit, die sich im Gewissen ausdrückt und weiteren Triebverzicht fordert.
>
> So wird der moralische Masochismus zum klassischen Zeugen für die Existenz der Triebvermischung. Seine Gefährlichkeit rührt daher, daß er vom Todestrieb abstammt, jenem Anteil desselben entspricht, welcher der Auswärtswendung als Destruktionstrieb entging. Aber da er anderseits die Bedeutung einer erotischen Komponente hat, kann auch die Selbstzerstörung der Person nicht ohne libidinöse Befriedigung erfolgen. (Freud, 1924c, 383)

Das Erweiterungs- und Ausdehnungsprinzip von Ohnmacht findet seinen psychischen Grund in der libidinösen Befriedigung der Selbstzerstörung.

Ad 2a: Wie setzt sich Macht/Ohnmacht durch?

»Der Mensch muss nie, kann aber immer gewaltsam handeln. Er muss nie, kann aber immer töten – einzeln oder kollektiv – gemeinsam oder arbeitsteilig – in allen Situationen, kämpfend oder Feste feiernd – in verschiedenen Gemütszuständen, im Zorn, ohne Zorn, mit Lust, ohne Lust, schreiend oder schweigend (in Totenstille) – für alle denkbaren Zwecke – jedermann.« (Popitz, 1992, 50)

Bekanntlich erzählte Sigmund Freud in »Totem und Tabu« (1912–13a) eine »wilde« Geschichte, in der die Söhne ihren eifersüchtigen und gewaltsamen Vater – den Tyrann einer Darwin'schen Urhorde – erschlagen, seine Leiche verzehren und in der Erschütterung durch diese Tat zu den ersten Normen der menschlichen Gesellschaft finden, dem Inzest- und dem Tötungstabu. Die Vorstellung eines gesellschaftlich verbindlichen Gut und Böse kann nur durch eine Tat hervorgebracht werden, die vor jeder moralischen Reflexion das Signum dessen trägt, was nicht wiederholt werden darf. So verpflichten sich die Brüder, dass niemand von ihnen vom anderen behandelt werden dürfe, wie der Vater von ihnen allen gemeinsam.

Im Gegensatz zu Thomas Hobbes (1588–1679), der »schöpferische Angst« als Beginn und Begründung einer sozialen Ordnung als schützende Instanz verspricht (vgl. Anter, 2012, 26 ff.), beginnt für Freud soziale Ordnung mit einem Verzicht, mit der Selbstbeschränkung auf Gegenseitigkeit durch die Instanz des Gewissens. Der Grundgedanke aber ist bei Hobbes und Freud der gleiche: Die Geburt der Ordnungsidee aus der Erfahrung der Gewalt (vgl. Popitz, 1992, 62). Dieser Ordnungsidee ist implizit, dass sie mit Regelbrüchen rechnet, die bestraft werden müssen, wollen die Menschen, dass die Ordnungsidee aufrechterhalten bleibt.

Ad 2b: Wie kann Macht/Ohnmacht durchgesetzt werden?

Macht kann (scil.!) durchgesetzt werden:
 – durch Gewalt und Herrschaft,
 – durch Drohen und Bedrohtwerden,
 – durch Hoffnungen,
 – durch Bindung an Autoritäten,
 – durch Förderung von Gehorsam,
 – durch technisches Handeln usw.

Zur Erinnerung – eine zentrale Prämisse unseres Verständnisses von Macht lautet: Macht kann, muss aber nicht durchgesetzt werden. Wenn aber Macht (z. B. als Gewalt) durchgesetzt wird, dann braucht und strebt sie nach Legitimation. Die Legitimierung von Macht und Gewalt wird häufig durch Glorifizierung und Triumph überhöht (vgl. Popitz, 1992, 67). Auf der anderen Seite: Wenn Herrschaft gewalttätig zerschlagen wird, wird dies als Akt der Befreiung legitimiert. Das Pathos der Befreiung ist der Triumph der Revolutionäre.

Drohungen sind für Macht-Ohnmacht-Beziehungen grundlegend: Die Wirkkraft der Drohung ist eine Bedingung der Möglichkeit aller dauerhafter Machtverhältnisse (vgl. a. a. O., 79 ff.). Die Macht der Drohung wird zur Macht des Angstmachens (vgl. dazu Anselm, 1979). Wir erkennen, dass die Strukturen unseres täglichen Zusammenhandelns auch Strukturen von Drohungen sind. Jegliches Versprechen ist implizit eine Drohung, und so ist auch das Versprechen ein Mittel zur Machtausübung.

Weiters zeigt sich Macht in der Bindung an Autoritäten, die uns u. a. Erfolg und Bewältigung von Ängsten – und das »von Geburt an« – versprechen! Autorität wird nicht ausgesucht, Autorität ist nichts zum Aussuchen, sie ist strukturell vorgegeben, nicht als

Angebot, sondern als Verpflichtung (vgl. a.a.O., 119). Aus Bindungen dieser Art entsteht autoritative Macht. Autoritative Macht übt aus, wer die »Anerkennungsfixiertheit« anderer bewusst zur Steuerung ihrer Einstellungen und ihres Verhaltens ausnutzt (vgl. a.a.O., 133).

Aber es ist uns Menschen auch möglich, Drohungen und Versprechungen zu widerstehen: ein »Nein« ist prinzipiell möglich! Dazu wieder ein Beispiel aus meinem Leben als Psychoanalytiker, als ich Leiter des August-Aichhorn-Instituts für Sozialarbeit an der FH Joanneum in Graz war:

Jedes Jahr wollten an die 500 junge Menschen einen Studienplatz für ein Bachelorstudium in Sozialarbeit bekommen. Vom Träger waren aber nur 50 Studienplätze beantragt und bewilligt. Als Institutsleiter hatte ich die Aufgabe, die geeignetsten 50 Bewerber auszuwählen und somit zugleich 450 jungen Leuten die Türe vor der Nase zuzuschlagen. Obwohl ich Macht hatte, fühlte ich mich im Aufnahmevorgang weitgehend ohnmächtig!

Nur einmal machte ich die Erfahrung, wie wichtig es war, dass ich im Aufnahmeverfahren Macht hatte: Nach der wie immer schwierigen Zeit seiner Abwicklung erhielt ich den Anruf eines als bekannt durchsetzungsaffinen Industriemanagers, der sich bei mir erkundigen wollte, warum »sein Firmling« nicht in »meinem Studiengang« aufgenommen worden war. Ich antwortete ihm zunächst, dass sein Firmling persönlich zu mir kommen könne, ich ihm dann die Detailergebnisse seines Aufnahmeverfahrens erläutern würde und damit verbunden Hinweise geben könne, wie er seine Erfolgsaussichten im Aufnahmeverfahren des nächsten Jahres verbessern könne. Mein Anrufer war mit meinen Ausführungen unzufrieden, immer drängender forderte er mich auf, seinen Firmling ohne Wenn und Aber in das Studium aufzunehmen. Daraufhin erläuterte ich ihm, dass ich sein forderndes Verhalten als Versuch einer Nötigung betrachte und nicht weiter hinnehmen könne. Sein Ärger eskalierte und er drohte mir damit, dass er »meiner« Fachhochschule niemals mehr einen Forschungsauftrag erteilen werde. Daraufhin beschloss ich, unser Gespräch zu beenden, und sprach ihm gegenüber nochmals und diesmal ein abschließendes »Nein« aus. Meine Macht, »Nein« zu sagen – und somit illegitimen Machtansprüchen nicht nachzugeben –, empfand ich als wohltuend.

Ad 3: Wie bildet sich Macht aus?

Macht bildet sich aus, etabliert sich, stabilisiert sich und wird durch Solidarität, Etablierung von Ordnungen und Institutionen ausgebaut. Die »Gretchenfrage« lautet dabei: Wie geschieht es, dass wenige Macht über viele gewinnen und behalten?

Machtbildung beginnt mit der Bildung von Solidaritätskernen von Personen, die sich als Gruppe durch produktive Überlegenheit auszeichnen. Zwischen den Mitgliedern der Solidaritätskerne sind die Beziehungen sehr eng. Aber unangemessenes Verhalten untereinander ist schnell gefährlich. Um Gefahren unter Kontrolle zu halten, bilden sich Strukturen von Herrschaft heraus. Dabei stellen die Herrschenden einen Legitimitätsanspruch nach »unten« und zugleich adressieren die Beherrschten einen Legitimitätsglauben nach »oben« (vgl. Popitz, 1992, 198). Nehmen wir als Beispiel psychoanalytische Gesellschaften: Wie begann es hier mit der Machtbildung, mit der Herausbildung von Macht und Ohnmacht? Für die Psychoanalyse war der erste Solidaritätskern die sogenannte »Psychologische Mittwoch-Gesellschaft bei Prof. Freud« (Nunberg/Federn, 1976).

Versuchen wir einen abschließenden soziologischen Blick auf die Phänomene von Macht/Ohnmacht in der Gesellschaft der Gegenwart: Was hält gegenwärtig Gesellschaften im Innersten zusammen, oder anders gefragt: Was bewegt sie im Innersten? Wie werden die Phänomene von Macht und Ohnmacht in der Gegenwartsgesellschaft, in der wir Heutigen leben, kontextualisiert? Soziologische Analysen zeigen, dass das Streben nach »Optimierung von Gesellschaft und Psyche« (vgl. Bröckling, 2021) in modernen Gesellschaften eine der bedeutsamsten Leitvorstellungen ist. Bei diesen Optimierungsprozessen von Gesellschaft und Psyche können drei Modi unterschieden werden:
– Optimierung als Perfektionierung,
– Optimierung als quantitative Steigerung und
– Optimierung als Wettbewerb.

Die Psychoanalyse als psychotherapeutische Organisation ist von allen drei Modi der Optimierung von Gesellschaft und Psyche betroffen und liefert ihre Beiträge zur Anpassung der Menschen an die gegenwärtige Gesellschaft:
– Sie arbeitet an der Perfektionierung v.a. ihrer klinischen Theorie und Praxis,
– sie ist beteiligt an quantitativer Steigerung ihrer Effizienz und Effektivität in ihrer quantitativen Wirksamkeitsforschung und
– sie stellt sich weitgehend unreflektiert dem Wettbewerb mit zahlreichen anderen psychotherapeutischen Methoden, Techniken und Konzepten, aber auch einem internen Laufbahn-Wettbewerb.

Psychoanalytikerinnen werden gegenwärtig zunehmend als ökonomische Subjekte definiert und definieren sich in der »freien (!) Praxis« als KleinunternehmerInnen in einem Psycho-Markt, auf dem es nichts zu geben scheint, was nicht durch Vertrag geregelt werden könnte. In Bezug auf ihre internen und externen Macht-/Ohnmacht-Beziehungen, die v.a. an ihrer organisatorischen Verfasstheit sichtbar werden, bedürfte es soziologischer Selbstforschung, um sich aus Ablehnung und/oder Umarmung von außen zu lösen. Auch das Fehlen einer offensiven »Außenpolitik« ist – wie wir zuletzt bei der Neufassung des Psychotherapiegesetzes schmerzlich erkennen mussten – eine entscheidende Schwachstelle der Psychoanalyse, jedenfalls auch in Österreich (vgl. Schülein, 2021, 280). Erinnern wir uns daran: Ursprünglich hat sich die Psychoanalyse als hermeneutisches Unterfangen verstanden, den Künsten nahe stehend und der subjektiven Kreativität verpflichtet.

Literatur

Anselm, Sigrun (1979): *Angst und Solidarität. Eine kritische Studie zur Psychoanalyse der Angst.* München: Kindler.
Anter, Andreas (2012): *Theorien der Macht. Zur Einführung.* Hamburg: Junius.
Bröckling, Ulrich (2021): Das Subjekt auf dem Marktplatz, das Subjekt als ein Marktplatz, in: King, Vera/Gerisch, Benigna/Rosa, Hartmut (Hg.): *Lost in Perfection. Zur Optimierung von Gesellschaft und Psyche.* Berlin: Suhrkamp, 43–61.
Coser, Lewis A. (1965): *Theorie sozialer Konflikte.* Neuwied, Berlin: Luchterhand, 1972.
Fechner, Theodor (1848): Lustprinzip des Handelns. *Zeitschrift für Philosophie und philosophische Kritik*, 1–39.
Freud, Sigmund (1905c): *Der Witz und seine Beziehung zum Unbewussten.* GW VI.
Freud, Sigmund (1912–13a): *Totem und Tabu.* GW IX.
Freud, Sigmund (1919e): *»Ein Kind wird geschlagen«. Beitrag zur Kenntnis der Entstehung sexueller Perversionen.* GW XII, 195–226.
Freud, Sigmund (1924c): *Das ökonomische Problem des Masochismus.* GW XIII, 369–383.
Grubner, Angelika (2018): *Die Macht der Psychotherapie im Neoliberalismus. Eine Streitschrift.* Wien, Berlin: Mandelbaum.
Han, Byung-Chul (2005): *Was ist Macht?* Ditzingen: Reclam.
Olechowski, Thomas (2020): *Hans Kelsen – Biographie eines Rechtswissenschaftlers.* Tübingen: Mohr Siebeck.
Junkers, Gabriele (Hg.) (2022): *Psychoanalyse leben und bewahren. Für ein kollegiales Miteinander in psychoanalytischen Institutionen.* Gießen: Psychosozial.
Kirsner, Douglas (2002): Ein Leben unter Psychoanalytikern, in: Sievers, Burkard et al. (Hg.): *Das Unbewusste in Organisation.* Gießen: Psychosozial, 323–345.
Nunberg, Hermann/Federn, Ernst (1976 ff.): *Protokolle der Wiener Psychoanalytischen Vereinigung, 4 Bde.* Frankfurt a. M.: S. Fischer.
Popitz, Heinrich (1980): *Die normative Konstruktion von Gesellschaft.* Tübingen: Mohr Siebeck.
Popitz, Heinrich (1992): *Phänomene der Macht.* Tübingen: Mohr Siebeck, 2., stark erw. Aufl.
Posch, Klaus (2017): Bilden unsere Universitäten »blinde Eliten« aus? Anmerkungen eines Psychoanalytikers zur Beziehung zwischen Bildung, Autorität und Verantwortung im universitären Kontext, in: Hauser, Werner (Hg:): *Hochschulrecht. Jahrbuch 2017*, 195–209.
Purkathofer, Angelika (2025): *Die Macht von Meister (und Schüler?) – Institutionalisierungsriten auf dem Weg zur Psychoanalytikerin.* S. 25–33 in diesem Band.
Schülein, Johann August (2021): *Psychoanalyse als gesellschaftliche Institution. Soziologische Betrachtungen.* Gießen: Psychosozial.
Simmel, Georg (1908): Der Streit, in: ders.: *Soziologie. Untersuchungen über die Formen der Vergesellschaftung.* Berlin: Duncker & Humblot, 186–255.
Wirth, Hans-Jürgen (2002): *Narzissmus und Macht. Zur Psychoanalyse seelischer Störungen in der Politik.* Gießen: Psychosozial.
Zwettler-Otte, Sylvia (2019): *Unbehagen in psychoanalytischen Institutionen.* Gießen: Psychosozial.

Sinn und Macht

»Das Unbehagen in der Kultur« revisited

Bernd Nitzschke

1. Was die Welt im Innersten zusammenhält

Die Grundsteinlegung ist eine Zeremonie, in deren Verlauf Urkunden und andere Zeugnisse in einen Stein eingelassen werden, der das zu errichtende Bauwerk in (die) Zukunft tragen wird. Die Nachkommen sollen eines Tages erfahren, wie ihre Vorfahren gelebt haben. Auf diese Weise wird zwischen der Vergangenheit und der Zukunft in der Gegenwart eine Verbindung hergestellt. Das macht Sinn. Genauer gesagt: So wird Sinn *gemacht*. Ein solcher Sinnzusammenhang hält die Welt im Innersten (in der Erinnerung) zusammen. Das ist der Grundstein von Identität bzw. Kultur, mag es die eines religiösen, eines nationalen oder auch nur die eines kleineren Kollektivs sein, also etwa die eines Dorfes oder einer Familie.

Der Grundstein, auf dem Freud das Gebäude der Psychoanalyse errichtet hat, besteht in der Verbindung von Sinn und Macht. Es gibt zwar keine Abhandlung, in der sich Freud explizit mit diesem Thema auseinandergesetzt hätte, doch bereits ein Blick in die »Studien über Hysterie« (1895d) offenbart, dass sich Freud von Anfang an um die Konstruktion von Sinnzusammenhängen bemüht hat, um auf diese Weise Macht über die Kräfte zu gewinnen, die der Symptombildung zugrunde liegen. Eine Kapitelüberschrift in Freuds »Vorlesungen zur Einführung in die Psychoanalyse« lautet denn auch: »Der Sinn der Symptome« (1916–17a, 264 ff.).

In den »Studien über Hysterie« wird die Behandlung von »Fräulein Elisabeth v. R.« (Freud, 1895d, 196 ff.) dargestellt, eine Patientin, die Freud nicht hypnotisieren konnte, weshalb er bei ihr erstmals die Methode der freien Assoziation anwandte, um verlorene Erinnerungen wiederzufinden bzw. deren *Sinn* zu rekonstruieren (oder auch nur zu konstruieren?). Das war die Geburtsstunde der Psychoanalyse (vgl. Tögel, 2017). In der Epikrise dieses Falls schreibt Freud, er habe – nicht nur hier – »Krankengeschichten« verfasst, in denen er die »innige Beziehung zwischen Leidensgeschichte und Krankheitssymptomen« darstellen wollte. Und dann fügte er, als müsse er sich dafür entschuldigen, noch hinzu, sie seien »wie Novellen zu lesen […]. Ich muß mich damit trösten, daß für dieses Ergebnis die Natur des Gegenstandes […] verantwortlich zu machen ist […]« (1895d, 227). Allerdings begegnete Freud auf seiner Suche nach der verlorenen Zeit nicht der nackten Natur, vielmehr Leiden, deren Ursprünge und Verläufe er so in einer Erzählung arrangierte, dass sich daraus der von ihm gesuchte Sinn der Symptome ergab, deren unbewusst herrschende Macht er brechen wollte. Auf diesem Weg wurde aus der *Natur* des Gegenstands eine *Kultur* des Erzählens.

Der Zusammenhang zwischen dem *Sinn* der in den Symptomen verdeckt erfüllten Wünsche und der über diese Wünsche zu gewinnenden *Macht* bestimmte Freuds zentrales Therapieziel: die Selbstbeherrschung. Um die Macht der Wünsche zu brechen bzw. Macht über sie zu gewinnen, was auf dasselbe hinausläuft, muss man sich beherrschen, d. h. seine *Affekte* regulieren können. Sollten – um dieses Beispiel zu nennen – Wut und Angst signalisieren, dass man sich in einer bedrohlichen Situation befindet, dann wäre zudem die Macht (bzw. Fähigkeit) vonnöten, diese Situation so zu ändern, dass man nicht länger unter Wut und Angst zu leiden hat. Wunscherfüllung und affektive Regulation gehen also Hand in Hand (Nitzschke, 2012). Wissen allein hilft dabei aber nicht. »Wäre das Wissen des Unbewußten für den Kranken so wichtig wie der in der Psychoanalyse Unerfahrene glaubt, so müßte es zur Heilung hinreichen, wenn der Kranke Vorlesungen anhört oder Bücher liest. Diese Maßnahmen haben aber ebensoviel Einfluß auf die nervösen Leidenssymptome wie die Verteilung von Menukarten zur Zeit einer Hungersnot auf den Hunger« (1910k, 123).

Sollten Triebwünsche (heute spricht man eher von Beziehungswünschen), deren altersgemäße Erfüllung Voraussetzung für eine »normale« Entwicklung ist, *nicht* oder fortgesetzt *inadäquat* erfüllt worden sein, kann das der Ausgangspunkt einer langwierigen psychischen Erkrankung werden, in deren Verlauf äußere Konflikte in innere Konflikte übergehen (Nitzschke, 2000). »Alle Instinkte, welche sich nicht nach Aussen entladen, wenden sich nach Innen […]: damit wächst erst das an den Menschen heran, was man später seine ›Seele‹ nennt. Die ganze innere Welt […] ist in dem Masse auseinander- und aufgegangen […], als die Entladung des Menschen nach Aussen gehemmt worden ist« (Nietzsche, 1887). Äußerungen, die gehemmt werden, bedingen innere Reaktionen. Konstruieren wir, um dies zu veranschaulichen, den Fall eines Kindes, dessen Selbstwert wiederholt verletzt worden ist, das sich aber nicht wehren konnte, weil es zu schwach und/oder emotional abhängig war. Wenn dieses Kind die Hand, von der es geschlagen wurde, auch noch küssen musste, kommt zur äußeren (sozialen) Erniedrigung eine innere (psychische) Selbsterniedrigung hinzu. Wegen seiner Hilflosigkeit und Ohnmacht wird dieses Kind anstelle des Täters dann sich selbst verachten. Und wenn der Täter auch noch behauptet haben sollte, das Kind habe die körperlichen und/oder emotionalen Schläge ja verdient, weil es »böse« war und nur so auf den rechten Weg zurückgeführt werden konnte, wird aus dem Hass des Kindes auf den Täter der Hass eines Kindes, das seine Wut in unterschiedlicher Weise an sich selbst auslassen muss (vom Nägelkauen bis zur Anorexie).

Bei dieser Opfer-Täter-Umkehr werden *gleichzeitig* Flucht- und Angriffsreaktionen mobilisiert – und blockiert. Die Folgen sind: emotionale Übererregtheit (Wut auf den Täter) *und* emotionale Lähmung (der Aggression gegen den Täter). Das extremste Beispiel für eine solch paradoxe Beziehungssituation ist die Folter, bei der das Opfer dem Täter zwar nicht in der Außenwelt, wohl aber in der Innenwelt entkommen kann. Das geschieht mit Hilfe von Dissoziation, durch die die wahrnehmbare *physische* Realität von der wunschgerecht ausgestalteten illusionären *psychischen* Realität abgespalten wird. Es »bildeten sich zwei psychische Einstellungen anstatt einer einzigen, die eine, die der Realität Rechnung trägt, die normale, und eine andere, die unter Triebeinfluss das Ich von der Realität ablöst« (Freud, 1940a, 133). In Extremfällen führt das zu psychotischem Erleben (Freud, 1924b; 1924e).

Könnten die affektiven Folgen unerfüllter Wünsche *nachträglich* vielleicht noch korrigiert werden? Eine frühe – und allzu optimistische – Annahme, vergangenes Leid ließe sich durch »Erinnern, Wiederholen und Durcharbeiten« (Freud, 1914g) aufheben oder doch wenigstens besänftigen, findet sich in Freuds Vortrag aus dem Jahr 1893: »Über den psychischen Mechanismus hysterischer Phänomene«. Dort heißt es: »Wenn es gelingt, den Kranken zu einer recht lebhaften Erinnerung zu bringen, so sieht er die Dinge mit ursprünglicher Wirklichkeit vor sich, man merkt, daß der Kranke unter der vollen Herrschaft eines *Affektes* steht, und wenn man ihn dann nötigt, diesem *Affekte* Worte zu leihen, so sieht man, daß unter Erzeugung eines heftigen *Affektes* diese Erscheinung [...] als Dauersymptom verschwunden ist« (Freud, 1893a, 191; Herv. B. N.). Hier wird erstmals das »Junktim zwischen Heilen und Forschen« (1927a, 293) formuliert und die Möglichkeit eines kulturellen Fortschritts aufgezeigt, der darin besteht, die Macht quälender Affekte nicht durch Taten, sondern durch Worte zu brechen. Wo »Es«, die Vergangenheit war, soll »Ich« mich (bzw. die noch immer anhaltende Macht der Vergangenheit über mich) beherrschen lernen. Von der Tat zum Wort – so ließe sich dieser »Fortschritt in der Geistigkeit« auch umschreiben (Freud, 1939a, 219).

Die Schicksale meiner Wünsche und Affekte legen die Grenzen meiner Handlungskompetenz fest. Kann ich meine Wünsche innerhalb eines kollektiv begründeten und subjektiv akzeptierten Sinnzusammenhangs realisieren, bedeutet das, dass ich Selbstwirksamkeit und infolgedessen Stolz – sprich: die Stabilisierung meines Selbstwertgefühls – erlebe. Um dies näher zu erläutern, sind zunächst zwei Formen der Macht zu unterscheiden: zum einen die nicht-personale Macht der Außenwelt – sprich: die Macht der »Natur« bzw. die Macht des »Schicksals«, die in der Innenwelt als Macht des »Es« wiederkehrt – und zum anderen die personale Macht, die wiederum in zweierlei Gestalt auftritt: als Macht des Kollektivs, das Erleben und Verhalten der Gruppenmitglieder so regulieren will, dass die Stabilität der Gemeinschaft nicht gefährdet wird, und als die Macht des Individuums, sich Wünsche selbst oder mithilfe anderer Menschen zu erfüllen. Hierfür gibt es Regeln. Sie legen die Grenzen der Macht fest, ob und, wenn ja, welche Wünsche wie zu erfüllen sind.

Kollektiv gültige Regeln sind in einen übergreifenden Sinnzusammenhang eingebettet, der ursprünglich auf ausgewählten – vermeintlich historisch verbürgten – Ereignissen beruhte, die in einer Erzählung zusammengefasst wurden, durch die sie mithilfe einer »Sinngebung des Sinnlosen« (Lessing, 1919) *nachträglich* die Bedeutung erhielten, die der jeweilige Sinnzusammenhang erforderte. Dabei berief man sich auf Botschaften, die göttliche Mächte Propheten und anderen mythischen Helden zuteilwerden ließen. Das verlieh den »Urvätern« der Kultur übermenschliche Legitimität. Ihre Erzählungen sicherten das Gemeinschafts- und Identitätsgefühl der Gruppenmitglieder, das durch symbolische Handlungen – Opfergaben, Gebete, Hymnen, Gedenktage, Riten usw. – bekräftigt wurde. Eine so konstruierte Kollektivgeschichte entsteht demnach durch einen Zirkelschluss, der die vermeintliche historische Wahrheit kreiert, die im Inneren der Gruppenmitglieder als Herrschaftsanspruch verankert wird (Franz, 2019).

Ohne übergreifenden Sinnzusammenhang war (und ist) das Leben auf Erden offenbar nur schwer zu ertragen. Der Sinnzusammenhang, den die Religionsstifter, die sich als Sprachrohr Gottes auf Erden verstanden, zwischen der Welt der sterblichen Menschen und Gott herstellten, zeichnet sich durch ein Merkmal aus, das philosophisch begründeten gott-losen Sinnzusammenhängen fehlt: die Verheißung, in einer außerirdischen Welt ließe sich der irdische Tod ungeschehen machen. Diese Verleugnung des Todes bedurfte der Spaltung des Ganzen in zwei Teile – sprich: des Menschen in einen (sterblichen) Leib und eine (unsterbliche) Seele. Das half, die Angst vor dem Tod zu mindern und den Schmerz zu bewältigen, den der Verlust geliebter Menschen hervorruft. Doch die Macht des Todes war damit nicht zu brechen. Die Hoffnung, man könne in einer anderen Welt weiterleben, beruht, wie Freud mehrfach betonte (zum Beispiel: 1927c und 1930a), auf einer Illusion. Für Freud war illusionäre Wunscherfüllung schließlich das Kennzeichen aller Religionen. In Shakespeares Drama »Heinrich IV« antwortet Prinz Hal auf Falstaffs Bitte, er möge ihn in der bevorstehenden Schlacht vor dem Tod bewahren: »Why, thou owest God a death« (1. Teil, 5. Akt, 1. Szene). Seiner atheistischen Überzeugung entsprechend ersetzte Freud auf dieses Shakespeare-Zitat anspielend »Gott« durch »Natur« und schrieb, »niemand könnte aus unserem Benehmen schließen, daß wir den Tod als eine Notwendigkeit erkennen, daß wir die sichere Überzeugung haben, ein jeder von uns sei der Natur seinen Tod schuldig« (Freud, 1915i, 41). Im Gegenteil: Unsere Wunschwelt, das »Es«, kennt keine Vergänglichkeit und daher auch keinen Tod.

Die jüdisch-christliche Schöpfungs- bzw. Sinngeschichte, die Ordnung ins Chaos der Ereignisse brachte, hört sich etwa so an: »Am Anfang schuf Gott Himmel und Erde« (Gen 1:1). »Gott schied das Licht von der Finsternis« (Gen 1:4). »Das Trockene nannte Gott Land und das angesammelte Wasser nannte er Meer« (Gen 1:10) usw. Zu dieser Ordnung der physischen Welt gesellte sich die Ordnung der sozialen und psychischen Welt, gottgegebene Gesetze, die die Grenzen der Wunscherfüllung festlegen sollten: »Du sollst nicht töten« (2 Mose 20:13). »Du sollst deinen Nächsten lieben wie dich selbst« (3 Mose 19:18). »Du sollst nicht begehren deines Nächsten Haus. Du sollst nicht begehren deines Nächsten Frau, Knecht, Magd, Rind, Esel noch alles, was dein Nächster hat« (2 Mose 20:17). Diese Ge- und Verbote dienten nicht nur der Abstimmung kollektiver und individueller *Wünsche*, sondern auch der Synchronisation kollektiver und individueller *Affekte*. Kurz, sie gaben den Affekten feste Bahnen vor, die den Menschen halfen, die Welt so zu erleben, wie sie sie erleben *sollten*.

Der gesamte Lebensweg von der Wiege bis zur Bahre hatte eine gottgefällige *Bedeutung*. Sie verband die Lebenden mit der Vergangenheit (dem Leben der Ahnen) und mit der Zukunft (dem Leben nach dem Tod). Die dafür notwendigen Regeln waren zwar rigider als die in »modernen Zeiten« und in »offenen Gesellschaften« geltenden Regeln, doch sie vermittelten ein stabiles Sicherheitsgefühl – vorausgesetzt, die Menschen hielten sich an die vorgegebenen Traditionen. Dazu gehörten auch Regeln, die der rastlosen Aktivität Passivität entgegensetzten: »Am siebten Tage sollst du ruhen« (2 Mose 20:9) oder noch strenger: »Sechs Tage sollt ihr arbeiten; aber der siebte Tag soll euch heilig sein als Sabbath, der Ruhetag des Herrn. Wer an diesem Tag arbeitet, soll mit dem Tod bestraft werden« (Ex 35:2). Besonders stark griffen Trauerrituale (Trauerjahr) in den Ablauf des Lebens ein. Aber nicht nur der Alltag, auch die Jahreszeiten waren strukturiert. Wiederkehrende Gebräuche boten einen »Haltepunkt im Zeitenstrom« (Beck/Kratzer, 2024). Schließlich sorgten auch Kleider für die soziale Ordnung der Welt (Burgemeister, 2019). Die Tracht offenbarte, wer welcher Altersklasse (Kind, Jugendlicher, Erwachsener) bzw. welchem Familienstand (unverheiratet, verheiratet, verwitwet) angehörte. So machten Kleider aus nackt geborenen Menschen »Leute«, deren sozialen Status man an der Garderobe erkennen konnte.

In posttraditionellen Gesellschaften erleben sich die Menschen weniger reglementiert als in früheren Zeiten. Sie können »frei« wählen zwischen verschiedensten Sinnangeboten. Doch sie sind auch dem Stress ausgesetzt, sich immer aufs Neue ihrer Identität und ihres Selbst-Werts zu vergewissern, etwa durch die Wahl eines Pop- oder Sportidols, der Markenkleidung, der Zigarettenmarke oder des auf der Körperoberfläche als Tattoo oder Piercing angebrachten Schmucks. Zwar waren materielle und immaterielle Konsumgüter auch schon früher der »Notwendigkeit sozial-distinktiver Existenzsicherung« unterworfen (Haubl, 2009, 3), doch mit der Transformation traditionsgebundener Kulturen in marktkonforme und daher dem steten Wandel unterworfene »Konsumkulturen« wurden *individuelle* Besitztümer immer wichtiger für die Identitätsbildung und das Selbstwertgefühl (vgl. Trentmann, 2009; 2017): »Mein Haus, mein Auto, mein Boot« – dieser Sparkassenwerbeslogan kennzeichnet die Paradoxie des Bemühens, sich durch Konsum von allen anderen zu unterscheiden – und eben dadurch einer von all denen zu werden, deren Identität dem Konsumzwang unterworfen ist.

Den Titel von Friedrich Schillers Abhandlung »Über die ästhetische Erziehung des Menschen« (1795) variierend, schrieb Wolfgang Ullrich »Über die warenästhetische Erziehung des Menschen«: »Mittlerweile ist die Choreographie der Emotionen zum alltäglichen Programm geworden, das selbst schon beim Kauf einer Zahnbürste, eines Joghurts oder eben eines Duschgels stattfindet. Mehr als je zuvor modellieren nahezu alle Gebrauchsgüter die jeweilige Lebenswelt« (2009, 3). Und wenngleich die folgende Formulierung auch übertrieben klingt, sie trifft doch ins Schwarze: Der »Appell an Menschen, die in Konsumkulturen leben, ihren Konsum einzuschränken, ist mit der Aufforderung vergleichbar, mit dem Atmen aufzuhören« (Assadourian, 2010).

Wer sich an überlieferten Wertvorstellungen orientiert, gilt als konservativ, wer an deren Ursprungsfassung festhält, als Fundamentalist. Und während die einen die Überwindung »überholter« Wertvorstellungen als Emanzipation begrüßen, fühlen sich die anderen dadurch in ihrer Identität bedroht und kämpfen für das, was sie unter »Recht und Ordnung« verstehen.

Früher war alles besser – das heißt: früher war alles sicherer. Mit dem Versprechen, die Welt wieder so sicher zu machen, wie sie einmal gewesen sein soll, gewinnen Populisten auch in den Demokratien zunehmend Wahlen (etwa in Ungarn, Italien oder Frankreich). Autoritäre Führer verbinden sich mit religiösen Fanatikern: Trump in den USA mit evangelikalen Christen, Putin mit Kyrill I., dem Patriarchen der Russisch-Orthodoxen Kirche, der den Krieg gegen die Ukraine als »Heiligen Krieg« bezeichnete, den er so rechtfertigte: Er müsse »aus spiritueller und moralischer Sicht« geführt werden, um »die Welt vor dem Ansturm des Globalismus und dem Sieg des Westens« zu schützen, »der dem Satanismus verfallen« sei (zit. nach Flogaus, 2024). Narendra Modi weihte an der Stelle, an der die aus dem 16. Jahrhundert stammende Moschee Babri Masjid stand, die 1992 von einem hindunationalistischen Mob niedergebrannt worden war, einen Gott Rama geweihten gigantischen Tempel ein und sprach dazu Anfang 2024: »Der Herr hat mich zu einem Instrument gemacht, um das gesamte indische Volk zu repräsentieren« (zit. nach »Der Standard«, 2024). Ethno-religiöse Herrschaftsansprüche proklamierte auch Benjamin Netanjahu, der Führer einer rechtsextremen israelischen Regierungskoalition, der diese Worte Gottes zitierte, als er zum Kampf gegen die Hamas aufrief: »Darum zieh jetzt in den Kampf und schlag Amalek! Weihe alles, was ihm gehört, dem Untergang! Schone es nicht, sondern töte Männer und Frauen, Kinder und Säuglinge, Rinder und Schafe, Kamele und Esel!« (Sam 15:3)

Generell gilt: Je weniger Haltepunkte wir haben, die uns helfen, das Chaos unserer Empfindungen in einer Ordnung unterzubringen, desto größer ist die Gefahr, dass wir uns verlieren bzw. uns nicht mehr als Einheit *fühlen*. Kann die innerseelische Ordnung unter Belastungen aufrechterhalten werden? Kann sie bei Verlust rekonstruiert werden? Das fällt umso leichter, je sicherer die individuelle Ordnung in einem übergreifenden kollektiven Sinnzusammenhang verankert ist – und umso schwerer, je idiosynkratischer sie gestaltet wurde. Anstelle einer symptomorientierten Diagnostik wäre daher auch an eine Diagnostik zu denken, bei der die Macht (Kraft), Sensationen in einer Ordnung zu synthetisieren, das Kriterium wäre, »Gesundheit« und »Krankheit« zu unterscheiden. Rituelle Wiederholungen, die ein Zwangskranker in Gedanken oder Handlungen vollführt, wären dann als Versuche zu verstehen, endlich einen sicheren Haltepunkt zu finden. Und ein Wahnkranker wäre dann als Mensch zu begreifen, der seine chaotischen Empfindungen in Bildern zum Ausdruck bringt, die er in einem Sinnzusammenhang arrangiert, der für ihn selbst verständlich ist, mögen andere Menschen seine Ordnungsvorstellungen auch als verrückt auffassen, wie das bei Daniel Paul Schreber der Fall war (vgl. Nitzschke, 2005).

Beim Versuch, innerseelische Ordnung aufzubauen, ist der Mensch, der *nicht* als verrückt gelten will, auf andere Menschen angewiesen – das heißt: Er muss deren Sprache verstehen, um sich selbst zu verstehen. »Also sprach Zarathustra«: »Das Du ist älter als das Ich [...]« (Nietzsche, 1883, 84). Emotionale Abhängigkeit ist also primär – Autonomie sekundär. Sie wird, wie eine Sprache, schrittweise erworben. Zwar kommt das Kind mit der Fähigkeit, zu sprechen, auf die Welt, damit ist aber nicht festgelegt, welche Sprache es sprechen wird. Der Mensch, der als Erster zu ihm spricht, ist in der Regel die Mutter, deren Sprache, die *Mutter*sprache, sich von jeder *Fremd*sprache unterscheidet. Ein Kind, dessen Mutter Deutsch sprach, wird die Welt anders *erleben* als ein Kind, dessen Mutter Chinesisch sprach. »Im Anfang war das Wort« (Joh 1:1) – ist daher nur bedingt richtig. Am Anfang war die Umarmung – der Mutter, die dem Kind die Welt emotional und dann erst mental Wort für Wort erschließt.

Einer Legende zufolge wollte Friedrich II. von Hohenstaufen (1194–1250) die Ursprache der Menschheit ermitteln. Zu diesem Zweck ließ er Waisenkinder von Ammen aufziehen, die den Befehl erhalten hatten, die Kinder mit allem Notwendigen zu versorgen, aber kein Wort an sie zu richten. Die Sprache, in der sie sich verständigen würden, musste die Ursprache sein – meinte der Kaiser. Anfang des 20. Jahrhunderts griff ein Kinderarzt diese Legende auf, um die Ursache der physischen und psychischen Traumata zu erklären, die den Kindern in Pflegeanstalten widerfahren können. Die auf Befehl des Kaisers wortlos betreuten Kinder »gingen an seelischem Hungertode zugrunde«, meinte der Kinderarzt, der lang vor René A. Spitz (1945; 1946) den Begriff »Hospitalismus« benutzte. Sie konnten »ohne den Beifall und die Gebärden, die freundlichen Mienen und Liebkosungen ihrer Wärterinnen« nicht überleben, da ihnen der »Ammenzauber« fehlte (zit. nach Gross, 1920, 21 f.), der den präverbalen und erst allmählich in Worte übergehenden Singsang begleitet, der sich in der Beziehung zwischen der primären Bindungsperson (der Mutter) und dem Kind entwickelt (Nitzschke, 1984).

Dabei haben die Primäraffekte des Kindes, zu denen u. a. Angst und Wut gehören, eine wichtige, die Beziehung steuernde Signalfunktion. Sie bringen den psycho-somatischen Zustand zum Ausdruck, in dem sich das Kind befindet. Um bei diesem Beispiel zu bleiben: Die Ausdrucksgestalt von Angst (Weinen, Zittern usw.) und Wut (Brüllen, Um-sich-Schlagen usw.) kann das Kind selbst noch nicht verstehen, geschweige denn in Worte zu fassen, was es dabei erlebt. Die Mutter aber sollte diese Signale verstehen und so beantworten, dass die Notlage, in der sich das Kind befindet, ein Ende finden und das Kind wieder zur Ruhe kommen kann. Das übergreifende Ziel dieses zwischen der Mutter und dem Kind stattfindenden emotionalen Austauschprozesses besteht in der Wiederherstellung des psycho-somatischen Gleichgewichts bzw. der Rückkehr zur psycho-physischen Stabilität (Fechner, 1848; Freud, 1920g).

Werden die affektiven Signale des Kindes adäquat beantwortet, *fühlt* sich das Kind verstanden und versteht sich am Ende auch selbst. Es ist in der Welt – das waren ursprünglich die Arme der Mutter – willkommen. Das ist der Grund und Boden, auf dem das Paradies – weltlich gesprochen: das primäre Sicherheitsgefühl – steht und fällt. Wiederholen sich beruhigende Beziehungserfahrungen, bedeutet das (ins Erleben des Kindes übersetzt): »Ich bin stark genug und so viel wert, dass ich andere Menschen (zunächst die Mutter, später auch andere wichtige Bindungspersonen) veranlassen kann, sich um mich kümmern.« Die Verinnerlichung solch früher (zunächst unbewusster) Erfahrungen der Selbstwirksamkeit begründet die Kohärenz des Selbst, die zur Basis des lebenslang anhaltenden Selbst-Wert-Gefühls wird. Darauf beruht das Selbst-Vertrauen, das dem Erwachsenen später hilft, die in Stress- und Konfliktsituationen mobilisierten Affekte (und damit sich selbst) wieder zu beruhigen. Ein Kind, dessen affektive Signale nicht oder fortlaufend inadäquat beantwortet wurden (indem es tätlich oder auch nur emotional missbraucht wurde), erlebt hingegen die Hölle auf Erden. Das ist die Einsamkeit, die der Erwachse später auch inmitten von Menschen *fühlen* wird (Nitzschke, 1988; 1990; 2015).

Bei Freud heißt es: »Die Psychoanalyse hat diese Vorbildlichkeit und Unverlöschbarkeit frühester Erlebnisse [...] feststellen können. ›On revient toujours à ses premiers amours‹ ist eine nüchterne Wahrheit« (1913j, 412). Die Macht der Vergangenheit trifft aber leider nicht nur auf in der Kindheit *erfüllte* primäre Liebe zu (Balint, 1937; 1965); sie sorgt auch für die lebenslang anhaltenden Folgen frühkindlicher Traumatisierung. Nun ist die Vergangenheit aber kein eigenmächtiges Wesen. Spricht man von der Macht der Vergangenheit oder der Macht des Schicksals, dann handelt es sich um metaphorische Umschreibungen des Selbsterlebens. Man fühlt sich einer Macht ausgeliefert, der man nichts entgegensetzen kann. Freud hat sie im Begriff des »Es« verdichtet. »Wir nähern uns dem Es mit Vergleichen, nennen es ein Chaos, einen Kessel voll brodelnder Erregungen«. Es hat keine »Organisation […], nur das Bestreben, den Triebbedürfnissen unter Einhaltung des Lustprinzips Befriedigung zu verschaffen. […]. Im Es findet sich nichts, was der Zeitvorstellung entspricht, keine Anerkennung eines zeitlichen Ablaufs […]. Wunschregungen, die das Es nie überschritten haben, aber auch Eindrücke, die durch Verdrängung im Es versenkt worden sind, sind virtuell unsterblich […]« (Freud, 1933a, 80). Der »Fortschritt in der Geistigkeit« (Freud, 1939a, 219) erfolgt dann durch fortschreitende Distanzierung von der triebhaft-animalischen Natur. Der dafür notwendige Triebverzicht stellt eine »große kulturelle Leistung« dar (Freud, 1920g, 13), die von jedem Kind verlangt wird (Freud, 1930a, 487 ff.). Diese Erziehung zum Triebverzicht erfolgt durch Vermittlung und Verinnerlichung von Werten. Misslingt sie, bedarf es nachträglicher Bemühungen. »Die psychoanalytische Behandlung wird so zu einer Nacherziehung des Erwachsenen, einer Korrektur der Erziehung des Kindes« (Freud, 1926f, 305).

2. Die gegenwärtige Macht der Vergangenheit

Auf seine Studienjahre zurückblickend schreibt Freud im Februar 1925 an Ludwig Binswanger: »Feuerbach habe ich [in] jungen Jahren allerdings mit Genuß und Eifer gelesen« (Freud/Binswanger, 1992, 202 f.). Bei dieser Lektüre hätte er womöglich die folgenden Aussagen finden können: »Wie verschwindend ist auch die Grenze zwischen dem bewussten Ich und dem unbewussten unwillkürlichen Es im Menschen!« (Feuerbach, 1857, 401) Und: »Der Mensch steht mit Bewusstsein auf einem unbewussten Grunde; er ist unwillkürlich da, er ist ein nothwendiges Wesen der Natur. Die Natur wirkt in ihm ohne sein Wollen und Wissen. […] Er ist in seinem eigenen Hause ein Fremdling […], ohne doch Grundeigenthümer, Herr zu sein« (Feuerbach, 1960, 306). Freuds Paraphrasierung dieses Satzes lautete, »daß *das Ich nicht Herr sei in seinem eigenen Haus*« (1917a, 11; Herv. i. Orig.; vgl. Freud, 1916–17a, 295). In dieser Form ist Feuerbachs Feststellung sprichwörtlich geworden. Bei Feuerbach heißt es weiter, der Fremdling im eigenen Haus stehe auf der »Spitze einer schwindelnden Anhöhe – unter ihm ein unbegreiflicher Abgrund« (1960, 306). In der intellektuellen Höhe eines *Grand Hotel am Abgrund* (Jeffries, 2019) lässt sich trefflich über die »Triebnatur« (Freud, 1927c, 361), die »Triebkraft«, (Freud, 1923a, 217) oder auch den »Triebwunsch« (Freud, 1933a, 19) streiten, doch Freud meinte, »daß das Triebleben in uns nicht voll zu bändigen« sei (1917a, 11). Und dennoch stellte er diese Forderung auf: »Wo Es war, soll Ich werden. Es ist Kulturarbeit etwa wie die Trockenlegung der Zuydersee« (1933a, 86).

> »Wunschregungen, die das Es nie überschritten haben«, wären zu begrenzen, »aber auch Eindrücke, die durch Verdrängung ins Es versenkt worden sind, sind virtuell unsterblich, verhalten sich nach Dezennien, als ob sie neu vorgefallen wären. *Als Vergangenheit erkannt*, entwertet und ihrer Energiebesetzung beraubt können sie erst werden, wenn sie durch die analytische Arbeit bewußt geworden sind, und darauf beruht nicht zum kleinsten Teil die therapeutische Wirkung der analytischen Behandlung« (Freud, 1933a, 80 f.; Herv. B. N.).

Mit anderen Worten: Die affektive Macht der Vergangenheit sollte, wenn sie schon nicht überwunden werden kann, modifiziert werden.

Das könnte im Rahmen einer analytischen Behandlung geschehen, in der – wie Freud behauptet hat – »nichts anderes vor[geht] als ein Austausch von Worten« (1916–17a, 9). Es muss aber doch sehr viel mehr vorgehen, wenn Erlebnissen, »die in sehr frühe Zeiten der Kindheit fallen und seinerzeit ohne Verständnis erlebt worden sind, *nachträglich* […] Verständnis und Deutung« (Freud, 1914g, 129; Herv. i. Orig.) entgegengebracht werden sollen. Die psychoanalytische Behandlung wäre so gesehen eine nachträgliche Sinnfindung oder auch Sinngebung dessen, was bisher sinnlos erscheinen musste, weil es in keinen Sinnzusammenhang eingeordnet werden konnte. Durch die Deutung werden nun aber die Symptome als »Erinnerungssymbole« verständlich (Freud, 1895d, 240). »Dann aber darf man geltend machen, daß die Deutungen der Psychoanalyse […] Übersetzungen aus einer uns fremden Ausdrucksweise in die unserem Denken vertraute sind« (Freud, 1913j, 403).

In einem Beitrag für das »Handwörterbuch der Sexualwissenschaft« (Marcuse, 1923) hat Freud die »Psychoanalyse als Deutungskunst« (1923a, 215) bezeichnet. Freud schreibt, man fasse das »Material, welches die Einfälle des Patienten« in der analytischen Situation liefern, so auf, »*als ob* es auf einen verborgenen Sinn« hindeute. Der Psychoanalytiker bemühe sich darum, diesen »Sinn […] zu *erraten*« (a. a. O., 215; Herv. B. N.). Wird der Sinn also *erfunden*? Oder erhellt die Deutung der Beziehung, die der Analysand und der Analytiker gemeinsam gestalten, als Übertragung einer für den Patienten früher *bedeutungsvollen* Beziehung den Sinn der Symptome? Ist deren Sinn bereits im »Material« enthalten oder wird es so ausgewählt, dass sich die Bruchstücke der Erzählungen des Patienten zu einer Komposition fügen, die dann den Sinn ergibt, der zu den theoretischen Vorannahmen des Deuters passt?

Bei Freud gibt es »keine Definition« des Begriffs »Deutung« (Bernfeld, 1932, 238). Er hat diesen Begriff in vielfältiger Weise verwendet. Zum Beispiel so: »Deuten heißt einen verborgenen Sinn finden« (Freud, 1916–17e, 83). Oder so: »Wir haben als den

›Sinn‹ eines Symptoms zweierlei zusammengefaßt, sein Woher und sein Wohin oder Wozu, das heißt die Eindrücke und Erlebnisse, von denen es ausgeht, und die Absichten, denen es dient« (a. a. O., 294). Der »Sinn […] liegt […] in einer Beziehung zum *Erleben des Kranken*« (a. a. O., 278; Herv. B. N.). Wenn die »Symptome in Sinn und Absicht umgesetzt« werden konnten (a. a. O., 288), ist das Ziel erreicht. Dann haben die in der Gegenwart noch immer kränkenden Erlebnisse der Vergangenheit endlich einen angemessenen Platz in der Lebensgeschichte des Patienten gefunden. Das setzt allerdings voraus, dass sie nicht nur erinnert, sondern noch einmal durchlebt und so »durchgearbeitet« wurden, dass sie affektiv verblassen konnten (vgl. Freud, 1895d, 87). Denn: »Affektloses Erinnern ist fast immer völlig wirkungslos; der psychische Prozeß, der ursprünglich abgelaufen war, muß so lebhaft als möglich wiederholt, in *statum nascendi* gebracht und dann ›ausgesprochen‹ werden« (Freud, 1895d, 85; Herv. i. Orig.).

In den »Studien über Hysterie« gilt als »*psychische[s] Trauma*«, das zum Auslöser einer psychischen Erkrankung werden kann, »jedes Erlebnis […], welches die peinlichen Affekte des Schreckens, der Angst, der Scham, des psychischen Schmerzes hervorruft« (Freud, 1895d, 84; Herv. i. Orig.). Ein solches Ereignis bringt eine emotionale Belastung mit sich, für deren Fortgang entscheidend ist, ob darauf

> energisch reagiert wurde oder nicht. Wir [Breuer und Freud; B. N.] verstehen hier unter Reaktion die ganze Reihe willkürlicher und unwillkürlicher Reflexe, in denen sich erfahrungsgemäß die Affekte entladen: vom Weinen bis zum Racheakt. Erfolgt diese Reaktion in genügendem Ausmaße, so schwindet dadurch ein großer Teil des Affektes; unsere Sprache bezeugt diese Tatsache der täglichen Beobachtung durch die Ausdrücke »sich austoben, ausweinen« u. dgl. […]. Eine Beleidigung, die vergolten ist, wenn auch nur durch Worte, wird anders erinnert, als eine, die hingenommen werden mußte. Die Sprache anerkennt auch diesen Unterschied in den psychischen und körperlichen Folgen und bezeichnet höchst charakteristischerweise eben das schweigend erduldete Leiden als »Kränkung«. – Die Reaktion des Geschädigten auf das Trauma hat eigentlich nur dann eine völlig »kathartische« Wirkung, wenn sie eine adäquate Reaktion ist, wie die Rache (a. a. O., 87).

Schon an dieser Stelle ist die »unzweideutige Art« zu erkennen, in der Freud den »Affektvorgängen« später das »Primat im Seelenleben« zugesprochen hat (1913j, 402).

Geschichte – verstanden als Erzählung – wird durch Sprache ermöglicht. Geschichte ist sprachlich gestaltete Erinnerung. Das zeigt eindrucksvoll auch die von Josef Breuer berichtete Kranken*geschichte* der Anna O. In ihren Absencen (autohypnotischen Zuständen) äußerte diese Patientin »einzelne gemurmelte Worte«. Wenn man »ein solches Stichwort« wiederholte, erzählte sie eine vollständige Geschichte, »immer traurig«, »in der Art von Andersens *Bilderbuch ohne Bilder* [1839]. […] Ausgangs- oder Mittelpunkt« war stets die affektiv belastende Situation, in der sich Anna O. während der Pflege ihres todkranken Vaters befunden hatte – und der sie mithilfe einer Geschichte Gestalt zu geben versuchte. »Konnte sie mir [Breuer] in der Abendhypnose einmal die Geschichte nicht erzählen, so fehlte die abendliche Beruhigung, und am andern Tage mußten zwei erzählt werden, um diese zu bewirken« (Breuer, 1895, 228). Die Patientin konnte sich durch »Abreagieren« der sie belastenden Affekte, die sie in ihrer Geschichte verdichtete, wieder beruhigen. So »wurde man für die Ätiologie der hysterischen Symptome auf das Gefühlsleben (die Affektivität) und auf das Spiel der seelischen Kräfte (den Dynamismus) verwiesen, und diese beiden Gesichtspunkte sind seither niemals wieder fallen gelassen worden«, heißt es drei Jahrzehnte später bei Freud (1924 f., 408).

Das Gedächtnis ist nun aber keine feste Größe, vielmehr beruht es auf einem in stetem Wandel begriffenen kognitiv-emotionalen Prozess. Wenn man sich erinnert, setzt dieser (psycho-)dynamische Prozess ein. Er entscheidet darüber, welche Erinnerungen zuzulassen sind und welche unterdrückt bleiben müssen. Werden Erinnerungen verbalisiert, können sie in neu bearbeiteter Form abgespeichert werden. Mithilfe von »Erinnerungsarbeit« (Freud, 1914g, 133) wird so ein kognitiv-emotional kohärenter Sinnzusammenhang konstruiert, der zu einem möglichst leidfreien – oder besser: zu einem von Leiden befreiten Erinnern – führen soll. Auch die Mythen, die von den Begründern eines religiösen, ethnischen oder nationalen Kollektivs handeln, entsprechen dem Muster, dass erst einmal großes Leid erduldet werden muss, das dann aber überwunden wird, womit der Betroffene in der Erinnerung als Held überlebt. In der christlichen Variante lautet diese frohe Botschaft: Christus ist am Kreuz gestorben und wieder auferstanden, sodass auch wir in seiner Nachfolge ewig leben können.

Bei der Konstruktion eines solchen Sinnzusammenhangs, der jenseits aller individuell erlebten Konflikte die Einheit der Person sichern soll, kommt es nicht auf den objektiven Wahrheitsgehalt der Geschichte an. Entscheidend ist die subjektive Wahrheit, die den Glauben festigt, man sei Herr im eigenen Haus und damit auch der Herr seiner vergangenen (erinnerten), gegenwärtigen (erlebten) und künftigen (geplanten) Handlungen. Zur Illustration dieser Behauptung soll ein Beispiel dienen, mit dem Freud die Wirkmacht unbewusster Erinnerungen belegen wollte, das hier aber zeigen soll, warum wir Sinnzusammenhänge konstruieren, an die wir glauben müssen, um uns nicht hilflos und ohnmächtig unerklärlichen Mächten ausgeliefert zu fühlen.

Die von Freud erzählte Geschichte handelt von einem Arzt, der einen Regenschirm in eine Zimmerecke stellte und zu dem von ihm hypnotisierten Patienten sagte:

> »Ich gehe jetzt fort, wenn ich wiederkomme, werden Sie mir mit aufgespanntem Schirm entgegengehen und ihn über meinen Kopf halten.« Nach dem Erwachen aus der Hypnose macht dieser Patient »genau das, was ihm in der Hypnose aufgetragen wurde. Der Arzt stellt ihn zur Rede: Ja was machen Sie denn da? Was hat das für einen Sinn? Der Patient ist offenbar verlegen, er stammelt etwas wie: Ich dachte nur, Herr Doktor, da es draussen regnet, würden Sie den Schirm schon im Zimmer aufspannen« (Freud, 1940b, 145 f.).

Eine ähnliche Erzählung findet sich bereits in dem von Freud aus dem Französischen ins Deutsche übersetzten Buch »Die Suggestion und ihre Heilwirkung« (Bernheim, 1888, 31 f.). Hier wird einem Patienten suggeriert, nach dem Erwachen aus der Hypnose werde er mit einem Regenschirm auf- und abgehen. Im Wachzustand wird er dann gefragt, was er da mache? Der Patient antwortet, er laufe auf und ab, weil er etwas Luft schöpfen wolle. Die Beobachter, die das Geschehene objektiv verfolgen konnten, wissen mehr als er, weshalb *für sie* die vom Patienten erzählte Geschichte un-sinnig ist. *Für den Patienten*, der einen posthypnotischen Auftrag erfüllt hat, von dem er wusste und doch nichts wusste (siehe Freud: »Wissen und Wissen ist nicht dasselbe; es gibt verschiedene Arten von Wissen, die psychologisch gar nicht gleichwertig sind«; Freud, 1916–17a, 290), ist die nachträglich konstruierte Geschichte jedoch sinn-voll, denn sie ermöglicht dem Patienten, sich als selbstmächtige Einheit zu erleben und so als Herr seiner Handlungen zu erscheinen.

Die Erkenntnis, die anhand des von Sigmund Freud bzw. Hippolyte Bernheim geschilderten Regenschirm-Experiments zu gewinnen ist, kann durch Beobachtungen ergänzt werden, die der Neurowissenschaftler Joseph LeDoux gemacht hat. Er durchtrennte operativ die Hirnhälften bei Patienten, die an schweren epileptischen Anfällen litten, um deren Leiden zu mildern. Beide Hirnhälften sind für die jeweils gegenüberliegende Körperhälfte zuständig. Die linke sieht alles auf der rechten Seite des Gesichtsfeldes, aber nichts auf der linken. Außerdem steuert sie die rechte Hand und ist auch für das Sprechen zuständig. Werden die Hirnhälften getrennt, verhalten sie sich wie selbständige Personen, die nicht miteinander kommunizieren können. Wenn dann etwas auf der einen oder der anderen Seite geschieht, kann keine der beiden Hälften »alles« sehen. Deshalb erfindet jede Hälfte ihre eigene Geschichte, um das Geschehene sinnvoll zu erklären. Der Schluss, den LeDoux daraus gezogen hat, lautet, dass es bei der Erfindung dieser unterschiedlichen Geschichten »um das Gefühl der Kontrolle geht. Wir alle glauben, einen freien Willen zu haben und eine psychologische Einheit zu sein […]; deshalb erfinden wir unbewusst eine Geschichte, um unser Verhalten zu erklären […]. Das Bewusstsein interpretiert unser unbewusst entstandenes Verhalten« (Verbinnen, 2023). So können wir uns als Einheit erleben und glauben, dass wir Herr unserer Handlungen sind. Stimmt das? Oder verhalten wir uns wie der »dumme August im Zirkus, der den Zuschauern durch seine Gesten die Überzeugung beibringen will, daß sich alle Veränderungen in der Manège nur infolge seines Kommandos vollziehen« (Freud, 1914d, 97), während wir an den Strippen gezogen werden, die in der Hand höherer Mächte liegen?

Der Glaube gibt Kraft und versetzt Berge, wenngleich nicht in der Außenwelt, so doch in der Innenwelt. »Denn wahrlich, ich sage euch: So ihr Glauben habt […], so mögt ihr sagen zu diesem Berge: Hebe dich von hinnen dorthin! so wird er sich heben […]« (Matthäus 17:20). Also kann man auch an die Wiederkehr der Vergangenheit in der Zukunft glauben – und damit an Trump, der seine Anhänger glauben lässt, das dies möglich sei: »Make America great again.« Es ist zwecklos, einem Menschen, der sich für Napoleon hält, die Stelle in einem Lexikon aufzuzeigen, an der er nachlesen kann, dass Napoleon bereits 1821 gestorben ist. *Credo quia absurdum est.* Donald Trumps Empfehlung, bei einer Covid-19-Erkrankung Hydroxychloroquin als Medikament anzuwenden, brachte schätzungsweise 17.000 Menschen den Tod. Aber was bedeutet schon der Tod, wenn man fest im Glauben ist? »Der letzte Feind, der entmachtet wird, ist der Tod« (Paulus, 1. Brief an die Korinther 15:26). Cirsten Weldon, eine Verschwörungstheoretikerin und Impfgegnerin, die alle, die sich gegen Covid-19 impfen ließen, für Idioten hielt, erkrankte Ende 2021 an einer Lungeninfektion. Sie kam ins Krankenhaus, wurde künstlich beatmet und postete danach aus der Klinik, sie wäre beinahe an einer durch *Bakterien* verursachten Lungenentzündung gestorben. Am 6. Januar 2022 starb sie dann tatsächlich – an einer durch *Viren* verursachten Coronainfektion (Der Spiegel, 2022).

> Der Deutungs- und Sinngebungszwang der menschlichen Gattung [wird] besonders deutlich in Krisensituationen, bei Gefahren und Risiken, beim Zusammenbruch sozialer, moralischer und kognitiver Strukturen, wenn Menschen […] dramatisch mit ihrer eigenen Macht- und Hilflosigkeit konfrontiert werden. Hier setzt die Entwicklung von Ideen ein, die es ihnen erlauben, die Ohnmachtserfahrung kognitiv, moralisch und emotional in die Möglichkeit einer wenigstens indirekten Beherrschbarkeit solcher Krisen umzudeuten oder Gefahr und Leiden in den Zusammenhang eines umfassenderen Heilsplanes zu stellen […]. (Riesebrodt, 2000, 45)

Das war, um auch noch dieses Beispiel anzuführen, Mitte des 20. Jahrhunderts der Fall, nachdem eine Predigerin in den USA die Nachricht von einem fernen Stern erhalten hatte, eine Flut werde kommen und alle Menschen verschlingen – selbstverständlich mit Ausnahme der Anhänger ihrer Sekte, die sich in fliegenden Untertassen retten könnten. Als die vorhergesagte Flut ausblieb, glaubten die Sektenmitglieder umso fester an ihre Prophetin. Sie begründeten das damit, dass ihre Gebete Gott umgestimmt hätten und er Gnade walten ließ.

Der Sozialpsychologe Leon Festinger interessierte sich für die Gruppendynamik dieser Sekte. Er trat ihr zum Schein bei. Seine Feldforschung war der Ausgangspunkt der Theorie der kognitiven Dissonanz, mit deren Hilfe zu erklären ist, warum Menschen Fakten leugnen oder gar nicht erst zur Kenntnis nehmen, die ihr Selbst- und Weltbild bedrohen könnten, während sie jeden Unsinn (»alternative Fakten« oder »Fake News«) glauben, mit dem sie ihre Gewissheiten stabilisieren können. Es wäre schließlich auch eine Theorie der kognitiv-emotionalen Kohärenz denkbar, mit der man erklären könnte, warum jede Art von Deutung therapeutisch wirksam ist, wenn sie nur *geglaubt* wird und deshalb zur Überwindung von Sinnlosigkeitserleben bzw. Hilflosigkeits- und Ohnmachtsgefühlen geführt hat.

In Zeiten wie diesen, in denen die Natur ihre Macht in Gestalt eines Klimawandels demonstriert, der weltumfassend ausgedorrte Landschaften und sintflutartige Überschwemmungsgebiete hinterlässt, und menschliche Machtansprüche wieder zu heiligen Kriegen führen, ist die folgende Feststellung Freuds so aktuell wie eh und je:

> Die Schicksalsfrage der Menschenart scheint mir zu sein, ob und in welchem Maße es ihrer Kulturentwicklung gelingen wird, der Störung des Zusammenlebens durch den menschlichen Aggressions- und Selbstvernichtungstrieb Herr zu werden. In diesem Bezug verdient vielleicht gerade die gegenwärtige Zeit ein besonderes Interesse. Die Menschen haben es jetzt in der Beherrschung der Naturkräfte so weit gebracht, daß sie es mit deren Hilfe leicht haben, einan-

der bis auf den letzten Mann auszurotten. Sie wissen das, daher ein gut Stück ihrer gegenwärtigen Unruhe, ihres Unglücks, ihrer Angststimmung. (Freud, 1930a, 506)

Und was macht der Mensch, der Angst hat? Er bläht sich und beschwört die Geister der Vergangenheit, einer vermeintlich guten alten Zeit. So umklammerte der bayerische Ministerpräsident Markus Söder ein Kruzifix mit beiden Händen und ließ seinen Landsleuten diese Botschaft zuteilwerden: »Klares Bekenntnis zu unserer bayerischen Identität und christlichen Werten. Haben heute im Kabinett beschlossen, dass in jeder staatlichen Behörde ab dem 1. Juni [2018] ein Kreuz hängen soll. Habe direkt nach der Sitzung ein Kreuz im Eingangsbereich der Staatskanzlei aufgehängt« (siehe Post mit Bild von Schröder samt Kreuz – Söder, 2018). Söder würde vermutlich auch einen Sack Knoblauch aufhängen, ließen sich damit die bösen Geister vertreiben, die er stets jenseits seiner eigenen Brust wähnt. Ein anderer, der die Welt retten will, kämpfte gegen das Böse, indem er die einstmals christliche Hagia Sophia, die zwischenzeitlich ein säkularer Museumsbau war, wieder in eine Moschee umwandelte. Damit beschwor der türkische Autokrat Erdoğan 2020 den Ruhm des untergegangenen osmanischen Reiches, den es wiederherzustellen galt. Ungeschehenmachen zwischenzeitlich eingetretenen Unrechts liegt auch den jüdischen Siedlern in der Westbank am Herzen, die das einem ihrer Vorväter vor Jahrtausenden von Gott geschenkte Land *Judäa und Samaria* nennen. Sie berufen sich auf dieses Gotteswort: »Und ich will dir und deinem Geschlecht nach dir das Land geben, darin du ein Fremdling bist, das ganze Land Kanaan, zu ewigem Besitz […]« (1 Mose 17:8).

Diese Illusion der Ewigkeit, mit der die Vergänglichkeit verleugnet wird, liegt auch dem sogenannten »Jerusalemgesetz« zugrunde, das am 30. Juni 1980 von der Knesset verabschiedet wurde. Damit soll der »ewige« Besitz Jerusalems legalisiert werden. Und so feiern die einen seither alljährlich den »Jerusalemtag« (israelisch), während die anderen am »al-Quds-Tag« (palästinensisch) daran denken, al-Quds = die Heilige = Jerusalem wieder in Besitz nehmen zu können. Ja, »gerade hier im Nahen Osten, wo Religion niemals als Privatsache gelten kann, wo Religion und Nation nicht zu trennen sind, ist die Verheiligung der profanen Politik immer präsent« (Sznaider, 2001).

Von wegen Gott ist tot! Wie die zwischen 2005 und 2009 in 155 Ländern erhobenen Daten belegen, nimmt bei den Anhängern aller Religionen – seien es Christen, Muslime, Juden, Buddhisten, Hindus oder Gläubige einer sonstigen Richtung – das Bedürfnis nach Erlösung durch eine höhere Macht in dem Maße zu, in dem das Vertrauen in die weltliche Macht abnimmt. Und umgekehrt: Je besser sich die Menschen von einer weltlichen Regierung vertreten fühlen, desto geringer ist ihr Bedürfnis nach Gottes Hilfe (Zuckerman et al., 2018).

Solange die christliche Überzeugung gilt, die Welt befinde sich in Gottes Hand, kann selbst eine Epidemie wie die Pest, die im 14. Jahrhundert ein Drittel der Bevölkerung Europas hinraffte, sinnvoll »erklärt« werden. Die Pest war ausgebrochen, weil die Juden die Brunnen vergiftetet hatten, hieß es damals. Diese »Erklärung« erlaubte es den Christen, ihre Wut an denen auszulassen, die sie für ihre Angst vor der Pest verantwortlich machten. Und so konnten sie das passiv zu erduldende Leid in ein den Juden aktiv zugefügtes Leid umwandeln – und damit Herr über den Tod werden, wenngleich nicht über den eigenen, so doch über den der anderen. Das gilt für jede Verschwörungsideologie: Eine komplexe Situation wird mithilfe einer rigiden Trennung von Gut und Böse strukturiert, sodass die Guten mit Berufung auf Notwehr reinen Gewissens gegen die Bösen vorgehen können, von denen sie sich bedroht fühlen.

Freud hat auf drei Quellen unseres Leidens hingewiesen: »die Übermacht der Natur, die Hinfälligkeit unseres eigenen Körpers und die Unzulänglichkeit der Einrichtungen, welche die Beziehungen der Menschen […] regeln. […] Allerdings, wenn wir bedenken, wie schlecht uns gerade dieses Stück der Leidverhütung gelungen ist, erwacht der Verdacht, es könnte auch hier ein Stück der unbesiegbaren Natur dahinterstecken […]« (1930a, 444 f.).

Freud meinte damit die »Natur« der Triebe, die sich dem kulturell vorgeschriebenen Verzicht widersetzt, den wir leisten müssen, wenn wir den Gesellschaftsvertrag einhalten wollen, der darauf beruht, dass jeder nach ethischen Vorgaben ein Stück seiner Macht begrenzt und an eine übergeordnete Instanz (Gesetzgeber – Gewissen) überträgt. Commonwealth – das bedeutet die Einschränkung individuellen Wohls zum Wohle aller. Die Religionen haben für diesen Triebverzicht Gottes Lohn in Aussicht gestellt. Und was hat »unser Gott λόγος« (Freud, 1927c, 378) anzubieten? Der griechische Begriff Logos lässt sich übersetzen mit Wort, Rede, Vernunft, Sinn. Und so heißt es bei Freud denn auch: »Wir mögen noch so oft betonen, der menschliche Intellekt sei kraftlos im Vergleich zum menschlichen Triebleben, und Recht damit haben. Aber es ist doch etwas Besonderes um diese Schwäche; die Stimme des Intellekts ist leise, aber sie ruht nicht, ehe sie sich Gehör geschafft hat. Am Ende, nach unzählig oft wiederholten Abweisungen, findet sie es doch« (Freud, 1927c, 377). Ist das nicht ein allzu schwacher Trost, dieser Glaube, die Menschen könnten eines Tages einsehen, dass sie ihre Lebensgrundlagen zerstören, wenn sie so weitermachen wie bisher und selbst Kriege noch mit Berufung auf Gott führen? Freud hat an einer anderen Stelle darauf hingewiesen, dass Voltaire »seinen ›Candide‹ in den Rat ausklingen läßt, seinen Garten zu bearbeiten« (Freud, 1930a, 432). Voltaire machte sich in diesem Schelmenroman über den rationalistisch begründeten Optimismus eines Leibniz lustig, der im Roman von Pangloß vertreten wird. »Pangloß sagte bisweilen zu Candide: ›Alle Begebenheiten in dieser besten aller möglichen Welten stehen in notwendiger Verkettung mit einander […].‹, ›Vollkommen richtig‹, erwiderte Candid, ›aber wir müssen unseren Garten bestellen‹« (Voltaire, 1759). Das ist ein guter Rat, dem jeder, der das will, aus eigener Macht – also auch ohne Gottes Hilfe – nachkommen kann. Wer mehr will, wird unglücklich bleiben. Aber selbst »Unglück ist zu etwas gut!« heißt es in einer anderen Erzählung Voltaires. »Wie viele wackere Leute haben in dieser Welt dagegen nicht sagen müssen: ›Unglück ist zu nichts gut!‹« (Voltaire, 1767)

Literatur

Andersen, Hans Christian (1839): *Bilderbuch ohne Bilder.* Online: https://www.projekt-gutenberg.org/andersen/bilderbu/bilderbu.html (31.3.2024).

Assadourian, Erik (2010): *Aufstieg und Fall unserer Konsumkultur. Bericht »Zur Lage der Welt 2010«.* Heinrich-Böll-Stiftung.

Balint, Michael (1937): Frühe Entwicklungsstadien des Ichs Primäre Objektliebe. *Imago* 23/3, 270–288.

Balint, Michael (1965): *Die Urformen der Liebe und die Technik der Psychoanalyse.* Bern, Stuttgart: Huber/Klett.

Beck, Sebastian/Kratzer, Hans (2024): Religion und Brauchtum. »Bräuche sind ein Haltepunkt im Zeitstrom.« *Süddeutsche Zeitung*, 27.3.2024. Online: https://www.sueddeutsche.de/bayern/rituale-brauchtum-religion-1.6495208?reduced=true (1.12.2024).

Bernfeld, Siegfried (1932): Der Begriff der Deutung in der Psychoanalyse. *Imago* 42, 448–497.

Bernheim, H. (1888): *Die Suggestion und ihre Heilwirkung.* Übersetzt von S. Freud. Leipzig, Wien: Deuticke.

Breuer, Josef (1895): *Beobachtung I. Frl. Anna O.*, in: Sigmund Freud. GW Nachtr., 221–243.

Burgemeister, Melanie (2019): Kleider – Kultur – Ordnung. Kulturelle Ordnungssysteme in Kleiderordnungen aus Nürnberg, Regensburg und Landshut zwischen 1470 und 1485. *Regensburger Schriften zur Volkskunde/Vergleichenden Kulturwissenschaft*, Bd. 37. Münster, New York: Waxmann. Online: http://waxmann.ciando.com/img/books/extract/3830989512_lp.pdf (4.4.2024).

Der Spiegel (8.1.2022): QAnon-Aktivistin aus Florida Coronaleugnerin Cirsten Weldon stirbt nach Covid-19-Infektion. Online: https://www.spiegel.de/panorama/leute/coronaleugnerin-cirsten-weldon-stirbt-nach-covid-19-infektion-a-57e4870c-a0bb-4aa5-b7da-0d2786786c07 (10.4.2024).

Der Standard (2024): Indiens Premier Modi weiht umstrittenen Hindu-Tempel ein. Online: https://www.derstandard.de/story/3000000204061/indiens-premier-modi-weiht-umstrittenen-hindu-tempel-ein (3.3.2024).

Fechner, Gustav Theodor (1848): Über das Lustprinzip des Handelns. *Zeitschrift für Philosophie und philosophische Kritik – Neue Folge* 19, 1–30 u. 163–194.

Feuerbach, Ludwig (1857): *Theogonie nach den Quellen des classischen, hebräischen und christlichen Alterthums.* Sämtliche Werke, Bd. IX. Stuttgart-Bad Cannstatt: frommann-holzboog, 1959.

Feuerbach, Ludwig (1960): *Schriften zur Ethik und nachgelassene Fragmente.* Sämtliche Werke, Bd. X. Stuttgart-Bad Cannstatt: frommann-holzboog.

Flogaus, Reinhard (2014): Patriarch Kyrill und der »Heilige Krieg« gegen die Ukraine. Weil Gott und Putin es so wollen. *Süddeutsche Zeitung*, 8.4.2024.

Franz, Matthias (2019): Bei der Beschneidung hört das Nachdenken auf. Kulturhistorische und psychoanalytische Aspekte, Risiken und Auswirkungen der Jungenbeschneidung. *Psychodynamische Psychotherapie* 18, 231–248.

Freud, Sigmund (1893a) [Gemeinsam mit J. Breuer]: *Über den psychischen Mechanismus hysterischer Phänomene. Vorläufige Mitteilung.* GW I, 81–98.

Freud, Sigmund (1895d): *Studien über Hysterie.* GW I, 75–312.

Freud, Sigmund (1910k): Über »wilde« Psychoanalyse. GW VIII, 117–125.

Freud, Sigmund (1913j): *Das Interesse an der Psychoanalyse.* GW VIII, 389–420.
Freud, Sigmund (1914d): *Zur Geschichte der psychoanalytischen Bewegung.* GW X, 43–113.
Freud, Sigmund (1914g): *Erinnern, Wiederholen und Durcharbeiten.* GW X, 126–136.
Freud, Sigmund (1915i): »Wir und der Tod«. Zweimonats-Bericht für die Mitglieder der österr. israel. Humanitätsvereine B'nai B'rith 18/1, 41–51.
Freud, Sigmund (1916–17a): *Vorlesungen zur Einführung in die Psychoanalyse.* GW XI.
Freud, Sigmund (1916–17e): *Über Triebumsetzungen, insbesondere der Analerotik.* GW X, 402–410.
Freud, Sigmund (1917a): *Eine Schwierigkeit der Psychoanalyse.* GW XII, 3–12.
Freud, Sigmund (1920g): *Jenseits des Lustprinzips.* GW XIII, 1–69.
Freud, Sigmund (1923a): *»Psychoanalyse« und »Libidotheorie«.* GW XIII, 211–233.
Freud, Sigmund (1924b): *Neurose und Psychose.* GW XIII, 387–391.
Freud, Sigmund (1924e): *Der Realitätsverlust bei Neurose und Psychose.* GW XIII, 363–368.
Freud, Sigmund (1924f): *Kurzer Abriss der Psychoanalyse.* GW XIII, 405–427.
Freud, Sigmund (1926f): *Psycho-Analysis. Freudian School.* GW XIV, 299–307.
Freud, Sigmund (1927a): *Nachwort zur »Frage der Laienanalyse«.* GW XIV, 287–296.
Freud, Sigmund (1927c): *Die Zukunft einer Illusion.* GW XIV, 325–380.
Freud, Sigmund (1930a): *Das Unbehagen in der Kultur.* GW XIV, 419–506.
Freud, Sigmund (1933a): *Neue Folge der Vorlesungen zur Einführung in die Psychoanalyse.* GW XV.
Freud, Sigmund (1939a): *Der Mann Moses und die monotheistische Religion: Drei Abhandlungen.* GW XVI, 103–246.
Freud, Sigmund (1940b): *Some Elementary Lessons in Psycho-Analysis.* GW XVII, 139–147.
Freud, Sigmund/Binswanger, Ludwig (1992): *Briefwechsel 1908–1938,* hg. v. Fichtner, Gerhard. Frankfurt a. M.: Fischer.
Groß, Otto (1920): *Drei Aufsätze über den inneren Konflikt.* Bonn: Marcus & Weber.
Haubl, Rolf (2009): Wahres Glück im Waren-Glück? *APuZ – Aus Politik und Zeitgeschichte* 32/33, 3–8.
Jeffries, Stuart (2019): *Grand Hotel Abgrund. Die Frankfurter Schule und ihre Zeit.* Stuttgart: Klett-Cotta.
Lessing, Theodor (1919): *Geschichte als Sinngebung des Sinnlosen.* München: Beck. Online: https://www.projekt-gutenberg.org/lessingt/sinnlos/sinnlos.html (5.5.2024).
Marcuse, Max (Hg.) (1923): *Handwörterbuch der Sexualwissenschaft.* Bonn: Marcus & Weber.
Nietzsche, Friedrich (1883): *Also sprach Zarathustra. Ein Buch für Alle und Keinen.* Online: https://www.projekt-gutenberg.org/nietzsch/zara/zara.html (3.3.2024).
Nietzsche, Friedrich (1887): *Jenseits von Gut und Böse. Zur Genealogie der Moral.* Online: https://www.projekt-gutenberg.org/nietzsch/genealog/index.html (5.5.2024).
Nietzsche, Friedrich: *Digitale Gesamtausgabe.* Online: http://www.nietzschesource.org/#eKGWB/GM (1.3.2024)
Nitzschke, Bernd (1984): Frühe Formen des Dialogs. Musikalisches Erleben – Psychoanalytische Reflexion. *Musiktherapeutische Umschau* 5, 167–187.
Nitzschke, Bernd (1988): »Die Magie als experimentelle Naturwissenschaft« oder Die Einsamkeit als Mißgeschick einer »künstlichen Schizophrenie«. Über Ludwig Staudenmaier (1865–1933), in: ders.: *Sexualität und Männlichkeit. Zwischen Symbiosewunsch und Gewalt.* Reinbek b. Hamburg: Rowohlt, 228–237.

Nitzschke, Bernd (1990): Einsamkeit macht krank. Über Deprivationsexperimente, in: Brall, Helmut (Hg.): *Versuche über die Einsamkeit.* Frankfurt a. M.: Keip, 204–213.

Nitzschke, Bernd (2000): Verinnerlichung äußerer Konflikte – Entäußerung innerer Konflikte. Über einige Gemeinsamkeiten und Differenzen zwischen Otto Gross, Wilhelm Reich und Sigmund Freud, in: Dehmlow, Raimund/Heuer, Gottfried (Hg.): *1. Internationaler Otto Gross Kongreß. Bauhaus Archiv, Berlin 1999.* Marburg, Hannover: Verlag Literatur Wissenschaft. de/Laurentius, 39–54.

Nitzschke, Bernd (2005): »Schrecknisse völlig unbekannter Art«. Ein Jahrhundert Menschen aus Schreberschem Geist, in: Karger, André/Heinz, Rudolf (Hg.): *Trauma und Schmerz. Psychoanalytische, philosophische und sozialwissenschaftliche Perspektiven.* Gießen: Psychosozial, 153–164.

Nitzschke, Bernd (2012): Affektregulation und Begrenzung der Wünsche: »Kulturarbeit etwa wie die Trockenlegung der Zuydersee«. Anmerkungen zu Freud und Fechner, in: Boothe, Brigitte/Cremonini, Andreas/Kohler, Georg (Hg.): *Psychische Regulierung, kollektive Praxis und der Raum der Gründe.* Würzburg: Königshausen & Neumann, 245–265.

Nitzschke, Bernd (2015): Sieg oder Niederlage? Die Einsamkeit des Langstreckenläufers. Über einen Film von Tony Richardson. *Psychoanalyse – Texte zur Sozialforschung* 19, 279–286. Online: https://www.boell.de/de/2010/03/17/aufstieg-und-fall-unserer-konsumkultur?gad_source=1&gclid=CjwKCAiAyJS7BhBiEiwAyS9uNcUdJ5N0j7Za49OuXdfAkFPDbbxAg6PFcPGhh5CG1vNE-obAfa1DWhoCl3YQAvD_BwE (3.4.2024).

Riesebrodt, Martin (2000): *Die Rückkehr der Religionen. Fundamentalismus und der »Kampf der Kulturen«.* München: Beck.

von Schiller, Friedrich (1795): *Über die ästhetische Erziehung des Menschen.* Online: https://www.projekt-gutenberg.org/schiller/aesterz/aesterz.html (22.7.2024).

von Shakespeare, William (1597): *Heinrich IV.* Online: https://www.projekt-gutenberg.org/shakespr/heinrch4/heinrch4.html (31.3.2024).

Söder, Markus (2018): Post bei X, vormals Twitter. https://x.com/Markus_Soeder/status/988768341820170240. Online: 3.4.2024.

Spitz, René A. (1945): Hospitalism: An Inquiry into the Genesis of Psychiatric Conditions in Early Childhood. *The Psychoanalytic Study of the Child* 1, 53–74.

Spitz, René A. (1946): Hospitalism: A Follow-Up Report on Investigation Described in Volume I, 1945. *The Psychoanalytic Study of the Child* 2, 113–117.

Sznaider, Natan (2001): Schimären der Erinnerung. *Le Monde diplomatique,* 16.11.2001. Online: https://monde-diplomatique.de/artikel/!1140761 (20.4.2024).

Tögel, Christfried (2017): »Elisabeth von R.« – Geburtshelferin der Freien Assoziation. Neues zu Familie und Leben von Helene Weiss, verh. Gross. *Luzifer–Amor. Zeitschrift zur Geschichte der Psychoanalyse* 30/60, 175–181.

Trentmann, Frank (2009): The Long History of Contemporary Consumer Society. Chronologies, Practices, and Politics in Modern Europe. *Archiv für Sozialgeschichte* 49, 107–128. Online: https://www.fes.de/index.php?eID=dumpFile&t=f&f=46844&token=8d8e99d3746729e47b4f29f3b3181feeedec0afb (6.4.2024).

Trentmann, Frank (2017): *Herrschaft der Dinge. Die Geschichte des Konsums vom 15. Jahrhundert bis heute.* München: DVA.

Ullrich, Wolfgang (2009): Über die warenästhetische Erziehung des Menschen. *APuZ – Aus Politik und Zeitgeschichte* 32/33, 14–19.

Verbinnen, Liam (2023). »Ein Großteil unseres Verhaltens entsteht unbewusst. Der Hirnforscher Joseph LeDoux erzählt von seinen merkwürdigsten Fällen. Was er aus ihnen gelernt hat: »Wir erfinden unbewusst Geschichten, um unser Verhalten zu erklären.« *Spektrum.de*, 25.4.2023. Online: https://www.spektrum.de/news/bewusstsein-ein-grossteil-unseres-verhaltens-entsteht-unbewusst/2132640 (4.4.2024).

Voltaire (1759): *Candide oder der Optimismus.* Online: https://www.projekt-gutenberg.org/voltaire/erzaehlg/chap006.html (31.3.2024).

Voltaire (1767): *Der Harmlose.* Online: https://www.projekt-gutenberg.org/voltaire/erzaehlg/chap010.html (31.3.2024).

Zuckerman, Miron/Li, Chen/Diener, Ed (Hg.) (2018): Religion as an Exchange System: The Interchangeability of God and Government in a Provider Role. *Personality and Social Psychology Bulletin* 44/8, 1201–1213.

Über die Macht der Sozialbürokratie in der psychoanalytischen Versorgung Oder: G'schichten aus dem Wienerbergwald
Ein Nachruf auf die Kassenunterstützung psychoanalytischer Krankenbehandlung

Franz Huber

Als kassenangestellter Psychotherapeut in einer großen Krankenkasse Wiens wurde mir 2004 die Funktion der persönlichen psychiatrischen Begutachtung von Psychotherapie-PatientInnen zugeteilt, die ich fünf Jahre lang wahrnahm, bevor ich mich pensionieren ließ. Anschließend war ich psychotherapieberufspolitisch sowie als Ombudsmann tätig.

Der Chefarzt übertrug mir die Gutachter-Funktion mit den ernsten Worten: »Bewilligen Sie nur, was unbedingt notwendig ist – das ist der Auftrag des Vorstands« und schickte dem nach: »Ihre Gutachten müssen vor dem Sozialgericht halten!« Später wurde mir klar, dass man mich, ohne nähere Instruktionen und rechtlich unerfahren, in der Nische eines Kassen-Machtgefüges ausgesetzt hatte, wodurch ich mich veranlasst sah, das ASVG (das Allgemeine Sozialversicherungsgesetz), bisherige Gerichtsentscheidungen sowie sozialrechtswissenschaftliche Gutachten und Publikationen zu studieren. Dabei wurde mir deutlich, dass die »Kettenhund«-Funktion, die mir vom Chefarzt nahegelegt worden war, eigentlich dem ASVG widerspricht, weil dieses einen weiter gefassten Krankenbehandlungsrahmen vorsieht.

Ich hatte 4000 chefärztlich zugewiesene Psychotherapie-PatientInnen zu begutachten, was ich nach meinem besten Wissen über die ASVG-Kriterien durchführte: Ich kam zu dem Ergebnis, dass die Kassenzuschüsse fast immer ASVG-gerechtfertigt beansprucht wurden.

Das Wichtigste aus dem ASVG-Gesetzestext

> § 133 (2): Die Krankenbehandlung muss ausreichend und zweckmäßig sein, sie darf jedoch das Maß des Notwendigen nicht überschreiten. Durch die Krankenbehandlung sollen die Gesundheit, die Arbeitsfähigkeit und die Fähigkeit, für die lebenswichtigen persönlichen Bedürfnisse zu sorgen, nach Möglichkeit wiederhergestellt, gefestigt oder gebessert werden [lt. Sozialgericht gilt das auch für »emotionale und Beziehungsbedürfnisse«; F. H.]. Die Leistungen der Krankenbehandlung werden, soweit […] nichts anderes [z. B. Kostenzuschuss; F. H.] bestimmt wird, als Sachleistungen erbracht.

§ 134 (1): Die Krankenbehandlung wird [...] für die Dauer der Krankheit ohne zeitliche Begrenzung gewährt.
§ 31 (5): Richtlinien [über die Berücksichtigung ökonomischer Grundsätze; F.H.] [...] Durch diese Richtlinien darf der Zweck der Krankenbehandlung nicht gefährdet werden.

1992 wurde im ASVG § 135.1.3 die psychotherapeutische Krankenbehandlung der ärztlich-medizinischen Krankenbehandlung gleichgestellt.

In diesem humanistischen ASVG wird allen Versicherten ein Rechtsanspruch zugesichert auf kassenseitige Kostenübernahme aller Krankenbehandlungen, die ASVG-entsprechend ausreichend, zweckmäßig, notwendig sind – Übernahme entweder der vollen Kosten oder eines Kostenzuschusses.

Für Kostenübernahme-Anträge psychotherapeutischer Behandlungen – wie aller gesamtvertraglich nicht geregelter Behandlungsleistungen – ist eine chefärztliche Prüfung notwendig, ob sie jeweils dem ASVG entsprechen. Bei Dissens können PatientInnen auf das ASVG verweisen, welches der Behandlung Vorrang vor kassenökonomischen Abwägungen gibt: Wenn PatientInnen individuell z. B. eine aufwändigere Krankenbehandlung benötigen und diese behandlerseitig als ASVG-entsprechend ausgewiesen wird, könnten sie der Unterstützung des (mütterlich-wohlwollenden) ASVG sicher sein.

Historisches: Aufstieg

Im Schutz dieses ASVG wurden 1975 bis 2003 tolerante Psychotherapie-Kassenregelungen in Wien praktiziert. Verglichen mit heute müsste man nostalgisch von Ovids Goldenem Zeitalter sprechen: »Aurea prima sata est aetas, quae vindice nullo [...]« – »Es gab ein goldenes Zeitalter, in dem ohne Richter Treue und Recht von selbst gepflogen wurden [...]«. Bei psychiatrisch-psychotherapeutischen ÄrztInnen wurde kassenseitig ein Stundenhonorar von zuerst 220,- Schilling, später 45,- Euro refundiert, relativ unbürokratisch und ohne Frequenzlimitierung. PatientInnen nichtpsychiatrischer PsychotherapeutInnen erhielten 1993 umgerechnet 22,- Euro Kostenzuschuss: nicht viel, aber verlässlich! Man stellte den Rechtsanspruch auf psychotherapeutische Behandlung generell nicht infrage, wenn die Behandlungsbedürftigkeit behandlerseitig formal ausgewiesen wurde. Eigenleistungen von PatientInnen an Geld, Energie und Zeit schienen anerkannt zu sein, ebenso, dass niemand Psychotherapie ohne beträchtliche Leiden in Anspruch nehmen würde.

Allerdings wurden aus Einspargründen lange dauernde höherfrequente Therapiefortsetzungen auf persönliche kassenpsychiatrische Begutachtung von PatientInnen hin fast immer abgelehnt, ohne dass zuvor therapeutenseitige Indikationsstellungen eingeholt wurden. Soweit die Situation vor der Pensionierung des Gutachters, dessen Funktion danach mir zugeteilt wurde.

Ich setzte mich als Gutachter in der Folge für den Aufbau von Rechtssicherheit ein, um inzwischen eingerissenen chefärztlich-willkürlichen Restriktionen zuvorzukommen: Zwischen der WGKK (Wiener Gebietskrankenkasse – Behandlungsökonomie-Abteilung) und der TPD (Tiefenpsychologisch-Psychoanalytische Dachgesellschaft) wurden schließlich deutschlandähnliche Rahmenbedingungen einer Hochfrequenz-Kostenübernahme vereinbart und auf der WGKK-Homepage veröffentlicht: drei Jahre auf Indikationsstellung hin plus ein Jahr auf Indikationsstellung und persönlicher Begutachtung hin plus ein weiteres Jahr bei kassengutachterlich bestätigter Notwendigkeit.

Dieses Modell funktionierte (auch für die Behandlungsökonomie-Abteilung der WGKK) lange zufriedenstellend. Es ermöglichte individuelle Ausnahmeregelungen – dies entsprach dem humanistischen Aspekt des ASVG. Der nachfolgende Dankesbrief einer Patientin zeigt, dass solche Unterstützungsmöglichkeiten von der Kasse gewährt werden können, um Leid und Folgekosten in Maßen zu halten, zu beiderseitigem Nutzen: Eine Frau wurde mir ein zweites Mal zur Begutachtung zugewiesen, da ihre Analyse das abgesprochene Limit von fünf Jahren überschritten hatte. Nach meiner Befürwortung der Fortsetzung wurde ich vor den Chefarzt zitiert – doch man wagte es letztlich nicht, meine ASVG-fundierte Befürwortungsargumentation wegzuwischen. Später schrieb mir diese Frau:

> Viele Jahre hat es in Anspruch genommen, mich von meinen für mich lebenszerstörerischen Zwangs- und Angstdynamiken weitgehend so zu befreien, dass ich ein lebenswertes Leben für mich, meinen Mann und auch für meine Kinder führen kann. Dankbar […] kann ich nicht in Worte fassen […] Es ist für mich erstaunlich, wie lange diese unendlich scheinende Behandlung gedauert hat und wie oft ich nicht im Ansatz die begründete Hoffnung hegen durfte, dass mein Leben in dieser Form wie jetzt verläuft: Ohne dauernde Zwänge und erbarmungslose Dauerängste. Hätte ich diese letzten […] Jahre zusätzlich nicht gehabt, könnte ich mir nicht vorstellen, am Leben zu sein. Nur durch die unbeschreibliche Geduld meiner Therapeutin und Ihre Unterstützung konnte ich zu diesem Zustand gelangen.

Historisches: Niedergang

Nun komme ich zu den »G'schichten aus dem Wienerbergwald« – durchaus eine Analogie zum Horvath'schen Theaterstück, das das Abgleiten der damaligen zwischenkriegszeitlichen Illiberalität in destruktive Triebenthemmung schildert.

Das Modell, das die TPD mit der Behandlungsökomie-Abteilung der WGGK beschlossen hatte, wurde von der chefärztlichen Abteilung der WGKK latent abgelehnt: Ich bemerkte, dass die Chefarzt-Abteilung, die für Antragsbearbeitung und -entscheidung zuständig war, die Anträge restriktiv bearbeitete, somit das verhandelte Modell unterlief. Aufgrund der Erfahrung, dass meine ASVG-begründeten gutachterlichen Argumente hingenommen worden waren, wie ich vorhin schilderte, machte ich die Psychoanalyse-BerufsvertreterInnen diskret auf die Möglichkeit eines Protestes in Form von ASVG-Argumentation aufmerksam. Zu meinem Erstaunen griffen sie dies nicht auf, waren nicht alarmiert, sondern beschwichtigt, offensichtlich aufgrund periodischer Gespräche mit der Leiterin der Behandlungsökonomie-Abteilung, die – der chefärztlichen Abteilung fernstehend – der Psychoanalyse wohlwollend gesonnen schien, was ich allerdings als »Good-cop«-Funktion einer »Divide-et-impera«-Situation wahrnahm. Die BerufsvertreterInnen vermieden konfrontierende Einwände und schoben die Schuld für die Ablehnung von Anträgen auf schlechte Indikationsstellungen der nichtpsychiatrischen KollegInnen – realiter meist zu Unrecht, auch wenn damals leider manche von ihnen in ausführlichen schriftlichen Indikationsstellungen mehr eine lästige bürokratische Hürde sahen als die notwendige Grundlage des PatientInnen-Rechtsanspruches. Ich scheiterte mit meinem warnenden Bemühen, die Indikationsstellung breit zu diskutieren und auf die Notwendigkeit Wert zu legen, die Krankenbehandlung stringent vor der psychoanalytischen Selbsterkenntnis herauszuarbeiten. Meine Warnungen vor der zunehmend destruktiven Entwicklung behandelten die Psychoanalyse-BerufsvertreterInnen wie Kassandra-Rufe.[1]

Nach fünf Jahren Gutachter-Funktion entschloss ich mich, in Pension zu gehen. Später lernte ich als Vizepräsident des Psychotherapieverbandes ÖBVP, der mit Krankenkasse-Agenden betraut war, die Krankenkasse als eigenartig feudalistisch agierenden Staat-im-Staate kennen, der postulierte, das Gesetz (ASVG) habe sich seinen betriebswirtschaftlichen Kalkulationen unterzuordnen.

Viele MitarbeiterInnen der Chefarztabteilung waren immer mehr in eine antipsychotherapeutische-Gatekeeper-Überidentifizierung geglitten: Sie verleugneten die toleranten ASVG-Bestimmungen und die darauf beruhenden, mit der Behandlungsökonomie-Abteilung getroffenen Abmachungen. Ein den Geist und Buchstaben des ASVG entwertender destruktiver Umgang nahm zu: Nicht das Umsetzen, sondern das Abwehren des Rechtsanspruches der PatientInnen wurde vorrangig. Meinem Eindruck nach begann man, jede formale Gelegenheit zu nutzen, um Anträge restriktiv zu bearbeiten – auch wenn bei einigem guten Willen die Behandlung lt. Indikationsstellung sehr wohl als zweckmäßig einzustufen gewesen wäre.

Hatte schon ab 2008 die Salzburger Gebietskrankenkasse SGKK[2] Psychoanalyse-Leistungen verweigert, schloss sich im Jahr 2012 die Wiener Gebietskrankenkasse diesem offenen Kampf gegen die Psychoanalyse an: Sie entwickelte eine neue Krankenordnung mit dem Ziel, Psychoanalyse vom Kassen-Leistungskatalog gänzlich auszuschließen, musste sich nach Einwand des Gesundheitsministeriums allerdings damit begnügen, nur eine Beschränkung der höherfrequenten Psychotherapie auf psy-

---

1 Möglicherweise erfolgte diese Verleugnung, um die Psychoanalyse vor (den Kassen projektiv unterstellter) Destruktivität zu verschonen. Ich wurde auf eine Analogie aufmerksam: Freud nahm vor 90 Jahren den Ständestaat-Faschismus verleugnend hin aus Angst vor der drohenden Vernichtung der aufgebauten Psychoanalyse-Institutionen: Nicht nur »Macht macht blind«, sondern auch die Androhung von Ohnmacht und der Verlust beruflich-kreativer Potenz motiviert zu Verleugnung und zum ablenkenden Sich-in-die-Arbeit-Stürzen!
2 Als psychotherapiefachlicher Rechtsanwaltsassistent im Verfahren eines Psychoanalyse-Patienten erfuhr ich, dass der SGKK gerichtlich wiederholt die Verleugnung von ASG- und OLG-Entscheidungen und der ASVG-§-133.2-Trias nachgewiesen worden war.

chiatrisch zu begründende Ausnahmsfälle vorschreiben zu können. Dies wurde – ohne zuvor die BehandlerInnen zu informieren – über eine Presseaussendung vor den Sommerferien mitgeteilt und löste bei BehandlerInnen und v.a. PatientInnen Unruhe und Ohnmacht aus.

In der Folge wurden PatientInnen, die um Höherfrequenz ansuchten – v. a. jene der nichtpsychiatrischen BehandlerInnen – grundsätzlich zur Begutachtung zu kassenbeauftragten PsychiaterInnen vorgeladen: Diese »erledigten die Sache« meist abschlägig.

Chefärztliche Entscheidungen können zwar beim Sozialgericht geklagt werden, aber generell nur vom jeweiligen Kassenvertragspartner – und das sind nur die PatientInnen persönlich, nicht die BehandlerInnen! Da die PatientInnen sich ob ihrer Psychotherapie-Bedürftigkeit oft schämten, kam es kaum zu Gerichtsverfahren, was dazu führte, dass – »Wo kein Kläger, dort kein Richter!« – diese Vorgänge unerwähnt und geheim blieben.

Viele BehandlerInnen wollten die Phantasie-Lawinen, die durch die kassenbürokratische, insbesondere gutachterliche Destruktivität ausgelöst wurden, aus der therapeutischen Beziehung heraushalten: Da die Schaffung einer neutralen Außerstreit-Instanz kassenseitig abgelehnt worden war, konnten sie ihren PatientInnen nur die Opportunität offenlassen, um mittelfrequente Kassenzuschüsse anzusuchen, Höherfrequenz nicht zu erwähnen und die Differenz privat zu zahlen: Psychoanalyse war somit in einen Graubereich gedrängt worden.

Weder im übrigen Österreich noch in Deutschland (dort schon gar nicht!) sind solche persönlichen kassenpsychiatrischen Begutachtungen vorstellbar und werden deshalb nicht gepflogen. Obwohl es nur um bescheidene Kostenzuschüsse und nicht, wie in Deutschland, um respektable Sachleistungen ging, hielt die WGKK-Chefarztabteilung an den üblich gewordenen *kassenpsychiatrischen Begutachtungen* fest. Auch andere Standards gutachterlicher Antragsbeurteilung wie jene, die sich in Deutschland seit 40 Jahren bewährten, lehnte die Chefarztabteilung ebenso beharrlich ab wie Evaluierung, Einspruchsmöglichkeit, ein Konfliktlösungsgremium, eine Liste von GutachterInnen, die gemeinsam erstellte Minimalkriterien erfüllen, etc.

2017 kontaktierte eine neue Generation von Psychoanalyse-StandesvertreterInnen die WGKK, bemühte sich um akzeptablere Kassenregelungen und führte mit den EntscheidungsträgerInnen Gespräche: Am Ende beharrte der für Psychotherapiebelange zuständige Chefarzt-Assistent auf seinem diffamierenden Vorwurf, PsychoanalytikerInnen würden generell auch bei leichten Störungen Hochfrequenz praktizieren. Ein analytikerseitiges Ersuchen um Gesprächsfortsetzung zur Klärung dieses Vorwurfes wurde abgelehnt – die Kasse hätte keinen Bedarf daran![3]

---

3 Nebenher bestätigte die WGKK in ihrem Antwortmail, dass hochfrequente Psychoanalyse als Krankenbehandlung von Persönlichkeitsstörungen weiterhin als indiziert anerkannt werde.

Franz Huber

Aktualhistorisch-Sozialpsychologisches

Um die Spannung zwischen Kassen-Destruktivität und Behandler-Ohnmacht zu containen, schrieb ich diese Geschehnisse für mich nieder.

Als ich nun nach der kürzlichen Einladung, ein Referat zu halten, meine Niederschriften las, wallten meine Gefühle auf, jedoch ermöglichten mir die letzten zehn Jahre Nichtinvolviertheit und Distanz, die Zusammenhänge analytisch klarer zu sehen, in einem größeren historischen Kontext.

Einleitend ein historisches Detail aus 1952, der Geburtsstunde des in seinen Kernsätzen »eleganten« österreichischen ASVG: Nach 1945 musste ein schwarz-rot-lagerübergreifendes Sozialversicherungsgesetz formuliert werden. Dabei beanspruchten die Sozialversicherungsträger (paradoxerweise entgegen ihrer sozialistisch-sozialpartnerschaftlichen Zugehörigkeit wie Feudalunternehmer gegen Behandler-Dienstnehmer agierend), dass die ambulante Versorgung über nur von ihnen ausgesuchte – und somit von ihnen abhängige – Einzel-VertragsärztInnen und Kassen-Ambulatorien erfolgen sollte. Die Ärzteschaft musste mit großem Druck diese jetzige Form des ASVG mit seinem paritätischen Entscheidungsmodus gegen die Krankenkassen erkämpfen. SozialrechtlerInnen mussten dieses humanistische ASVG den Streitgegnern aufdrängen!

Aus einer solchen sozialfeudalistisch[4]-behandlergegnerischen Krankenkassentradition heraus agieren Teile des Krankenkassenapparates bis heute restriktiv, halten an ihrer Almosengeber-Entscheidungs- und Restriktionsmacht fest. Sie berufen sich monoman-perseverierend auf das »Maß des nur Notwendigen« und verleugnen dabei die juristisch übergeordnete Trias des § 133.2 von »ausreichend, zweckmäßig, notwendig«! Die chefärztliche, ausschließlich auf »Notwendigkeit« bezogene Argumentation verunmöglicht realtherapeutisch anhaltende Besserungen!

Mit ihren rechthaberisch-kleinlich ökonomisierenden Argumenten können ChefärztInnen längerfristig gegen eine gesamtärztliche Argumentation eher wenig reüssieren: Es wurden in den letzten Jahren manche zuvor chefärztlich verhinderten medizinischen Behandlungsmaßnahmen als gesamtvertragliche Leistungen den Versicherten zugänglich gemacht. Vor einigen Jahren z. B. konnte die Ärztekammer-Fachgruppe der Wiener PsychiaterInnen, der eine Minorität von Psychoanalytikerinnen angehört, eine Wiederauflage der vor 2010 üblichen Psychotherapie-Kostenübernahme erreichen, die keiner gutachterlichen Willkür ausgesetzt ist – meinem Eindruck nach aber auch, weil man den ChefärztInnen wenigstens »ein bisschen« Macht/Dominanz (über die politisch schwach lobbyierten nichtärztlichen PsychotherapeutInnen) ließ!

Die Stärke der Ärztekammer-Lobby gegenüber den Kassen beruht darauf, dass sie einen vertragslosen Zustand androhen kann: Auf einen solchen hätten die Kassen mit

---

4 Historisch ging nach dem Untergang der Feudalmonarchie Österreichs 1918 die Macht an einen demokratischen Rechtsstaat über – allerdings auch heute noch erinnert das Agieren mächtiger bürokratischer Institutionen an Feudalherrschaft. Laut einem Soziologen (Reinhold Knoll) seien die ÖsterreicherInnen von ihrer Geschichte her ein Volk von Lakaien; BittstellerInnen bekommen deren Bösartigkeitspotenz zu spüren!

Mobilisierung der Presse, Protesten wahlberechtigter PatientInnen und folglich Interventionen von PolitikerInnen zu rechnen!

Möglicherweise gibt es auch korrekte Antragsbearbeitungen – leider werden keine Daten evaluiert. Mir wurden allerdings kürzlich bestürzend inkorrekte Vorgehensweisen von chefärztlichen MitarbeiterInnen zweier Wiener Kassen berichtet, denen zu meinem Entsetzen andere KassenmitarbeiterInnen herdenartig folgen. Wenn dies ein signifikantes Symptom wäre, müsste man auf systematische Destruktivität und wachsende Illiberalität der chefärztlichen Psychotherapie-Abteilungen schließen. Berichte von PatientInnen, die sich an mich als Ombudsmann wenden, legen nahe, dass ins Antragsmanagement für Psychotherapie eine Unkultur systematisch destruktiver Kassenleistungsverweigerung eingezogen ist, aufbauend auf lancierte Diffamierungen: dass Psychoanalyse-PatientInnen sich aus Jux und Tollerei in eine Couch-Hängematte legten, das Sozialsystem ausbeuteten, sich luxuriös-hochfrequent beplaudern ließen – und die PsychoanalytikerInnen stets, auch bei leichten Störungen, hochfrequente Behandlung für indiziert erklärten. Aus dieser Diffamierungsblase heraus werden eingereichte differenzierte Indikationsstellungen für die Notwendigkeit von Höherfrequenz pauschal a priori entwertet, ebenso beigebrachte private psychiatrische Gutachten. Die kassenbeauftragten psychiatrischen GutachterInnen wurden in den Berichten vorgeladener PatinentInnen nicht neutral, sondern offen Psychoanalyse-gegnerisch[5] geschildert.

---

[5] PatientInnen fühlten sich von solchen tiefenpsychologisch unausgebildeten PsychiaterInnen nicht ernstgenommen. Es wurde ihnen vorweg gesagt, frühere psychische Probleme seien irrelevant, nur der Jetzt-Zustand sei relevant, und aus diesem gehe keine höherfrequente Behandlungsnotwendigkeit hervor. Es dürfe »das Maß des Notwendigen nicht überschritten« werden – und die gegenständlichen Symptome seien nicht ernsthaft bzw. gravierend (seien z. B. gar nicht besprechenswert, flüchtig, ausschließlich von früher genommenen Drogen verursacht, würden spontan vergehen etc.)! Höherfrequenz-Therapie wurde a priori entwertet: Psychoanalytische Therapie sei wissenschaftlich überholt und unwirksam. Manchmal seien die Indikationsstellungen der TherapeutInnen gar nicht gelesen worden. So fühlten sich diese PatientInnen in ihrer (mühsam aufgebauten) therapeutischen Beziehung entwertet: Herablassend legte man ihnen Psychopharmaka und niedrigstfrequente Psychotherapie nahe. Derartiges »gutachterliches« Agieren beruht auf der Missachtung der ASVG-Rechtsgüter Behandlungsautonomie, freie TherapeutInnen-Wahl und gutachterliche Nichteinmischungs-Abstinenz.

Franz Huber

Metapsychologische Interpretationen

Möglicherweise sind es persönliche Gründe, z. B. unbewusster Neid[6] auf wohltuende, beziehungsintensive therapeutische Zuwendung für PatientInnen, die zu einem systematisch diffamierenden »Kreuzzug«[7] gegen Psychoanalyse als Behandlungsmethode motivierten. Ermöglicht wird dies durch fehlende Kontrolle der institutionellen Macht.

In der Vergangenheit kritisierten Psychoanalyse-RepräsentantInnen, dass ich sie mit ihrer Verleugnung der kritischen Vorgänge in den Krankenkassen und mit den Restriktionen konfrontiere. Da zuletzt die beantragten ökonomisch äußerst bescheidenen Zuschüsse noch restriktiver minimalisiert wurden (zuerst von vier auf drei Wochenstunden, zuletzt von zwei auf eine), fühle ich mich gedrängt, diese Zunahme illiberaler Macht mit traditionellem Urfaschismus[8] zu korrelieren. Sie untergräbt den Humanismus der liberalen ASVG-Bestimmungen, die bis 2010 zum Wohl der PatientInnen dominierten und von deren Erfolg ich Ihnen als Zeuge berichtet habe.

---

6 Nach Melanie Klein/Hanna Segal (2007, 227f.) ist primitiver Neid der menschlichen Natur inhärent, ebenso wie Liebe, Hass und Eifersucht. Jeder ist mit dem Erleben von Bedürfnissen konfrontiert; darauf sei eine bedürfnis- und lebensbejahende Reaktion möglich, die zum objektsuchenden Objektbedürfnis führt, oder eine Reaktion, die das Objektbedürfnis ebenso zerstört wie das wahrnehmende und erlebende Selbst. Zwei Triebe/Wesenszüge bestimmen den Menschen: der Lebenstrieb Libido, der zu Zuwendung und Beziehung antreibt, und der Todestrieb Destrudo, der – besonders wenn die Libido erschöpft ist – zum Stillstand antreibt mittels Verleugnung, Lüge und Verleumdung.

7 Psychoanalytische Überlegungen, da die Hauptakteure dieses Krankenkassen-Kreuzzuges gegen die Psychoanalyse aus »nationalem« Milieu kommen dürften: Die Frustration über das Versinken der narzisstischen »Heil«-Allmacht des Dritten Reiches wurde verleugnend abgewehrt und transgenerationell weitergegeben. Heute fungiert sie als Nährboden eines destruktiven Narzissmus, der Sozialneid schürt und die Entscheidungsmacht der Antragsablehnung für sich in Anspruch nimmt. Die PatientInnen erleben sich als ohnmächtige BittstellerInnen. Ihre BehandlerInnen wehren diese Erniedrigung in der stillen Akzeptanz dieser Übermacht ab und flüchten in Konfliktverdrängung, verleugnen den ASVG-Rechtsanspruch der PatientInnen. Damit verunmöglichen sie den Aufbau eines gesetzesbewaffnet argumentierenden Widerstandes.

8 Der Urfaschismus (Umberto Eco) ist u. a. gekennzeichnet durch die Ablehnung von Differenzierung und kritischem Intellekt, Zwang zur Übereinstimmung, Verschärfung der natürlichen Angst vor Unterschieden, Verachtung von Schwächeren … Der feudale Bürokratismus Kafkas scheint über den Zwischenkriegs-Faschismus übergegangen zu sein in die derzeitige postmoderne Illiberalität. Gespenstisch, dass Psychoanalyse-RepräsentantInnen die Ermöglichung von Kontrolle nicht leidenschaftlich urgieren!

Schluss

Das Schlusswort will ich Franz Kafka (1915) überlassen, der in »Vor dem Gesetz« erwähnt, wie Menschen die bürokratische Feudalmacht zu spüren bekommen, wenn sie um das ansuchen, was ihnen gesetzmäßig zusteht:

> Vor dem Gesetz steht ein Türhüter. Zu diesem Türhüter kommt ein Mensch, […] bittet um Eintritt in das Gesetz. Aber der Türhüter sagt, dass er ihm jetzt den Eintritt nicht gewähren könne […] später? »Es ist möglich, jetzt aber nicht« […] Solche Schwierigkeiten hat der Mensch nicht erwartet; das Gesetz soll doch jedem und immer zugänglich sein, denkt er […] Der Türhüter stellt öfters kleine Verhöre an, […] und zum Schluss sagt er ihm immer wieder, dass er ihn noch nicht einlassen könne. (Kafka, 1915, 174 f.)[9]

Literatur

Eco, Umberto (1995): *Der ewige Faschismus.* München: Hanser, 2020.
Kafka, Franz (1915): Vor dem Gesetz, in: ders.: *Die besten Geschichten.* München: Anaconda, 174–176.
Segal, Hanna (2007): Envy and Jealousy, in: dies.: *Yesterday, Today and Tomorrow*, hg. v. Abel-Hirsch, Nicola. London, New York: Routledge, 227–229.

---

9 Ich zitierte bei einer Veranstaltung 2019 obige Sätze Kafkas und wies auf die Gleichheit eines Familiennamens hin, nämlich des aktuell chefärztlich-psychoanalyserestriktiven »Türhüters« der Krankenkasse mit einem »mächtigen Türhüter« der 1938er-Universitätstüre, der Regime-Unliebsame restriktiv zurückwies. Die psychoanalytischen VeranstalterInnen waren peinlich berührt ob meiner »Aggressivität« und entschuldigten sich bei der Krankenkassen-Repräsentantin für meine Wortmeldung.

Macht, Ohnmacht, Machtmissbrauch – Am Beginn der Kinderpsychoanalyse Oder: »Der schlimme Rolf«[1]

Karl Fallend

In memoriam
Wolfgang Huber (1931–1989)

Eine persönliche Vorbemerkung: In den 1980er-Jahren hatten wir Psychologie-StudentInnen in Salzburg das Glück, mit der Geschichte der Psychoanalyse konfrontiert zu werden. Vor allem in den Seminaren von Johannes Reichmayr wurde unsere Neugier geweckt, wurden eigene Studien vertieft, bis hin zum Abschluss von Dissertationen.

Das Buch von Wolfgang Huber (1977) »Psychoanalyse in Österreich seit 1933« war Pflichtlektüre und unser zweites Glück. In ihm, Leiter des Ludwig-Boltzmann-Instituts für Geschichte der Gesellschaftswissenschaften in Salzburg, Theologe, Psychoanalytiker, Historiker der Psychoanalyse, fanden wir einen väterlichen Mentor, der viele von uns unterstützte und manchen zur Publikation der Dissertation verhalf (zur Biografie Wolfgang Hubers siehe List, 2007). So Bernhard Handlbauer über die Geschichte der Individualpsychologie, Dorothea Oberläuter über Rudolf Ekstein oder meine Arbeit über Wilhelm Reich, die wir gemeinsam im März 1988 in Wien präsentierten. Völlig überraschend starb Wolfgang Huber im darauffolgenden Jahr.

Mehr als 30 Jahre später wurde mir das Vertrauen geschenkt, die Materialien zu Hubers letztem Forschungsvorhaben zu übernehmen, es fortzusetzen und mit neuen Fragestellungen zu bearbeiten. Die Quellen drehten sich um das Leben der ersten Kinderanalytikerin Hermine Hug-Hellmuth; dabei ragte v.a. ein Quellenbestand als einzigartig heraus: Wolfgang Huber hatte Interviews mit dem Neffen Hug-Hellmuths, Rudolf Hug, geführt, der ihr Mörder war. Es war ihm als Einzigem gelungen, mit Rudolf Hug ein vertrauliches Verhältnis aufzubauen und dessen Perspektive der Tragödie zu erfahren, über dessen Leben zu hören. Darüber möchte ich im Folgenden berichten – als Ergänzung zu den beiden Biografien über Hermine Hug-Hellmuth, der peniblen Arbeit von Angela Graf-Nold (1988) und der vorwiegend werkbezogenen Arbeit von Geor-

---

1 Besonderer Dank geht an Monika und Franz Huber, an Thomas Aichhorn, Alois Ecker, Ita Grosz-Ganzoni, Pedro Grosz, Wolfgang L. Reiter, Tim Rütten und die Enkelinnen der Familie Hug. Und wie immer danke ich meiner Lebensgefährtin Gabriella Hauch sehr.

ge MacLean und Ulrich Rappen (1991).² Meine Arbeit fokussiert auf das innerfamiliäre Beziehungsgeschehen, das von Macht, Ohnmacht und Machtmissbrauch geprägt war, im Spiegel der Lebensgeschichte des Neffen Rudolf Hug und im zeitgeschichtlichen Kontext.

Im Zentrum dieses Geschehens steht das Schwesternpaar³ Antonie und Hermine, die beide eine quasi männliche Erziehung genossen. Die Mutter starb früh (Antonie war 14, Hermine 12 Jahre alt). Der Vater, Hugo Hug von Hugenstein (1830–1898), ein invalider Oberstleutnant adeliger Herkunft, war ebenso gefürchtet wie bewundert. Beide Töchter waren extrem diszipliniert, fleißig und im Umgang mit männlichen Autoritäten, mit der patriarchalen Macht, bestens geschult. Die Schwestern maturierten extern, wurden Bürgerschullehrerinnen und gehörten zu den ersten Studentinnen an der Universität Wien. Antonie war in der Frauenbewegung aktiv, setzte sich für die Mädchen- und Frauenbildung ein und war dezidiert antisemitisch eingestellt. Öffentlich unterstützte sie etwa den Wiener Künstler und Gelehrten Guido List, Erfinder einer arischen Ursprache, der später Heinrich Himmler beeinflussen sollte. Antonie studierte Deutsche Philologie. Sie war die dritte Frau, die in diesem Fach an der Universität Wien mit einem Doktorat abschloss (Hug von Hugenstein, 1906) und genoss große Anerkennung beim gefürchteten Ordinarius Jakob Minor.

links: Antonie Hug von Hugenstein mit Promotionsurkunde 1905 (Quelle: Nachlass Familie Hug)

rechts: Hermine Hug von Hugenstein (Quelle: Nachlass Wolfgang Huber)

---

2 Die aktuell erschienene Biografie von Prophecy Coles (2024) konnte nicht mehr eingearbeitet werden.
3 Ich betone: Schwestern und nicht Halbschwestern, wie MacLean und Rappen behaupten (1991, 3 ff.). Die Autoren haben bei ihrer Recherche die Personen verwechselt – eine Verwechslung, die bis heute zu gewagten biografischen Interpretationen führt (z. B. Roudinesco/Plon, 2004). Dem Historiker Tim Rütten ist es gelungen, zwei Töchter gleichen Namens auszumachen, nämlich Antonie 1, 1864 unehelich geboren und 1944 verstorben in Graz, und Antonie 2, als eheliches Kind 1869 geboren und 1915 in Bozen gestorben (vgl. Rütten, 2026).

Während des Studiums lernte Antonie Hug von Hugenstein Rudolf Rossi von Lichtenfels kennen, einen Lebemann und Frauenheld, der zu diesem Zeitpunkt bereits verheiratet war und drei Kinder hatte. Mit ihm gründete sie in Mürzzuschlag das erste Landerziehungsheim in Österreich nach dem Vorbild der Heime des deutschnationalen, antisemitischen, protestantischen Theologen Hermann Lietz in Deutschland. Hug und Rossi nannten ihre Institution »Juvenile«, und als Programm[4] galten Naturverbundenheit, Askese, Gehorsam, körperliche Pflege. Sie wandten sich gegen stures Auswendiglernen und Prüfungsangst. Und: Die im September 1905 eröffnete Anstalt war für Buben *und* Mädchen zugänglich. Antonie lebte gemeinsam mit Rudolf Rossis Familie – d. h. mit seiner Mutter, seiner Frau und den zwei Töchtern – im Juvenile.

Finanziell war das Projekt ein Desaster: Es war viel zu teuer. Das eigentliche Ende des Landerziehungsheims besiegelte jedoch die kurze Liebesbeziehung zwischen Antonie und Rudolf Rossi. Ein ehemaliger Schüler erinnerte sich: »Frau (von) Hugenstein gab noch im Zustande der Schwangerschaft Unterricht. Sie war eine Frau von universalem Wissen, ihre Energie und Auftreten übertraf die eines Mannes. Die Schüler und Schülerinnen zitterten bei ihrem Eintritt ins Klassenzimmer.«[5]

links: »Der schlimme Rolf« (1909) (Quelle: Nachlass Familie Hug)

rechts: Rudolf Hug (Anfang der 1970er-Jahre) (Quelle: Nachlass Familie Hug)

---

4 Programm des I. und einzigen österreichischen ministeriell autorisierten Landerziehungsheims u. priv. Reformmittelschule für Knaben und Mädchen »Juvenile«. Mürzzuschlag, 1905. Administrative Bibliothek des Bundes, Bundeskanzleramt, Sign. I-15322.

5 Brief des Handelsangestellten Franz Wernbacher an Polizeikommissär Dr. Böhm vom 14.9.1924. Wiener Stadt- und Landesarchiv, Landesgericht für Strafsachen, Vr. 6013/24, Bl. 100 ff.

Am 17. Mai 1906 brachte die ledige Antonie in Graz ihren Sohn Rudolf Otto Helmut zur Welt. Rudolf Rossi (Institutsdirektor) ist als Pate im Taufschein eingetragen.[6] Rolf war von Beginn an der Lebensmittelpunkt seiner Mutter: Sie verzärtelte ihn völlig. Es gab keine Verbote, Rolf durfte alles. Sie nannte den verzogenen Buben selbst »der schlimme Rolf«.

Antonie kehrte als Lehrerin nach Wien zurück und engagierte sich in der Frauenbewegung. Die zwei Jahre jüngere Schwester Hermine folgte der älteren und ging zugleich doch eigene Wege: Auch Hermine Hug arbeitete als Lehrerin. Nebenberuflich studierte sie an der Universität Wien Physik und erwarb dort als vierte Frau im Jahr 1909 den Doktortitel in Physik mit einer Dissertation über Radioaktivität. Eine nach dem Urteil der Gutachter durchaus den wissenschaftlichen Anforderungen entsprechende Arbeit – wenngleich kein über das Erwartbare hinausgehendes Ergebnis erzielt wurde (vgl. Reiter, 2026). Mit diesem Abschluss hatte Hermine Hug offenbar auch die Grenzen ihrer Belastbarkeit erreicht; heute würde man wohl von Burn-out sprechen. Ab 1907 ließ sie sich nervenärztlich behandeln und 1910 wegen allgemeiner Nervenschwäche frühpensionieren.[7] Der behandelnde Nervenarzt war der umstrittene Isidor Sadger (vgl. Huppke/Schröter, 2006), dessen Wohnung und Praxis (Liechtensteinstraße 15) gleich um die Ecke des Physik-Instituts (Türkenstraße 3 – und zudem um die Ecke zur Berggasse 19) lag, von nun an ihr einziger Vertrauter und Mentor. Hermine Hug von Hugenstein war als Physikerin von der Arbeitsweise Sadgers angetan, von seiner Art der radikalen Selbstanalyse, von der historisch-autobiografischen Erklärung psychischer Phänomene, von der Theorie der psychosexuellen Entwicklung, schließlich von der Idee des Unbewussten. Die Mitte-Dreißig-Jährige war begeistert von der Lehre Freuds, die ihr Leben verändern sollte. Ausgerechnet Sadger, Gegner der Laienanalyse, der zudem die Aufnahme von Frauen in die psychoanalytische Vereinigung ablehnte, legte der *katholischen* Physikerin Hermine Hug-Hellmuth[8] die Brücke in die vorwiegend jüdische Männerrunde der Wiener Psychoanalytischen Vereinigung (WPV). Freud wurde ihr zur bewunderten Vaterfigur. Und dieser wiederum war von der fleißigen Physikerin angetan. Er spürte, dass er in ihr eine verlässliche Anhängerin gefunden hatte, die mit militärischer Disziplin keine wissenschaftliche Auseinandersetzung scheuen würde, und schuf mit ihrem Eintritt in die WPV im Jahr 1912 eine eigene Rubrik in der Zeitschrift »Imago« unter dem Titel »Vom wahren Wesen der Kinderseele«. Damit war ein weiterer Schwerpunkt jenseits der Couch entstanden, den er selbst 1909 mit seiner »Analyse der Phobie eines fünfjährigen Knaben« eingeleitet hatte.

---

6 Taufschein, 5.6.1906. Wiener Stadt- und Landesarchiv, Landesgericht für Strafsachen, Vr. 6013/24, Bl. 166.
7 Niederösterreichisches Landesarchiv, NÖ LSR, K.A. II, Zl. 773 aus 1915.
8 Hug-Hellmuth nutzte ab der ersten Publikation diesen Namen und kürzte anfänglich ihren Vornamen ab, einerseits um nicht gleich als Frau erkennbar zu sein, andererseits dokumentiert der Namenswechsel eine neue berufliche Identität. Amtlich machte sie diese Namensänderung erst 1921.

Hug-Hellmuths Arbeiten lassen sich durch zwei Schwerpunkte charakterisieren: Erstens suchte sie durch Beobachtung die Rolle der sexuellen Regungen im Seelenleben des Kindes zu ermitteln und zweitens wollte sie die Anwendung der Psychoanalyse im Bereich der Erziehung aufbauen. In Summe setzte sie alles daran, Freuds Thesen zur Kinderpsychologie durch das Sammeln von Beobachtungen zu bestätigen und zu systematisieren (vgl. Huber, 1980, 127) – ganz so, wie Freud es 1924 rückblickend formulierte: »Das Kind ist das hauptsächliche Objekt der psychoanalytischen Forschung geworden; es hat in dieser Beziehung den Neurotiker abgelöst, an dem sie ihre Arbeit begann.« (Freud, 1925f, 565)

Hug-Hellmuths erste psychoanalytische Arbeiten entstanden unter der Supervision ihres Mentors Isidor Sadger, wobei neben vielen autobiografischen Beispielen zumeist Neffe Rolf als Objekt ihrer in der Physik geschulten Beobachtung diente. Interessant, dass diese Studien auch ganz im Sinne der Schwester Antonie waren, die meinte, dass Beobachtungen der kindlichen Psyche, dass Psychologie und Erziehungslehre zur Mädchenbildung gehören sollten (vgl. Hug von Hugenstein, 1911). Der »schlimme Rolf« war also sowohl der Mutter als auch der Tante für die Formulierung höherer Ideale ausgeliefert. Die jüngere folgte der dominanten älteren Schwester und war auch dabei, als Antonie 1910 in Baden eine »Akademie für Damen« gründete und 1912 – auf Vorschlag der Frauenrechtlerin Ida Baumann (vgl. Hacker, 1996, 105) – Chefredakteurin des Organs »Postanstaltsbeamtin« wurde. Schwester Hermine fungierte als Stellvertreterin.

Wenig später nahm die Tragödie ihren Anfang: Antonie Hug von Hugenstein wurde lungenkrank. Zur Heilung fuhr sie mit ihrer Freundin Isabella Horvath und ihrem Sohn Rolf nach Bozen, wo sie den Kriegsbeginn erlebten. Der Bub wurde in der Schule gemobbt, dann von der Freundin unterrichtet und erlebte den Todeskampf der Mutter hautnah mit. Eine traumatische Erfahrung – Rolfs Welt brach zusammen. Zurück in Wien wollte Hermine Hug-Hellmuth, ihrem Hang zum Militarismus[9] entsprechend, den Neffen in eine Kadettenschule schicken. Die Freundin lehnte dies strikt ab, weil sie wusste, dass dies nicht im Sinne der Mutter gewesen wäre. So kam Rolf nach Krems in ein Internat und – weil er es dort nicht aushielt – weiter zu einer Pflegefamilie. Insgesamt musste Rolf Hug laut Isidor Sadger 19-mal den Wohnort wechseln.[10] Freundesbeziehungen waren da ausgeschlossen. Ein einsames Kind.

Der noch von der Mutter eingesetzte gesetzliche Vormund Günther Schlesinger (ein deutschnationaler Zoologe und späterer Nationalsozialist) wollte mit dem Buben nichts zu tun haben. Auf ihn folgte kurzfristig der Psychoanalytiker Viktor Tausk,[11] an den sich Rolf Hug 60 Jahre später im Gespräch mit Wolfgang Huber positiv erinnerte. Er habe

---

9 Rudolf Hug im Gespräch mit Wolfgang Huber, 11.6.1985: »Aber die beiden Schwestern waren ja grundverschieden. Meine Tante hat von sämtlichen Regimentern diese Kragenspiegel gekannt«; Nachlass Wolfgang Huber.
10 Zeugenvernehmung Isidor Sadger, 22.9.1924. Wiener Stadt- und Landesarchiv, Landesgericht für Strafsachen, Vr. 6013/24, Bl. 91.
11 Über eine nähere Beziehung zwischen Hermine Hug und Viktor Tausk konnte ich nichts in Erfahrung bringen.

zu Tausk einen sehr guten Kontakt gehabt: »Bitte, ob er gerade auch der richtige war? Für mich war das natürlich, daß er ohne weiteres akzeptiert hat, daß ich mit 12 Jahren geraucht habe, daß er gesagt hat, bitte schön, und daß er außerdem bei Einladungen in die Konditorei absolut nichts dabei gefunden hat, wenn ich sooo große Augen und nur so einen kleinen Magen gehabt habe.«[12] Diese Beziehung fand mit Tausks Suizid im Juli 1919 ein tragisches Ende.

Der letzte Vormund war ab nun Isidor Sadger, den Rolf hasste. Sadger war überfordert, ohnmächtig und unfähig, dem Buben einen sozialen und emotionalen Rückhalt zu bieten – ähnlich wie die Tante. Rolf Hug sagte in Gesprächen mit Wolfgang Huber über ihn: »Ja, was hat denn der Dr. Sadger da gemacht? Der hat es ja gesehen, was da kommt. Das hat man gewußt, das ist abgelaufen wie die griechischen Schicksalstragödien, unverhinderbar, so läuft's und niemand hat was getan.«[13] Und: »Die Person Dr. Sadger war mir unsympathisch bis dort hinaus. Ohne jede Rücksicht.«[14]

Zu diesem Zeitpunkt – der Erste Weltkrieg war zu Ende – ging es bergauf mit der analytischen Karriere von Hermine Hug-Hellmuth. Ihr Wissen war gefragt – noch. Sie hielt Vorträge in Wien und Berlin. Ab 1923 leitete sie die Erziehungsberatungsstelle im Rahmen des Psychoanalytischen Ambulatoriums. Und mit ihrem Bestseller »Tagebuch eines halbwüchsigen Mädchens« (1919) hatte sie drei Auflagen mit insgesamt 10.000 Exemplaren erzielt. Als das Buch vernichtend als Fälschung kritisiert und später sogar aus dem Handel genommen wurde, begann es mit ihrer Karriere sukzessive bergab zu gehen. Hug-Hellmuth wurde zusehends eine Gestalt aus einer Welt von gestern. Jüngere Analytiker und Analytikerinnen wie Siegfried Bernfeld, August Aichhorn, Willi Hoffer und Anna Freud zogen im Bereich der Kinder- und Jugendpsychoanalyse neue Aufmerksamkeit auf sich. Niemand von ihnen stand zu Hug-Hellmuth in einem Lehrer-Schüler-Verhältnis. Sie war mehr oder minder alleine. Nicht nur in der Vereinigung, sondern auch privat. Wirtschaftlich angeschlagen, musste sie sich allein um eine Tante kümmern, die bei ihr wohnte, und ebenso um ihren Neffen, der nach Internat und Pflegefamilie von 1918 bis 1922 ebenfalls bei ihr untergekommen war. Rolf log, stahl und forderte in Zeiten der Wirtschaftskrise wieder und wieder Geld – immer mehr, bis er von Hug-Hellmuth und Sadger der Wohnung verwiesen wurde. Der 16-Jährige kam in das Schutzheim für verwahrloste Kinder in Wien Unter-St. Veit, geleitet vom Salesianer Pater Valentin Kehrein, der berüchtigt für seine strengen Erziehungsmethoden war. Rolf blieb nicht, hielt sich mit Nebenjobs über Wasser und landete schließlich in den Baumgartner Baracken in einer Wohngemeinschaft. Dort veruntreute er 500.000 Kronen eines Mitbewohners. Obwohl Tante Hermine für den Schaden aufkam, wurde Rolf angezeigt und zu vier Tagen Arrest verurteilt. Die schiefe Bahn war endgültig erreicht.

Noch 60 Jahre später äußerte sich Rolf Hug gegenüber Wolfgang Huber erzürnt:

---

12 Gespräch Wolfgang Huber mit Rolf Hug in Wien, 2.6.1987; Nachlass Wolfgang Huber.
13 Gespräch Wolfgang Huber mit Rolf Hug in Wien, 11.6.1985; Nachlass Wolfgang Huber.
14 Gespräch Wolfgang Huber mit Rolf Hug in Wien, 2.6.1987; Nachlass Wolfgang Huber.

Ja, Herrgott noch einmal! Hätte doch ein vernünftiger Mensch sich hinsetzen können und sagen können: »Schau mal her, das ist mein Einkommen, soviel hab ich und mehr hab ich nicht. Und mit dem geht's nicht anders.« Das wäre eine Rede gewesen, aber nein, nein, nein […] immer wieder kriegt man das um die Nase geschmiert: »Ja, was Ihre Tante für Sie tut, ja, das ist wirklich aufopfernd.« […] Das ist mir natürlich auch sehr gegen den Strich gegangen. (Nachlass Wolfgang Huber, 2.6.1987)

Sprachlosigkeit, Scham und Ohnmacht der ehemaligen adeligen Offizierstochter aus bestem Hause gegenüber den gesellschaftlichen Erwartungshaltungen verhinderten jeglichen Dialog. Auch oder v.a. unter den KollegInnen. Im Nachlass August Aichhorns fand sich ein Brief von Hermine Hug-Hellmuth, den diese aber nicht abgeschickt hatte. Aichhorn hatte das Schreiben, das mir Thomas Aichhorn dankenswerterweise zur Verfügung stellte, erst nach dem Tod Hug-Hellmuths ausgehändigt bekommen. Ein ohnmächtiger Hilfeschrei im Juni 1922:

Sehr geehrter Herr Aichhorn,
Ich stehe so sehr unter dem Eindruck Ihres ausgezeichneten, für die Erziehung von Verwahrlosten (unleserlich) so vorzüglichen Vortrag, dass ich nicht bis zum Herbst auf die kärglichen Minuten einer Aussprache warten will. […] Sie haben in mein persönliches Erleben tief eingegriffen, denn ich stehe mitten in der Bewältigung eines solchen Falles, an dem ich trotz aller p. a. Erkenntnis manchmal fast verzweifle. (Hermine Hug-Hellmuth an August Aichhorn, Juni 1922; Nachlass August Aichhorn, Privatbesitz)

Zu einer Aussprache war es nie gekommen. Das ohnmächtige Schweigen dominierte. Aichhorn hätte ihr wahrscheinlich eine Erklärung gegeben, wie er sie später formulierte:

[…] geht die Mutter mit ihrem unbefriedigten Zärtlichkeitsbedürfnis zum Sohn und der Vater zur Tochter. Beide erkennen nicht, was sie anstellen. Sie wissen auch nicht, daß sie sich dadurch mehr an die Kinder und die Kinder mehr an sich binden, als für deren normale Entwicklung zulässig ist. Die Kinder werden libidinös überbelastet. Die Kinder wehren ab. Gelingt diese Abwehr, dann wird allerdings mit enormem, vom Kind zu leistenden psychischen Aufwand das Unheil einer abwegigen Entwicklung aufgehalten. Gelingt die Abwehr nicht, dann stehen die Türen für Verwahrlosung und Neurose offen.
Der Weg in die Verwahrlosung ist mit relativ geringen Ausnahmen in solchen Fällen immer wieder derselbe. Die aggressive Abwehr des Kindes, die sich entweder in direkter Aggression äußert oder auch verdeckt in verschieden gestalteter Schlimmheit auftritt, wird mißverstanden und führt zu Strafmaßnahmen, was vom Kind aus als völlig ungerecht empfunden wird. (Aichhorn, 1945, 189 f.)

Genau dieses Missverständnis, diese Ungerechtigkeit spürte Rolf Hug bis ans Lebensende.

In der Nacht vom 8. auf den 9. September fand die Tragödie ihren Höhepunkt. Rolf stieg in die Wohnung der Tante ein, um sie auszurauben. Hermine Hug-Hellmuth erwachte, schrie. Der Neffe würgte und knebelte sie, bis sie erstickte.

Wiener Bilder. Illustriertes Familienblatt. Österr. Nationalbibliothek. Trotz sorgfältiger Recherche konnten die Rechteinhaber der Abbildung nicht ermittelt werden.

Rolf wurde verhaftet. Kühl und distanziert stand er der Tat gegenüber. Kein Zeichen der Reue. Zwölf Jahre schwerer Kerker lautete das Urteil. Zuerst saß er im Gefängnis in Stein, wurde dann nach Garsten überstellt, wo er das große Glück hatte, auf einen fortschrittlichen Gefängnisdirektor zu treffen, der von dem Ausnahmehäftling angetan war. Denn Rolf Hug war adeliger Herkunft, gebildet, sprachgewandt und selbstsicher. Rolf erhielt Begünstigungen: Er wurde von der Arbeit befreit, lebte in einer Einzelzelle mit jeder Menge Bücher, die ihm sein jüdischer Freund und ehemaliger Klassenkamerad Rudolf Schacherl zuschickte. Er lernte Englisch und Spanisch und las – u. a. »Verwahrloste Jugend« von August Aichhorn (1925). Rolf schrieb seinem Freund Schacherl im März 1927, er möge doch Aichhorn einen Brief übermitteln, was dieser auch tat. Darin schrieb der inzwischen 21-Jährige, Aichhorn sei ja ein Kenner des Grenzgebietes der Psychoanalyse, das den Asozialen vom eigentlichen Neurotiker trennt: »Zu einer Analyse im gewöhnlichen Wortverstand liegt ja bei mir kein Grund vor: ich leide weder an schweren sexuellen Abnormitäten noch an Zwangsvorstellungen. Es handelt sich vielmehr um eine fast ausschließlich nacherzieherische Aufgabe, einen Ausgleich der verschiedenen Fehler meiner ersten und auch meiner späteren Erziehung, die die letzte Ursache meiner sozialen Minderwertigkeit darstellen.« (Rudolf Hug an Rudolf Schacherl, 27.3.1927; Nachlass August Aichhorn, Privatbesitz)

Rolf plante alles, um Aichhorn zu gewinnen und, nach Wien überstellt, von ihm behandelt zu werden: »Immerhin würde ich dies alles auf mich nehmen, wenn es gelingen sollte, Dir.[ektor] A.[ichhorn] für mich zu interessieren, da es ja natürlich von ungeheurer Bedeutung für mich wäre, von den Dingen befreit zu werden, die einmal ins Zuchthaus geführt haben [...].« (ebd.)

Rolf Hugs Brief blieb ohne Antwort.

Jahrzehnte später kommentierte Rosa Dworschak, Aichhorns geliebte Kollegin, Hugs Schreiben. Sie meinte, eine sogenannte psychotische Verwahrlosung zu erkennen, wie sie August Aichhorn beschrieben hatte:

> »In einem Menschen, der sich im allgemeinen gut anzupassen weiß und unauffällig wirkt, wächst ein Haß heran, der, selbst wenn er zu einer erschreckenden Tat geführt hat, von dem Betreffenden ganz eigenartig angesehen und beurteilt wird. Die Tat wird nicht bedauert, sie steht wie ein Fremdkörper im Bewusstsein, man fühlte sich hiezu irgendwie berechtigt, möchte sie aber in sich selbst erledigt haben. [...]
> Wenig bewusst dürfte ihm sein, dass aus dem Briefe noch etwas spricht: er hatte keinen Vater und steht einer solchen Vaterfigur ambivalent gegenüber. Einerseits liegt ihm daran, dass der von ihm gewählte Therapeut sich als solche erweist, er verlangt Interesse für seine Person, unentgeltliche Behandlung, andererseits hat er sicher Angst und will auch die Organisation der Behandlung und vielleicht auch diese selbst in der Hand behalten.« (Dworschak, 1980, Typoskript)

Bereits nach sechs Jahren wurde Rolf Hug 1930 wegen guter Führung auf Bewährung aus dem Gefängnis entlassen. Er landete im Männerheim der Heilsarmee, die ihm ein

Bett und Arbeit bot. Dem 24-Jährigen, völlig mittellosen und wegen Mordes Vorbestraften mangelte es nicht an Selbstbewusstsein. Als er bemerkte, dass die Überstunden nicht bezahlt wurden, klagte er die Heilsarmee (Neues Wiener Journal, 1.2.1931, 34). Im Jänner 1931 kam es zur Gerichtsverhandlung und Rolf Hug gewann den Prozess. Schließlich war es die Reformpädagogin Eugenie Schwarzwald, die er vom Besuch eines ihrer Ferienheime her kannte, die ihm Arbeit vermittelte. In der Stadlauer Malzfabrik wurde er für Suppenwürfel als Plakatierer eingesetzt, und bei der Firma Wander war er für das Anbringen von Reklame für Ovomaltine zuständig. Seine gewählte Ausdrucksweise, seine korrekten Umgangsformen und seine pedantische Genauigkeit machten ihn zu einem begehrten Mitarbeiter.

1932 traf er auf seine erste Lebenspartnerin Margarete Heisinger, Mutter zweier Mädchen aus erster Ehe. Sie bot ihm den Rückhalt, der ihn wahrscheinlich davor bewahrte, eine kriminelle Laufbahn einzuschlagen. Seine Lebensverhältnisse stabilisierten sich. Rudolf Hug blieb bei der Firma Wander als Vertreter und war ab 1947 bis zu seiner Pension 1966 am Aufbau des Außendienstes beteiligt. Das damit verbundene entsprechende Gehalt samt Provisionszahlungen verschaffte ihm ein gehobenes Einkommen. Im Jahr seiner Pensionierung verstarb Ehefrau Margarethe. Drei Jahre später lernte er seine zweite Frau kennen, eine verwitwete, wohlhabende Bäuerin mit drei erwachsenen Kindern, zu denen Rolf Hug stets ein sehr distanziertes Verhältnis hatte. Im Gegensatz dazu war er für die Enkelinnen der beliebte »Onki«, den eine geheimnisvolle Aura umgab. Die Enkelinnen erzählten mir von seiner Liebenswürdigkeit, Sparsamkeit, peniblen Genauigkeit, Naturverbundenheit und Wanderlust (persönl. Mitteilung, Oktober 2020). Und zeitlebens gab es Ovomaltine.

Rudolf Hug starb am 27. Dezember 1995 in Wien.

Rudolf Hug, ein unschuldig schuldig gewordenes Kind, lebte ein beschädigtes Leben und hätte – wie Aichhorn betonte – nur mit Freundschaft, Empathie und Geduld wiedergewonnen werden können. Das war nicht geschehen inmitten des ambivalenten Geflechts von Macht, Ohnmacht und Machtmissbrauch, wie es menschlichen Beziehungen eigen ist – im je speziellen familiendynamischen, zeitgeschichtlichen und gesellschaftspolitischen Kontext.

Die Anfänge der Kinderpsychoanalyse waren davon nicht ausgenommen.

Literatur

Aichhorn, August (1925): *Verwahrloste Jugend. Die Psychoanalyse in der Fürsorgeerziehung. Zehn Vorträge zur ersten Einführung.* Leipzig, Wien, Zürich: Internationaler Psychoanalytischer Verlag.

Aichhorn, August (1945): 13. Vortrag »Zur Technik der psychoanalytischen Erziehungsberatung«, 18. Dezember 1945, in: Aichhorn, Thomas/Fallend, Karl (Hg.): *August Aichhorn – Vorlesungen. Einführung in die Psychoanalyse für Erziehungsberatung und Soziale Arbeit (= Zur Geschichte der Sozialarbeit und Sozialarbeitsforschung, Bd. 9)*. Wien: Löcker, 2015, 178–192.

Coles, Prophecy (1924): *The Forgotten Analyst. Hermine Hug-Hellmuth (1871–1924)*. London: Phoenix.

Dworschak, Rosa (1980): Der Umgang mit Verwahrlosten, in: Fallend, Karl: *Der schlimme Rolf. Zu den Anfängen der Kinderpsychoanalyse* (in Vorbereitung).

Fallend, Karl (1988): *Wilhelm Reich in Wien. Psychoanalyse und Politik.* Wien, Salzburg: Geyer.

Fallend, Karl (in Vorbereitung): *Der schlimme Rolf. Zu den Anfängen der Kinderpsychoanalyse.*

Freud, Sigmund (1909b): *Analyse der Phobie eines fünfjährigen Knaben.* GW VII, 241–377.

Freud, Sigmund (1925f): »Geleitwort« zu: Aichhorn, August, Verwahrloste Jugend. Die Psychoanalyse in der Fürsorgeerziehung. Zehn Vorträge zur ersten Einführung. GW XIV, 565–567.

Graf-Nold, Angela (1988): *Der Fall Hermine Hug-Hellmuth. Eine Geschichte der frühen Kinder-Psychoanalyse.* München, Wien: Beltz.

Hacker, Hanna (1996): Wer gewinnt? Wer verliert? Wer tritt aus dem Schatten? Machtkämpfe und Beziehungsstrukturen nach dem Tod der »großen Feministin« Auguste Fickert (1910). *L'Homme. Zeitschrift für feministische Geschichtswissenschaft* 7/1, 97–106.

Handlbauer, Bernhard (1984): *Die Entstehungsgeschichte der Individualpsychologie Alfred Adlers.* Wien, Salzburg: Geyer.

Huber, Wolfgang (1977): *Psychoanalyse in Österreich seit 1933.* Wien, Salzburg: Geyer.

Huber, Wolfgang (1980): Die erste Kinderanalytikerin, in: Gastager, Heimo (Hg.): *Psychoanalyse als Herausforderung. Festschrift für Igor A. Caruso.* Wien: Verband der wissenschaftlichen Gesellschaften Österreichs, 125–134.

List, Eveline (2007): Wolfgang J. A. Huber und die Psychoanalysegeschichtsschreibung in Österreich. *Luzifer–Amor. Zeitschrift zur Geschichte der Psychoanalyse* 20/40, 142–159.

Hug-Hellmuth, Hermine (1922): *Tagebuch eines halbwüchsigen Mädchens. Von 11 bis 14 ½ Jahren* (= Quellenschriften zur seelischen Entwicklung, Bd. 1). Leipzig, Wien, Zürich: Internationaler Psychoanalytischer Verlag. (Bei der 3. Auflage 1923 zeichnete Hermine Hug-Hellmuth als Herausgeberin.)

Hug v. Hugenstein, Antonie (1906): Zur Textgeschichte von Novalis' Fragmenten. *Euphorion. Zeitschrift für Literaturgeschichte* XIII, 79–93 und 515–531.

Hug v. Hugenstein, Antonie (1911): Ein Mangel unserer Mädchenerziehung. *Neues Frauenleben* XXIII, August, 203 f.

Huppke, Andrea/Schröter, Michael (2006): Annäherungen an einen ungeliebten Psychoanalytiker. Zu Isidor Sadger und seinen Erinnerungen an Freud, in: Sadger, Isidor: *Sigmund Freud. Persönliche Erinnerungen*, hg. und mit einem Nachwort versehen von Huppke, Andrea/Schröter, Michael. Tübingen: Edition diskord, 99–137.

MacLean, George/Rappen, Ulrich (1991): *Hermine Hug-Hellmuth. Her Life and Work.* New York, London: Routledge.

Oberläuter, Dorothea (1985): *Rudolf Ekstein – Leben und Werk. Kontinuität und Wandel in der Lebensgeschichte eines Psychoanalytikers.* Wien, Salzburg: Geyer.

Reiter, Wolfgang L. (in Vorbereitung): Die Dissertation von Hermine Hug von Hugenstein, in: Fallend, Karl: *Der schlimme Rolf. Zu den Anfängen der Kinderpsychoanalyse.*

Roudinesco, Élisabeth/Plon, Michel (2004): *Wörterbuch der Psychoanalyse. Namen, Länder, Werke, Begriffe.* Wien, New York: Springer.

Rütten, Tim (in Vorbereitung): Antonia/e Hug von Hugenstein, geboren am …? Eine Archivreise, in: Fallend, Karl: *Der schlimme Rolf. Zu den Anfängen der Kinderpsychoanalyse.*

Allmacht und Ohnmacht
Zähe Kämpfe in der Adoleszenz

Elisabeth Skale

Mit meinem Beitrag zum Tagungsthema beziehe ich mich auf einen sehr basalen Begriff von Macht – auf die Macht, die in der individuellen »Bemächtigung« von innerer und äußerer Realität zum Einsatz kommt und als Allmacht phantasiert oder als Ohnmacht erfahren und empfunden werden kann. Darüber hinaus möchte ich aufzuzeigen versuchen, wie sich die derzeit herrschenden akuten äußeren Gefahren und Veränderungen mit den entwicklungsbedingten Herausforderungen von Kindern und Jugendlichen verzahnen, die mit Allmachtsphantasien einhergehen und von Ohnmachtsgefühlen begleitet sind. Insofern ist die Adoleszenz für alle eine äußerst herausfordernde und schwierige Entwicklungsperiode, in der belastende äußere Ereignisse zu einer Verstärkung des psychischem Leidensdrucks führen können.

Es hat sich zunehmend herausgestellt, dass Kinder, aber vor allem Jugendliche unter den sozialen Auswirkungen der Corona-Pandemie besonders intensiv und nachhaltig gelitten haben. So hat sich gezeigt, dass die Suizidalität und die Zahl der Suizidversuche bei Jugendlichen signifikant zunahm. Die Zahl der Akutvorstellungen an der Universitätsklinik für Kinder- und Jugendpsychiatrie der MedUni Wien im Jahr 2022 (1260) ist vergleichbar mit 2019 (1277), aber die Zahl der Jugendlichen, die nach einem Suizidversuch vorgestellt wurden, steigerte sich von 67 (2019) auf 200 (2022). Und Suizidgedanken fanden sich bei mehr als der Hälfte (53 %) der Jugendlichen, die sich in eine Akutvorstellung begaben.

In Bezug auf den jüngsten Anstieg von Depressivität und Suizidalität bei Kindern und Jugendlichen weltweit geht Florence Guignard (2024) geht davon aus, dass sowohl die Pandemie mit den Berichten über viele Tote und wiederholte Lockdowns, aber auch die zunehmende Wahrnehmung des menschengemachten Klimawandels und die unmittelbare oder mittelbare Erfahrung von Fluchtereignissen und Kriegen bei Kindern und Jugendlichen vielfach große Ängste und eine Zerstörung von Zukunftshoffnungen auslösen. Und besonders schwerwiegend wirkt sich das auf Adoleszente aus, da sie von dieser äußeren Realität in einer Phase großer psychischer und körperlicher Veränderungen getroffen werden, in der die Regulierung von Allmachts- und Ohnmachtsphantasien als basale psychische Parameter für zunehmende psychische Unabhängigkeit eine wesentliche Rolle spielen.

Elisabeth Skale

Entwicklung von Allmachts- und Ohnmachtsvorstellungen

Freud spricht immer wieder von der langen Zeit der Hilflosigkeit und Abhängigkeit des Säuglings, der eine relative kurze intrauterine »Periode der bedingungslosen Allmacht«, wie Ferenczi es ausdrückt, vorangeht (Ferenczi, 1913, 127). Durch eine magisch-halluzinatorische Wiederbesetzung kann der Säugling für eine gewisse Zeit in diesen Zustand zurückkehren und wird durch Projektion all seiner Wünsche und deren Erfüllung durch Pflegepersonen in seiner Allmachtsphantasie bestätigt. Die Abkehr von der Allmacht und die Entwicklung des Realitätssinns wird erst durch eine Reihe von Verdrängungsschüben »erzwungen«, die schließlich in der Latenz gipfeln. Die verlorenen Allmachtsgefühle werden in Tagträume verbannt und finden im Märchen und in Geschichten künstlerischen Ausdruck.

Auch Melanie Klein stimmt damit überein, dass das Denken des Kindes von Beginn an von Allmachtsgefühlen begleitet ist, sodass es die Realität nicht erkennt und auch nicht anerkennen kann. Aber sie erweitert den Begriff der kindlichen Allmacht, indem sie erkennt, dass das Kind Phantasien der »Omnipotenz« einsetzt, wenn sich die im weiteren Entwicklungsverlauf durch Frustrationen entstandene Realität als unabweisbar herausstellt. Diese Omnipotenzphantasien dienen der Abwehr sowohl paranoid-schizoider als auch depressiver Ängste. Sie führt weiter aus, dass körperliche Funktionen wie Urinieren, Spucken und Defäzieren als destruktive Attacken eingesetzt werden, die Ausdruck von omnipotenten Phantasien sind und ein Schuldgefühl auslösen. Dadurch werden oft zwanghafte Mechanismen in Gang gesetzt, die nun ihrerseits von omnipotenten Vorstellungen der Wiedergutmachung getragen sind. Durch die Analysen von Kindern und Erwachsenen erkennt Melanie Klein, dass die omnipotent-sadistischen Phantasien in vielfältigen und elaborierten Aktionen innerlich ausgearbeitet sind, während sich die Vorstellungen von Restitution meist auf magische Heilung beschränken (Klein, 1932).

Pubertät und Adoleszenz

Die in der frühesten Kindheit und der Latenzzeit vollzogenen und unter Mithilfe der Erwachsenen bewältigten Mechanismen der Integration und Synthetisierung von guten Objekten sind die Voraussetzung für ein integriertes Ich, das seine Triebe und die Realität beherrschen kann. Dieses weitgehend integrierte Ich ist ausschlaggebend für das Gefühl, lebendig zu sein und von einem äußeren Objekt geliebt werden zu können (Klein, 1955). Die in der Latenz abgewehrten sexuellen und aggressiven Triebwünsche können in einer zentralen Masturbationsphantasie eine Form finden, die aber meist gänzlich unbewusst bleibt.

Mit Fortschreiten der körperlichen Reifung und der sexuellen Entwicklung in der Pubertät wird die Latenz aufgehoben, triebhafte Wünsche können nun auch in der Realität befriedigt werden, und all das, was den Abwehren unterlegen ist, muss nun wiederbesetzt werden. Peter Blos (1962) beschreibt, dass in der Frühadoleszenz[1] die aus der Kindheit stammenden Phantasien noch einmal bearbeitet werden, um genitale Reize zu erzeugen. Er gibt ein Beispiel von einem Elfjährigen, der sich, schon seit er fünf war, vorstellte, Mädchen würden mit einem Schlüssel aufgezogen, den man ihnen in die Seite des Oberschenkels steckt. Wenn sie aufgezogen sind, werden sie sehr groß. Im Vergleich dazu sind Buben nur ein paar Zentimeter hoch. Die Buben klettern an den Beinen dieser großen Mädchen hoch, kommen ihnen unter die Röcke und in ihre Unterwäsche hinein. Dort gibt es Hängematten, die am Nichts hängen; die Buben klettern in die Hängematten. Er nannte dies »auf dem Mädchen reiten«, dadurch bekam das Wort »reiten« eine spezielle, erotisch gefärbte und leicht verlegene Note (Blos, 1962, 77). Diese Tagträume werden in der Präadoleszenz weiter ausgearbeitet, in diesem Fall in die Phantasie, Mädchen gefangen zu nehmen, den Riesen – die Riesin – gefangen zu nehmen, zu töten, zu unterwerfen und zu demütigen. In diesen aggressiven, aber auch schon sexuell getönten Tagträumen werden die Themen der Allmacht und der Ohnmacht in der Phantasie bearbeitet. Diese Bearbeitungen dienen dazu, den sich verändernden Körper und die körperlichen und sexuellen Bedürfnisse psychisch zu integrieren und die Vorstellungen über sich selbst als sexuell-körperliches Wesen zu verändern und anzupassen.

Neben diesen großen körperlichen und psychischen Integrationsleistungen geht diese Phase mit der Notwendigkeit einer, sich von den primären Objekten zu trennen, sie endgültig aufzugeben, eine Peer-Group und schließlich Liebesobjekte und Sexualpartner zu finden.

In der gesamten Phase der Adoleszenz können das Internet und die virtuelle Realität eine große Rolle spielen. Dies wurde besonders in der Zeit der Corona-Lockdowns deutlich, in der der Computer, das Internet das Tor zur Schule wurden, aber auch der Kommunikation mit Verwandten, Freunden und einem größeren Kreis von Peers über die sozialen Medien dienten und damit Zutritt zur gesamten Welt ermöglichten.

Soziale Medien, Online-Spiele und Table-Top-Spiele

Das Internet kann in dieser Entwicklungsperiode im günstigen Fall zu einem wichtigen »Übergangsraum« werden, der die Trennung von primären Objekten ermöglicht, unzählige Angebote für Erkundungen, Spiele und Lernen bereithält und die Erfüllung von Tagträumen und Wunschphantasien in einer virtuellen Realität möglich macht. Aber dieser nahezu unbegrenzte Raum des Internets kann sich auch zu einem Claustrum (Meltzer, 1992) verengen, einem Rückzug dienen, zu einem Gefängnis werden, in dem Sadomasochismus vorherrscht, oder zu einem Ort, der süchtig macht

---

[1] Peter Blos (1962) unterteilt die Adoleszenz in fünf charakteristische Phasen: Präadoleszenz, Frühadoleszenz, Adoleszenz, Spätadoleszenz und Postadoleszenz.

oder Sucht bedient. Die Art, wie ein Adoleszenter das Internet nützt und benützt, kann Aufschluss über seine inneren Objektvorstellungen, seine Phantasien und seine Vorstellungen über den eigenen Körper geben, insbesondere wenn er sich in diesen virtuellen Räumen unbegleitet bewegt.[2]

Die seit den 1990er-Jahren wachsende »Spieleentwicklungsindustrie« hat eine enorm große Anzahl von Spielen entwickelt, die allen nur erdenklichen Phantasien, Wünschen, Ängsten und Selbstbildern Raum geben, sie spielerisch in Szene zu setzen und zu befriedigen. Dazu kommen Pen-and-Paper- oder Tabletop-Rollenspiele, deren immense Legende und Regeln im Internet zugänglich sich, auch wenn sie in der Realität in Peergruppen gespielt werden.

Ich möchte zwei Arten von Spielen herausgreifen, die von zwar von allen Altersgruppen, aber vorrangig von Jugendlichen gespielt werden, um die wesentlichen Punkte der Funktion von Spielen in der Adoleszenz zu illustrieren.

Eine unermesslich große Anzahl von Spielen zu allen erdenklichen Themen ist als interaktive Videos gestaltet, die am Computer oder an speziellen Konsolen gespielt werden, um Phantasiewelten oder Kampfszenarien aufzubauen und sich in ihnen in Form verschiedener Identitäten zu bewegen. Damit entsteht ein Raum zwischen Phantasie und Realität, in der eine Allmacht im Spiel ist, die den Regeln der im Spiel entworfenen virtuellen Realität unterliegt.

Als erstes Beispiel möchte ich das weithin bekannte Spiel »Minecraft«[3] anführen, in dem Höhlen und Verliese erkundet und überwunden und durch »Mining« von Rohstoffen und »Crafting« von Gegenständen eigene Bauwerke und Werkzeuge produziert und gehandelt werden, um Geld und Erfahrung zu sammeln und den Monstern möglichst effizient und potent den Kampf ansagen zu können.

Eine interessante Weiterentwicklung und Variante dieses Spiel mit einer ganz anderen Ästhetik scheint »Slime Rancher« zu sein, in dem der:die Spieler:in eine Rancherin, Beatrix LeBeau, steuert und damit verkörpert, die auf einen entfernten Planeten gezogen ist, um dort eine Slime Ranch aufzubauen. Dazu erkundet sie diesen »candy«-farbenen Planeten und fängt mit einer Vakuum-Pistole »Slimes« ein; das sind kleine, gelartige Lebewesen unterschiedlicher Größe und Eigenschaften, die sie zu einem ihrer unterschiedlichen, nach Arten getrennten Gehege bringt, um sie dort zu bewahren, zu füttern und zu züchten. Slimes haben unterschiedliche Futtervorlieben, gedeihen gut oder weniger gut, gemessen an ihren Ausscheidungsprodukten, den Plorts, gegen die die Währung Newbucks eingetauscht wird, um neue Gehege,

---

2 Alexandra Samuel (2017) hat drei verschiedene Arten von »digital parenting« ausgearbeitet: Sie unterteilt Kinder in »digital orphans«, die mit dem Internet allein gelassen sind und selbst ihren Weg in Cyberspace, YouTube, Gaming, Social Media, Pornography finden müssen, »digital exiles«, deren Zugang streng limitiert ist, und schließlich eine Gruppe von Kindern, die von jung an durch Eltern und Lehrer begleitet werden und die sie als »digital heirs« bezeichnet: https://ideas.ted.com/opinion-forget-digital-natives-heres-how-kids-are-really-using-the-internet/ (16.2.2025).

3 Siehe auch: https://de.wikipedia.org/wiki/Minecraft (16.2.2025).

weitere Ausrüstung, Futter, Futterautomaten etc. zu erstehen und die bei optimaler Ernährung so wertvoll sind, dass sie direkt als Edelsteine (!) – vermarktet werden können.[4]

Stills aus YouTube-Videos geben einen Eindruck von der Ästhetik des Spiels.[5] In den YouTube-Videos der Firma oder von Spieler:innen (siehe Links) finden sich Beispiele aus Slime Ranger 2 mit Spielaufbau, Dynamik und unzähligen Zusatzinformationen, die man als Spieler:in braucht. So kann es z.B. um die Erkundung einer neuen Gegend gehen, in der neue Slimes und Futterkarotten auftauchen; beides saugt Beatrix LeBeau mit dem pistolenartigen Gerät ein, um es auf ihre »Ranch« mitzunehmen, um es zu »vermehren«, zu verfüttern und zu vermarkten. Oder Beatrix LeBeau trifft auf einen Slime, von dem sie weiß, dass er Fleisch frisst – an diesem geht sie vorbei, ohne ihn einzusaugen, mit dem Kommentar, er mache zu viel Arbeit.

Als Nebenbemerkung: Diese YouTube-Videos sind mit selektiv zugeschnittener Werbung für Zahnpasta, Duftsprays (»wie Parfüms, die das Näherkommen erleichtern«) und anderen Artikeln versehen, die für die entsprechend Altersgruppe wichtig und interessant sind.

Dungeons and Dragons

Dies ist eine andere Kategorie von Spielen, die auch eine unmittelbare reale Komponente beinhalten, indem sie in Gruppen – meist in eigens dafür ausgestatteten Lokalitäten – gespielt werden. Es gibt auch da unzählige Varianten, deren Legenden entweder über Bücher oder im Internet zugänglich sind. Eines davon ist »Dungeons and Dragons«, das mit folgenden, höchst suggestiven Worten beworben wird: In »Dungeons & Dragons« gehe es um »Geschichten aus Welten voller Schwerter und Zauberei«.[6]

Dies sind Rollenspiele, in denen auf Tischen mit Miniaturen verschiedene Abenteuer bestanden oder Kampfszenarien ausgetragen werden. Die unterschiedlichen Charaktere, die sich in den Kämpfen gegenüberstehen, haben verschiedene Eigenschaften, z.B. Wehrhaftigkeit, Verteidigungskraft, magische Kräfte oder eine unterschiedliche Anzahl von »Leben«, die, nach Punkten genau definiert, in den Handbüchern aufgelistet werden. Und die »Spieler würfeln, um zu ermitteln, ob ihre Angriffe treffen oder nicht oder ob ihre Charaktere eine Klippe hinaufklettern, einem magischen Blitzschlag ausweichen oder eine andere gefährliche Aufgabe erfüllen können. Alles ist möglich, aber die Würfel machen manches wahrscheinlicher als anderes«.[7]

---

4 https://slimerancher.fandom.com/de/wiki/Slime (16.2.2025).
5 https://www.youtube.com/watch?v=1gwwF9BPeKk&list=PL8Hr8BU6bPOne9pLnImKqmO 1PPNnW-rrs, https://www.youtube.com/watch?v=weUX-nRGJig&list=PLop-8mIH2JNfFQI-2p0Hl9xYgJENIukIRz (16.2.2025).
6 https://www.dndbeyond.com (16.2.2025).
7 https://dnd.wizards.com/de/what-is-dnd/rules-introduction (16.2.2025).

Eine weitere Variante eines elaborierten Tischspiels mit Miniaturen ist Warhammer Fantasy, das im Mittelalter spielt, oder Warhammer 40K, das 40.000 Jahre in der Zukunft angesiedelt ist.

Um mein Argument, dass diese äußerst vielschichtig ausgearbeiteten Spiele für Adoleszente höchst interessante Möglichkeiten zur Identifizierung mit Teilaspekten der Figuren und der Dynamik des Spiels bieten und damit auch Abfuhr und Sublimierung ermöglichen, greife ich hier den kleinen Bereich der »Chaosgötter« des Warhammer-40K-Universums heraus. Die folgende Beschreibung habe ich dem »Lexicanum« entnommen, in dem die Warhammer-Legende aufgezeichnet und das, analog zu Wikipedia, von der »Crowd« weiter ausgearbeitet wird.

Die Darstellungen der »Chaosgötter«, seltener auch »Chaosherrscher« genannt, sind eindrückliche Visualisierungen der zentralen körperlichen und psychischen Verfassungen in der Frühadoleszenz und des Kampfes dagegen. Im »Lexicanum« heißt es: »In der Horde des Chaos hat sich grundsätzlich jeder dem Chaos oder einem seiner Götter verschrieben. Das Reich des Chaos ist eine riesige, formlose Vorhölle, die aus den Träumen sterblicher Kreaturen entstanden ist.«[8]

> Das Chaos ist untrennbar mit dem Warp [der »Verwerfung«; E. S.] verbunden. Der Warp ist ohne Raum, Zeit, Materie und Naturgesetze. Dafür ist er mit roher Energie und Gedanken und Emotionen gefüllt. Jeder Chaosgott steht für einen anderen negativen Aspekt der menschlichen Seele und der Welt generell. Die Chaosgötter sind negative Emotionen in einem Maß, dass sie Gestalt angenommen haben.[9]

Ich möchte die Charakteristika der vier »Hauptgötter des Chaos« wegen der eindrücklichen Sprache aus dem »Lexicanum« zitieren:

Der erste, *Khorne*, »steht für absolute physische Gewalt, Blutvergießen und exzessivste Brutalität und ist die Manifestation der brutalen Aspekte des menschlichen Wesens. Er ist die Manifestation jedes einzelnen hasserfüllten Schlags, jeder brutalen Tötung und jedes Mörders in der langen und grausamen Geschichte der Menschheit. Er regiert von einem Bronze-Thron auf einem Berg von Schädeln aus.«[10] Die Figur zeigt eine Rüstung aus Stahl, der Thron ist gleichzeitig ein glänzender, mit Totenköpfen verzierter Kettenräderpanzer mit riesigen Auspuffen, in der einen Hand trägt Khorne eine gezähnte Stahlaxt, in der anderen eine vielläufige Maschinenpistole.[11]

Hier ist das Identifikationsangebot eindeutig: die maximale Panzerung gegen jegliche Angriffe bei gleichzeitig ungehemmter Schlag- und Tötungskraft gegen alle anderen, die zusätzlich Trophäen einbringt, welche Stolz und Ruhm vermehren, ohne durch Schuldgefühle beeinträchtigt zu sein.

---

8 https://whfb-de.lexicanum.com/wiki/Horde_des_Chaos (16.2.2025).
9 https://wh40k-de.lexicanum.com/wiki/Chaos#:~:text= (16.2.2025).
10 https://wh40k-de.lexicanum.com/wiki/Khorne (24.2.2025).
11 https://www.warhammer.com/de-AT/shop/Sch%C3%A4delherrscher-des-Khorne (24.2.2025).

Der zweite Gott, *Nurgle*, »ist der Gott der Verwesung, der Seuchen und Krankheiten«. Im Lexicanum wird er folgendermaßen beschrieben:

> Er ist eine gigantische, aufgeblähte, stinkende Kreatur, mit ledriger grüner Haut, die von Beulen, offenen Wunden und nekrotischen Stellen übersät ist. Nurgles gurgelnde und pulsierende Organe hängen aus offenen Wunden aus seinem Körper, wo sie aufplatzen und kleine Nurglings freigeben, die auch gleich auf Nurgles verrottetem Fleisch herumkauen und die krankheitserregenden Flüssigkeiten trinken, die aus ihm heraustropfen.[12]

Bemerkenswert finde ich die zusätzliche Angabe der korrekten Aussprache seines Namens: »Nrgl«, ohne Vokale, und es heißt weiter: »Schon allein seinen Namen zu nennen, kann Brechreiz und Wahnsinn hervorrufen und wenn man ihn aufschreibt, fängt das Papier an zu qualmen.«[13]

Die obige ausführliche Beschreibung des Ekels und der Evokation ekelerregender Körperlichkeit verweist sehr eindrücklich auf das Körpergefühl des Adoleszenten, der mit unreiner Haut kämpft und wegen seines starken Körpergeruchs von seiner Umgebung zum Duschen verdonnert wird. Aber sie bringt auch seinen Protest, die Unlust und seine Rachegelüste angesichts des Unverständnisses, das seiner Körperlichkeit entgegengebracht wird, zum Ausdruck: Er verbreitet Seuchen und Leiden über das gesamte Universum.

Der dritte Gott, *Tzeentch*, steht für »zerstörerische, boshafteste und destruktivste Lüge, Intrige und Hinterlist«, wie es im Lexicanum heißt: »Seine Haut scheint sich unablässig zu bewegen, formt sich zu unzähligen Gesichtern, die verschwinden, auftauchen, grinsen und Grimassen schneiden. Wenn Tzeentch spricht, wiederholen sich die Worte, oft mit leichten, feinen Sinnabweichungen.«

Es ist eine reptilienartige, sechs- bis achtbeinige gefiederte Figur mit Scherenarmen und Fledermausflügeln, die jederzeit ihre Erscheinung, aber auch ihr Wesen insgesamt verändern kann.

Die Auflistung scheint die Charakteristika der Adoleszenz und den vielen Fragen nach der Wahrheit und Authentizität der im Wandel begriffenen eigenen Identität und des jeweils vorherrschenden Körpergefühls und den daraus erwachsenden Konflikten mit den Forderungen der Erwachsenenwelt gut zu beschreiben.

Der vierte Gott, *Slaanesh*, ist eine androgyne Figur mit Ziegenkopf und steht für meist sadomasochistische, exzessive, lüsterne Ausschweifung. Er wird beschrieben als »Prinz der Ausschweifung, Fürst der Dekadenz, Prinz des Chaos, Prinz der Missetaten, Prinz der Lust und er ist einer der vier mächtigsten Chaosgötter«. Der Chaosgott erscheint mal männlich, mal weiblich, allerdings immer von intensiver, makelloser Schönheit. Jeder, der ihn anblickt, will sich ihm unterwerfen. Slaanesh ist die Manifestation der Dekadenz und des Verlangens. Er stellt den Willen des Menschen

---

12 https://whfb-de.lexicanum.com/wiki/Nurgle (16.2.2025).
13 https://wh40k-de.lexicanum.com/wiki/Nurgle (24.2.2025).

dar, die Grenzen der Missachtung jeglicher Moral und Ethik zu dehnen und zu verletzen.[14]

Die Charakteristika von Slaanesh scheinen unverhohlen auf die unbändigen triebhaften Phantasien der Adoleszenten Bezug zu nehmen und gleichzeitig regressive und narzisstische Wunschvorstellungen zu inkludieren.

All die beschriebenen Figuren gibt es als Miniaturen, die käuflich zu erwerben sind, meist selbst bemalt werden und zur selbstgewählten Ausrüstung der Spieler:innen gehören.

Alle Chaosgötter, die nur eine Untergruppe in einem der multiplen Universen von Warhammer 40K darstellen, haben ihre eigenen Truppen, die unterschiedliche Kampf- und Verteidigungskraft und Eigenschaften besitzen, mit denen sie andere abwehren, besiegen, aber ihnen auch unterliegen und eines der oft mehreren Leben verlieren können. Interessanterweise wird das Maß der Kräfte in cm Wirkradius gemessen, es stehen einander also höchst martialische Figuren gegenüber, deren Bewegungen auf dem Spielfeld mit Würfeln bestimmt werden, und die Spieler:innen vermessen deren Abstände zueinander, die für Sieg oder Niederlage entscheidend sind. Ein eindrückliches Bild für die Fähigkeit, ausladende, lustvolle Phantasien durch eine ernüchternde Realität der Abmessungen, Würfel und den ausführlichen Kodex an Regeln in Schach zu halten.[15]

Die erwähnten Spiele, also sowohl Slime-Ranger als auch Dungeons and Dragons oder Warhammer 40K, um nur einige wenige aus der unendlichen Anzahl von Spielen herauszugreifen, können Facetten des adoleszenten Selbstbildes und die zu bewältigenden inneren Anforderungen konstruktiv-versorgender, aber auch aggressiver Phantasien symbolisieren, und sie gewähren im Sinne des Probehandelns sublimierte Abfuhr der triebhaften Aspekte. Daher haben diese Spiele in all ihren Facetten eine enorm wichtige Rolle für die Entwicklung von Kindern und Adoleszenten, besonders was die Regulierung von Allmachtsphantasien und Ohnmachtserfahrungen betrifft. Ähnlichkeiten mit Puppenküchen, Kaufmannsläden, Bauernhöfen oder Modelleisenbahnwelten und Zinnsoldatenschlachten voriger Generationen sind nicht zu übersehen.

Adoleszenzkrise

Die Adoleszenz erlaubt wegen ihres emotionalen Aufruhrs und der regressiven Prozesse eine Umformung defekter oder unvollständiger früherer Entwicklungen, meint Peter Blos (1962). »Die bezeichnenden emotionalen Bedürfnisse und Konflikte der frühen Kindheit müssen rekapituliert werden, bevor neue Lösungen mit qualitativ verschiedenen Triebzielen und Ich-Interessen gefunden werden können.« (Blos, 1962, 24)

---

14 https://wh40k-de.lexicanum.com/wiki/Slaanesh (16.2.2025).
15 Ein Eindruck zur Bildhaftigkeit und Beschreibung des Spiels findet sich unter: https://www.youtube.com/watch?v=hJRRnY4Kquk&list=PLEaPE4sLDA7sDlGq4VZg9Tp325fFPusiN (16.2.2025).

Auch Erikson schlägt vor, die Adoleszenz als normative Krise anzusehen, also als normale Phase mit Konfliktverstärkung, die durch scheinbare Fluktuationen in der Ich-Stärke und dennoch durch ein hohes Wachstumspotenzial gekennzeichnet ist. Moses und Egle Laufer (1984) hingegen haben sich mit krisenhaften Entwicklungen in der Adoleszenz auseinandergesetzt und beschreiben, dass die Hauptaufgabe der Adoleszenz darin besteht, die zentrale kindliche, meist unbewusste Masturbationsphantasie in die endgültige sexuelle Organisation und die Körperrepräsentationen zu integrieren. Die Entwicklungskrise in der Adoleszenz wird vor allem durch eine unbewusste Zurückweisung des sexuellen Körpers ausgelöst, da die Adoleszenten die Forderungen des eigenen Körpers als ihnen aufgezwungen erleben und sich ihnen passiv unterworfen fühlen. Der betroffene Jugendliche hasst seinen sich verändernden, dann sexuellen Körper, schämt sich dessen, betrachtet ihn als ihm nicht zugehörig oder empfindet ihn als fremd (Laufer/Laufer, 1984).

Diese Krise äußert sich oft als Rückzug vor Gleichaltrigen, verbunden mit heimlichem und zwanghaftem Masturbieren, oder durch sadistische oder perverse Handlungen, plötzliche Attacken auf die ödipalen Eltern. Oder es ist gekennzeichnet durch eine Schulphobie oder durch Versuche, den puberalen Körper in einen vorpuberalen zu verwandeln, in Form von Verletzungen oder Beschädigung des eigenen Körpers oder durch Suizidversuche. Unbewusst verbindet der:die Jugendliche mit der körperlichen sexuellen Reife die Gefahr der Zerstörung ödipaler Identifizierungen, aber auch die Gefahr des Inzests und einer abnormalen sexuellen Entwicklung. Darüber hinaus kann die Tatsache, nun einen männlichen oder weiblichen Körper zu haben, zu einem Verlust des narzisstischen Vollkommenheitsgefühls führen und den Wunsch wecken, den Körper des anderen Geschlechts zu haben, um sich dieser Festlegung zu entziehen. Dies scheint die Grundlage für die in dieser Phase vor allem bei Mädchen, aber auch bei Buben anzutreffenden Genderdysphorie zu sein, oder auch für den Wunsch, keinem der Geschlechter oder beiden Geschlechtern zuzugehören.

Neben der Integration des Körperbildes, das den eigenen, sexuell reifen Genitalapparat und den des anderen Geschlechts enthält, soll in der Adoleszenz die Fähigkeit erlangt werden, die ödipal-inzestuösen Wünsche aufzugeben und am Ende der Adoleszenz die ödipalen Eltern innerlich »wiederherzustellen« und sich damit von ödipalen Schuld- und Hassgefühlen zu befreien. Um für sich selbst eine funktionierende Vagina und einen funktionierenden Penis zu akzeptieren, sei es erforderlich, betonen die Laufers, die Angst vor ödipaler Aggression und vor elterlichem Neid zu ertragen und durch Identifizierung mit dem gleichgeschlechtlichen Elternteil zu überwinden, ohne dem Wunsch nach Regression zu erliegen. Erst dann kann das Wagnis der Aussendung von narzisstischer Libido an das Objekt der Verliebtheit eingegangen werden – ein Vorgang, der zu einer weiteren Erschütterung des narzisstischen Gefüges führt (Laufer/Laufer, 1984).

Elisabeth Skale

Regressionen in eine Welt der Allmacht

Ich möchte Teile eines klinischen Falls aus der Literatur, »Jonah und das Internet« von Susan Donner (2024), heranziehen, um diese inneren Umbauvorgänge zu illustrieren:

Donner beschreibt einen 14-Jährigen, der mit Kapuze, gebeugtem Kopf und hängenden Schultern zur ersten Therapiestunde kommt. Seine Schilderungen waren durch Ausbrüche von Weinen und Schluckauf unterbrochen, womit er das Bild eines dysregulierten Säuglings vermittelte. Die Dynamik des ersten Gesprächs drängte sich der Analytikerin als Bild eines »shooter games« auf, das darauf abzielte, seine Worte und die inhaltliche Kommunikation zu vernichten. Er nahm in dieser Zeit keinen Augenkontakt auf, schien die Therapeutin als potenzielle Richterin wahrzunehmen, die ihn kritisieren und ihm weitere Scham und Demütigung verursachen könnte. Er beschrieb, dass nach einer enttäuschenden sexuellen Annäherung an ein Mädchen, das den Kontakt abrupt abgebrochen und ihn unmittelbar danach in den Sozialen Medien öffentlich beschämt hatte, er selbst alle seine Aktivitäten in den Sozialen Medien eingestellt und sich aus dem Kontakt zu seinem Freundeskreis gänzlich zurückgezogen hatte. Dennoch berichtete er, dass er sich die Facebook-, Instagram- und Snapchat-Postings seiner Freunde süchtig ansähe und unter FOMO[16] leide.

Im weiteren Verlauf stellte sich heraus, dass Jonah mit einer lebensbedrohlichen Herzfehlbildung zur Welt gekommen war, die in den ersten Lebensmonaten eine Notfallaufnahme und Herzoperation notwendig gemacht hatte. Die Operation wurde dem Patienten verheimlicht und die große Narbe als Geburtsmal erklärt. Er selbst hat die Narbe offenbar in eine kindliche Masturbationsphantasie eingebaut, indem er sich vorstellte, dass immer, wenn er an der Narbe rieb, sich, wie bei Aladins Wunderlampe, seine Wünsche erfüllten. In einer Sitzung mit den Eltern wurde deutlich, dass in der Familie Erklärungen als nicht notwendig erachtet wurden und Getrenntheit, speziell die von Jonah, verleugnet wurde. Für den Patienten aber »bedeutete dieses Nichtgesehenwerden nicht nur ausgeschlossen zu sein, sondern unsichtbar und letztlich tot zu sein« (Donner, 2024, 131).

Bei seiner ersten sexuellen Erfahrung mit einem Mädchen war Jonah über seine mangelnde Erregung verwirrt und erschrocken. Erst nach Wochen konnte er sagen, dass er seit Jahren Pornos im Internet konsumierte und Angst habe, er hätte dadurch sein Gehirn geschädigt, sodass er nur Frauen, die Pornostars ähnelten, sexuell attraktiv finden konnte. Es gab auch eine Erinnerung an ein sexuelles Erlebnis mit einem Freund, als er zwölf war, und die Befürchtung, dass er homosexuell sei.

---

16 »Fear Of Missing Out« ist die Befürchtung, dass Informationen, Ereignisse, Erfahrungen oder Entscheidungen, die das eigene Leben verbessern könnten, verpasst werden. Damit einher geht die Angst, dass Entscheidungen bezüglich möglicher Teilnahme bereut werden könnten. Eine deutsche Gesundheitskasse (AOK) informiert in ihrem Gesundheitsmagazin, dass FOMO als erste Social-Media-Krankheit gilt, die mit Stress, Schlafstörungen und depressiven Verstimmungen einhergeht.

Im weiteren Verlauf wurden sowohl die große Abhängigkeit als auch das Festhalten an einer sehr engen Verbindung mit der Mutter über das Mobiltelefon deutlich, die mit gegenseitigem Terror und Überstimulation einherging. Umgekehrt führte eine Szene, in der ihm der Vater unter Ausschluss der Mutter »geheime« Fotos zeigte – unter dem Vorwand, dass er deren Veröffentlichung zu verhindern hatte –, dazu, dass Jonah die heldenhaften, aber auch voyeuristische Tendenzen des Vaters gleichzeitig faszinierend und abstoßend fand. Sowohl in der Beziehung zur Mutter als auch zum Vater fehlte die Präsenz eines Dritten.

Viele Sequenzen dieser Analyse, so Donner, verwiesen auf Jonahs ambivalenten Wunsch, gesehen oder nicht gesehen zu werden. Er war verwirrt, welche Bilder zu den eigenen Wünschen und Phantasien gehörten und welche denen anderer entsprachen, und Sex ängstigte ihn noch immer sehr.

Nach einer Therapiepause assoziierte er einen Spiegel im Zimmer eines Mädchens und die Bobachtung, dass er sich viel besser fühlte, wenn er in ihrem Zimmer mit ihr »rummachte«, weil er sich dabei in dem dort befindlichen großen Spiegel sehen konnte. Daraufhin stellte die Therapeutin in den Raum, ob er unbewusst besorgt war, dass er, während er Sex hatte, verschwinden könnte, und ob er Angst habe, sich nicht wiederzufinden.

In der nächsten Stunde berichtete er, dass er über das »Nichtgesehenwerden« nachgedacht hatte, und erzählte beschämt, dass er im vergangenen Sommer eine Chat-Roulette-Seite gefunden hatte, die ihm anonym erlaubte, seine Genitalien Männern und Frauen zu zeigen und auch die Genitalien der anderen zu sehen und mit einem Click zu einem anderen »pairing« zu wechseln. Dies bot ihm Gelegenheit sowohl für Voyeurismus (Peep-Show) als auch für Exhibitionismus, aber auch die Möglichkeit, in den weiteren Stunden über Bewunderung, gegenseitige Masturbation, grausame Kritik und Zurückweisung zu reflektieren. Seine sexuelle Zurückhaltung gegenüber Frauen empfand Jonah als eine Art Macht über sie, aber auch als masochistische und omnipotente Lösung, denn damit hatte er die Kontrolle über sein Leiden und seinen Konflikt mit dem Bedürfnis, »gesehen zu werden«. Durch Deutungen und Durcharbeiten verstand er, dass nicht nur seine Angst, (auch von der Therapeutin) als sexuell inkompetenter kleiner Junge gesehen zu werden, sondern auch seine Kindheitsangst, dass er durch jede extreme Aufregung, z. B. einen Orgasmus, sterben könnte, ihn abhalte, sexuelle Erlebnisse zu haben.

Bald darauf konnte Jonah der Therapeutin triumphierend vermelden, dass er erfolgreich mehrmals Sex mit dem Mädchen hatte haben können, wobei der Spiegel im Zimmer geholfen hatte – worauf die Therapeutin deutete, dass der Spicgel im Zimmer ihm ermöglichte, sich während des Sex zu beobachten, und ihm versicherte, dass er nicht verschwinden und aus der Situation auch nicht mit einer Art von Narbe auftauchen würde. Er ergänzte, dass er überrascht war und sich sehr freute, dass das Mädchen sich sehr positiv über ihn geäußert und betont hatte, wie viel Lust er ihr verschaffte (Donner, 2024).

Im Rahmen dieser Analyse konnte eine ins Stocken geratene adoleszente Entwicklung wieder in Gang gesetzt werden, indem der Patient eine frühe traumatische, »embodied« Erfahrung der Herzoperation erstmals psychisch besetzen und damit auch der Angst vor sexueller körperlicher und funktioneller Veränderung entgegenwirken konnte. Davor schien eine (Nicht-)Erinnerung ihn »unsichtbar« zu machen, aber umso stärker an seine Mutter zu binden, um sich präsent zu fühlen und zu überleben.

Veränderungen seines Körpers und der Beziehung zu seinen Eltern schienen dem Patienten höchst bedrohlich und mussten omnipotent kontrolliert werden. Die frühe Pornografie-Sucht, die die sexuelle Neugier befriedigt, den eigenen Körper aber unsichtbar belässt, nur masturbatorisch einbezieht und keine Beziehung zu Objekten erfordert, schien diese omnipotente Kontrolle zu gewährleisten.

Ich finde eindrücklich, wie diese Fallgeschichte den Verlauf von der zentralen Masturbationsphantasie zur Integration eines veränderten Körperbildes – vorerst mithilfe perverser sexueller Lösungsversuche – und schließlich die Ablösung von den Primärobjekten hin zu anderen Objekten, zu genitaler Sexualität und den dagegen gerichteten Abwehren beschreibt.

Adoleszenter Zusammenbruch – psychotische Entwicklungen

Catalina Bronstein arbeitet seit Jahren auch hochfrequent psychoanalytisch mit Adoleszenten in dem von Moshe und Egle Laufer gegründeten Center for Young People (Brent) in London, früher »Adolescent Breakdown Center«, und hat sich speziell mit psychotischen Mechanismen, psychotischen Episoden und psychotischen Zusammenbrüchen in der Adoleszenz beschäftigt. Sie betont, dass die pubertären (körperlichen) Veränderungen mit einem Gefühl der Überraschung, der Entfremdung und des Unheimlichen einhergehen und zu einer Zunahme von paranoiden und depressiven Ängsten führen – manchmal auch zu einer intensiven Angst vor Auflösung, die mit einer Verwirrung und mit dem Verlust der Fähigkeit, symbolisch zu denken und zu sublimieren, einhergeht. Diese Ängste und emotionalen Zustände können oft nur durch Ausagieren bewältigt werden, sodass diese Jugendlichen dann zu gefährlichen, »zwanghaften« und sich wiederholenden Verhaltensweisen neigen, wie Selbstverletzungen, Gewalttätigkeiten, Sucht, Essstörungen, Zwangsstörungen, Hypochondrie, Verwirrungszuständen und Dissoziationen. All diese Zustände bergen ein erhöhtes und oft völlig überraschend einsetzendes Selbstmordpotenzial in sich.

In der adoleszenten Psychose – im Sinne einer massiven Überforderung oder des Zusammenbruchs der reiferen Abwehrmechanismen – steht die Angst vor Vernichtung und vor Identitätsverlust im Vordergrund und es werden sehr frühe Abwehrmechanismen wie Spaltung, Verleugnung, projektive Identifizierung, Dissoziation, manische Abwehr oder massive Evakuierung psychischer Inhalte und Wahnhaftigkeit eingesetzt. Die Attacken der Jugendlichen gegen den eigenen Körper und die eigene Psyche sind eine omnipotente Attacke gegen eine Realität, der sie durch ihren Körper und dessen sexuelle Funktion ausgesetzt sind.

Dem Ödipuskonflikt und dem Hass auf die Realität der Urszene, die im Licht der neuerworbenen sexuellen Fähigkeiten des Jugendlichen reformuliert werden muss, kommt in diesen Prozessen eine besondere Bedeutung zu. Donald Meltzer (2011) betonte, dass in ausgeprägten Fällen durch den Zusammenbruch der infantilen Abwehren auch die Differenzierung zwischen innen und außen, erwachsen und infantil, gut und böse, männlich und weiblich aufgehoben wird und es zu einer Verwirrung in den erogenen Zonen sowie zwischen sexueller Liebe und Sadismus kommen kann. Durch Traumata können diese Prozesse der Desintegration noch intensiviert werden, aber auch die Adoleszenz selbst kann traumatisch wirken und diese Prozesse hervorrufen (Bronstein/Flanders, 2013).

Schluss

Wenn man die Komplexität des zähen inneren Kampfes zwischen den omnipotenten Phantasien – alles werden zu können, jedes Talent und jede Fähigkeit besitzen und entwickeln zu können, den Kampf mit den Eltern aufzunehmen und eigenständig neue Freunde und Liebesobjekte zu finden – und der Tendenz, ohnmächtig zu kapitulieren, sich zurückzuziehen, die regressiven Angebote der Eltern und der Phantasieräume der anstrengenden Realität vorzuziehen, anerkennt, wird verständlich, warum eine dreijährige Pandemie und die damit einhergehenden, von außen verhängten Einschränkungen die Jugendlichen extrem belastet haben.

Wir kennen Jugendliche, die gerade in der sensibelsten Phase dieses zähen Ringens um Autonomie durch äußere Realitäten in ihren Versuchen, sich von der Familie hinaus in Peer-Groups zu formieren, gestört, in eine virtuelle Realität gedrängt wurden, die ihre Verwirrung noch verstärkte und entweder zur Externalisierung ihrer Aggression in Form von aggressiven Attacken oder zu deren Internalisierung im Sinne von Suizidgedanken oder Suizidhandlungen veranlasst wurden.

Literatur

Blos, Peter (1962): *Adoleszenz. Eine psychoanalytische Interpretation.* Stuttgart: Klett-Cotta, 1983.
Bronstein, Catalina (2020): Psychosis and psychotic functioning in adolescence. *Int. J. Psycho-Anal* 101/1, 136–151.
Donner, Susan (2024): Child analysis 2.0, Jonah and the internet, in: Bronstein, Catalina/Flanders, Sara (2024): *Child and Adolescent Psychoanalysis. Children on the Edge.* London: Routledge.
Erikson, Erik Homburger (1973): *Identität und Lebenszyklus.* Frankfurt a. M.: Suhrkamp.
Ferenczi, Sándor (1913): II. Entwicklungsstufen des Wirklichkeitssinnes. *Internationale Zeitschrift für Psychoanalyse* 1, 124–138.
Freud, Sigmund (1921c): *Massenpsychologie und Ich-Analyse.* GW XIII, 73–161.
Guignard, Florence (2024): Foreword. The analyst's identity challenged by the reality of today's adolescents: Climate disaster, solitude and lockdown, sex and gender transformations, social

and cultural networks, in: Bronstein, Catalina/Flanders, Sara (2024): *Child and Adolescent Psychoanalysis. Children on the Edge.* London: Routledge.
Klein, Melanie (1932): *The Psychoanalysis of Children.* The Writings of Melanie Klein, Bd. 2. London: Hogarth Press.
Klein, Melanie (1955): *Über Identifizierung.* Gesammelte Schriften, Bd. III (1946–1963). Stuttgart-Bad Cannstatt: frommann-holzboog, 229–279.
Laufer, Moses/Laufer, Egle (1984): *Adoleszenz und Entwicklungskrise.* Stuttgart: Klett-Cotta.
Meltzer, Donald (1992): *Das Claustrum. Eine Untersuchung klaustrophobischer Erscheinungen.* Tübingen: edition discord, 2005. Frankfurt a. M.: Brandes & Apsel, 3. Aufl.
Williams, Meg Harris (Hg.) (2011): *Adolescence: Talks and Papers by Donald Meltzer and Martha Harris.* London: The Harris Meltzer Trust, 145.

Ideologie und Macht

Elisabeth Brainin, Samy Teicher

Die Frage nach dem Verhältnis von Ideologie und Macht ist eine nach den gesellschaftlichen Vorgängen, die dafür verantwortlich sind, welcher Ideologie welche Macht zugeschrieben wird. Unsere psychoanalytischen Überlegungen dazu gehen ebenso wie jene zu individuellen Vorgängen von Freud'schen Grundprinzipien aus: Dies sind v. a. Freuds Formulierungen zu den zwei Prinzipien des psychischen Geschehens, zu Lust und Unlust und zum ökonomischen Gesichtspunkt in seelischen Vorgängen. Massenphänomene in Faschismus und Nationalsozialismus kann man mithilfe dieser Prinzipien ebenso zu verstehen versuchen wie gegenwärtige autoritäre Führerbewegungen und die Erfolge von rechtspopulistischen Parteien.

Wenn wir Lust und Unlust als seelische Grundprinzipien annehmen, dann folgt daraus das ökonomische Prinzip der Aufwandsersparnis: so wenig seelische Energie wie möglich aufzuwenden. Das ist die Ausgangsbasis des Mechanismus, unter möglicher Vermeidung psychischer Konflikte das höchste Maß an Befriedigung zu erreichen. Dies ist auch für gesellschaftliche Vorgängen relevant. Wir wollen versuchen, aufzufinden, inwiefern die widersprüchlichsten gesellschaftlichen Vorgänge nach den zwei Prinzipien funktionieren.

Ein weiterer Mechanismus, der uns für gesellschaftliche Phänomene ebenso bestimmend erscheint wie für das Seelenleben von Individuen, ist die Aufwandsersparnis. Um dem Lustprinzip gerecht werden zu können, braucht es die Aufwandsersparnis, d. h. so wenig psychische Energie aufzuwenden wie nur möglich. Das bedeutet aber auch, jedweden Konflikt zwischen einzelnen psychischen Instanzen zu vermeiden. Die Übereinstimmung zwischen Über-Ich, Führerbefehlen, religiösen Geboten sollte so groß sein wie nur möglich. Das Über-Ich kann aber auch suspendiert werden, wenn damit den Anforderungen der äußeren Autorität Folge geleistet wird und dazu noch die narzisstische Zufuhr erfolgt, den Anforderungen trotz innerer Widerstände gerecht zu werden.

Die zwei Prinzipien spielen daher auch in allen Massenphänomenen eine Rolle: im anscheinend säkulären Kommunismus, im Nationalsozialismus ebenso wie in religiös bestimmten totalitären Herrschaftsformen. Es scheint zunächst ein völliger Widerspruch zu sein, kommunistische und z. B. islamistische Ideen zu vergleichen, aber wir werden versuchen, zu zeigen, dass es einen inneren Zusammenhang gibt. Dieser lässt sich über die psychische Funktion der Ideologie oder auch der Religion erschließen. Wir werden Religion und Ideologie zunächst gleichsetzen, ohne auf die Unterschiede einzugehen. Diese werden im späteren Teil unserer Arbeit folgen.

Heute, selbst in einstweilen noch demokratischen Staaten lebend, können und müssen wir der Frage nachgehen, wieso Menschen es ertragen, in totalitären Staaten ohne bürgerliche Rechte zu leben, in denen man Tausenden Vorschriften unterworfen ist, die man zu befolgen hat, weil man ansonsten Konsequenzen zu ertragen hat, die immer weitere Einschränkungen nach sich ziehen. Zugleich können wir heute beobachten, dass in vielen westlichen, demokratischen Staaten der Ruf nach autoritären Strukturen und nach einem starken Mann immer lauter erklingt. Die meisten Menschen meinen, die unangenehmen Konsequenzen autoritärer Strukturen werden sich nur gegen ihre Gegner richten. Sie fühlen sich sicher in der Identifikation mit dem »starken Mann« oder starken Staat und kommen gar nicht auf die Idee, dass sich die autoritären Strukturen auch mal gegen sie selbst richten könnten. Davor ist auch Österreich nicht gefeit, was in den Programmen rechtsnationalistischer Parteien und deren Wahlerfolgen in den letzten Jahren zu beobachten ist.

Wir greifen exemplarisch wieder auf den Nationalsozialismus zurück und nehmen an, dass die behandelten Aspekte ebenso für autoritäre islamistische Strukturen gelten wie für Staatsformen in postsowjetischen Gesellschaften oder in der VR China.

Die bedingungslose Pflichterfüllung bot im nationalsozialistischen Massenmord eine ungeheure narzisstische Gratifikation. Man habe trotz innerer Widerstände und Konflikte gehorcht und die Affektkontrolle bewahrt. Himmlers Rede vor seinen Generälen 1943 ist bekannt: »Von euch werden die meisten wissen, was es heißt, wenn […] 1000 daliegen. Dies durchgehalten zu haben und dabei – abgesehen von Ausnahmen menschlicher Schwächen – anständig geblieben zu sein, das hat uns hart gemacht. Dies ist ein niemals geschriebenes und niemals zu schreibendes Ruhmesblatt deutscher Geschichte.« (Hilberg, 1982, 685)

Herbert Marcuse führt in seinen »Feindanalysen – Über die Deutschen« noch einen anderen wichtigen Aspekt an, der zum Tragen kam, wenn es nicht um Massenmord ging. Die »sofortige materielle Kompensation« (Marcuse, 1985, 35) war der Grund, wieso die Deutschen so bereitwillig demokratische Freiheiten gegen wirtschaftliche Sicherheiten eintauschten. Er schreibt, daß

> der deutschen Bevölkerung […] die totalitäre Sicherheit näher (stand) als die demokratischen Freiheiten, die sie in der Weimarer Republik genossen hatten […] Demokratie, Freiheit, Arbeitslosigkeit und Armut sind von […] [der Nazipropaganda] zu einem grauenerregenden Einheitsbrei zusammengeführt worden […] Demzufolge muß die Berufung auf demokratische Freiheiten als Berufung auf Unsicherheit und Arbeitslosigkeit erscheinen. (a.a.O., 60)

Nicht zu vergessen ist die Kompensation durch den Raub von jüdischem Eigentum, das sich die »Volksgenossen« sofort nach der »Machtergreifung« aneignen konnten. Die Diktatur erschien wie der Garant für materielle Sicherheit und ein bequemes Leben. Die vermeintliche Sicherheit, von der Marcuse sprach, die durch autoritäre Führer und totalitäre Strukturen in Aussicht gestellt wird, zieht heute ebenso wie damals.

Heute leben wir in Europa und der westlichen Welt in gesicherten demokratischen Verhältnissen, könnte man meinen, aber es stellt sich heraus, dass es weniger Energie braucht, ein diktatorisches Regime einzurichten und die demokratischen Strukturen auszuhebeln, als diese zu verteidigen. Der »Führer«, der die einfachsten und wirkungsvollsten Lösungen verspricht, hat heute die meisten Chancen darauf, gewählt zu werden.

Trumps Losung von »Make America great again!« führt uns zu einem anderen Aspekt der psychischen Gratifikation, den Fenichel untersuchte. Er betonte in seinem Aufsatz von 1939 »Über Trophäe und Triumph« den narzisstischen Aspekt der Machtpartizipation. Narzisstisches Wohlgefühl wird erreicht, wenn der autoritäre Führer die Funktion des Hypnotiseurs erlangt, d. h. er erfüllt jetzt Funktionen, die sonst dem Ich zustehen. Grausame Triebhandlungen im Krieg oder in der Behandlung innerer Feinde können von den Vertretern der »Ordnung« idealisiert werden. Sie handeln mit »gutem Gewissen«, meint Fenichel – und, möchten wir hinzufügen, zu einem höheren Ziel, dem sich alle Moral, aber auch die Realitätsprüfung unterzuordnen hat. Die Trophäe als magische Machtpartizipation ist auch in demokratischen Gesellschaften nicht unwichtig, das wären z. B. Orden oder Fahnen. Bei der Machtpartizipation und bei der Über-Ich-Bildung spielen Identifizierung und Introjektion eine Rolle. »Die Illusion, von der Autorität, die einen erst der Aktivität beraubt und in eine masochistisch-rezeptive Position gebracht hat, geliebt und durch Zufuhren im Selbstgefühl erhalten und erhöht zu werden, ist offenbar ein Mittel, mittels dessen Klassengesellschaften sich erhalten«, meint Fenichel (1985, 182) dazu. Der narzisstische Gewinn spielte sicherlich auch in der Sowjetunion eine Rolle, die Gewinner waren immer die, die ihre Staats- und Parteitreue unter Beweis stellen konnten. Die Willkür und Unvorhersehbarkeit politischer Entwicklungen in der Sowjetunion machte die »Parteitreue« vielleicht schwieriger, denn was heute Parteilinie war, konnte morgen bereits dem »Klassenfeind« dienen.

Und jetzt können wir natürlich ohne Gewähr vermuten, dass in islamistischen Gesellschaften die Machtpartizipation ebenso von Bedeutung ist, und ansonsten wird sie auf das Jenseits verschoben. Diesen Aspekt des Islamismus können wir hier nicht untersuchen, der wäre unter dem Aspekt des Todestriebes einer genaueren Analyse zu unterziehen.

Der psychische Gewinn durch Unterwerfung unter Anordnungen und Befehle, die zur Zufriedenheit der Autorität ausgeführt werden, um damit den Über-Ich-Anforderungen gerecht zu werden, die höhere Instanz zufriedenzustellen und zu gehorchen – dies verschafft narzisstischen Zuwachs und Gewinn.

Die Machtpartizipation, ob durch Symbole oder durch reale materielle Zufuhr vermittelt, ist ein ebenso wichtiges Moment. Die Partizipation an der Macht oder die Illusion, an der Macht zu partizipieren, ist eine wichtige Säule, auf der Macht überall und mithilfe unterschiedlichster Ideologien beruht. Die Aussicht auf die Erlösung des Proletariats, der Völker etc. oder die Aussicht auf die Belohnung im Paradies versprechen Befriedigung und Teilhabe daran. Chasseguet-Smirgel untersuchte die wunscherfüllende Funktion der Ideologie am Beispiel der Studentenbewegung von 1968.[1]

---

1 Die wunscherfüllende Funktion der Ideologie beschrieb Janine Chasseguet-Smirgel 1979 im Aufsatz »Quelques reflexions d'un psychchanalyste sur l'idéologie« (1979); siehe auch Chasseguet-Smirgel/Grunberger, 1969.

In den Beispielen, die wir ihnen bisher zitierten, ist der Lustgewinn ganz eindeutig. Er kann einen mehr narzisstischen Charakter haben oder es kann, wenn er sich auf Raub und Mord bezieht, ganz augenscheinlich die Triebbefriedigung im Vordergrund stehen, die wiederum mit einer Ideologie bemäntelt wird, egal, ob diese religiösen oder säkularen Charakter hat. Die Ideologie dient durchaus »höheren Zielen«, die mit Gott, der eigenen Rasse etc. gerechtfertigt werden. Der mögliche zusätzliche narzisstische Gewinn macht den Genuss nur umso größer. So gibt es einen Bericht vom Massaker der Hamas am 7. Oktober 2023, in dem ein Palästinenser seinem Vater telefonisch berichtet: »›Vater, ich habe heute zehn Juden getötet‹, ruft ein junger Mörder, seine Stimme bricht vor Erregung, »ich rufe dich vom Telefon einer toten Jüdin an. Ihr Blut ist noch an meinen Händen!‹ – ›Töte, töte, töte!‹, antwortet sein Vater.« (Schumatsky, 2024)

Der unbewusste psychische Gewinn, der im Nationalsozialismus aus angeordneten aggressiven Handlungen gezogen werden kann, entsteht daraus, dass sich Aggressionen ungehemmt und ungehindert äußern können. Diese stehen aber im Einklang mit der herrschenden Ideologie oder der Ideologie der Gruppe, der man sich zugehörig fühlt. Es resultiert daher kein Konflikt mit eigenen moralischen Einstellungen, weil die Aggression ja angeordnet wurde und auch weil sie in Übereinstimmung mit der herrschenden Moral steht und zu ihrer absoluten Zufriedenheit ausgeführt wurde. Die Aggression befindet sich in Übereinstimmung mit der Vaterfigur, mit der Führerfigur, mit dem religiösen oder säkularen Führer, an dem man seine moralische Orientierung vollzieht. Unter der Hamas braucht es keine Vermittlung mehr, da kann das Morden direkt und ungehindert im Namen Allahs und zur Zufriedenheit des tatsächlichen Vaters vollzogen werden.

Die eigene Triebbefriedigung wird in der Erniedrigung und Entmenschlichung der Feinde gefunden. Die sexuelle und die perverse Komponente dabei ist offensichtlich.

Um nicht zu mechanistisch zu sein, möchten wir nochmals betonen, dass es sich bei all den angeführten psychischen Vorgängen um Gleichzeitigkeit handelt; sie bedingen und ermöglichen sich gegenseitig. Die Verbundenheit mit dem Regime und seiner Ideologie, der narzisstische Aspekt von Machtzuwachs und zugleich Übereinstimmung mit der Macht konnte durch besonders aggressives, rücksichtsloses Vorgehen gegen die »Feinde« bewiesen werden, und dabei eröffnete sich die Möglichkeit, direkt eigene, archaische Racheimpulse zu befriedigen. (Die Vorgänge in Wien während der sogenannten »Reichskristallnacht«, ein organisierter Pogrom, der in der Nacht vom 9. auf den 10. November 1938 stattfand, sind ein Beispiel dafür.)

Die Überzeugung von der Größe und Überlegenheit des Deutschen Reiches, die durch die Naziideologie vermittelt wurde, war eine der Grundlagen für den Wunsch nach Machtpartizipation. Mit dem Fortgang des Krieges zeichnete sich mehr und mehr die Katastrophe einer Niederlage ab. »Diese Angst vor der Katastrophe ist eine der stärksten Bindungen zwischen den Massen und dem Regime«, wie Herbert Marcuse (1998, 27) in der oben erwähnten Arbeit ausführt.

Todeswünsche, besonders angesichts der drohenden Niederlage, mögen auch eine Rolle gespielt haben, und dies könnte eventuell auch im Islamismus (Ende des Islamischen Staates) wirksam werden. Denn mit der drohenden Niederlage wird jedes Mal

Ideologie und Macht

auch die wunscherfüllende Kraft der Ideologie schwächer und die Angst vor Rache und Vergeltung für die Verbrechen, die in ihrem Namen begangen wurden, wird stärker. Die eigene Realitätsprüfung rückt in den Vordergrund und muss wieder mehr Gewicht bekommen, um die eigene Existenz zu retten. Die Realitätsprüfung konnte mit der Niederlage und dem Ende des Nationalsozialismus nicht mehr dem Reich und dem Führer überantwortet werden. Realität und Realitätsprüfung waren bisher der Ideologie, dem Heilsversprechen untergeordnet. Der Realität musste aber mit der drohenden Niederlage »der gebührende Respekt gezollt« werden, wie Freud dies in der »Ichspaltung im Abwehrvorgang« (1940e, 60) beschreibt – sonst hätten wir es tatsächlich mit psychotischen Vorgängen zu tun.

Das militärische Ende des Nationalsozialismus zog ungeheure Straf- und Vergeltungsängste nach sich, für die mehrere Lösungsmöglichkeiten zur Verfügung standen. Eine wäre, sich umso enger an das Regime und die herrschende Ideologie zu binden und verzweifelt den »Endkampf« aufzunehmen. Dafür spricht, dass im letzten Kriegsjahr der Massenmord auf Hochtouren lief und dass schließlich in den letzten Monaten des Krieges von den Nazis alles darangesetzt wurde, die Spuren der Verbrechen zu beseitigen. Die Technisierung von Moral, die Rationalisierung des Irrationalen, die die Naziideologie beherrschte, kam dieser Lösungsmöglichkeit entgegen. »Die Verschiebung von Tabus« (a. a. O., 49) bezeichnet Marcuse als charakteristische Eigenschaft des Nationalsozialismus, die wahrscheinlich in jeder totalitären Gesellschaftsform eine Rolle spielt. Die Straf- und Vergeltungsängste beim militärischen Niedergang des Nationalsozialismus waren die Grundlage für zahlreiche Selbstmorde.

Neben der unmittelbaren materiellen Kompensation für den Verlust bürgerlicher Freiheiten, neben den Möglichkeiten der Machtpartizipation, die narzisstischen Gewinn in Aussicht stellten, gab und gibt es in der Ideologie und in einem totalitären Staat mit ausgefeiltem Überwachungs- und Spitzelsystem die Möglichkeit, aggressive Wünsche zu befriedigen und sich dabei in vollem Einklang mit den Zielen »des Führers und des deutschen Volkes« zu fühlen. Ebenso könnten es Allah und der Kampf gegen die Ungläubigen sein. Der Kampf gegen innere Feinde, gegen das »Weltjudentum« und schließlich der Kampf im Krieg selbst boten während des Nationalsozialismus ein reiches Betätigungsfeld für die ganze Nation. Jede persönliche Ranküne, jeder kleine Rachefeldzug gegen einen Nachbarn, der als Folge in Arbeitshaus, Arbeitsdienst, Strafkompanie oder KZ landen konnte oder, weniger drastisch, Schwierigkeiten in allen Bereichen des täglichen Lebens bekam, konnte man ideologisch rechtfertigen. Diese Möglichkeit besteht auch heute in allen totalitären Herrschaftsformen, die den Bürgern ihres Staates nicht nur alle zivilen Rechte rauben, sondern ihren Alltag und alle Lebensformen bestimmen und durchdringen. Die ständige Anwesenheit der Autorität, des Führers und seiner Machtorgane im Nationalsozialismus wird dokumentiert durch die unglaubliche Rolle, die der »Volksempfänger« in Nazideutschland spielte. Zusätzlich hingen überall Bilder des Führers, wie dies auch in anderen totalitären Staaten der Fall war und ist.

Ganz ähnlich scheint sich dies heute in der Ideologie der Hamas, der Hizbollah, des Islamischen Staates oder in anderen islamistischen Ideologien auszudrücken. Alles, was sich in der Realität den großen Zielen entgegenstellt, wird niedergewalzt und dem Boden gleichgemacht. Ob »from the river to the sea« oder ideologische Hindernisse, Frauen oder Genderfragen, alles wird von der einzig wahren Religion hinweggefegt. Die Feinde Allahs sind keine Menschen, sondern Hindernisse, die beseitigt werden müssen, um das Reich Gottes auf Erden zu verwirklichen. Die Religionen sind besonders geeignet, die wunscherfüllende Funktion, die Ideologien zugeschrieben werden, auszuüben. Janine Chasseguet-Smirgel (siehe Fußnote 1) beschreibt ein Denksystem, das auf den ersten Blick rational aussieht und doch die Verwirklichung der Illusion verspricht. Darin zeigt sich das Totalitäre von Ideologie.

Die materielle Kompensation schien in der Sowjetunion auf den ersten Blick viel geringer als in Hitlerdeutschland. Sie wurde jedoch immer in Aussicht gestellt. Die Befriedigung eigener aggressiver Wünsche fand zusätzlich ein weites Betätigungsfeld: Denunziation und Bespitzelung wurden belohnt. Die totale Herrschaft, wie sie Hannah Arendt beschreibt und George Orwell in seinen Romanen charakterisiert, verfügt überall über ähnliche Mechanismen; die Herrschaft beschränkt sich nicht auf eine Diktatur über Menschen, sie wird zu einer Diktatur über Gedanken, die einem völligen Denkverbot gleichkommt. Im ganzen deutschen Reich konnte man zur selben Zeit, im selben Augenblick die Führerreden durch den Volksempfänger hören. Propaganda, Weltanschauung und Ideologie der Nazis waren völlig irrational, der Verwaltungsapparat, ihre Organisation und Alltagskommunikation waren ganz und gar technisch-rational organisiert. Die Sowjetunion befand sich auf einem anderen technischen Entwicklungsniveau als Deutschland, nichtsdestotrotz war der Einsatz von Massenmedien wie Radio und Zeitungen von ebensolcher Bedeutung. Auf Straßenkreuzungen wurden Lautsprecher aufgestellt, die Nachrichten und Slogans brüllten, auf den Straßen, vor den Wandzeitungen und den Lautsprechern war niemand je alleine, sondern immer in der Masse und der Kontrolle der Masse unterworfen.

Die psychische Funktion der Ideologie scheint etwas komplizierter, die Lustprämie ist verborgener, doch ebenso auffindbar. Ideologien nationaler Größe und Überlegenheit, die mit Reinheitsvorstellungen des »Volkskörpers« verbunden sind, bieten eine Fülle von Möglichkeiten narzisstischer Zufuhr. Das »Schicksal« des deutschen Volkes spielte in der Nazipropaganda eine wichtige Rolle. Wir finden in der Naziideologie Elemente der christlichen Religion als Heilsversprechen, das in den Händen des Führers und des Volkes liegt. In der Phantasie der Einheit zwischen Führer und Volk findet sich die oben erwähnte phantasierte Machtpartizipation, die durch Fahnen, Uniformen und Symbole ausgedrückt wird. Der eigene Körper, als Teil des Volksganzen, erfährt eine zusätzliche narzisstische Besetzung, das gesunde deutsche Mädel, der gesunde deutsche Jüngling als zukünftiger Held der Nation sieht »in der Befriedigung seiner Triebe einen Akt mentaler und körperlicher Hygiene […]« (Marcuse, 1998, 50), die letzten Endes einem höheren Ziel dient. Reinheit und Triebbefriedigung stehen nebeneinander, der Körper, seine Gefühle und Gedanken »werden in technische Werkzeuge verwandelt […]« (a. a. O., 51). Jeder einzelne konnte sich so als »Schicksalsvollstrecker« des ganzen Volkes und somit als direkter verlängerter Arm des Führers empfinden, vorausgesetzt, sein Ariernachweis stimmte.

Wenn wir von Aufwandsersparnis sprechen, dürfen wir nicht vergessen, welche Möglichkeiten das Internet und Social Media bieten. Ohne persönlich in Erscheinung zu treten, ohne sich persönlich exponieren zu müssen, kann im Internet eine Person oder eine ganze Gruppe angeschwärzt und kann zu ihrer Vernichtung aufgerufen werden. Die Menschen, die sich dieser Medien bedienen, sind auch weniger greifbar als Menschen, die sich persönlich exponieren. Social Media heute haben eine ganz ähnliche Funktion wie frühere Massenpropaganda. Superreiche können sich ganze Kanäle kaufen und ihnen ihren Stempel aufdrücken. Sie befehligen Trollarmeen im Internet, die ebenso effektiv sind wie reale Armeen. Algorithmen können eingesetzt werden, um User auszuspionieren, ihre Interessen und Vorlieben zu steuern und ihnen dann entsprechende Inhalte zu präsentieren. Eine Reportage in der *NZZ* (Eiholzer/Martinet, 2024) beschreibt, wie man innerhalb von drei Stunden auf islamistische Propagandaseiten umgeleitet wird, die sowohl »facts« bringen als auch reine Propaganda. Als vermeintlich junger Mann werden einem Inhalte mit Frauen oder Fotos mit weiblichen Usern vorenthalten, Sexualität wird in aggressive Kanäle umgeleitet. Diese Reportage ist ein Musterbeispiel dafür, wie schnell man in aggressive und islamistische Propagandakanäle gelangen kann, die man dann auch nie wieder loswird. Die Algorithmen, die dies ermöglichen, werden von den jeweiligen Technologiekonzernen programmiert und ausgerichtet und unterliegen kaum einer staatlichen Kontrolle.

Im 21. Jahrhundert haben sich die Formen der Propaganda verändert, ebenso die Technologien, die deren Inhalte vermitteln. Die Wirkung ist die gleiche geblieben. Über soziale Medien, die immer wieder neue Formen annehmen und immer weniger Worte benützen, dringen ideologische Propaganda-Inhalte und Konsumreklamen in unsere innersten Wirklichkeiten ein. Soziale Medien erforschen mithilfe von Technologien unser Konsumverhalten, unsere Interessen und Vorlieben und bieten uns dann mithilfe von Algorithmen nur ganz bestimmte »passende« Informationen an, die sowohl Konsum als auch politische Information betreffen.

Ingrid Brodnig beschreibt einige dieser neueren Techniken in ihrem Buch »Lügen im Netz« (Wien, 2018). Sie spricht von einer neuen Ära der Manipulation, die in einer politisch gespaltenen Gesellschaft und einer erhitzten öffentlichen Debatte ihren Nährboden findet. Die ständige Warnung rechtspopulistischer Politiker vor der »Lügenpresse« und vor »Systemparteien« führt nicht zuletzt dazu, neue und mehr Anhänger auf Facebook, Twitter oder ähnlichen Internetkanälen zu generieren. Die Anhänger und »Follower« schenken den »persönlichen« Postings Glauben und nicht unangenehmen oder widersprüchlichen Meinungen in der Presse. Den Postings in den Social Media kann man leichter folgen und eher Glauben schenken, weil sie von Widersprüchen befreit sind, weil sie emotionalisieren, weil sie kurz und bündig sind wie Werbeslogans.

Es siegt nicht die Rationalität, sondern die Emotion.

Brodnig zeigt, dass wütende, aggressive Beiträge eher geteilt werden. Das Internet ist ein Kampfplatz geworden, in dem die »rechte Sphäre deutlich präsenter ist [...]« (a. a. O., 91). In der Zwischenzeit gibt es digitale Techniken, die Menschen gezielt in die Irre führen; automatisierte Accounts, die auch in den letzten Wahlkämpfen in den USA eine große Rolle spielten, geben vor, persönliche Meinungen zu sein.

Die Anonymität des Internets macht es möglich, dass völlig ungehindert aggressive, beleidigende, rassistische, mörderische Inhalte weitergegeben werden. Wie Brodnig schreibt, werden diese Inhalte auch bevorzugt geteilt, es wird ihnen eher Glauben geschenkt. Sie kommen den eigenen Wut- und Mordphantasien entgegen, die Masse von ehedem ist der *crowd* gewichen, der man sich durch *shares* und *likes* verbunden fühlt und so eine Verbundenheit mit ihren Werten zum Ausdruck bringen kann. Der Gruppendruck, der in totalitären Gesellschaften äußerlich und innerlich fühlbar wurde, ist dem Wunsch und dem Bekenntnis, zur *crowd* zu gehören, gewichen. Akzeptanz und Anerkennung sind der narzisstische Gewinn, den »User« daraus ziehen können.

Wirtschaftliche und politische Machtinteressen bestimmen die Inhalte in den unterschiedlichsten Social Media. Diese Inhalte dringen in unser Seelenleben ein, so wie es auch die Nazipropaganda tat. Die Methoden sind noch subtiler und für »Normalverbraucher« undurchsichtiger geworden als bisher. Immer weniger gelten verbale Inhalte, Bilder ersetzen die Sprache und müssen als »Informationsquelle« herhalten. Die Möglichkeit, Bilder zu manipulieren, oder auch unterschiedliche Interpretationsmöglichkeiten der Bilder werden erst gar nicht in Betracht gezogen. Die Realitätsprüfung der digitalen Inhalte scheint ungleich schwieriger als die von analogen Inhalten. Ein Ausnahmezustand wird inszeniert, um die Menschen zu verängstigen und ihre Ängste zu schüren. Letzten Endes dient dies dazu, Herrschaftsstrukturen zu festigen und Überwachung und demokratiefeindliche Methoden zu rechtfertigen.[2]

Zugleich bieten *social media* aber auch allen Menschen eine nie dagewesene Chance, an Wissen und Information in einem nie dagewesenen Ausmaß teilhaben zu können. Es findet eine Demokratisierung von Information statt, die mit den oben angeführten Prozessen einhergeht. Aber Demokratisierung bedeutet mehr Konflikt und mehr seelischen Aufwand, um Entscheidungsprozesse nachvollziehen und mitgestalten zu können, um sich ein eigenes, unabhängiges Urteil zu verschaffen und sich eventuell sogar gegen den Strom zu entscheiden.

Als Psychoanalytiker sind wir heute mit Massenphänomenen konfrontiert, die entsprechend der technologischen Entwicklung ganz ähnliche psychische Folgen nach sich

---

2 In der Ausnahmesituation der Pandemie 2020 können wir genau diese Mechanismen beobachten. Ängste, die während einer Epidemie nie gekannten Ausmaßes aufkommen, bieten Politikern die Möglichkeit, ihre Machtpositionen auszubauen und ohne großen Widerspruch Anlassgesetze einzuführen, die unhinterfragt von vielen Menschen für notwendig im Kampf gegen das Virus erachtet werden (Einschränkungen der persönlichen Freiheit, der Menschenrechte etc).
Das für viele Menschen unverständliche und unheimliche Ereignis der Pandemie mündet in Verschwörungstheorien, die nationalistischen Ideen Vorschub leisten. Die Solidarität zwischen den Staaten, auch innerhalb der Staatengemeinschaft der EU, tritt sehr bald in den Hintergrund, um populistisch auf den eigenen nationalen Interessen zu beharren. Die Verschwörungsideen finden, wie schon im Mittelalter, sehr schnell den altbekannten Schuldigen. Es ist der Jude…

ziehen wie die altmodischen des letzten Jahrhunderts. Wir müssen uns damit zufriedengeben, festzustellen, dass die Menschheit in der Lage war, in den letzten 200 Jahren ungeheure technische Fortschritte zu verwirklichen; auf dem Gebiet des Seelenlebens hat sich dann doch nicht allzu viel verändert.

Literatur

Brodnig, Ingrid (2018): *Lügen im Netz.* Wien: Brandstätter.

Chasseguet-Smirgel, Janine (1979): Quelques reflexions d'un psychchanalyste sur l'idéologie. *Pouvoirs – Revue française d'études constitutionelles et politiques*, 33–40.

Chasseguet-Smirgel, Janine/Grunberger, Bela (1969): *L'univers contestationnaire.* Paris: Payot, 2004.

Eiholzer, Leo/Martinet, Pauline (2024): Das Jihadisten-Protokoll: Auf Tiktok gerät man in drei Stunden von Katzenvideos in eine Terroristen-Chat-Gruppe. Neue Zürcher Zeitung, 31 8.2024. Online: https://www.nzz.ch/schweiz/das-protokoll-wie-man-auf-tiktok-innert-dreier-stunden-von-katzenvideos-in-eine-terroristen-chat-gruppe-geraet-ld.1845983 (2.2.2025).

Fenichel, Otto (1939): *Trophäe und Triumph*, in: ders.: Aufsätze, Bd. II, hg. v. Laermann, Klaus. Frankfurt a. M.: Ullstein, 1985, 159–182.

Freud, Sigmund (1911b): *Formulierungen über die zwei Prinzipien des psychischen Geschehens.* GW VIII, 230–238.

Freud, Sigmund (1940e): *Die Ichspaltung im Abwehrvorgang.* GW XVII, 59–62.

Hilberg, Raoul (1982): *Die Vernichtung der europäischen Juden.* Berlin: Olle und Wolter.

Marcuse, Herbert (1998): *Feindanalysen. Über die Deutschen*, hg. v. Jansen, Peter-Erwin. Lüneburg: Zu Klampen.

Schumatsky, Boris (2024): Die Sprache des Pogroms. *Die Zeit* 42, 2.10.2024. Online: https://www.schumatsky.de/Sprache-des-pogroms (2.2.2025).

Täter zwischen Macht und Ohnmacht – Überlegungen zu Perversion und Antisemitismus

Fridolin Mallmann

Ich beginne mit Auszügen aus dem Text »Kein Einer und kein Andrer mehr«, den Elfriede Jelinek kurz nach dem 7. Oktober 2023 veröffentlichte:

> Kein Zusammen mehr. Jetzt wird nur noch geschossen. Und wie die Nazis beim Einmarsch in Polen, so sagt die Hamas zu ihrem Schießen, Massakrieren, Vergewaltigen, Foltern, sie sagt, es werde (natürlich pünktlich) zurückgeschossen auf etwas, das (noch) gar nicht geschossen hat. Dieses Andere, das jetzt unwiderruflich, da man nie etwas andres als seine Zerstörung im Sinn hatte, dieses Andre also, das eigentlich sagen will, es bestehe irgendeine mitmenschliche Nachbarschaft zwischen dem Angreifer in seiner Vernichtungswut und dem Angegriffenen, der diese Vernichtungswut gegenüber dem Einen, dem Angreifer, eben nicht hat (das ist eben der fundamentale Unterschied zwischen den beiden), diese bedingungslose Zerstörungswut einer Terrorbande gegen einen, den einzigen demokratischen Staat in der Region, löscht nicht diesen angegriffenen Staat, sondern vielmehr seine Angreifer aus. Die Hamas hat sich mit diesem Verbrechen ein für allemal selbst zerstört. Die Geiselnahme auch der unschuldigen Palästinenser auf ihrem überfüllten Landstreifen, für deren Befreiung (auf Kosten der Zerstörung eines ganzen Landes) die Terroristen zu kämpfen behaupten, nimmt ihnen alles, was sie jemals erreichen könnten. (Jelinek, 2023)

Damit hätte alles gesagt sein können, aber leider und wie so oft verklingt Jelineks Stimme im Schweigen einer Gesellschaft, die bereits unter Beweis gestellt hat, dass sie keine Schwierigkeiten damit hat, die Vernichtungswut gegen das Andere auszuagieren. In dieser postnazistischen Gesellschaft ist durch ihre bis zur Selbstzerstörung gehende Identifikation mit dem Bestehenden kaum Raum für das Andere, für die Israelis in all ihrem Schmerz, wohl aber für die perversen Ermächtigungsfantasien der Hamas. Die apokalyptische Zerstörungswut jener, die so sind wie man selbst, kann man weit besser verstehen als den verzweifelten Überlebenskampf des Anderen.

Die Welt der Menschen ist eine Welt im Umbruch. Sie ist zerrissen und unstet, wird geprägt von spätkapitalistischen Verteilungskämpfen, gewaltsamen Abschottungsversuchen und offenen Kriegen. Zugleich nagen ein fortschreitender Klimawandel und eine zunehmende Ressourcenknappheit an der Existenzgrundlage der Menschen. Der Mythos vom ewigen Wachstum und der unsichtbaren Hand des Marktes, die am Ende alles für alle regeln wird, ist gebrochen. Für das Individuum geht die gegenwärtige Umbruchsituation mit einer Aktualisierung des Ödipuskomplexes einher. Einmal mehr stellt sich die Frage, wie die eigene Position zur Realität ist, was in ihrem Angesicht individuell möglich und unmöglich ist. Dabei liegt es in der spezifischen Situation als einer, die an die Lebensgrundlagen der Menschen geht, dass es immer schwieriger wird, sich mit den Erfordernissen der Realität zu arrangieren, insbesondere wenn man den Anspruch hat, dabei über die eigene Generation oder das eigene Umfeld hinauszuschauen. Die Welt der Menschen droht zu verfallen, und mit diesem drohenden Verfall wird das Ich von regressiven, psychotischen Angst- und Ohnmachtszuständen bedroht. Gerade vor diesem Hintergrund gewinnen perverse Lösungsversuche des Ödipuskonflikts an innerpsychischer Attraktivität. Die Perversion suggeriert, dass es nicht notwendig ist, sich wirklich mit der ödipalen Autorität und Realität auseinanderzusetzen, sondern dass eine Überbesetzung der präödipalen, insbesondere der analen Sexualität der genitalen überlegen ist. Die Perversion verspricht eine vollkommene Versöhnung mit den eigenen Trieben, ohne dass man dafür Abhängigkeiten, Entbehrungen und Reifungen durchlaufen muss. Sie bietet eine narzisstische Scheinlösung des Ödipuskonflikts an, die gerade in den Momenten seiner Aktualisierung eine ungemeine Verführungskraft besitzt. Das präödipale Ich-Ideal, das den unbeschwerten Kosmos des primären, frühkindlichen Narzissmus wiedererlangen will, wird auf die ödipale Instanz projiziert, um den Konflikt mit derselben zu vermeiden. Statt als externe Autorität erlebt zu werden, an und mit der man reifen kann, wird die Autorität in den Dienst der narzisstischen Regression gestellt. Dies führt einerseits zu einer Unterwerfung unter diese Autorität, da der offene Konflikt mit ihr vermieden und ihre reale Rolle negiert wird, andererseits zu ihrer totalen Entwertung als moralische Instanz, an der man sich orientieren könnte. Das Über-Ich wird durch das regredierte, primärnarzisstische Ich-Ideal usurpiert. Es entwickelt sich eine Pseudo-Moralität, die ganz im Dienst narzisstischer, präödipaler Triebstrebungen steht.

Hier kommt der Antisemitismus als höchste Form der konformistischen Rebellion ins Spiel. Wie der Perverse, der sich unfähig fühlt, die ödipale Situation anzunehmen, und der in der Regression einen Fluchtmodus sucht, wählt der Antisemit als Lösung realer Konflikte das Ausweichen vor dem ödipalen Kampf. Béla Grunberger und Pierre Dessuant schreiben in ihrem Buch »Christentum, Narzissmus, Antisemitismus«: »Es gehört zu den psychischen Funktionen des Juden, dem Antisemiten zu ermöglichen, sich vom ödipalen Konflikt fernzuhalten und in der narzißtischen Dimension zu verharren.« (Grunberger/Dessuant, 2000, 354)

In ihrer Gegnerschaft zum Judentum können Antisemiten sich auf einen pseudoödipalen Kampf einlassen und sich als reif imaginieren, wo sie doch nur eine gesellschaftlich anerkannte Ausweichbewegung vollführen. Dies ermöglicht nicht nur eine Befriedung des Ödipuskonflikts bei gleichzeitiger Vermeidung, sondern auch eine Annäherung an die narzisstische Allmacht, der sich der Mensch durch das Schicksal seiner frühkindlichen Abhängigkeit beraubt sieht. Janine Chasseguet-Smirgel hat in ihren Essays zum Ich-Ideal herausgearbeitet, dass die Ohnmacht angesichts des Verfalls der primären Fusion mit der Mutter dazu führt, dass die narzisstische Allmacht auf das Ich-Ideal projiziert wird. Die Sehnsucht nach Vollkommenheit wird zum primum movens der menschlichen Aktivität (vgl. Chasseguet-Smirgel, 1995, 14 f.). Zugleich ist gerade diese Vollkommenheit eine Unmöglichkeit, da der Mensch seinem Sein als Naturwesen letztendlich ohnmächtig gegenübersteht. Der Perverse wie der Antisemit sind daher darauf angewiesen, das Wissen über diese Unmöglichkeit und die eigenen präödipalen Triebstrebungen, die mit der narzisstischen Regression einhergehen, abzuspalten. Das nach Vollkommenheit strebende, präödipale Ich-Ideal wird idealisiert, während der menschliche Körper als Hülle erlebt wird, von der man sich freimachen muss (vgl. a. a. O., 63).

Im Kern des Antisemitismus ist der Jude das negative Prinzip. Mit seiner Auslöschung sollen alle Widersprüche und Triebregungen enden. Der Antisemitismus verspricht somit wie die Perversion eine Rückkehr zu einem zeitlosen Glückszustand, in dem man sich selbst genügt und keinerlei Abhängigkeiten bestehen. Das präödipale Ich-Ideal strebt nicht nach einer Versöhnung mit der Gesellschaft und der Natur auf Basis des Realitätsprinzips, sondern nach totaler Autarkie. Daraus ergibt sich, dass der Antisemitismus in letzter Konsequenz immer eliminatorisch ist, da die Juden als Hindernis auf dem Weg zur Umsetzung des Ich-Ideals betrachtet werden. Mit der Vernichtung der Juden sollen die Narben verschwinden, die uns das Leben mit all seinen narzisstischen Kränkungen zufügt. Das Paradies und die Allmacht sind nur einen Massenmord entfernt.

Chasseguet-Smirgel schreibt: »[W]ir alle [sind] für die perverse Lösung anfällig, weil sie Balsam für unseren verwundeten Narzißmus ist und ein Mittel, unser Gefühl der Kleinheit und Unzulänglichkeit zu verscheuchen.« (Chasseguet-Smirgel, 1986, 39)

Und genau dies gilt auch für den Antisemitismus, der über 2000 Jahre zu einem allzeit verfügbaren Mittel der Ermächtigung über die eigene Ohnmacht gereift ist. Er ist die omnipotente, apokalyptische Perversion, die den Menschen selbst in Momenten des totalen Zusammenbruchs noch Macht und Stabilität verspricht, da sie die eigene Ohnmacht in der Vernichtung der Juden ausagieren können. Deshalb wurde die Vernichtung der europäischen Jüdinnen und Juden auch noch zu einem Zeitpunkt vorangetrieben, da das Deutsche Reich den Zweiten Weltkrieg militärisch bereits verloren hatte, und deshalb lassen sich palästinensische Terroristen selbst dann für das Judenmorden begeistern, wenn sie wissen, dass es zerstörerische Konsequenzen für die eigene, weltliche Existenz haben wird.

Der Antisemitismus ermöglicht eine Anstauung der abgespaltenen Libido, aber nicht um diese der Sublimierung zur Verfügung zu stellen, sondern um sie in einem perversen Akt abzuführen (vgl. Chasseguet-Smirgel, 1989, 100). Der palästinensische Terrorist, der seine Eltern aus dem Exzess des Pogroms anruft und voller Stolz ins Handy schreit, dass er Juden getötet hat, ist voller perverser Lust. Und die Eltern freuen sich mit ihm; statt an den Mordtaten des Sohns zu verzweifeln, setzt Euphorie ein. Es gibt kein Gesetz, keine Generationengrenze, keinen Schmerz, es gibt nur die Lust an der perversen, analsadistischen Entladung. Sie haben die Realität bezwungen, und sei es nur für den Moment, der sich wie die Unendlichkeit anfühlt. Das Morgen, die israelischen Bomben und die toten Familienmitglieder sind der Preis, den sie bereit sind zu zahlen. Denn dieses Morgen ist bereits zur Gänze Teil der perversen Inszenierung. Die Trauer über den

Tod des eigenen Kindes oder die zerbombte Familienwohnung ist ihrer Bitterkeit bereits beraubt – nie ganz natürlich, aber in einem Maß, das in Kauf genommen wird –, da man trotz aller objektiver Zerstörung nicht mehr ohnmächtig ist. Ohnmächtig sind jetzt die Juden, die vor den Augen der Welt gedemütigt werden. Man hat sie kastriert, wie man bereits 1972 in München den israelischen Gewichtheber Yossef Romano bei lebendigem Leib kastriert hat. Man hat die vergewaltigten und ermordeten Jüdinnen unter Allah-Akbar-Gebrüll und dem Jubel der Passanten durch die Straßen Gazas gefahren. Ein perverser Siegeszug über die Juden und über den Körper, der nur in den Untergang führen kann. Nicht mehr ohnmächtig sein, koste es, was es wolle.

Die palästinensische Nationalbewegung konstituierte sich Anfang des 20. Jahrhunderts primär als Gegenbewegung zu den ersten zionistischen Siedlern und erst sekundär als Widerstandsbewegung gegen die britische Kolonialmacht. Sie bezog sich von Beginn positiv auf den christlich-europäischen Antisemitismus. So heißt es in einer Erklärung, die 1920 von arabischen Aktivisten um den Jerusalemer Husseini-Clan der britischen Kolonialverwaltung Palästinas übergeben wurde: »Palästina, in dem der Messias geboren und gekreuzigt wurde und das die ganze Welt als Vaterland betrachtet, lehnt es ab, ein[e] nationale Heimstätte für das Volk zu sein, das dem Messias und der ganzen Welt Böses zufügt.« (zit. nach Schröder, 2001, 20)

In dieser Erklärung, die ganz im Geist der konformistischen Rebellion von den Beherrschten an die Herrschenden gerichtet ist, scheint bereits das Verhältnis auf, in das sich die palästinensische Nationalbewegung zur Welt begibt. Sie bietet sich – spätestens seit ihrer gewaltsamen Gleichschaltung durch den Mufti von Jerusalem und Nazi-Kollaborateur Mohammed Amin al-Husseini in den 1930er-Jahren – der Welt als ausführendes Organ des Antisemitismus an. Dass die Welt dieses Angebot immer wieder annimmt und palästinensische Akteure nicht an ihren Taten misst, sondern an den eigenen Projektionen, erklärt sich aus der historischen Mission, die dem sogenannten palästinensischen Widerstand zukommt. Er ist der scheinbar natürliche Antagonist Israels, des einzigen Staats, in dem Juden nicht wehrlos ihrer Umgebung ausgesetzt sind und der qua seiner Existenz darauf verweist, dass dieser Schutz wegen der Verführungs- und Vernichtungskraft des Antisemitismus unumgänglich ist.

Das Versprechen der Nationalsozialisten, in ein vollkommenes, tausendjähriges Reich aufzubrechen, in dem mit der Vernichtung der Juden alle unkontrollierbaren Triebregungen und gesellschaftlichen Widersprüche aus der Welt getilgt werden, ist so verführerisch, weil es dem Menschen durch sein präödipales Ich-Ideal so vertraut ist. Doch niemand hatte das Judenmorden vor den Nationalsozialisten zur obersten Maxime erhoben. Zu groß war die Angst vor der Rache eines archaischen Gottes, dessen väterliches Antlitz nie gesehen, aber hinter dem Glauben der Juden erahnt wurde. Die Nationalsozialisten nahmen der Welt – gestärkt durch die Religionskritik der Aufklärung und die kapitalistische Industrialisierung – diese Angst. Der technisch optimierte Massenmord war die vollkommene menschliche Hybris. Es war der perverse Beweis für die Ohnmacht des auserwählten Volks im Angesicht seiner Vernichtung, ein Beweis für die Ohnmacht Gottes und die Allmacht des Menschen.

Der jüdische Gott steht für Grunberger und Dessuant für die ödipale Autorität, für den Vater, der an die körperliche Unreife des Sohnes gemahnt, mit archaischer Gewalt auf seiner Position beharrt und doch als transzendierendes Ideal zur Verfügung steht. Er verweist den Menschen auf seinen weltlichen Platz, ermöglicht ihm aber auch, sich anders als als bloßes Naturwesen wahrzunehmen. Max Horkheimer und Theodor Adorno schreiben in der »Dialektik der Aufklärung«:

> In all seiner unbeschreiblichen Macht und Herrlichkeit, die ihm solche Entfremdung verleiht, ist er [der Gott der Juden, F. M.] doch dem Gedanken erreichbar, der eben durch die Beziehung auf ein Höchstes, Transzendentes universal wird. Gott als Geist tritt der Natur als das andere Prinzip entgegen, das nicht bloß für ihren blinden Kreislauf einsteht wie alle mythischen Götter, sondern aus ihm befreien kann. (Adorno/Horkheimer, 1990, 185 f.)

Das Judentum birgt die Hoffnung auf eine andere Welt in sich, verheimlicht aber nicht, dass der Mensch nie Herr dieser Welt sein wird, sondern ihr immer als verletzliches und unvollkommenes Wesen gegenübertritt. Gerade dies Eingeständnis der eigenen Ohnmacht ermöglicht Reifung und Sublimierung. Aber dies Eingeständnis ist kein leicht zu erwerbendes Gut, keine Selbstverständlichkeit, sondern eine Kulturleistung, die das Individuum sich selbst und der konservativen Natur seiner Triebe abringen muss.

Je weniger es dem Individuum gelingt, eine derartige Kulturleistung zu vollbringen, umso attraktiver wird der Antisemitismus, da er das Gegenteil der Kulturleistung ist. Der Antisemit entscheidet sich gegen das Denken und für das Ausagieren unmittelbarer Affekte. Dieses eint ihn mit anderen Antisemiten und ermöglicht eine temporäre psychische Stabilisierung, da – so Adorno und Horkheimer – das kollektive Wahnsystem des Antisemitismus den Einzelnen vor der offenen Psychose bewahrt.

Das scheinbare Paradox, dass gerade jene, die sich für eine bessere Welt einsetzen wollen, im Angesicht der Shoa und des 7. Oktober oft die größten Apologeten des palästinensischen Widerstands sind, liegt darin begründet, dass es nahezu unmöglich scheint, der geballten Irrationalität der kapitalistischen Produktionsweise, die die Menschheit trotz und wegen ihres Fortschritts an den Rand der Selbstauslöschung führt, etwas entgegenzusetzen. Die eigene Ohnmachtserfahrung macht anfällig für perverse Lösungsversuche und steigert den Neid auf jene, die diesen nicht verfallen. Die Aufgabe der Hoffnung auf gesellschaftliche Veränderungen führt zu einem narzisstisch-perversen Rückzug. Der Konflikt mit der Realität weicht dem Konflikt mit den Juden. Dass man sich trotz dieser regressiven Bewegung noch als moralisch integer erleben kann, liegt daran, dass das reife Über-Ich durch das präödipale Ich-Ideal usurpiert wird. Die Usurpation ermöglicht eine Pseudo-Moralität, die präödipale Projektionen als Wahrheiten ausgibt und ohne Realitätsprüfung auf ihnen beharrt. Wenn Greta Thunberg nach dem 7. Oktober die Parole »No climate justice on occupied land« ausgibt, klingt dies moralisch integer, verrät den notwendigen Kampf um soziale Gerechtigkeit und eine sinnvolle Klimapolitik aber an das antisemitische Bauchgefühl. Die eigene Wahrnehmung wird nicht mehr durch Reflexionen der Realität geprüft, sondern durch narzisstisch aufgeladene Affekte geformt.

Der Antisemit wie der Perverse tauscht die Entwicklung eines moralischen Bewusstseins gegen eine Pseudo-Moral, die sich ganz darauf beruft, dass die anderen auch keine wirkliche Moral hätten. Er trachtet danach, die anderen in seine leere Welt zu ziehen, in der das weltliche Leben keine Bedeutung mehr hat. Die Hamas und ihre Verbündeten wissen, dass Israel die zur Schau gestellte Vernichtungswut nicht unbeantwortet lassen kann. Sie wissen, dass sie der israelischen Armee unterlegen sein werden. Sie wissen um die Konsequenzen für die Zivilbevölkerung in Gaza, im Westjordanland, im Libanon. Und auch deswegen morden, verstümmeln und vergewaltigen sie so bestialisch. Sie wollen unter Jüdinnen und Juden nicht bloß Terror verbreiten, sie wollen, dass dieser Terror beantwortet wird. Sie verstecken sich nicht in Krankenhäusern, Schulen und unter Wohnkomplexen, weil sie glauben, dort sicher zu sein, sondern weil sie wollen, dass die israelische Armee sie dort angreifen muss. Sie tragen keine Uniformen und halten Geiseln in Familienwohnungen, weil sie wollen, dass die israelische Armee nicht mehr zwischen Kombattanten und Zivilisten unterscheiden kann. Sie wollen die Bilder erzeugen, die der Antisemit sich erwartet. Die Welt soll sehen, was sie sehen will: den Juden als Kindermörder und eigentlichen Aggressor. Die Juden sollen ausgelöscht werden, aber zuvor will man sie von ihrem hohen Ross der Moralität stoßen und sie in die eigenen analsadistischen Abgründe ziehen. Wenn Israel erst als genozidaler Jude unter den Staaten gebrandmarkt ist, darf man guten Gewissens seiner Vernichtung beiwohnen.

All das ist Teil einer perversen Inszenierung, die seit der Shoa fortwirkt. Der Gesellschaftskritiker und Verleger Joachim Bruhn schreibt: »Was immer sich seitdem auch ereignet hat – es spiegelt den prinzipiellen Stillstand der Geschichte, den Bann, die Angstlust der erpreßten Versöhnung. So findet auch der Haß auf die Juden, egal, ob antisemitisch oder antizionistisch ausgebrüllt, keine neuen Worte mehr, sondern gehorcht einem manischen Wiederholungszwang, dessen Vokabular in den Werken Adolf Hitlers gesammelt vorliegt.« (Bruhn, 2019, 246)

Das tragische Schicksal der Menschen in Gaza und dem Westjordanland ist es, den Wiederholungszwang für die Welt ausagieren zu müssen. Sie bekommen immer nur dann Anerkennung und Beachtung, wenn sie sich im Judenmorden hervortun. Sie sind das Lumpenproletariat des Antisemitismus, das sich nicht emanzipieren darf, da es einen Zweck erfüllen soll. Daher stört es die Welt nicht, dass die PLO im Westjordanland eine autoritäre Kleptokratie unterhält und die Hamas in Gaza eine islamistische Terrorherrschaft aufgebaut hat. Genauso wenig interessieren die immer wiederkehrenden Hinrichtungen von angeblichen Kollaborateuren, eine Praxis, die der palästinensische Widerstand seit den 1920er-Jahren betreibt und die v. a. der inneren Selbstreinigung dient. So wurden allein während der ersten Intifada 700 Palästinenser von Palästinensern ermordet, nicht nur wegen einer realen Zusammenarbeit mit Israelis, sondern oft auf den bloßen Verdacht hin, dass sie ihre weltliche Existenz nicht der Zerstörung Israels unterordnen wollten. Wer nicht mit in der Perversion verharrt, muss vernichtet werden. Chasseguet-Smirgel schreibt: »Alles, was die Erfüllung der Illusion stört, muß verschwinden. Da nun aber das Ziel der Illusion in der Idealisierung des Ichs besteht und da es keine Idealisierung des Ichs ohne Projektion gibt, müssen die Träger der Projektion verfolgt und unbarmherzig ausgelöscht werden.« (Chasseguet-Smirgel, 1995, 87)

So wie mit der Internierung und Ermordung aller Widerständigen die deutsche Volksgemeinschafft als pseudonatürliche Einheit gegen das Judentum in Stellung gebracht wurde, werden die Palästinenser als pseudonatürliche Einheit gegen Israel in Stellung gebracht. All jenen, die sich dieser Instrumentalisierung entziehen wollen, drohen Gewalt und der Vorwurf, die palästinensische Sache verraten zu haben. Nur wer sich an der perversen Inszenierung beteiligt, ist ein wahrer Palästinenser. Reale Herrschaftsverhältnisse und Zusammenhänge werden verleugnet und das Streben nach individuellem Glück wird dem kollektiven Wahn geopfert.

Adorno und Horkheimer schreiben in der »Dialektik der Aufklärung«:

Es war der Sinn der Menschenrechte, Glück auch dort zu versprechen, wo keine Macht ist. Weil die betrogenen Massen ahnen, daß dies Versprechen, als allgemeines, Lüge bleibt, solange es Klassen gibt, erregt es ihre Wut; sie fühlen sich verhöhnt. Noch als Möglichkeit, als Idee müssen sie den Gedanken an jenes Glück immer aufs neue verdrängen, sie verleugnen ihn um so wilder, je mehr er an der Zeit ist. Wo immer er inmitten der prinzipiellen Versagung als verwirklicht erscheint, müssen sie die Unterdrückung wiederholen, die der eigenen Sehnsucht galt. Was zum Anlaß solcher Wiederholung wird, wie unglücklich selbst es auch sein mag […], zieht die Zerstörungslust der Zivilisierten auf sich, die den schmerzlichen Prozeß der Zivilisation nie ganz vollziehen konnten. Denen, die Natur krampfhaft beherrschen, spiegelt die gequälte aufreizend den Schein von ohnmächtigem Glück wider. Der Gedanke an Glück ohne Macht ist unerträglich, weil es überhaupt erst Glück wäre. (Adorno/Horkheimer, 1990, 181)

Israel ist der staatgewordene Versuch einer heterogenen Gemeinschaft von Verfolgten und Entrechteten, in einer unversöhnten Welt zu bestehen, ohne sich des Menschseins berauben zu lassen. Ohne es beeinflussen zu können, steht Israel somit als Repräsentant des ödipalen Ichs, das in Akzeptanz seiner realen Beschränkungen nach Glück strebt, einer Welt gegenüber, die sich ob der Herausforderungen des Lebens zunehmend in perverser Realitätsabwehr verliert. Israels bloße Existenz verweist darauf, dass ein Weiterleben trotz aller Widrigkeiten möglich ist und es selbst in dieser Welt den Glauben an ein Morgen ohne Schrecken geben kann. Gerade gegen diese Beharrlichkeit des Lebendigen richtet sich der apokalyptische Hass der Antisemiten, da sie sich bereits ganz der Ohnmacht ihrer inneren Leere hingegeben haben. Ich schließe mit der Religionsphilosophin Margarete Susman. Im Vorwort zum Buch Hiob schreibt sie in Bezug auf das neuentstandene Israel und unter dem Eindruck der Shoa: »Heute wie in jeder Zeit der Überflutung durch ein Weltgericht ist es die Bestimmung des jüdischen Volkes, über der versinkenden Welt in die Arche eingeschlossen, die einen Keim alles Lebendigen birgt, der Taube mit dem Ölzweig entgegenzuharren, die das Sinken der Wasser anzeigt, in der Hoffnung auszuharren und zu überdauern.« (Susman, 2022, 180)

Literatur

Adorno, Theodor W./Horkheimer, Max (1990): *Dialektik der Aufklärung. Philosophische Fragmente*. Frankfurt a. M.: S. Fischer.
Bruhn, Joachim (2019): *Was deutsch ist*. Freiburg, Wien: Ça ira.
Chasseguet-Smirgel, Janine (1986): *Kreativität und Perversion*. Frankfurt a. M.: Nexus.
Chasseguet-Smirgel, Janine (1989): *Anatomie der menschlichen Perversion*. Stuttgart: DVA.
Chasseguet-Smirgel, Janine (1995): *Das Ich-Ideal*. Frankfurt a. M.: Suhrkamp.
Grunberger, Bela/Dessuant, Pierre (2000): *Narzissmus, Christentum, Antisemitismus*. Stuttgart: Klett-Cotta.
Jelinek, Elfriede (2023): *Kein Einer und kein Andrer mehr*. https://www.elfriedejelinek.com/israel-hamas (15.2.2025).
Schröder, Ralf (2001): Volkskrieg, Intifada, Jihad, in: Gremliza, Hermann L. (Hg.): *Hat Israel noch eine Chance?* Hamburg: KVV konkret.
Susman, Margarete (2022): *Das Buch Hiob*. Göttingen: Wallstein.

Selbstentmächtigung und Selbstermächtigung des Analytikers/der Analytikerin

Ti Liu-Madl

In ihrer Ausbildung eignen sich die angehenden PsychoanalytikerInnen nicht nur theoretisches Wissen an, sondern verinnerlichen auch ihre Berufsideale und Über-Ich-Ansprüche, die eine gewisse Eindeutigkeit in sich bergen. Zugleich ist die analytische Arbeit durch immerwährende Beweglichkeit gekennzeichnet – ein ständiges Oszillieren zwischen gegensätzlichen oder gar widersprüchlichen Anforderungen. In welchem Verhältnis stehen die eindeutigen Ge- und Verbote der Beweglichkeit zur analytischen Arbeit, v. a. wenn die realtypische Praxis von der idealtypischen abweicht? Kann die durch die Abweichung ausgelöste Schuld, Scham sowie Angst in der Analytikerin Widerstände gegen die eigene analytische Haltung auslösen? Gefährden gar die Sicherheit und Gewissheit, welche Theorie und Idealvorstellungen bieten, in manchen Situationen die analytische Arbeit? Die heutige Suche nach Antworten auf all diese Fragen beginnt mit einem von Erika Krejci publizierten Supervisionsfall.

> Eine Patientin hatte ihre Analytikerin am Ende einer Stunde kurz vor den Sommerferien verschmitzt-verschämt um 5 Euro für ein Eis gebeten, weil sie kein Geld bei sich habe, und diese hatte es ihr gegeben, weil sie nicht wusste, wie sie die Bitte hätte abschlagen können, ohne die Patientin zu brüskieren. Die Analytikerin hat in der darauffolgenden Stunde, in der die Patientin das Geld zurückgab, den Versuch gemacht, mit ihr darüber zu sprechen und die Bedeutung in dem beidseitigen Agieren zu finden. Sie sagte: »Ich bin ganz konkret zu einer mütterlichen Figur geworden.« Die Patientin fühlte sich kritisiert und beschämt, als hätte sie etwas falsch gemacht. »Darf man nicht spontan sein?«, fragte sie. »Das ganze Theater jetzt wegen 5 Euro! Ich habe den Menschen und nicht die Therapeutin gefragt.« Sie fühlte sich wie im Scheinwerferlicht und der Macht ihrer Analytikerin unterworfen […] (Krejci, 2011, 24)

Nun, wie können wir das Scheitern des gemeinsamen Nachdenkens verstehen? Krejci interpretiert: »Man sieht hier einen jähen Wechsel der Übertragungsgefühle, als die Analytikerin den Versuch macht, mit der Patientin über das gemeinsame Agieren nachzudenken und ein Bewusstsein für das Geschehene zu wecken. Dadurch scheint sie aus einem ›guten‹ urplötzlich zu einem ›bösen‹, mächtigen und bedrohlichen Objekt geworden zu sein« (a. a. O., 25). Ist es möglich, dass diese Interpretation zu einseitig ist?

Von Krejci erfahren wir, dass die Analytikerin zwischen den beiden Stunden »sehr mit dem Gefühl zu tun gehabt« hatte, »sie hätte etwas falsch gemacht, und dass sie zwischen den beiden Stunden für sich Unsicherheit, Zweifel und Schuldgefühle über ihr Verhalten und ihr Vorgehen klären musste, bevor sie ihr Gleichgewicht wiederhergestellt hatte« (ebd.). Dies kann – so Krejci – als »Verdauungsarbeit« einer »projektiven Identifizierung und eine Wiedergewinnung von Distanz und Dreidimensionalität« verstanden werden. Ich habe hier meine Zweifel, dass die Analytikerin mit ihrer Distanziertheit gleichsam die »Dreidimensionalität« wiedergewonnen hat.

Hübner macht uns darauf aufmerksam, dass das gemeinsame Nachdenken auch anders eingeleitet werden kann: Die Analytikerin könnte ihre Patientin fragen, wie sie es erlebt hat, fünf Euro zu bekommen (Hübner, 2012, 19). Ihr Versuch wird durch ihre Anrede »Ich bin ganz konkret eine mütterliche Figur geworden« durchkreuzt. In dieser Anrede ist eine Distanziertheit der Analytikerin gegenüber der Patientin, aber v. a. gegenüber sich selbst deutlich wahrnehmbar. Ich vermute, dass das Scheitern mit dieser Distanziertheit zu tun hat. Nun, gegenüber welchem Teil ihres Selbst versucht sich die Analytikerin zu distanzieren, und warum ist dies für sie notwendig?

Hübner bringt die Distanziertheit im Sinne eines Sich-Abwendens von der Realität in der analytischen Situation mit der Anerkennung als deren Gegenbewegung – im Sinne von Sich-Zuwenden – in Zusammenhang. Bewusst möchte die Analytikerin über das Geschehnis sprechen. Was hindert sie, trotz dieses Wollens die Realität im Sinne von gemeinsamem Agieren anzuerkennen? Dieser Widerspruch weist auf einen Konflikt in ihr selbst hin. Was ist das, was sie nicht anerkennen will? Eine Form des Nicht-Anerkennens ist Verleugnung, die nach Thomä das Hauptproblem des illusionären Ideals darstellt. Weil es unmöglich ist, die Gebote zu erfüllen, verstößt man ständig gegen die selbst auferlegten Regeln. Angesichts des mächtigen Ideals muss der Regelverstoß wiederum verleugnet werden (Thomä, 1999, 858).

Wenn wir mit Thomä davon ausgehen, dass das durch den Regelverstoß ausgelöste Schuldgefühl der Grund sei, warum die Analytikerin es nötig hat, sich von der Realität abzuwenden, frage ich nun: Gegen welche Regel hat die Analytikerin verstoßen und wie könnte ihre verinnerlichte Regel lauten? Von ihrer Supervisorin Krejci lesen wir Folgendes über den Rahmen der analytischen Arbeit:

> Die beiden »Spieler« des analytischen »Spiels« bewegen sich […] nicht wie beim Schachspiel in einer im Prinzip gleichen, symmetrischen Weise. Wenn dies geschieht – der Analytiker reagiert direkt und unreflektiert auf »die Züge« seines Patienten – dann ist etwas in der analytischen Beziehung kollabiert. Der Analytiker »fällt aus dem Rahmen« […] Dem Analytiker ist es nicht erlaubt seine Funktion zu verlassen und sich »einfach als Mensch« zu verstehen und zu äußern. (Krejci, 2009, 401)

»Kollabiert«, das ist ein strenges Urteil. Eine Katastrophe ist passiert, nämlich der Zusammenbruch des Rahmens. Die Analytikerin hat als »Hüterin des Rahmens« fundamental versagt. Jetzt fällt sie aus dem Rahmen. Wenn wir aus dem Rahmen fallen, wohin fallen wir? Für Pflichthofer ist die Antwort eindeutig: ins Jenseits der analytischen Gemeinschaft. »Bereits während meiner Ausbildung begleitete uns die Angst, unsere Fallvorstellungen könnten mit dem Attribut ›unanalytisch‹ belegt werden; – das Ausschlusskriterium schlechthin. Wer ›unanalytisch‹ ist, gehört nicht mehr dazu.« (Pflichthofer, 2011, 34) Was hier verdeutlicht wird, ist, dass sich der Rahmen nicht nur im Außen, zwischen der Analytikerin und ihrer Patientin befindet, sondern auch im Inneren der Analytikerin vorhanden ist. Ein kollektiver Rahmen, der ihre professionelle Identität schützt. Die Analytikerin ist auf diesen inneren Rahmen angewiesen, um sich sicher zu fühlen.

Nach Zwiebel lösen die drei grundlegenden Charakteristika des analytischen Berufs – die Unsicherheit in professionellen Situationen, die Legierung von offiziellen und privaten Theorien sowie der theoretische Pluralismus – beim »Analytiker Ungewissheit, Diffusität und nicht-auflösbare Spannung aus«. Dies führt »wiederum zu einer dogmatischen, normativen und reduktionistischen Haltung, welche um die Polarität von ›analytisch – nicht-analytisch‹ kreist« (Zwiebel, 2001, 9 f.). In diesem Sinne können wir die normativen und dogmatischen Haltungen in der analytischen Gemeinschaft als Reaktionsbildung ansehen. Eine starre Strenge aufgrund von Unsicherheit. Diese wertende Betrachtung in Bezug auf die analytische Tätigkeit – so Zwiebel – sei »verfehlt und höchst problematisch«. Er schlägt vor, die Frage anders zu stellen, nämlich: Wie professionell sind wir in unserer Arbeit? Dazu sei es nötig, die Professionalität detailliert zu definieren (ebd.). Also weg von einer wertenden Pauschaliertheit hin zu mehr Differenziertheit bezüglich der analytischen Professionalität und der Kompetenzen. In Zwiebels Arbeitsmodell besteht die analytische Professionalität aus fünf Bereichen: der analytischen Position, der selbstreflexiven Funktion, der problematischen Situation, der Transformation der problematischen Situation und der phobischen Position (Zwiebel, 2018).

Es ist bemerkenswert, dass in diesem Modell zwei der insgesamt fünf Arbeitsbereiche Abweichungen vom Idealbild beinhalten, was es heißt, eine gute Psychoanalytikerin zu sein. Analog dazu steht die Störungsanfälligkeit der analytischen Haltung überhaupt im Zentrum dieses Arbeitsmodells. Zwiebel schreibt: »Diese generelle Störbarkeit ist allerdings nicht Ausdruck mangelnder Kompetenz oder Professionalität, sondern gleichsam konstitutiv für die analytische Arbeit.« Darum ist es notwendig, die »problematischen Situationen«, auch wenn sie »nicht erwünscht« sind, »zuzulassen, wahrzunehmen, zu tolerieren und […] schließlich zu transformieren« (Zwiebel, 2018, 107). Das ist eine beunruhigende Erkenntnis – die inhärente Störung ist demnach fester Bestandteil der psychoanalytischen Arbeit und damit nicht auszurotten. Eine Psychoanalytikerin zu sein, bedeutet demnach, immer wieder mit der eigenen »Unerwünschtheit« zu Rande zu kommen. Zu Rande kommen heißt für Zwiebel »zulassen, wahrnehmen, tolerieren und transformieren«. Damit stolpern wir zum zweiten Mal über die Wortgruppe sich zuwenden, wahrhaben, anerkennen. Der Gegenstand der zugewandten Wahrnehmungseinstellung gewinnt hier jedoch an Kontur. Es ist nicht irgendeine Realität in einer analytischen Situation, sondern die eigene Unerwünschtheit der Analytikerin.

Da es um Widerwillen und eigene Unerwünschtheit geht, ist zu erwarten, dass bei der Analytikerin Widerstand auftritt. Nun gerate ich in eine schwierige Situation. Ich möchte erkennen, warum ich diesen in meiner Arbeit immer wieder *nicht* erkennen kann. Außerdem ist der eigene Widerstand eine Art Gespenst, das man nie frontal erblicken und einfangen kann, die Annäherung gelingt eher durch Folgen hinterlassener Spuren. Welchen Spuren folge ich nun? Am sichersten – so meine Erfahrung aus der eigenen analytischen Arbeit – dort, wo Zerrissenheit, Verwirrung und Widersprüchlichkeit sichtbar werden.

Eine Zerrissenheit stellte Treurniet fest:

> Einerseits hat die Toleranz gegenüber und das Interesse an der intensiven persönlichen Teilnahme des Analytikers an der klinischen Arbeit einen immer größeren Platz in unserem Denken über den analytischen Prozess und über die analytische Technik eingenommen. Andererseits halten wir noch immer an einem Bild fest, wonach der Analysand so weit wie möglich von einem bestimmten Feld ferngehalten werden muss, um ihn vor Ansteckung durch die persönliche Psychologie des Analytikers zu schützen. (Treurniet, 1996, 19)

Demnach ist das Unerwünschte im Feld der »persönlichen Teilnahme des Analytikers an der klinischen Arbeit« zu suchen. Die Zerrissenheit tut sich zwischen theoretischem Anerkennen und »Festhalten an einem veralteten Bild« in der Praxis auf. Sie spiegelt sich im Spannungsfeld zwischen dem klassischen, monopolaren Modell der analytischen Arbeit und dem postklassischen, bipolaren Modell wider. Bei Ersterem geht man davon aus, dass der analytische Prozess – sofern die Analytikerin methodisch korrekt bleibt – sich aus den intrapsychischen Bedingungen des Analysanden heraus entfaltet. Nach dem postklassischen Modell hingegen bringen beide Partner der analytischen Situation mit unterschiedlichen Gewichtungen die Phänomene des klinischen Prozesses im Sinne einer Ko-Kreation hervor (Zwiebel, 2004, 838). Der Widerspruch zwischen theoretischem Ankennen und praktischem Ignorieren in diesem Spannungsfeld wurzelt – so Zwiebel – in der »Kluft zwischen idealer und realer psychoanalytischer Praxis«, also die »Vorstellungen wie die analytische Situation sich gestalten […] sollte, und wie sie sich in der Regel tatsächlich gestaltet« (a.a.O., 841). Dahinter stehen »erhebliche Widerstände« gegen das bipolare Modell, weil dieses »den Aspekt der unvermeidlichen Verstrickung, des Mitleids und der Begrenztheit des Analytikers betont, das einem immer wieder oder noch wirksamen Ideal von analytischer Professionalität widerspricht« (a.a.O., 839). Kläui nähert sich dem Widerstand der Analytikerin von der Seite des Zuhörens. Er beobachtet einen »Widerstand, wirklich das zu hören, was uns mitgeteilt wird«. – »In solchen Situationen«, schreibt er, sind wir »auf ein Konzept, auf eine Interpretation, auf ein Verständnis festgelegt. […] wir müssen das zuerst merken und uns davon frei machen, um die Ohren wieder offen zu haben.« (Kläui, 2015, 189)

Fassen wir zusammen: Der Widerstand hat mit dem Wunsch zu tun, einem Idealbild zu entsprechen, welches viel souveräner und autonomer als die Realität ist. Die Kluft zwischen Ideal und Real löst in der Analytikerin einen reflexartigen Widerstand aus, welcher sich u.a. im Festhalten an Theorie und Konzept manifestiert. Festhalten ist interessant, weil es auf eine Unsicherheit hindeutet. Theorie und Konzept bieten in dieser Situation einen Rahmen, der der Analytikerin ein Mehr an Sicherheit bietet.

Auf den Punkt gebracht, der Widerstand wurzelt – zumindest teilweise – in unserem Wunsch, gut zu arbeiten sowie in dem Bedürfnis, uns sicher zu fühlen.

Die bisherige Entwicklung der Psychoanalyse hat uns jedoch gezeigt, dass die Purifizierung der eigenen Wünsche und Bedürfnisse ein illusionäres Ideal ist. Als professionellen Umgang mit der eigenen Wunschdynamik schlägt Zwiebel deshalb vor, zwischen Wünschen und Wünsche-Beobachten als zwei Gegenpolen zu oszillieren und Wünsche, die sich in Form von Vorstellungen, Phantasien und Emotionen zeigen, als Übertragung und Gegenübertragung aufzufassen. Damit sind die auftauchenden Wünsche nicht nur Ausdruck unerwünschter Restneurosen der Analytikerin und das »verunreinigende Element« in ihrer Wahrnehmung, sondern als Material des bipersonalen Arbeitsfeldes nutzbar. Auf der Ebene der verinnerlichten Über-Ich-Ansprüche und Ideale bedeutet dies, dass man sich für seine Wünsche nicht verurteilen oder gar schämen muss. Wichtig ist nur, dass man eine beobachtende Haltung gegenüber eigenen Wünschen aufrechterhält. Weil jedoch Wünsche nach Realisierung drängen, so Zwiebel, sei es notwendig, zwischen der »Wahrnehmung der eigenen Wünsche und der Wunscherfüllung zu unterscheiden« (Zwiebel, 2017, 134).

Das ist eine wichtige Unterscheidung. Die Wahrnehmung der Wünsche bedeutet, die Vorstellung in der Analytikerin bewusst werden zu lassen und diese in der Schwebe zu halten. Das ist ungefährlich und klingt gar nach Kompetenz. Aber die Realisierung eigener Wünsche? Wenig überraschend tritt just an dieser Stelle erneut eine Zerrissenheit auf, ein Riss zwischen Wahrnehmen und Realisieren. »Wir halten offensichtlich an einer Theorie fest«, bemerkt Treurniet verwirrt, »in welcher der veraltete Gesichtspunkt vorherrscht, dass das Bewusstsein persönlicher affektiver Motive des Analytikers technisch sehr brauchbar, während sie auszudrücken, in welcher Aktionsform auch immer, schädlich ist.« (Treurniet, 1996, 19) Genau diese Zerrissenheit ist nach Treurniet dafür verantwortlich, dass sich AnalytikerInnen ihrer Gegenübertragungsgefühle schämen. Nun tritt unerwartet eine zweite Ebene des Unerwünschten in Erscheinung. Es geht nicht nur darum, persönlich in der analytischen Arbeit zu *sein*, sondern dieses Persönlich-Sein auch zu *zeigen*.

Der Grund für diese innere Zerrissenheit sieht Treurniet in einer veralteten Konzeption, nämlich dass Handeln und Denken einander ausschließende Alternativen sind (a. a. O., 14). »Der klassischen Theorie zufolge müssen die Triebfedern in Gestalt der Phantasie analysiert werden können, und das sei nicht möglich, solange agiert werde.« Eine Vorstellung, die uns in »Erinnern, Wiederholen und Durcharbeiten« (Freud, 1914g) bildmächtig eingeprägt worden ist. Die Analyse hat es zum Ziel, das Wiederholende zum Erinnern zu verwandeln, was gleichbedeutend ist damit, das unbewusste Handeln durch Symbolisierung in die bewusste Vorstellungswelt zu integrieren. Wir können hier zwei Assoziationsketten polarer Entitäten festhalten: Denken vs. Handeln, Vorstellung vs. Taten, unsichtbar im Inneren der Analytikerin vs. öffentlich im analytischen Raum, Aushalten vs. Abführen und letztendlich Bewusstes vs. Unbewusste. Ich vermute, dass Analytikerin und Analytiker in der analytischen Situation dem Wirken ihres Unbewussten ausgesetzt sind, dies auch noch vor den Augen ihres Analysanden, was somit ein mächtiger Grund ist, dass wir uns schämen. Aber das ist jetzt nur eine vage Vermutung. Da diese Vermutung aber noch zu unausgereift und isoliert in meinem Denken umherirrt, muss ich zunächst einer handfesteren Spur folgen, nämlich jener des Gegensatzpaares Aushalten vs. Abführen.

Abführen aufseiten der Analytikerin, das löst in uns ein reflexartiges Naserümpfen aus. Wenn jemand darin geschult ist, ausreichend gut auf Triebabfuhr zu verzichten, dann sind wir das. Demnach ist die Analytikerin ein »Super-Container« mit einem leistungsstarken internen Klärungssystem. Der Container ist natürlich ein jüngeres Baujahr. Es gibt aber noch ein älteres Modell, nämlich Freuds Konzept des psychischen Apparats, präziser, der psychische Reizverlauf im Reflexbogen. In Freuds Konzeption werden die afferenten Reize zentral verarbeitet, bevor sie zur efferenten Abfuhr gelangen können (Treurniet, 1996, 15). Die Analytikerin und der Analytiker ist demnach jemand, die oder der geübt sein sollte, die afferenten Reize – z. B. Beta-Elemente – in sich zu »containen« und zu verdauen, um sie dann als sinnvolle Bedeutungen in Form von Deutung dem Patienten zurückzugeben. Ausagieren ist demnach ein Scheitern dieser inneren Arbeit. Treurniet sieht hier auch die Quelle des Ideals; das Unbewusste kann »bewusst werden, ohne dass irgendein Ausdruck von Aktivität stattgefunden hätte« (ebd.). Das widerspricht aber einer allgemein anerkannten Erkenntnis, nämlich dass »das Sichbewusstsein der emotionalen Reaktionen notwendigerweise immer auf die Übersetzung dieser Reaktionen in eine Handlung folgt« (a. a. O., 18). Auf den Punkt gebracht heißt dies, wir schämen uns, obwohl wir wissen, dass wir eigentlich gar nicht anders können! Wir klammern uns an ein Ideal, obwohl wir wissen, dass es illusionär ist. Was ist das für ein Widerspruch? Da dieses Problem in der Kluft zwischen Wissen und Tun liegt, wird spätestens hier klar, dass das Wissen allein uns nur in eine Sackgasse führen kann. Deshalb nähere ich mich diesem Rätsel von der anderen Seite der Kluft an, nämlich von den Taten her, und frage mich, was passiert, wenn diese innere Arbeit nicht vollständig gelingt und einige efferente Reize in die Motorik abgeführt werden?

»Der Container«, schreibt Pflichthofer, »der Risse aufweist oder löchrig, durchlässig und inkontinent ist, gilt als ›schlecht‹. Er erfüllt seine Funktion nicht […] Die Scham, so ›verwundbar‹ zu sein, kann dazu führen, dass wir den Patienten dafür verantwortlich machen, ganz nach dem Prinzip: Einer muss doch schuld sein – ich nicht.« (Pflichthofer, 2007, 360) Genau das ist meiner Meinung nach in dieser Fallvignette passiert. Die Analytikerin fühlte sich nach dem gemeinsamen Enactment schuldig und schämt sich dafür, aus dem Rahmen gefallen zu sein. Diesen von ihr verinnerlichten Über-Ich ausgehenden Vorwurf hat sie – ohne sich dessen bewusst zu sein – an die Patientin weitergegeben. Der Vorwurf kam bei der Patientin an. Sie reagierte mit Schuld- und Schamgefühl. In ihrer Frage »Darf man nicht spontan sein?« drückt sie – ohne sich dessen bewusst zu sein – ihre Empörung aus, die Hübner treffend umschreibt: »Ich empöre mich, weil Sie mich für Ihren Fehler verantwortlich machen wollen […]« (Hübner, 2012, 20). Auch die Aussage der Patientin: »Ich habe den Menschen und nicht die Therapeutin gefragt«, finde ich erfrischend. Sie hat scharfsinnig nicht nur die dichotome Aufteilung, nämlich Analytikerin als Person vs. Funktion, sondern auch den abrupten Seitenwechsel der Analytikerin von der Person, die ihr 5 Euro für ein Eis gab, zur Funktion einer rein objektiven, sozusagen exterritorialen Deutenden erkannt. Dieser Wechsel von Person zu Funktion, wegen dessen abrupten und unflexiblen Charakters auffällig, ist meiner Meinung nach eine defensive Bewegung in der Analytikerin selbst, um die Wahrnehmung der durch den Regelverstoß ausgelösten Schuld, Scham und Angst abzuwehren. Sie konnte die damit einhergehende Spannung nicht aushalten und hat sie durch die scheinbar korrekte Ausführung einer Funktion in einer Art Pseudo-Dreidimensionalität abgeführt.

Wenn wir die Transformation einer problematischen Inszenierung, die Gegenübertragungsphänomene impliziert, in mehrere Schritte zerlegen, dann steht an erster Stelle nicht das Erkennen der unbewussten Bedeutung. Da das Sichtbarwerden der eigenen persönlichen Unerwünschtheit in uns Scham und damit ein reflexartiges Sich-Verstecken auslöst, gilt es zunächst, sich dieses reflexartigen Abwendens in uns gewahr zu werden. Die damit verbundene innere Arbeit ist meiner Meinung nach v. a. eine quantitative Arbeit. Mit Freuds triebtheoretischem Begriff gesprochen, geht es hier nicht um Erkennen der unbewussten Vorstellungsrepräsentanz, sondern um das Aushalten des Affektbetrags. Dieses Aushalten ermöglicht das Entstehen eines inneren Raumes, der sowohl eine zeitliche als auch eine räumliche Dimension hat. Aus zeitlicher Perspektive bremst das Aushalten durch eine Verlangsamung den Drang, eine sofortige Lösung zu finden; in räumlicher Hinsicht vollzieht sich das Oszillieren zwischen Person und Funktion nicht in einem abrupten, schneidenden Entweder-oder-Modus im Sinne einer Transzendenz der persönlichen Unerwünschten. Stattdessen macht es einem elastischeren Sowohl-als-auch-Modus Platz, und zwar in dem Sinne, sich selbst als Person anzuerkennen, die Funktionen ausübt.

Das Erkennen des eigenen Widerstandes ist Voraussetzung für die Übernahme von Verantwortung für das eigene Gegenübertragungsenactment. Dieses Verantworten beinhaltet auch innere Arbeit, deren Hauptteil laut Pflichthofer darin besteht, den Grund der eigenen Verletzung nicht dem Patienten zuzuschreiben. Sollte dies gelingen, wird dem »Container« erst eine ehrliche Auseinandersetzung mit eigenem Verletztsein möglich. Diese Auseinandersetzung bedeutet – so Pflichthofer –, sich vom illusionären »Ideal zu verabschieden und dennoch Verantwortung dafür zu übernehmen« (Pflichthofer, 2007, 360).

Was hier angesprochen wird, sind meiner Meinung nach zwei wichtige Aspekte. Erstens, dass ein Konflikt im analytischen Raum nicht nur im Außen zwischen zwei Personen, sondern auch im Innern der Analytikerin zu sehen ist. Mit dem Anerkennen des inneren Konfliktes manövriert die Analytikerin sich nicht nur aus einer reflexartigen Schulddynamik, sondern gelangt – das ist der zweite Aspekt – von einer Passiven, der etwas widerfahren ist, in eine aktivere Position. Dieses Aktivsein ist aber nicht gleichzusetzen mit einer Aktivität, sei es Verstehen, Erkennen oder gar Deuten, sondern ein viel subtileres, daher anspruchsvolleres Aktivsein, nämlich dem nicht Einzuordnenden und Unerwünschten nicht auszuweichen, sondern sich ihm zuzuwenden bzw. sich dem reflexartigen Ausweichen zuzuwenden.

Das Verantworten bedeutet eine Selbstentmächtigung der Analytikerin gegenüber ihren Patienten. Denn damit findet ein Machtausgleich des analytischen Paares statt. Sowohl die Position der »naiven Patienten« als auch jene der Analytikerin als mysteriös deutendes Orakel werden mit der öffentlichen Übernahme der Verantwortung für ihre psychische Realität relativiert. Die Analytikerin ist nicht mehr die überlegene Wissensautorität, die unfehlbar und unverletzbar die Realität im analytischen Raum bestimmt. Sie ist vielmehr eine Person, die ihre Arbeit zwar gut machen will, aber dennoch widerwillig etwas Unerwünschtes tut; eine Person mit blinden Flecken, die aber dazu steht. Indem die Analytikerin ihre Verhaltens- und Funktionsweisen zu einem legitimen Gegenstand der gemeinsamen Untersuchung macht, erkennt sie ihre Patienten als gleichberechtigter Forschungspartner an.

Das ist meiner Meinung nach die technische Konsequenz der von Treurniet formulierten neuen Ethik, nämlich Offenheit und nicht-symmetrische Gleichwertigkeit (Treurniet, 1996). Das Nicht-Symmetrische beinhaltet auch eine Symmetrie. Sowohl die Analytikerin als auch ihre Patientin sind im analytischen Raum dem Wirken ihres je eigenen Unbewussten ausgesetzt. Um der Wahrheit näherzukommen, vermitteln beide ihre psychische Realität. Dies impliziert, der Kluft ihres Subjektseins nicht auszuweichen. Das Nicht-Symmetrische wird durch das Ziel des gemeinsamen Unternehmens und die sich daraus ergebenden unterschiedlichen Funktionen definiert. Während die Analysandin ihre psychische Realität vermittelt, um ihre eigene Selbstbewusstheit zu erhöhen, vermittelt die Analytikerin ihre Realität und teilt diese ihrer Patientin selektiv mit, um die Selbstbewusstheit der anderen Person zu erweitern.

Dieses Verantworten ist zugleich eine Selbstermächtigung gegenüber theoretischen Konzepten, technischen Regeln, verinnerlichten Idealvorstellungen sowie Über-Ich-Anforderungen. Denn das Verantworten beinhaltet nicht nur ein Anerkennen der eigenen Unzulänglichkeit, sondern auch ein Standhalten gegen die innere Verurteilung. Standhalten bedeutet – wie Pflichthofer vorschlägt –, »sich […] als Mensch mit […] Ängsten und Begrenztheiten anzuerkennen, ohne sich a priori dafür verurteilen zu müssen« (Pflichthofer, 2007, 360). Die Betonung liegt hier auf »nicht a priori«. Darin erkenne ich drei Aspekte. Der erste ist eine Frage der Einstellung. Wenn wir anerkennen, dass wir Ideale haben und immer wieder davon abweichen werden, dass diese unerwünschte Abweichung aber als Material für die analytische Arbeit genutzt werden kann, dann fällt das innere Urteil gegen die Abweichung vermutlich weniger vernichtend aus, sodass die Scham, Schuld und Angst leichter auszuhalten sind. Zweitens, wenn die Abweichung als Ausdruck des Spezifischen der jeweiligen analytischen Situation anerkannt wird, dann wird die Bedeutung der Theorie und der technischen Regeln als Gesetze, denen man sich zu unterwerfen hat, relativiert. Stattdessen erlaubt sich die Analytikerin und der Analytiker einen flexibleren Umgang mit ihnen in dem Sinne, dass sie die Anwendbarkeit des Gesetzes für die aktuelle Situation überprüfen, ob »das, was durch das Gesetz ermöglicht werden soll, auch wirklich dadurch ermöglicht werden kann« (Pflichthofer, 2011, 40). Damit wird ein Selbstautorisierungsprozess in Gang gesetzt, womit wir beim dritten Aspekt angelangt sind. Die Selbstautorisierung schützt uns nicht vor unserem inneren Konflikt, dass wir nämlich nie sicher sein können, ob unsere Entscheidung in einer gegebenen Situation richtig oder falsch ist. Und zwar deshalb nicht, weil wir eine Entscheidung treffen, die die Psyche eines anderen betrifft, die wir bestenfalls erahnen, aber nie sicher wissen können; weil wir eine Entscheidung jetzt treffen, deren Wirkung sich aber erst in Zukunft zeigen wird; und schließlich, weil wir immer dem Wirken unseres eigenen Unbewussten ausgesetzt sind. Eine Gegebenheit, die man mit Kläui als strukturellen Mangel des Analytikerseins bezeichnen kann (Kläui, 2015). Die Selbstautorisierung ermöglicht uns jedoch, die Verantwortung für den möglichen Fehler zu übernehmen und es dennoch zu wagen, uns dem auszusetzen, was im analytischen Raum wirklich geschieht. Die besorgte Frage, wohin die Selbstautorisierung führt, ist meines Erachtens überflüssig, denn die Unerwünschtheit des Aus-dem-Rahmen-Fallens ist selbst ein Regulativ, das der Selbstautorisierung eine Grenze setzt und eine grobe Rahmenverletzung verhindert.

Ich vermute, dass das wiederholte Überleben des eigenen widerwilligen »Aus-dem-Rahmen-Fallens« und der damit einhergehenden Furcht vor dem Zusammenbruch sowie das erneute Erleben, dass das »Herausgefallene« durch einen im Nachhinein errichteten Rahmen wieder eingefangen und als Material für das Vorantreiben des analytischen Prozesses genutzt werden kann und schließlich, dass man sich über dieses Herausfallen und Wiederhereinholen in einer ehrlichen, offenen Atmosphäre mit Kollegen austauschen kann – dass all dies zu einem organischen Wachstum an Sicherheit bei den AnalytikerInnen führen kann. Diese Sicherheit erlaubt es uns, weniger auf den verinnerlichten äußeren Rahmen – sei es Theorie, technische Regel oder Zugehörigkeit zu einer Gruppierung – als sicherheitsstiftendes Element angewiesen zu sein. Diese Sicherheit, die Parsons als »inneres Setting« bezeichnet (Parsons, 2008), bietet uns einen Spielraum, in dem wir sicherer, flexibler und letztendlich kreativer mit unseren persönlichen Abweichungen umgehen können.

Literatur

Freud, Sigmund (1914g): *Weitere Ratschläge zur Technik der Psychoanalyse: II. Erinnern, Wiederholen, Durcharbeiten.* GW X, 126–136.

Hübner, Wulf (2012): Diesseits der Deutung: Berühren, verführen, anerkennen. *Psyche – Z. Psychoanal.* 66A/1, 1–33.

Kläui, Christian (2015): *Psychoanalytisches Arbeiten: Für eine Theorie der Praxis.* Göttingen: Hogrefe, 3. Aufl.

Krejci, Erika (2009): Die Funktionen des Rahmens der psychoanalytischen Situation. *ZpTP* 24/4, 399–415.

Krejci, Erika (2011): Zur Relevanz von Freuds »Ichspaltung im Abwehrvorgang« als Brückenkonzept für die Erweiterung des Neurosenmodells der Psychoanalyse. *Psyche – Z. Psychoanal.* 65/1, 1–29.

Parsons, Michael (2008): Vorstoß ins Sprachlose: Das innere analytische Setting und das Zuhören jenseits der Gegenübertragung, in: Junkers, Gabriele et al. (Hg.): *Vorstoß ins Sprachlose.*

Ausgewählte Beiträge aus dem international Journal of Psychoanalysis 3. Tübingen: Edition Diskord, 68–91.

Pflichthofer, Diana (2007): Die verwundbare Analytikerin. Traumatische Erfahrungen in der psychoanalytischen Beziehung. *Forum der Psychoanalyse* 23/4, 343–363.

Pflichthofer, Diana (2011): Zwischen Gesetz und Freiheit. Die Suche nach dem Rahmen und dem Objekt. *Psyche – Z. Psychoanal.* 65/1, 30–62.

Thomä, Helmut (1999): Zur Theorie und Praxis von Übertragung und Gegenübertragung im psychoanalytischen Pluralismus. *Psyche – Z. Psychoanal.* 53/9–10, 820–872.

Treurniet, Nikolaas (1996): Über eine Ethik der psychoanalytischen Technik. *Psyche – Z. Psychoanal.* 50/1, 1–31.

Zwiebel, Ralf (2001): Von der Angst, Psychoanalytiker zu sein. *Zeitschrift des SAP*, Heft 18, 5–31.

Zwiebel, Ralf (2004): Der Analytiker als Anderer: Überlegungen zum Einfluss der Person des Analytikers in der analytischen Praxis. *Psyche – Z. Psychoanal* 58/9–10, 836–868.

Zwiebel, Ralf (2017): *Was macht einen guten Psychoanalytiker aus? Grundelemente professioneller Psychotherapie.* Stuttgart: Klett-Cotta, 3. Aufl.

Zwiebel, Ralf (2018): *Von der Angst, Psychoanalytiker zu sein. Das Durcharbeiten der phobischen Position.* Stuttgart: Klett-Cotta, 3. Aufl.

Psychische Voraussetzungen und Gefährdungen einer demokratischen Gesellschaft am Beispiel Polens

Anna Leszczynska-Koenen

Wenn Winston Churchill die Demokratie als »the worst form of government except for all others« bezeichnete, dann bezog er sich auf die Begrenzungen politischer Macht durch Vorgaben des Rechts, durch Gewaltenteilung sowie das Wählervotum, die dafür sorgen, dass Bürger nicht der Willkür der Herrschenden ausgeliefert sind und keine Revolution machen müssen, um sie loszuwerden. Die Freiheit von Angst und die Entwicklung des Wohlstands, welche die Demokratie ihren Bürgern in Westeuropa nach 1945 und im sogenannten »Ostblock« nach 1989 brachte, hat erst einmal für eine mehr oder weniger stabile Identifikation mit diesem Regierungssystem gesorgt. Sicher hat die Nähe zur historischen Erfahrung mit Faschismus, Nationalsozialismus und Stalinismus dazu beigetragen, den grundlegenden Fortschritt zu begreifen und zu schätzen, den die Demokratie ihren Bürgern bot: zuallererst das Verbot von Grausamkeit und Folter, d. h. das Verbot des Zugriffs des Staates auf die körperliche Unversehrtheit seiner Subjekte. Die Freiheit von dieser Furcht, die zum entscheidenden Machtmittel politischer Gewaltordnungen gehört, stellt laut der amerikanischen Politikwissenschaftlerin Judith Shklar die zentrale und unabdingbare Voraussetzung jeder Demokratie dar (Shklar, 2013). Hat das Verblassen der gesellschaftlichen Erinnerung an staatliche Gewaltherrschaft die Identifikation mit dieser Errungenschaft in vielen demokratisch regierten Ländern ausfransen lassen? Die als »Populisten« gekennzeichneten Politiker und Parteien drängen in demokratischen Wahlen an die Macht und beanspruchen für sich, das »wahre« Volk zu repräsentieren, um dann die demokratischen Institutionen, die zwischen ihnen und diesem »Volk« stehen, zu unterhöhlen und zu bekämpfen. Kein »deep state«, kein »System«, keine »verrotteten Eliten« sollen dieses unmittelbare Verhältnis zwischen dem Volk und seinen wahren Vertretern stören. Diese Art von Unmittelbarkeit braucht zu ihrer Vervollständigung das »Nicht-Volk«, das sich dem erlösenden Versprechen entzieht – seien es die ausländischen Agenten Putins, die Polen der »übleren Sorte« Kaczyńskis oder die grün-links versifften Liberalen der AfD.

In dem Bemühen, zu verstehen, wie uns da politisch geschieht, werden u. a. Globalisierung, Migration, Klimawandel, Neoliberalismus, die Wohlstandsschere, das Internet, die Identitätspolitik, also praktisch alle Phänomene des modernen gesellschaftlichen Lebens angeführt, was das drohende Unheil noch unausweichlicher erscheinen lässt. Die Psychoanalyse trägt mit ihrer Begrifflichkeit vom pathologisch-narzisstischen Führertum, paranoiden gesellschaftlichen Regressionsprozessen und der nur bedingten

Kulturtauglichkeit des Menschen aufgrund seiner Triebausstattung auch nicht gerade zur Aufhellung der Stimmung bei. All diesen Versuchen, das Geschehen begrifflich zu fassen, liegt die Einsicht zugrunde, dass uns in der westlichen Welt der demokratische Teppich, auf dem wir meinten, sicher zu stehen, unter den Füßen weggezogen wird.

»Die fast unlösbare Aufgabe besteht darin, weder von der Macht der anderen noch von der eigenen Ohnmacht sich dumm machen zu lassen«, heißt es in Adornos »Minima Moralia« (Adorno, 1994, 67). Diese Aufgabe überfordert mich, und so habe ich den Moment verflucht, als ich zugesagt hatte, bei Ihnen diesen Vortrag zu halten.

Zu kneifen, indem ich auf ein weniger politisches Feld ausweiche, hätte ich nicht gekonnt, weil mir zu Macht doch primär Politik einfällt und weil ich mich spätestens seit dem ersten Wahlsieg der PiS in Polen 2015 – der Partei, die sich übersetzt wie zum Hohn »Recht und Gerechtigkeit« nennt – davon freimachen kann, von den politischen Nachrichten absorbiert zu werden. In diesem überforderten, düsteren Weltgefühl war der Wahlsieg der demokratischen Opposition in Polen am 15. Oktober 2023 ein lichter, hoffnungsvoller Moment. So erschien es mir sinnvoll, der Dummheit der eigenen Ohnmacht zu entkommen, indem ich hier die Fallgeschichte einer Gesellschaft erzähle, die nach erfolgreichem Kampf gegen die kommunistische Diktatur und dem gelungenen Aufbau halbwegs funktionierender demokratischer Institutionen nur knapp dem Abgleiten in eine autoritäre Herrschaft entkommen ist. Die Betrachtung historisch spezifischer Voraussetzungen dieser Entwicklung ermöglicht vielleicht einen verallgemeinerbaren Zugang zu den gesellschaftlichen und sozialpsychologischen Mechanismen der Mobilisierung und Bindung an eine politische Führung, die mit Mitteln der Demokratie diese in eine Farce zu verwandeln suchte, aber auch – und das ist etwas, was im Gegensatz zu den negativen Szenarien theoretisch unterbelichtet ist – zu den Mechanismen einer Gegenmobilisierung, die dieses Projekt vorerst zum Scheitern gebracht hat.

Am 31. August 2005, dem 25. Jahrestag des Danziger Abkommens, von dem die Gewerkschaft »Solidarność« und der kurze »Karneval der Freiheit« 1980/81 ihren Anfang nahmen, schaute ich mir bei einem Besuch in Warschau im Fernsehen die Gedenkfeiern an, als von der Straße der Lärm von Fahrradklingeln und Tröten in die Wohnung drang. Auf der Hauptstraße unter dem Fenster bewegte sich ein großer, bunter Korso von Fahrradfahrern mit Plakaten. Von Solidarność und der großen Historie war bei näherer Betrachtung auf den Transparenten der Demonstranten aber nicht die Rede. Sie würden für Fahrradwege und besseren Schutz der Radfahrer demonstrieren, wurde ich lachend aufgeklärt. Keine feierliche Gedenkveranstaltung hätte besser würdigen können, was Polen der Solidarność und der Wende von 1989 verdankt. Das Land schaffte es, sich nach dem Zusammenbruch des kommunistischen Regimes in Richtung einer demokratischen Gesellschaft zu entwickeln, in der Freiheit und Rechtsstaatlichkeit selbstverständlich wurden und in der sich neben der offiziellen Parteipolitik eine Fülle von Initiativen für alle möglichen Belange des Gemeinwohls engagierte – eine differenzierte Zivilgesellschaft, wie sie der Opposition in ihrem Kampf gegen die kommunistische Herrschaft stets vorgeschwebt hatte, welche im Gegensatz dazu bestrebt war, die Gesellschaft in atomisierte, passivierte »Massen« zu verwandeln, die von der Partei »geführt« werden müssten.

Es ist eine Besonderheit der polnischen Wende, dass ihr lange Jahre des politischen Kampfes gegen die kommunistische Diktatur vorausgingen, in deren Zuge sich eine oppositionelle politische Elite bilden konnte, die 1989 in der Lage war, Verantwortung zu übernehmen. Ich möchte kurz einige Momente dieses Kampfes anreißen, denn historische Erfahrungen sind auch deshalb wichtig, weil sie in die kollektiven Narrative einfließen, die eine wichtige Rolle bei politischen Mobilisierungen und Entscheidungen in einer Gesellschaft spielen. Durch das Teilen solcher Narrative konstituiert sich die Zugehörigkeit zu einer Gemeinschaft, aus ihnen schöpft der kollektive Narzissmus und die an ihn angelehnte Idealbildung. Auf welche Weise der politische Diskurs Probleme und Krisen mit Rückgriff auf solche Narrative interpretiert und aus ihnen Bezüge für politisches Handeln ableitet, aber sie auch im Dienste eigener Machtstrebungen destruktiv überformen kann, versuche ich in diesem Vortrag darzustellen.

In der Zeit des »Karnevals der Freiheit«, wie man in Polen selbstironisch die etwas unwirklichen fünfzehn Monate der Koexistenz des kommunistischen Regimes und der Bürger- und Gewerkschaftsbewegung Solidarność 1980/81 bezeichnet, war ein Plakat sehr beliebt, das die politischen Auseinandersetzungen in Polen seit dem Zweiten Weltkrieg in Form einer Fieberkurve zeigte. Die Fieberspitzen, welche die Jahre 1944, 1956, 1968, 1970, 1976 und dann 1980 markierten, liefen schließlich in dem gleichmäßigen Schriftzug der Solidarność aus, quasi als Symbol der Genesung. Die Daten von Protestbewegungen, die das Regime erschütterten und es dann mit der großen Streikbewegung von 1980 in seinen Grundfesten zum Wanken brachten, wurden auf dem Plakat in eine Traditionslinie mit dem Warschauer Aufstand vom August 1944 gestellt, mit dem die polnische Untergrundarmee die Hauptstadt von der deutschen Besatzung zu befreien gesucht hatte. Damit wurden die Proteste gegen das kommunistische Regime in die Traditionslinie eines nationalen Unabhängigkeitskampfs gestellt, gerichtet nicht nur gegen die Deutschen, sondern auch gegen ein von der Sowjetunion aufoktroyiertes politisches System, dabei anknüpfend an die Tradition der antizaristischen Aufstände im geteilten Polen des 18. und 19. Jahrhunderts. Diese Tradition des Kampfes um nationale Souveränität, die der demokratischen Opposition in den 1980er-Jahren ihr Freiheitspathos verlieh, beinhaltete keineswegs nur liberale und demokratische Bestrebungen. Vorstellungen von einem ethnisch und religiös homogenen, autoritären Staat konnten aus ihr ebenso abgeleitet werden wie ein universalistisch verstandener Kampf für »Eure und Unsere Freiheit«, wie eine Parole der Aufständischen des Novemberaufstands 1831 lautete. Die extrem differenten Gesellschaftsvorstellungen wurden erst virulent, als der Kampf nicht mehr gegen einen gemeinsamen Feind gerichtet war, sondern sich um die Verteidigung der demokratischen Errungenschaften drehte.

Als General Jaruzelski am 13. Dezember 1981 den Solidarność-Karneval mit Panzern beendete und das Land unter Kriegsrecht stellte, griff die in die Illegalität abgedrängte Opposition zwar wie selbstverständlich auf die Symbolik des Kampfes um die nationale Souveränität zurück. Zugleich war das Pathos dieser Symbolik begleitet von einer realpolitischen Nüchternheit, wie sie auch in der Zeit der legalen Aktivität zum Prinzip erhoben worden war: keine aussichtslosen Aufstände mehr, kein Aderlass wie beim Warschauer Aufstand. Man sprach von der »sich selbst begrenzenden Revolution, die angesichts der geopolitischen Realität« – also angesichts der Gefahr »brüderlicher sowjetischer Hilfe«, wie sie der Tschechoslowakei 1968 zuteilgeworden war – die Machtfrage nicht stelle. Auch die andere Seite folgte einer »Selbstbegrenzung« – schnell wurde klar, dass Jaruzelski kein Pinochet ist und sein Regime nicht über die Mittel und den Willen zum Terror verfügt. Es erforderte Mut, sich im »Untergrund« zu engagieren, aber keinen Todesmut, was den Aktiven mehr Spielraum gab, auf eine Zeit jenseits des fortschreitenden Regimezerfalls hinzuarbeiten. Nach Streiks und Demonstrationen kam es schließlich Anfang 1989 zu Verhandlungen am sogenannten Runden Tisch zwischen den beiden »sich selbst begrenzenden Seiten«, die in die Wahlen am 4. Juni 1989 mündeten. Es waren »halbfreie« Wahlen, weil ein Kompromiss der Regimeseite 40 Prozent der Sitze im Parlament garantierte, doch konnte die Opposition ungehindert um die restlichen Mandate kämpfen, die sie mit überwältigender Mehrheit gewann. Das war der Anfang vom Ende nicht nur des kommunistischen Regimes in Polen, sondern des Sowjetblocks und schließlich auch der Sowjetunion. Es ist tragisch, dass die Wahrnehmung dieses historischen Moments in der Weltöffentlichkeit vom Massaker auf dem Tienamen-Platz überschattet wurde, das am selben Tag stattfand. Und es ist bitter, dass dieser der Klugheit beider Seiten abgerungene Kompromiss, der die friedliche Transformation zur Demokratie ermöglichte, von der PiS zu einem Verschwörungsnarrativ von Verrat umgedeutet worden ist, ungeachtet der Tatsache, dass die Kaczyński-Brüder damals aktiv an den Verhandlungen am Runden Tisch beteiligt waren.

Was zunächst folgte, als erreicht war, wofür man jahrelang gekämpft hatte, geriet nach den Worten des polnischen Journalisten Jacek Żakowski zur Tragödie eines Ikarus, der den Höhenflug zur Sonne überlebt und zurück auf der Erde die Qual irdischer Begrenzungen ertragen muss. Nie mehr werde Polen so schön und romantisch sein wie damals 1980/81, als die Menschen, von einer großen Idee beseelt, solidarisch und zu jedem Opfer bereit schienen. Die einstigen Kampfgefährten spalteten sich in verschiedene einander bekämpfende politische Gruppierungen, obwohl sie noch vor Kurzem Gefängniszellen geteilt hatten. Die naive Hoffnung, dass der Systemwechsel nicht nur Freiheit, sondern gleich auch Wohlstand bringen würde »wie im Westen«, wurde erst einmal enttäuscht. Die Helden von einst wurden deshalb von den Wählern radikal abgestraft und die zu Sozialdemokraten gewandelten Postkommunisten kamen an die Macht. Das änderte jedoch nichts an dem eingeschlagenen Weg, der trotz aller Enttäuschungen beeindruckende Leistungen vorzuweisen hatte. Die Finanzen wurden stabilisiert, die ökonomische Entwicklung ging ohne die aus Russland oder der Ukraine bekannte kriminelle Oligarchisierung vonstatten. Justiz und Polizei wurden demokratisiert, die Verwaltung und das Steuersystem effizient gestaltet, Renten und Gehälter gezahlt und die sozialen Folgen der Transformation bis zu einem gewissen Grad sozial abgefedert. Ohne Zensur blühten freie Medien und Verlage auf, und trotz der enormen ökonomischen Probleme schaffte es der Staat, Schulen und Hochschulen zu finanzieren sowie Theater, Museen und andere Kultureinrichtungen am Leben zu halten. Als Höhepunkt dieser Entwicklung wird in Polen der Beitritt zur EU und zur NATO 2004 betrachtet –

endlich angekommen an dem Ziel, Teil der westlichen demokratischen Welt und eines robusten Sicherheitsbündnisses zu sein.

In der »worst form of government« fand das alles nicht auf einer Welle von erhebender Begeisterung statt, sondern begleitet von vielen Uneinigkeiten und Verwerfungen, die aber der Akzeptanz des demokratischen Systems nichts anhaben konnten. Dunkle Wolken zogen erst 2005 auf, als die Partei von Jaroslaw Kaczyński nach der Abwahl der Linken zum ersten Mal an die Macht drängte. Was zunächst aussah wie ein normaler Machtwechsel, zeigte zunehmend eine paranoide, von dunklen Verschwörungen raunende Seite, die zur dominierenden Rhetorik der PiS werden sollte. Die nach der Wende 1989 aufgebaute Demokratie wurde pauschal als »korruptes System« diffamiert, in der nicht »lustrierte«, d. h. kommunistische Seilschaften ihr Unwesen trieben und die durch eine gesäuberte »IV. Republik« ersetzt werden sollte als Nachfolgerin der III. Republik nach 1989. In den Schulen sollte patriotische Erziehung eingeführt, der »Propagierung von Homosexualität« in Paraden, Kunst und Literatur Einhalt geboten werden. Die für die Regierungszeit der PiS charakteristische Symbiose zwischen Kirche und Thron, die sich nach 2015 zu einem umfassenden System korruptiver Komplizenschaft auswachsen sollte, nahm in dieser Zeit Gestalt an in Form der antiwestlichen und antisemitischen Inhalte, die dem Wahlvolk von Pater Rydzyks »Radio Maria« eingeträufelt wurden, verbunden mit der Aufforderung, den christlichen Werten der Regierenden die Treue zu halten.

Die angekündigte IV. Republik ging 2007 krachend zu Ende mit dem Zerbrechen der instabilen Koalition, die Kaczyński mit kleinen rechten Parteien eingegangen war.

Die Politik und Rhetorik dieser ersten zwei PiS-Jahre waren vielen Warnung gewesen und führten bei den vorgezogenen Neuwahlen zu einer relativ hohen Wahlbeteiligung und einer Niederlage der PiS mit 10% Rückstand zu Donald Tusk und seiner liberal-konservativen Bürgerplattform – PO. Vor allem junge Wähler, denen die »patriotische Erziehung« und die ideologische Einmischung in ihr Intimleben offenbar ein Graus waren, strömten massenhaft zur Wahl. Sie animierten sich mit spöttischen SMS, wählen zu gehen, und platzierten in der Altersgruppe zwischen 18 und 24 die PiS um 30% hinter der Partei von Tusk. Wutentbrannt wetterte am Wahlabend eine PiS-Abgeordnete gegen »diese Rotznasen mit ihren Mobiltelefonen«. Die Hoffnung, damit sei der Spuk bleibend vorbei, erwies sich ebenso als Illusion wie die Vorstellung, Trump müsste nach seiner ersten Amtszeit für alle Zeiten erledigt sein. Nach zwei Amtszeiten der PO mit Tusk gewann Kaczyńskis PiS 2015 mit 13% Vorsprung vor der PO, ohne dass er seine spaltende, hasserfüllte und verschwörungstheoretische Rhetorik gemildert hätte, im Gegenteil. Auch im Wahlkampf 2015 wurde die III. Republik als korruptes, von »lügnerischen Eliten« und kommunistischen Seilschaften getragenes »System« geschmäht, die offensichtlichen Erfolge der Regierung von Tusk geleugnet, stattdessen wurde das Bild eines Polen gezeichnet, das »in Trümmern« liege und eine Halbkolonie Deutschlands sei.

Abgeleitet von Bions Theorie über Regressionstypen in Gruppen und den ihnen entsprechenden abhängigen bzw. paranoiden Formen von Führung, nach denen die Gruppe strebt, entwickelte Kernberg (2020) sein Konzept der maligne-narzisstischen Führung in gesellschaftlichen Regressionsprozessen. Seine Charakterisierung der maligne-narzisstischen Persönlichkeit liest sich wie ein recht präziser Steckbrief von Trump und ließe sich weitgehend auch auf die Kaczyńskis und Orbans dieser Welt übertragen: ein grandioses Selbst, starker Neid mit massiver Entwertungstendenz, ich-syntone Aggressivität mit paranoiden Zügen, ein Gefühl der Überlegenheit bei mangelnder Verinnerlichung ethischer Normen und einer Neigung zu antisozialem Verhalten. Diese Art von Führerfiguren sei laut Kernberg die ideale Besetzung in Situationen gesellschaftlicher Regression, ausgelöst durch Krisen, in denen es zur Erschütterung von sozialen Strukturen kommt, die den Alltag und den sozialen Status der Individuen regulieren. Laut Vamik Volkan, auf den Kernberg sich beruft (a. a. O., 9), entstehe unter Bedingungen starker gesellschaftlicher Verunsicherung die Tendenz, eine »zweite Haut« zu suchen, eine neue Struktur, die Sicherheit verspreche und die von einer Führerfigur verkörpert werde, um die sich die Großgruppe schart. So ein Führer vermag ein neues Gemeinschaftsgefühl herzustellen, indem er der Gruppe ihre besondere Bedeutung und moralische Überlegenheit vermittelt, ein »Wir-Gefühl«, das scharf abgegrenzt wird zu Feindgruppen, die für alles Schlechte stehen und massive Entwertung und Aggression auf sich ziehen.

Franz Neumann beschreibt in seinem klassischen Essay »Angst und Politik« von 1954 diese Art von Verhältnis zwischen Führer und Gruppe als »caesaristische Identifizierung« mit hoher affektiver Auflaung im Unterschied zur »kooperativen Identifizierung«, die mehr rational über die Sache erfolgt und nicht mit der Auslöschung des Ichs einhergeht. Auch bei Neumann spielen Krisen eine zentrale Rolle im Prozess dieser regressiven Identifizierung: Bei Gefahren werde in der »Masse« Angst aktiviert, die durch Manipulation zu neurotischer Verfolgungsangst umgeformt werde – im Unterschied zur Realangst, die im Mittelpunkt von demokratischer Politik stehe. Als zentrales Indiz für den regressiven Charakter der Identifizierung führt Neumann das von Verschwörungstheorien geprägte Geschichtsbild an, das er als »falsche Konkretheit« bezeichnet. Das Unglück, von dem die Massen betroffen wurden, werde als Folge einer Verschwörung bestimmter Personen oder Gruppen erklärt und der Geschichtsprozess auf diese Weise personifiziert (Neumann, 1954, 22).

Krisen und Erschütterungen des gesellschaftlichen Gewebes spielen in den oben ausgeführten Konzepten als Trigger von solchen gesellschaftlichen Regressionsprozessen eine zentrale Rolle. Doch wenn wir uns die Lage in Polen im Oktober 2015 anschauen, als Kaczyński mit komfortabler Mehrheit an die Macht kam, stellt sich die Frage, welche Krise zu seinem Wahlsieg beigetragen haben soll, sofern wir nicht der Wahlparole »Polen in Trümmern« Glauben schenken wollen. Nicht nur lässt sich keine besondere Krise zum Zeitpunkt der Machtübernahme der PiS ausmachen, sondern eher im Gegenteil: Laut Maciej Gdula (2018), einem Soziologen, der das Mindset der PiS-Wähler in einer mehrheitlich die PiS wählenden Gemeinde untersuchte, habe in den zehn Jahren seit dem Eintritt Polens in die EU zwischen 2005 und der Wahl 2015 ein Wirtschaftswachstum stattgefunden, von dem die Gesellschaft breit profitiert habe. Insofern seien die sozialen Versprechungen der PiS wie höheres Kindergeld und höherer Mindestlohn als überfällige Umverteilung empfunden worden, die sich das Land inzwischen leisten könne und die von der vorherigen Regierung in ihrer Austeritätspolitik verhindert worden ist. Doch allein für eine sozialpolitische Agenda hätte es die Hass- und Verschwörungsrhetorik nicht gebraucht, mit der die PiS an die Macht gekommen ist.

Um die Mobilisierungskraft solcher politischen Angebote zu erklären, scheint mir das Konzept des französischen Historikers Jaques Semélin (2007) hilfreich zu sein, der in seiner Untersuchung der Shoah, des Jugoslawienkriegs und der Hutu-Massaker an den Tutsi davon ausgeht, dass destruktive gesellschaftliche Entgleisungen bis hin zu Massenverbrechen nicht einfach objektive Ursachen haben, auch wenn bei den von ihm untersuchten Fällen krisenhafte Erschütterungen den destruktiven Entwicklungen vorausgingen. Die entscheidende Rolle spiele die Struktur bestimmter Narrative, die er in ähnlicher Weise charakterisiert wie Neumann oder Volkan: aufhetzende Diskurse, die destruktive psychische Potenziale manipulieren, um Hass und Gewalt generierende »Lösungen« vorhandener Herausforderungen plausibel zu machen. Zentral in solchen Diskursen ist die Umformung von gesellschaftlichen Ängsten und Problemen zu einem Ressentiment, das nahelegt, Opfer der Geschichte und um sein gutes Recht betrogen zu sein.

Das entsprechende Angebot der PiS an ihre Wähler – die Aufwertung durch nationale Größenfantasien sowie die Befriedigung von Neid- und Racheimpulsen gegenüber den »degenerierten und betrügerischen Eliten« – hatte eine mobilisierende Wirkung weit über die sozialen Versprechungen hinaus. Gerade weil die hier angebotene Weltsicht sich von der Realität abkoppelte, vermochte sie so erfolgreich die Projektionen verschiedener Enttäuschungen und Ressentiments auf sich zu ziehen. Und die antidemokratischen Maßnahmen der Regierung oder ihre Hetzpropaganda, die bei demokratisch gesinnten Bürgern so viel Empörung auslösten, wurden von den PiS-Wählern goutiert und stärkten ihre Bindung an die Führung, wie Maciej Gdula in seinen Interviews mit ihnen feststellte.

Das lässt an einen düsteren Satz von Adorno denken in einem Aufsatz aus dem Jahr 1944 über faschistische Propaganda: »Es ist eine Illusion anzunehmen, das sogenannte einfache Volk habe eine untrügliche Witterung für das Echte und Aufrichtige und verachte Fälschungen. Hitler war nicht trotz, sondern wegen seiner billigen Possen beliebt, wegen seiner falschen Töne und seiner Clownerien, die als solche goutiert wurden.« (Adorno, 1946, 133 f.) So wäre die traditionelle soziologische Frage »structure versus agency«, d.h. ob die Gelegenheit Diebe mache oder die Diebe sich ihre Gelegenheit schaffen, mit einem unbestimmten »kommt drauf an« zu beantworten. Mit Sicherheit sind schwere gesellschaftliche Krisen eine wichtige Ermöglichungsbedingung für politische Demagogen und Manipulatoren. Auf der anderen Seite vermag ein verschwörungstheoretischer, verhetzender Diskurs auch maligne Regressionsprozesse in einer scheinbar stabilen Gesellschaft zu triggern und die Demokratie zu gefährden oder gar zu zerstören.

Am Beispiel der Flugzeugkatastrophe von Smolensk im April 2010 kann man studieren, dass es nicht das Ereignis selbst ist, das die Gesellschaft regredieren lässt, die zunächst in ihrer Trauer und Betroffenheit zusammenrückte, sondern ihre Instrumentalisierung durch Kaczyński und die PiS, die tiefe Spaltungen und eine Vergiftung des politischen Klimas mit Hass und Verschwörungstheorien ermöglichte.

Am 10. April 2010 stürzte im dichten Nebel über dem Flughafen von Smolensk eine Maschine mit dem Präsidenten Lech Kaczyński, dem Zwillingsbruder von Jaroslaw, und 95 anderen hohen Vertretern von Politik und Militär ab. Sie waren unterwegs zu den Gedenkfeiern für die von den Sowjets in Katyn 1940 ermordeten etwa 22.000 polnischen Offiziere und Angehörigen der polnischen politischen Elite. Da eine gemeinsame Delegation mit Premierminister Tusk nicht zustande gekommen war, wollte Präsident Kaczyński unbedingt mit einer eigenen Delegation Präsenz zeigen. Auf den Piloten wurde Druck ausgeübt, trotz katastrophaler Wetterverhältnisse einen Landeversuch zu machen, bei dem es zu dem tödlichen Absturz kam. Sehr bald mischten sich in die allgemeine Trauer Misstöne, als deutlich wurde, dass Jaroslaw Kaczyński und seine Leute das Unglück für ihre politischen Zwecke vereinnahmten. Der verunglückte Bruder wurde zunehmend zum verratenen, gefallenen oder gar ermordeten Märtyrer für die polnische Sache stilisiert. Der so geschaffene Mythos vom Präsidenten-Märtyrer wurde eingebettet in immer wahnwitziger werdende Verschwörungstheorien, die sich einen Dreck scherten um die Untersuchungsergebnisse einer hochrangigen Expertenkommission, die eindeutig von menschlichem Versagen ausging.

Es hatte zunächst den Anschein, als würde diese Strategie nicht aufgehen, denn 2010 gewann der Liberale Bronislaw Komorowski die Präsidentschaftswahlen gegen Jaroslaw Kaczyński, und bei den Parlamentswahlen 2011 konnte Tusk sich noch einmal durchsetzen. Aber die »alternativen Fakten«, für die Kaczyński lange vor Trump hätte ein Patent anmelden können, die pausenlos, und zwar nicht am *lunatic fringe*, sondern im Zentrum des politischen Geschehens in den öffentlichen Raum hineingehämmert wurden, unterminierten jede sinnvolle politische Diskussion – mehr noch, den Sinn von Sprache überhaupt. Die erregte Atmosphäre erschwerte das Denken, und die Unterscheidung zwischen wahr und falsch – nicht im Sinne eines metaphysischen Wahrheitsbegriffs, sondern als Unterscheidung zwischen Wahn und Realität – ging zunehmend verloren. So wurde die Öffentlichkeit langsam für den Wahlsieg der PiS sturmreif geschossen. Kaczyński ist es dabei gelungen, ein Propagandanarrativ zusammenzubrauen, in das zentrale historische Traumen eingeschmolzen wurden und das ihn als Beschützer und Bewahrer der polnischen Souveränität gegen den vom Westen wie vom Osten drohenden Verrat auswies. Es wurde zur Grundlage einer »Geschichtspolitik«, die ein infantil-grandioses Verhältnis zur eigenen Geschichte kultivierte und jede Auseinandersetzung mit ihren Schattenseiten als Angriff auf die nationale Ehre denunzierte. Nichts durfte das Bild des »Christus der Völker«, einer geschundenen, aber stets heldenhaften und moralisch überlegenen Nation trüben. So sollte das Volk sich »von den Knien erheben«, auf die es von der »Pädagogik der Scham« niedergeworfen worden sei in Gestalt historischer Forschung und gesellschaftlicher Selbstverständigungsdebatten, die nach 1989 möglich wurden und die z. B. die Beteiligung ethnischer Polen an der Ermordung von Juden unter deutscher Besatzung thematisierten. Das Umlügen der Geschichte unter diesen Vorzeichen sollte sich als um einiges wirksamer erweisen als die Jahrzehnte währenden kommunistischen Geschichtslügen, da sie den Menschen ein positives kollektives Selbstbild offerierte.

Eine politische Bewegung, die sich auf eine »caesaristische Identifikation« stützt, zeichne sich laut Franz Neumann aufgrund ihrer Affektauflladung durch Labilität aus. Deshalb müsse sie, auch wenn sie die Macht erringt, zur Erhaltung ihrer Herrschaft die paranoide Angst weiterhin bewirtschaften und institutionalisieren (Neumann, 1954, 35). Zentrales Instrument dafür bildet zunächst die Propaganda – Repressionen und Terror folgen in der zweiten Stufe, die Polen Gott sei Dank nicht erreicht hat –, weswegen die Kontrolle über die öffentlichen Medien unerlässlich ist. In kürzester Zeit ist es der PiS gelungen, das öffentliche Fernsehen in einen Propaganda- und Lügenkanal zu verwandeln, der es mit Putins Sendern hätte aufnehmen könnte. Trotz Regierungsmacht waren die Feinde ja nicht besiegt, im Gegenteil, Polen schien erst recht von Feinden umzingelt – der EU, Deutschland, dem LBGT-Totalitarismus, der »westlichen Kultur des Todes« und der all diesen Feinden gefügigen Opposition. Ein steter Strom von Diffamierungen, Lügen und Verhetzungen ergoss sich täglich aus den Fernsehkanälen, um das gesellschaftliche Erregungsniveau hoch zu halten. Keine »große Lüge« wie die Ideologien des sowjetischen Kommunismus oder des Faschismus lag dieser Propaganda zugrunde, wie Anne Appelbaum schreibt, eher viele »mittelgroße Lügen«, die das Denken und den Realitätsbezug attackierten. Die Institutionalisierung der Smolensk-Lüge im Zentrum der Regierungspolitik, so Appelbaum, habe den moralischen Boden bereitet für alle weiteren Lügen, denn wer diese Lüge schluckte, der war in die PiS-Blase eingebunden und bereit, alle weiteren Lügen zu schlucken (Appelbaum, 2021, 50).

Hinter dem Rauchvorhang der Propaganda erfolgte blitzartig der institutionelle Umbau des Staates in den Bereichen der Justiz, der öffentlichen Verwaltung sowie in Bildung und Kultur. An Personal, um die freiwerdenden Stellen zu besetzen, gab es keinen Mangel. Es öffnete sich ein *window of opportunity* für alle, deren Qualifikation und Begabung unter anderen Umständen für die entsprechenden Positionen nicht gereicht hätten. Die PiS machte den Weg frei für den Aufbau eines Klientelsystems, in dem die loyalsten Anhänger mit einträglichen Posten in staatlichen Unternehmen versorgt wurden, wo sie sich ungehemmt bereichern konnten. Aber der Wunsch, sich zu bereichern, war nicht das einzige, vielleicht auch nicht das entscheidende Motiv des neu rekrutierten Personals, der PiS-Regierung treu zu dienen. Maciej Gdula stellt in seinen Untersuchungen der PiS-Wähler einen besonders hohen Aggressionslevel bei denjenigen Angehörigen der Mittelschicht fest, deren Ehrgeiz ihre Möglichkeiten überschreite und die sich durch die Angriffe auf »degenerierte Eliten« aufgewertet und in ihrem Neid befriedigt fühlten. Aus solchen Affekten von Neid, Rache und Ressentiment ließ sich der Treibstoff gewinnen, um eine eigene, treue Elite zu schmieden – eine Elite aus Menschen, die sonst nie die Karrieren gemacht hätten, wie sie ihnen die PiS jetzt im Staatsapparat, in der Justiz, in den Medien und in der Kultur bot, wo sich der Neid auf begabtere und erfolgreichere Kollegen als besonders heftig erwies, und zwar als umso heftiger, je weniger sich das Publikum für die von der PiS-Regierung geförderte Kunst erwärmte.

Die Rolle von Neid und Rache in diesem Prozess des Elitenaustauschs lässt sich besonders eindrucksvoll am Beispiel der Karriere von Jacek Kurski studieren, der unter der PiS zum Direktor der öffentlichen Medien avancierte und diese zu einem aggressiven Propagandainstrument umformte. Sein älterer Bruder Jarosław Kurski ist ein geschätzter Publizist und war lange Zeit Chefredakteur der wichtigsten liberalen Tageszeitung in Polen. Jacek, der jüngere Bruder, wähnte sich wohl immer zu Großem berufen, doch seine Erfolge hielten weder mit seinen Ambitionen noch mit den Erfolgen des älteren Bruders Schritt – bis er in dieser klassischen Bruderrivalität in Kaczyński den bösen Geist fand, der ihm die Waffen zur Verfügung stellte, mit denen er seinen Neid auf den begabteren Bruder und auf alles, wofür dieser stand, in einem medialen Rachefeldzug ausleben konnte.

Die entfesselte verbale Gemeinheit und Gewalt der öffentlichen Medien, gerichtet gegen alle Personen und Organisationen, die von der PiS zu Feinden erklärt wurden, schlug um in reale Gewalt, als am 13. Januar 2019 der beliebte Bürgermeister von Danzig, Paweł Adamowicz, von einem verwirrten, durch Hasskampagnen der PiS inspirierten Kleinkriminellen bei einem Benefizkonzert auf offener Bühne ermordet wurde. Die Erschütterung nach dieser Tat, die als Ausdruck einer durch die PiS betriebenen Brutalisierung des politischen Klimas wahrgenommen wurde, schien das Ende der PiS-Regierung einzuläuten. Doch nicht nur gewann sie 2019 abermals die Parlamentswahlen, sondern auch Andrzej Duda, der Kaczyński völlig hörige Präsident, gewann 2020 erneut die Präsidentschaftswahlen. In der oppositionellen Öffentlichkeit machte sich Verzweiflung breit, denn es sah so aus, als ließe nichts, kein Skandal, kein Protest das »eiserne Elektorat« Kaczyńskis in seiner Treue zu ihm schwanken. Im Gegenteil, die Identifizierung mit dem aggressiven Angebot der Führung bestärkte nur noch die fanatischer werdende Gefolgschaft.

Gibt es vielleicht eine spezifische polnische Anfälligkeit für diese Art von populistischer, autoritärer Herrschaft, fragte man sich resigniert? Der Kulturwissenschaftler und Psychoanalytiker Andrzej Leder (2016) sah sie in einem bestimmten Muster gesellschaftlicher Beziehungen, das er als »gutsherrliche Beziehungsform« bezeichnet und als verinnerlichtes Erbe von Leibeigenschaft und den von Gewalt und Willkür geprägten Herrschaftsverhältnissen im ländlichen Polen versteht. Dominanz, Servilität, die Lust am Demütigen und der Wunsch nach Rache seien die Charakteristika dieses Beziehungsmusters, das auf vielen Ebenen der Gesellschaft auch heute noch untergründig reproduziert werde. Die Soziologen Przemysław Sadura und Sławomir Sierakowski (2023) sehen in diesen tief verankerten Mentalitäten die Ursache für ein niedriges Niveau des sozialen Vertrauens in Polen oder, soziologisch ausgedrückt, des »sozialen Kapitals«. Mit diesem Begriff beschrieb der amerikanische Soziologe Robert Putnam das Vorhandensein von verbindlichen Normen in einem horizontalen Netz vertrauenswürdiger gegenseitiger Beziehungen und Loyalitäten, die den gesellschaftlichen Zusammenhalt stärken. Diese Normen bilden auch die Grundlage für das Vertrauen in staatliche Institutionen, wenn sie in einen zuverlässigen rechtsstaatlichen Rahmen eingebunden sind. Wird das Recht ständig entsprechend den Machtinteressen der Herrschenden umgeschrieben, wie die PiS es seit ihrem Machtantritt unentwegt getan hat, werde das Fundament des sozialen Kapitals einer liberalen Demokratie unterminiert. Entsprechend der Gutsherrentradition breiten sich dann klientilistische Systeme mit vertikalen Abhängigkeiten und Privilegienherrschaft aus, wie Putnam sie in seinem Vergleich zwischen Nord- und Süditalien untersucht hat. Die ökonomische Rückständigkeit und das Fortdauern der Mafiastrukturen in Süditalien führte er auf das feudale Erbe zurück, in dem horizontale Kooperationsstrukturen wie in den Stadtrepubliken im Norden sich nicht entwickeln konnten.

Sierakowski und Sadura meinen, dass der Unterschied im Niveau des sozialen Kapitals zwischen Nord- und Süditalien analog auf die Unterschiede zwischen West- und Osteuropa übertragen werden könne. Die Werte der liberalen Demokratie seien in westeuropäischen Gesellschaften fester verankert, wodurch auch das System der »Checks and Balances«, also der die Macht begrenzenden Institutionen, wirksamer funktionieren würde. Der Populismus stelle deshalb für die westlichen Demokratien nicht dieselbe tödliche Gefahr dar wie in Osteuropa (Sierakowski/Sadura, 2023, 75).

Auch ohne den Schrecken über die Wiederwahl Trumps reicht das Versagen amerikanischer Politik, ihn nach dem von ihm angeheizten Sturm aufs Kapitol für immer von öffentlichen Ämtern zu verbannen, um den Glauben an die Wirksamkeit westlicher »Checks and Balances« zu erschüttern. So erhellend die Analysen von Sadura und Sierakowski auch sind, so kann man – und zwar nicht erst vom Happy End des Wahlsiegs der Opposition her – die Geschichte des Verhältnisses der polnischen Gesellschaft zur Demokratie auch aus einer anderen Perspektive erzählen. Sie hat sich nicht durch den Kollaps des kommunistischen Systems ergeben wie in vielen anderen postkommunistischen Ländern, sondern wurde in jahrzehntelangen Auseinandersetzungen erkämpft, die viele Opfer forderten. Bei diesen jahrelangen oppositionellen Aktivitäten entwickelte sich ein ganz eigenes »soziales Kapital«, das bei aller konspirativen Vorsicht ermöglichte, Netzwerke illegaler Aktivitäten aufzubauen, von Bildungsarbeit über Verlags- und Pressewesen, Druckereien und Vertrieb. Nach Zerschlagung der Solidarność und Einführung des Kriegsrechts 1981 konspirierte die halbe Nation, um oppositionelle Strukturen zu bewahren und eine kritische Öffentlichkeit aufrechtzuerhalten.

Vielleicht waren es deshalb nicht primär die verinnerlichten liberalen Werte, die bei den ersten Angriffen der PiS auf Rechtsstaatlichkeit und Demokratie Proteste mobilisierten, sondern eher die tiefe Empörung darüber, dass angegriffen wurde, was so opferreich erkämpft worden ist, angegriffen von Leuten, die meist keine Verdienste in diesem Kampf vorzuweisen hatten. Massive Proteste in den Städten begleiteten sämtliche Maßnahmen der Regierung, die gegen die Institutionen der liberalen Demokratie gerichtet waren. Ein Ethos der Widerständigkeit wurde bei vielen reaktiviert, die schon gegen die kommunistische Diktatur gekämpft hatten – die einen bereits alt und ergraut, die anderen, die als Gymnasiasten in inoffiziellen Bildungszirkeln oder beim Vertrieb illegaler Publikationen eingespannt gewesen waren, im besten mittleren Alter. Die Generation, die zunächst zu fehlen schien, waren die Jungen, die im demokratischen Polen aufgewachsen waren. Als würden sie nicht begreifen, dass die Freiheiten, die sie gewohnt waren, nicht selbstverständlich sind. Doch die Jüngeren waren sehr wohl da, bloß engagierten sie sich bei *issues*, die den Horizont der Solidarność-Veteranen überschritten. Sie waren aktiv gegen kriminelle Privatisierungen von Immobilien oder bei den »Märschen der Gleichheit«, wie die Demonstrationen für LGBT-Rechte in Polen genannt werden. Und sie strömten in Millionenstärke landesweit auf die Straßen, als das von der PiS pervertierte Verfassungsgericht den bis dahin geltenden Abtreibungskompromiss im Oktober 2020 kippte und Abtreibungen sogar in Fällen schwerer und unheilbarer Schädigungen des Fötus verbot. Öl ins Feuer des Zorns goss zusätzlich Kaczyński mit dem Kommentar, es sei ja unabdingbar, dass diese Kinder wenigstens getauft würden, bevor sie sterben. Dass diese vor frecher Energie überschäumenden jungen Frauen sich auf Dauer von dem düsteren, Verschwörungstheorien verbreitenden Gnom und seiner korrupten, klerikal-reaktionären Gefolgschaft würden regieren lassen, war nicht vorstellbar. Es war der erste Moment, in dem Hoffnung auf eine Wende aufkam.

Wichtig war dabei auch die schiere Zahl der Demonstrantinnen, denn sie setzte der zornigen Ohnmacht die Erfahrung machtvoller Verbundenheit entgegen. »Praktiziere physische Politik«, lautet die 13. Lektion von Timothy Snyders »20 Lektionen für den Widerstand«, geschrieben im Schrecken über Trumps Wahlsieg 2016. Denn »Macht will, dass sich dein Körper es in einem Sessel bequem macht und deine Gefühle sich vor der Mattscheibe auflösen« (Snyder, 2022, 81), »physische Politik« war es, als Donald Tusk für den 4. Juni 2023, den Jahrestag der freien Wahlen 1989, zu einem Marsch der oppositionellen Kräfte in Warschau aufrief, um ein Signal gegen befürchtete Manipulationen der Wahlordnung durch die PiS zu setzen. Das Echo auf den Aufruf überstieg alle Erwartungen. Unterstützt von den Parteien der künftigen Regierungskoalition und vielen gesellschaftlichen Organisationen, folgten an die 400.000 Menschen aus allen Landesteilen dem Aufruf. Und als Tusk kurz vor den Wahlen nochmal zu einem »Marsch der Millionen Herzen« – etwas kitschig, aber wirksam wurde das Herz als Gegengewicht zur Hasspropaganda der PiS zum Logo der Opposition gewählt – nach Warschau rief, wurde auch diese Zahl fast erreicht. Alle Kommentatoren sind sich einig, dass die beiden Märsche einen entscheidenden positiven Impuls setzten, der zur enormen Mobilisierung bei den Wahlen und schließlich zum Wahlsieg führte. Aus dem machtvollen Moment der »physischen Politik«, in dem die Menschen verbunden waren durch ein gemeinsames Ideal, bezogen sie den Glauben an ihre Wirksamkeit und den Antrieb, der sie weiter aktivierte. Auch wenn diese Identifizierung nicht nur rational war, sondern getragen von großer emotionaler Euphorie, so ging sie nicht mit einem regressiven »Ich-Schwund« einher, und die Beteiligung unterschiedlicher Parteien und Organisationen verdeutlichte, dass Vielfalt und nicht Homogenisierung angestrebt wurde. Hier war eher ein reifes »Ich-Ideal« am Werk, bei dem die Fähigkeit zu Kritik und Ambivalenztoleranz erhalten bleibt. Von einer entsprechend reifen Beziehung zwischen »Führer« und »Masse« muss man auch in dem Verhältnis zu Donald Tusk ausgehen, dessen Rolle hier als »positiver Held« nicht zu vernachlässigen ist. Seine Stärke, sich über Jahre von den Schmähungen der PiS nicht kleinkriegen zu lassen, sein politisches Talent und seine glaubwürdige Ausstrahlung ließen viele in ihm den politischen Führer sehen, der ihre

Anliegen repräsentiert und dem sie es zutrauen, diese politisch umzusetzen. Das Verhältnis zu ihm als der mit dem Mandat der Hoffnung ausgestatten Führerfigur basierte aber nicht auf fanatischer Gefolgschaft und konnte deshalb auch die Ernüchterung überstehen, die mit der Rückkehr zur Erde nach dem euphorischen Höhenflug der massenhaften Mobilisierung und des Wahlerfolgs zwangsläufig verbunden war.

Es ist nicht leicht, mündiger Bürger einer liberalen Demokratie zu sein. Der Psychoanalytiker Ulrich Bahrke charakterisiert die Demokratie als »postödipale Gesellschaft« (Bahrke, 2023), in der Geschwisterlichkeit praktiziert werden müsse und Sicherheit nicht von der ordnenden Elternmacht, sondern vom Vertrauen in die demokratischen Institutionen komme, für die wir als Bürger mitverantwortlich sind. Doch wir alle haben die Neigung zu regressiven Idealisierungen und den Wunsch nach einem mächtigen Objekt, das uns vor den Widrigkeiten des Lebens und der Realität beschützen möge. Demokratische Politiker, die ihren Wählern rechenschaftspflichtig sind, neigen dazu, diese regressive Haltung zu bedienen, indem sie unrealistische Versprechen machen. Damit handeln sie sich den kindlichen Zorn darüber ein, dass die Politik »nicht geliefert« habe. Es wird agiert, als wäre man in einem Konsumuniversum, in dem bestellt, geliefert und dann enttäuscht und portofrei zurückgeschickt wird. So entsteht ein unheilvolles Wechselspiel zwischen regredierter Anspruchlichkeit der Wähler und angestrengtem Bemühen von Politikern, diese Ansprüche zu bedienen, das zum Einfallstor für antidemokratische Populisten wird, die solche Affekte für ihre Zwecke gut bewirtschaften können.

Als Psychoanalytiker gehen wir davon aus, dass unser Denken beeinträchtigt wird, wenn es »under fire« gerät. Aber vielleicht wird es durch das Feuer manchmal auch mit dem nötigen Adrenalin versorgt, das Denkprozesse beschleunigt und Gefahren besser erkennen lässt. Demgegenüber kann ein voller Magen, wie er mit Wohlstand und der Selbstverständlichkeit von Demokratie im Westen einhergeht, dem Denken abträglich sein, denn er macht träge und scheut den klaren Blick auf beunruhigende Realitäten außerhalb der eigenen Komfortzone. So konnten in Deutschland jahrelang die Gefahren verleugnet werden, die von der überproportionalen Abhängigkeit von russischem Gas ausgingen, oder führende Politiker im Westen sich von Putin kaufen lassen, ohne allzu große soziale Ächtung zu riskieren.

Die Psychoanalyse kann uns vor dem »gemeinen menschlichen Unglück« nicht bewahren, das destruktive gesellschaftliche Entwicklungen über uns bringen können. Aber sie kann immerhin helfen, einen furcht- und illusionslosen Blick auf die innere und äußere Realität zu richten, um unsere Ängste und Verleugnungstendenzen besser zu erkennen und bedrohliche Zeichen an der Wand klarer zu lesen. Sie kann uns wappnen gegen Angebote, das eigene Selbst narzisstisch aufzublähen durch Teilhabe an einem Kollektiv, das wieder »great« sein will, sich »von den Knien erhebt«, sich von der »Schampädagogik« oder dem »Schuldkult« befreit. Damit lehrt sie uns, unsere Begrenztheit anzunehmen, ohne uns dabei »von der eigenen Ohnmacht und der Macht der anderen dumm machen zu lassen«.

Literatur

Adorno, Theodor W. (1994): *Minima Moralia.* Frankfurt a. M.: Suhrkamp.

Adorno, Theodor W. (1946): Antisemitismus und faschistische Propaganda, in: Simmel, Ernst (Hg.): *Antisemitismus.* Münster: Westfälisches Dampfboot, 2017.

Applebaum, Anne (2021): *Die Verlockung des Autoritären.* München: Siedler.

Bahrke, Ulrich (2023): *Im Rauch der Vergangenheit und Feuer der Gegenwart. Vortrag auf der Jahrestagung der DGPT*, September 2023.

Gdula, Maciej (2018): *Nowy Autorytaryzm.* Warszawa: Wydawnictwo Krytyki Politycznej.

Kernberg, Otto (2020): Malignant Narcissism and large Group Regression. *Psychoanalytic Quarterly* 89/1, 1–24.

Leder, Andrzej (2016): Relacja Folwarczna. *Krytyka Polityczna* 12.

Neumann, Franz L. (1954): Angst und Politik. Vortrag, gehalten an der Freien Universität Berlin aus Anlaß der Verleihung der Würde des Ehrendoktors der Philosophischen Fakultät. *Schriftenreihe Recht und Staat in Geschichte und Politik. Eine Sammlung von Vorträgen und Schriften aus dem Gebiet der gesamten Staatswissenschaften*, Heft 178/179, 8–54.

Sadura, Przemysław/Sierakowski, Sławomir (2023): *Społeczeństwo Populistów.* Warszawa: Wydawnictwo Krytyki Politycznej.

Sémelin, Jaques (2007): *Säubern und Vernichten. Die politische Dimension von Massakern und Völkermorden.* Hamburg: Hamburger Edition.

Snyder, Timothy (2022): *Über Tyrannei. Zwanzig Lektionen für den Widerstand.* München: Beck.

Shklar, Judith (2013): *Liberalismus der Furcht.* Berlin: Matthes & Seitz.

Von Implantationen, Intromissionen und sozialen Urszenen
Zur Psychoanalyse gesellschaftlicher Machtverhältnisse[1]

Esther Hutfless

> Das Schlimmste an der Scham ist, dass man glaubt,
> man wäre die Einzige, die so empfindet.
> *Annie Ernaux: Die Scham (2020)*

> Die Beleidigung war mir also schon lange,
> bevor ich entdeckte, dass sie auch mir galt, vertraut.
> *Didier Eribon: Rückkehr nach Reims (2016)*

Vor einigen Jahren verfolgte ich am Rande einer Konferenz beiläufig eine Diskussion unter Psychoanalytiker:innen über das damals gerade neu ins Deutsche übersetzte Buch *Rückkehr nach Reims* von Didier Eribon. In diesem Buch beschreibt der Soziologe und Philosoph Eribon das Ineinandergreifen von Klassenscham und sexueller Scham, er berichtet vom eindringenden Stachel homophober Beleidigungen, von Entfremdungsprozessen, von inneren und äußeren Konflikten ausgehend von seiner sexuellen Orientierung und der Herkunft aus einer Arbeiter:innenfamilie. Eribon schreibt, dass die Homosexualität »nicht der Ausweg [sei; E.H.], den man sich erfindet, um dem Erstickungstod zu entfliehen. Vielmehr ist es umgekehrt die Homosexualität, die einen dazu zwingt, einen Ausweg zu finden, damit man nicht erstickt« (Eribon, 2016, 192 f.). Eribon berichtet von der für ihn notwendig gewordenen Distanzierung von seinem Herkunftsmilieu und davon, mit einem gespaltenen Habitus zu leben – mit einem verzweifelt angeeigneten und einem durch die Klassenzugehörigkeit eingepflanzten. Die schmerzhaften Konsequenzen dieser Distanzierung und Entfremdung, die Eribon notwendig erschien, um seine Homosexualität leben zu können, thematisiert er in Zusammenhang mit seiner »Selbsterschaffung als Intellektueller« (a. a. O., 193).

Die psychoanalytische Diskussionsrunde, die meine Aufmerksamkeit auf sich gezogen hatte, schien sich dagegen einig, dass das Problem Eribons darin bestünde, dass er den Ödipuskomplex nicht auf reife Weise durchgearbeitet habe. Was hatten die

---

[1] Eine ausführlichere Version dieses Artikels ist unter dem Titel »Von äußeren Machtverhältnissen und inneren Käfigen. Subjektivität als psychosozialer Komplex« in Burgermeister et al. (2025) erschienen; vgl. auch meinen Aufsatz (Hutfless, 2024).

Kolleg:innen mit dem Verweis auf »reif« bzw. »nicht reif« wohl im Sinn? Unterstellt »nicht reif«, dass Eribon in narzisstischen Strebungen verhaftet geblieben war, wie es Homosexuellen so oft von psychoanalytischer Seite unterstellt wird, und wurde dies von den Kolleg:innen als pathologischer Ausgangspunkt seiner Emanzipationsgeschichte und der Abgrenzung zu seiner Herkunftsfamilie gedeutet? In dieser psychoanalytischen Debatte blieben die Klassenfrage, die Stadt-Land-Problematik, Erfahrungen mit Homophobie und die sich daran knüpfende lebbare bzw. nicht lebbare Homosexualität Eribons – wenn überhaupt – eine Art Nebenwiderspruch.

Ich möchte Eribons autobiografische Erzählung in diesem Beitrag einerseits als Beispiel für die blinden Flecken in Bezug auf gesellschaftliche Machtverhältnisse innerhalb der Psychoanalyse lesen, sie aber auch wie die anderen autobiografischen Beispiele, auf die ich mich in diesem Text beziehen werde, als Beispiel für die intersektionale Konstituierung innerpsychischer Dynamiken am Überschneidungspunkt von strukturellen Herrschaftskategorien wie Klasse, Geschlechternormen, Rassifizierung etc. verstehen und damit das Konzept der Intersektionalität auch für die Psychoanalyse produktiv machen.

I.

Zwar gibt es innerhalb der Psychoanalyse mittlerweile zahlreiche Ansätze, gesellschaftliche Hierarchien und soziale Machtverhältnisse in ihrer Wirkung auf innerpsychische Prozesse zu untersuchen und zu berücksichtigen (vgl. u. a. Altman, 2009; Corpt, 2013; Dalal, 2002; 2020; Davids, 2019; Erlich, 2020; Harris/Leavitt, 2020; Hartman, 2025; Holmes, 2006; Horn, 1976; Kaplan, 1990; Layton, 2006; 2020; Leary, 2025; Parin, 1975; Ryan, 2017; Schulze, 2018), dennoch gewinnt man den Eindruck, dass all dies nicht auf einer breiten Ebene Eingang in psychoanalytische Diskurse fand bzw. dem »eigentlichen« Korpus psychoanalytischer Theorien letztlich fremd und äußerlich blieb, auch wenn Freud selbst in der »Traumdeutung« ausgehend von seinen eigenen Träumen und der unbewussten Auseinandersetzung mit dem bedrohlichen Antisemitismus seiner Zeit bereits die Frage gestellt hatte, welche Bedeutung »die antisemitische Bewegung seither für unser Gemütsleben« haben mag (Freud, 1900a, 202).

Wenn Analysand:innen von Diskriminierungen oder anderen Erfahrungen mit gesellschaftlichen Hierarchien oder Gewalt- und Herrschaftsverhältnissen berichten, so wird dies in Analysen nicht selten als Abwehr oder Widerstand gedeutet, sich mit dem »Eigentlichen«, dem Sexuellen oder den Objektbeziehungen auseinanderzusetzen. Oder das Sprechen über Diskriminierungen wird als bloßes Vehikel verstanden, über das etwas gänzlich anderes, etwa das aktuelle Übertragungsgeschehen in der Analyse verhandelt wird.

Menschen, die in Psychotherapien und psychoanalytischen Behandlungen Unterstützung suchen, kommen immer auch mit einer individuellen und konflikthaften Geschichte, die von gesellschaftlichen Hierarchien geprägt ist, in der Klassenunterschiede, Geschlechternormen, Rassifizierung, Antisemitismus, Anti~~ziganismus~~,[2] Ableismus etc. eine Rolle spielen. Das Eingebettetsein in gesellschaftliche Hierarchien – bestimmt aber nicht nur die Position von Analysand:innen, sondern auch die von Analytiker:innen. Earl Hopper schreibt dazu:

> An analyst who is unaware of the effect of social facts and social forces cannot be sensitive to the unconscious recreation of them within the therapeutic situation. He will not be able to provide a space for patients to imagine how their identities have been formed at particular historical and political junctures, and how this continues to affect them throughout their lives. (Hopper, 1996, 7)

Gesellschaftliche Machtverhältnisse beeinflussen, in welchen Situationen wir Angst, Scham, Kränkung und Wut verspüren, wann wir uns selbst entwerten, uns ohnmächtig oder abhängig fühlen, wie wir uns selbst im Verhältnis zu anderen sehen, was wir uns zutrauen, wohin wir uns entwerfen können, wo die inneren und äußeren Beschränkungen dieses Selbstentwurfs liegen, wie wir uns selbst behaupten oder *in* und *mit* unserem Körper leben können. Denn auch der Körper ist ein wesentlicher Ort der Erfahrung und des Eindringens von Rassismus, Antisemitismus, Anti~~ziganismus~~, Klassismus, Sexismus, Ableismus, Trans- und Homophobie etc.

Das Denken der Verschränkung von Psyche und gesellschaftlichen Machtverhältnissen, das für Hopper einen wichtigen Aspekt im Vermögen von Analytiker:innen darstellt, unbewusste Prozesse zu verstehen, wirft einige weitere Fragen auf: Wie können wir die Einschreibung gesellschaftlicher Machtverhältnisse in die Psyche aus psychoanalytischer Perspektive konzeptualisieren? Welches Verhältnis besteht im Unbewussten zwischen dem Triebhaften, dem Sexuellen, das die psychische Realität ganz wesentlich bestimmt, und der sozialen Realität, der intersektionalen Wirkung von gesellschaftlichen Machtverhältnissen, die uns ebenso mitkonstituieren? Auf welche Weise begegnen uns in psychoanalytischen Behandlungen gesellschaftliche Machtstrukturen, welche Bedeutung schreiben wir ihnen zu, welche Beachtung schenken wir ihnen? Wie verorten wir uns als Analytiker:innen im Spannungsfeld von sozialer und psychischer Realität?

Diesen Fragen möchte ich im vorliegenden Beitrag nachgehen. Dabei werde ich mich u. a. auch auf Jean Laplanches Modell des Unbewussten beziehen und dieses weiterdenken, da sein Ansatz es ermöglicht, die innere und die äußere Realität von gesellschaftlichen Machtverhältnissen mitzuberücksichtigen und beiden Aspekten Rechnung zu tragen. Darüber hinaus werde ich vorschlagen, neben sexuellen Urszenen auch soziale Urszenen und sich daran knüpfende bewusste und unbewusste Phantasien zu denken, die im Hinblick auf die Konstituierung des Subjekts am Schnittpunkt von gesellschaftlichen Machtverhältnissen prägend sein können.

---

2 Ich folge hier jener Schreibweise, wie sie in der Ausgabe zu Anti~~ziganismus~~ in »Freie Assoziation – Zeitschrift für psychoanalytische Sozialpsychologie« vorgeschlagen wird. Um das Z-Wort nicht unkritisch zu wiederholen, verwende ich es hier in einer durchgestrichenen Variante (vgl. Brunner et al. 2023, 8, FN 3).

Dabei möchte ich betonen, dass gesellschaftliche Machtwirkungen nicht als isolierte und isolierbare Phänomene im Unbewussten zu betrachten sind. Auch gibt es nicht die eine, einzige Weise ihrer Einschreibung in die Psyche, sondern ein Zusammenspiel aus verschiedenen, vielfältigen Mechanismen: Gesellschaftliche Machtstrukturen und Formen von Diskriminierung können etwa durch permanente rassistische, sexistische, homo- oder transphobe Mikroaggressionen (Lerch, 2022) erlebt und introjiziert werden, durch Mechanismen des *Othering*, also des Ausgeschlossen- und Zum-Anderen-gemacht-Werdens, durch Blicke, Berührungen, Diskurse, durch Gebote und Ängste anderer, durch die Anerkennung bestimmter Verhaltensweisen oder Eigenschaften und die Abwertung anderer, durch materielle Verhältnisse, durch Gewalt, durch bewusste und unbewusste Vermittlung der ersten Bezugspersonen usw. Dieses Erleben wird dann auf unbewusste Weise interpretiert, übersetzt, integriert, abgewehrt, gespalten, projiziert usw. und in die sich entwickelnde psychische Struktur eingeschrieben, die es mitkonstituieren und an die es sich heften kann.

Mittlerweile gilt es als unbestritten, dass gesellschaftliche Machtverhältnisse intersektional wirksam sind. Intersektionalität aus einer psychoanalytischen Perspektive zu denken, stellt uns vor eine doppelt komplexe Aufgabe: einerseits die wechselseitige Konstruktion, Beeinflussung und Überlagerung verschiedener Herrschaftskategorien wie beispielsweise Rassifizierung, Geschlecht und Klasse auf einer gesellschaftlich strukturellen Ebene zu verstehen und diese andererseits wiederum in ihrer Wirkungsweise auf singuläre, konflikthafte, unbewusste Subjektivierungsprozesse zu berücksichtigen.[3]

II.

Gesellschaftliche Machtverhältnisse konstituieren etwas »Dauerhaftes« in einer Person. Die Psychoanalyse versteht Joanna Ryan, die der Klassenfrage aus psychoanalytischer Perspektive ein Buch gewidmet hat, daher als wichtiges Instrument, um die Beständigkeit und den prägenden Charakter früher Erfahrungen mit gesellschaftlichen Hierarchien zu verstehen und zu analysieren (Ryan, 2017, 104 f.). Die nachhaltige Wirkung etwa von Klasse zeigt sich anschaulich in Didier Eribons Schilderungen. Denn selbst, als der soziale Aufstieg irgendwann real wird, muss der Habitus weiter kontrolliert werden, Scham bleibt weiterhin ein vorherrschendes Gefühl (Eribon, 2016; Korycki/Zawadzka, 2018, 4; vgl. auch Louis, 2022).

Eine Herausforderung für die Psychoanalyse besteht nun darin, zu verstehen, wie gesellschaftliche Machtverhältnisse Teil der psychischen Struktur werden (Ryan, 2017, 104). Didier Eribon, der sich sonst oftmals kritisch gegenüber der Psychoanalyse äußert

---

[3] Meinen Begriff von Intersektionalität grenze ich an dieser Stelle ganz deutlich von unterkomplexen Identitätsdiskursen und selbstbezüglichen Politikformen ab; vgl. dazu auch Hutfless, 2024, 262 ff.

(vgl. Eribon, 2018), legt in »Rückkehr nach Reims« nahe, zur Beantwortung dieser Frage auf psychoanalytische Konzepte zurückzugreifen. So schlägt er etwa vor, neben der sexuellen Urszene auch andere, »soziale Urszenen«, zu denken (Eribon, 2016, 88). Eine solche soziale Urszene beschreibt etwa die französische Nobelpreisträgerin Annie Ernaux in ihrem autobiografischen Roman »Die Scham«. Ernaux berichtet, wie sie als Kind nach einer Klassenfahrt von ihrer Lehrerin zusammen mit zwei Klassenkameradinnen spätnachts nach Hause begleitet wird und ihre Mutter »in einem zerknitterten, fleckigen Nachthemd (wir benutzten unsere Nachthemden, um uns nach dem Urinieren abzuwischen)« die Tür öffnet (Ernaux, 2020, 91 f.). »Soeben hatte ich meine Mutter«, schreibt Ernaux, »zum ersten Mal mit den Augen der Privatschule gesehen« (a.a.O., 92). In dieser sozialen Urszene schreibt sich Scham in Zusammenhang mit sozialer Herkunft in die Psyche ein. Alle früheren Erfahrungen mit der eigenen Herkunftsfamilie – auch die immer wieder erlebte häusliche Gewalt, die Geschlechterrollen – werden von nun an ausgehend von dieser Matrix neu übersetzt. Andere soziale Urszenen beschreibt die afroamerikanische Schriftstellerin Toni Morrison in ihren autobiografisch beeinflussten Romanen. In Morrisons Erstlingsroman »Sehr blaue Augen« werden Rassismus, die vorherrschenden weißen Schönheitsideale, Trauma, Gewalt und soziale Ungleichheiten Thema. Im Roman gibt es etwa ein kleines Schwarzes[4] Mädchen, das von ihren Eltern als »besonderes« Geschenk eine *weiße*, blauäugige Babypuppe zu Weihnachten bekommt – bisher hatte das Mädchen nur Flickenpuppen besessen. Morrison zeichnet ausgehend von dieser Begebenheit komplexe, verwirrende, widersprüchliche, intersektionale psychische Dynamiken nach, in denen sich Klasse, Geschlecht und Rassifizierung überlagern. Was soll das Mädchen mit der *weißen* Puppe tun? Mutter–Kind spielen, sie liebhaben? Ein Ding, das so ganz anders aussieht als es selbst? Ein Ding, das für die Eltern, die aus eher einfachen Verhältnissen kommen, materiell kostbar scheint – die teure *weiße* Puppe –, die Tochter aber auch auf jenes Ideal verweist, dem sie selbst nicht entspricht: das perfekte weiße Mädchen à la Shirley Temple. Weiblichkeit verbindet sich hier intersektional mit einem *weißen* Ideal.[5] Was das Mädchen in Morrisons Roman sich eigentlich wünscht, ist nicht die *weiße* Puppe, es wünscht sich, für die Mutter ebenso kostbar zu sein und geliebt zu werden.

Ein anderes Schwarzes Mädchen in dieser Erzählung macht in einem Laden die Erfahrung, dass man durch es hindurchsieht, es so behandelt, als sei es gar nicht da. Es kann sich schließlich doch bemerkbar machen und bekommt die Süßigkeiten, auf die

---

4 Der Begriff Schwarz wird hier großgeschrieben, um deutlich zu machen, dass es sich dabei zum einen um eine soziale Konstruktion handelt, aber auch um eine Bezeichnung, die Schwarze Menschen als Selbstbezeichnung verwenden. Den Begriff *weiß* wird kursiv und kleingeschrieben, um hervorzuheben, dass es sich hierbei ebenfalls um eine soziale Konstruktion handelt.
5 Von ähnlichen Problematiken berichten viele meiner Schwarzen Patientinnen, die sich – aufgewachsen in einer *weißen* Gesellschaft – oft nicht positiv auf ihr Weiblichsein beziehen können, weil es keine Role Models gibt und sie dem *weißen* Weiblichkeitsideal nicht entsprechen, während sie zugleich von *weißen* Männern sexistisch objektifiziert werden.

es stumm und eingeschüchtert gezeigt hatte, vom *weißen* Ladenbesitzer über den Verkaufstresen geschleudert. Als es dem Ladenbesitzer das Geld hinüberreicht, zögert dieser, so als wolle er nicht mit ihrer Schwarzen Haut in Kontakt kommen. Toni Morrison arbeitet hier heraus, wie in diesem Mädchen Scham und unbewusste Selbstentwertung entstehen.

Ich habe hier literarische Beispiele gewählt, um meine Analysand:innen zu schützen. Von ganz ähnlichen Erfahrungen berichten aber auch viele meiner Analysand:innen. Auch heute erleben Schwarze Menschen in Österreich und Deutschland, dass sie in Geschäften wie Luft behandelt werden, dass man sie exotisiert und objektifiziert, vor ihnen Angst hat, sie nicht berühren möchte oder gezielt und ohne zu fragen ihre Haare angreift, dass man davon ausgeht, dass sie der deutschen Sprache nicht mächtig sind; sie berichten von massiven inneren Konflikten, die dadurch entstehen, dass sie in einem System sozialisiert sind, sich mit diesem System auch identifizieren und zugleich das abgewertete Andere dieses Systems sind; sie erleben immer wieder Scham, auch wenn sie auf der Straße anderen Schwarzen Menschen begegnen und die Blicke sich kurz treffen. Eine Scham, die auch viele homosexuelle und queere Menschen in vergleichbaren Situationen kennen – selbst heute noch. Und damit haben wir nur den Bereich der bewussten oder vorbewussten Erfahrungen berührt.

III.

Scham stellt ein relationales Gefühl dar, das, wie Martin Dornes beschreibt, ausgehend von der eigenen Vulnerabilität entstehen kann (Dornes, 1997, 267). Der Psychoanalytiker Serge Tisseron betont ebenfalls die soziale Komponente der Scham und verweist darauf, dass Scham nicht nur – wie psychoanalytisch meist angenommen – zunächst ausgehend von ödipalen Dynamiken in der Familie entsteht und dann nur sekundär auf andere Situationen übertragen wird. Scham kann auch unabhängig davon in späteren sozialen Situationen entstehen und psychodynamisch wirksam werden (Tisseron, 2000).

Scham ist nicht nur die vielleicht sozialste aller Emotionen. Sie ist an ein Gefühl hierarchischer Differenzierung gebunden, die in den meisten Fällen eine Selbstentwertung nach sich zieht und eine Feindseligkeit gegen sich selbst installiert (Ryan, 2017, 179). Die Wirksamkeit von hierarchischen Differenzen im Unbewussten beschreibt auch Lynne Layton mit ihrem Konzept der »normative unconscious processes«. Normative unbewusste Prozesse basieren Layton zufolge wesentlich auf der binär-hierarchischen Spaltung menschlicher Eigenschaften in *weiß* vs. Schwarz, männlich vs. weiblich, hetero vs. homo, abled vs. disabled, reich vs. arm etc. (Layton, 2006, 239). Dadurch werden bestimmte Subjektpositionen privilegiert und idealisiert und Scham und narzisstische Verletzungen werden in anderen erzeugt (a. a. O., 240). Da kulturelle Hierarchien menschliche Eigenschaften und Fähigkeiten aufspalten, kategorisieren und bewerten, ist Layton zufolge die Subjektivität durch einen ständigen Konflikt zwischen den unbewussten Prozessen, die diese Aufspaltung aufrechterhalten, und denjenigen gekennzeichnet, die sie ablehnen. Da die Internalisierung von Normen nie konfliktfrei funktioniert, findet sich in diesen Konflikten aber auch das unbewusste Potenzial des Widerstands gegen gesellschaftliche Machtverhältnisse.

IV.

Im Folgenden beziehe ich mich nun auf die Ansätze des französischen Psychoanalytikers Jean Laplanche, um den Einschreibungsprozessen von gesellschaftlichen Hierarchien aus psychoanalytischer Perspektive nachzugehen, da seine Theorie es ermöglicht, von Anfang an Intersubjektives, Gesellschaftliches und Kulturelles in der individuellen Psychogenese mitzuberücksichtigen.

Laplanche geht davon aus, dass das Unbewusste nicht, wie von Freud beschrieben, aus den verdrängten Repräsentanzen des biologischen Triebes besteht, sondern aus den Implantationen unbewusst übermittelter rätselhafter Botschaften Erwachsener, die durch deren polymorph Sexuales kontaminiert sind. Dadurch entsteht im Kind zunächst das sogenannte »eingeklemmte Unbewusste« (vgl. Laplanche, 2011). Das Kind versucht diese rätselhaften Botschaften sukzessive zu übersetzen, indem es sich nach und nach bestimmter individueller und gesellschaftlicher Codes bedient. Durch »gelungene« Übersetzungsversuche – Übersetzung ist mit Laplanche immer ein unbewusster Prozess – bildet sich schließlich ein zunehmend integrierteres Ich, darüber hinaus ein dynamisches Unbewusstes, das sich über die Prozesse der Übersetzung/Verdrängung konstituiert; zugleich bleibt ein unübersetzbarer Rest bestehen, ein zu Übersetzendes, das letztlich nicht aufgelöst werden kann.

Wir können ausgehend von Laplanche mehrere Modi konzeptualisieren, mittels derer sich gesellschaftliche Machtverhältnisse in das Unbewusste einschreiben. Ich habe mich im Folgenden an einer grafischen Veranschaulichung (vgl. Abb. 1) versucht, in der ich vorschlage, Laplanches Modell des Unbewussten in Bezug auf die Wirkung gesellschaftlicher Machtverhältnisse weiterzudenken. Ich hoffe, damit die folgenden Ausführungen etwas veranschaulichen zu können.

Zum einen können gesellschaftliche Machtverhältnisse Teil der unbewusst übermittelten rätselhaften Botschaften sein, aber zugleich auch als Teil jener Übersetzungscodes betrachtet werden, derer sich das Kind/Subjekt bedient, um diese rätselhaften Botschaften der Erwachsenen zu übersetzen. In seinem Text »Gender, Geschlecht und Sexual« veranschaulicht Laplanche dies anhand der Kategorie Geschlecht (Laplanche, 2017b). Bereits von Geburt an – lange vor der Entdeckung des anatomischen Geschlechtsunterschieds – ist das Kind durch seine Eltern und ersten Bezugspersonen über Fremdzuschreibungen mit kulturellen und individuellen Konstruktionen von Gender konfrontiert. Fremdzuschreibungen gehen also, wie Laplanche festhält, deren Symbolisierung im Individuum voraus. Diese Zuschreibungen ergeben für das Kind zunächst keinen Sinn, erst mit der Entdeckung des »populären« – d. h. binär verkürzten, anatomischen – Geschlechtsunterschieds und durch das Aufgreifen von kulturell, gesellschaftlich und familiär vor-

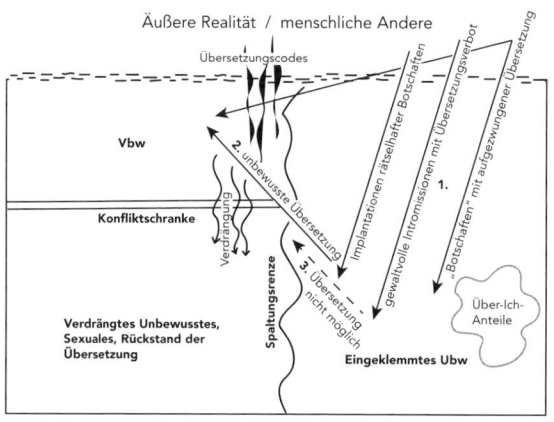

Abb. 1: Einschreibungsmodi äußerer Machtverhältnisse (Grafik © Esther Hutfless)

gefundenen Übersetzungscodes wird Geschlecht für das Individuum symbolisiert. Diese Symbolisierung kann den gesellschaftlichen Normen gemäß erfolgen, was jedoch nicht notwendigerweise bedeutet, dass sie nicht konflikthaft ist. Sowohl das Unbewusste als auch den individuellen Übersetzungsprozess verstehe ich jedoch auch als Ressource für nicht-normative Übersetzungen. Aber auch widersprüchliche kulturelle Codes können nicht-normative und konflikthafte Übersetzungen ermöglichen.

Laplanche versucht die rätselhaften Botschaften auch in ihrer Verbindung zum Über-Ich und in Bezug auf dessen Imperative hin zu denken. Die Imperative des Über-Ichs, in die ebenso gesellschaftliche Normen eingeschrieben sein können, sind mit Laplanche zwar rätselhaft, aber auch sperrig, sie sind meist unübersetzbar (Laplanche, 2011, 171). Sie ermöglichen keine freie, kreative unbewusste Übersetzung, da das Imperative vorherrschend ist. Aus ihnen könnte, so Laplanche spekulativ, eine Art Enklave werden, eingeschlossene Teile, die hinter der Spaltungsgrenze liegen – ganz ähnlich wie Laplanche psychotische Anteile beschreibt (a. a. O., 172; vgl. auch Laplanche, 2017a, 182 f.), oder traumatische Kerne, die sich durch ihre gewaltvolle Einschreibung einer Übersetzung entziehen. Dieser Gedanke Laplanches führt mich auch zu seinem Konzept der Intromission im Unterschied zur Implantation (vgl. dazu auch Ryan, 2017, 185 f.), über die die Internalisierung gesellschaftlicher Machtverhältnisse ebenso konzeptuell gedacht werden kann. Implantationen führen zu »normalen und neurotischen« psychischen Formationen, Intromissionen hingegen entziehen sich den Versuchen der Übersetzung, da die rätselhaften Botschaften selbst mit etwas Gewaltvollem kontaminiert sind (Laplanche, 2005). Laplanche führt den Begriff der Intromission in Zusammenhang mit sexualisierter Gewalt gegen Kinder ein.

Intromissionen stellen nicht nur Gewaltakte dar, sie enthalten zugleich als Botschaft ein Verbot für das Kind, autonom zu denken und zu symbolisieren, also zu übersetzen. Das ist ein weiterer Unterschied zwischen Intromissionen und Implantationen. Ich möchte also vorschlagen, die Einschreibung von Rassifizierung, Geschlechternormen, Klassendifferenzen, Heteronormativität, Antisemitismus etc. in die Psyche auch über Intromissionen zu denken. Sie treffen das Subjekt, dringen in es ein und können mitunter zu einem zerstörerischen inneren Fremdkörper werden.

Laplanche weist auch darauf hin, dass gewaltvolle, sperrige Teile im Unbewussten auch dann entstehen können, wenn ein bestimmter Übersetzungscode mit der Botschaft bereits mittransportiert, also eine bestimmte Übersetzung aufgezwungen wird. Hier können wir etwa an rassifizierte oder auch vergeschlechtlichte Zuschreibungen denken: »Du bist weniger wert«, »Du bist weniger intelligent«, »Du bist pervers«, »Du bist gefährlich«, weil … du Frau, jüdisch, schwul, lesbisch, Schwarz, Rom:Romni, Sinto:Sintizza, of color etc. bist.

Laplanche fragt, ob es sich in diesem Fall überhaupt noch um rätselhafte Botschaften handelt, die über Übersetzungen und gleichzeitige Verdrängung das dynamische Unbewusste hervorbringen, oder ob diese Botschaften nicht vielmehr etwas anderes darstellen (Laplanche, 2017a, 180). Ich stimme Laplanche zu, dass wir es hier wohl mit Botschaften zu tun haben, an denen nichts Rätselhaftes ist – der mitgelieferte Code scheint sich eher im Vorbewussten einzuschreiben.

Mein Vorschlag wäre nun, sowohl Implantationen als auch Intromissionen und die sekundären Prozesse der Übersetzung, bei der wir uns verschiedener individueller und gesellschaftlicher Codes bedienen, wie auch jene Botschaften, die bereits eine aufgezwungene Übersetzung mittransportieren, als Modi der Einschreibung gesellschaftlicher Machtverhältnisse in die Psyche zu verstehen. Die Wirkung gesellschaftlicher Machtverhältnisse über »Botschaften« mit aufgezwungenen Übersetzungen zu denken, ermöglicht es uns auch, die Wirkung der äußeren Realität zu erfassen, ohne sie gänzlich zu psychologisieren, was ausgehend von der Gewalt, die in Akten von Rassifizierung, Homo- und Transphobie, Antisemitismus, Antiziganismus, Sexismus, Ableismus etc. eingeschrieben ist, absolut notwendig ist.

Die Aufgabe der Psychoanalyse ist es, Laplanche zufolge, leidvolle, unzureichende, konflikthafte Übersetzungen zu entübersetzen, unbewusste Konstruktionen, die jedes Subjekt macht, zu dekonstruieren, um zu »besseren« Übersetzungen zu gelangen (Laplanche, 1998).

Für mich beinhaltet die Aufgabe der Psychoanalyse auch, Prozesse in Gang zu bringen, um gewaltvolle Intromissionen zu symbolisieren und das darin enthaltene Verbot der Übersetzung zu dekonstruieren, aufgezwungene Übersetzungen in Frage zu stellen, soziale Urszenen und die sich daran knüpfenden Phantasien bewusst zu machen und sich auch mit den inneren Konflikten, die mit sozialen Machtverhältnissen einhergehen, auseinanderzusetzen.

Vor diesem Hintergrund müssen soziale Machtverhältnisse und ihre intersektionale Wirkung auf die Subjektgenese ebenso wie das Pseudo-Unbewusste der gesellschaftlichen Übersetzungscodes mitbedacht und symbolisiert werden, um die inneren Käfige, die unsere Handlungsfähigkeit einschränken, zu weiten und zu verändern, aber es müssen auch die äußeren Machtverhältnisse bewusst gemacht und adressiert werden.

Literatur

Altman, Neil (2009): *The Analyst in the Inner City. Race, Class, and Culture Through a Psychoanalytic Lens.* New York: Routledge.

Brunner, Markus/Eichler, Lutz/Knasmüller, Florian/König, Julia/Niendorf, Johanna/Schmidt, Johanna M./Uhlig, Tom D./Winter, Sebastian (Hg.) (2023): Editorial. *Freie Assoziation – Zeitschrift für Psychoanalytische Sozialpsychologie. Antiziganismus* 26/2, 5–9.

Burgermeister, Nicole/Chamakalayil, Lalitha/Hutfless, Esther/Zach, Barbara (Hg.) (2025): *Psychoanalyse und soziale Ungleichheiten. Gesellschaftliche Machtverhältnisse auf der Couch.* Wiesbaden: Springer VS.

Corpt, Elizabeth A. (2013): Peasant in the Analyst's Chair: Reflections, Personal and Otherwise, on Class and the Forming of an Analytic Identity. *International Journal of Psychoanalytic Self Psychology* 8/1, 52–69.

Dalal, Farhad (2002): *Race, Colour and the Processes of Racialization. New Perspectives from Group Analysis, Psychoanalysis and Sociology.* New York: Routledge.

Dalal, Farhad (2020): Intimate Others and the Othering of intimates: The gendered psycho-politics of the entangled relational. *Group Analysis* 53/4, 1–25.

Davids, Fakhry M. (2019): *Innerer Rassismus. Eine psychoanalytische Annäherung an race und Differenz.* Gießen: Psychosozial.

Dornes, Martin (1997): *Die frühe Kindheit.* Frankfurt/Main: Fischer.

Erlich, Shmuel (2020): *Die Couch auf dem Marktplatz. Psychoanalyse und soziale Wirklichkeit.* Gießen: Psychosozial.

Eribon, Didier (2016): *Rückkehr nach Reims.* Frankfurt a. M.: Suhrkamp.

Eribon, Didier (2018): *Der Psychoanalyse entkommen.* Wien: Turia + Kant.

Ernaux, Annie (2020): *Die Scham.* Frankfurt a. M.: Suhrkamp.

Freud, Sigmund (1900a): *Die Traumdeutung.* GW II/III.

Harris, Adrienne/Leavitt, Julie (2020): Intersectionality encountering Laplanche. Models of otherness and the incomprehensibility of perpetration, in: Belkin, Max/White, Cleonie (Hg.): *Intersectionality and Relational Psychoanalysis. New Perspectives on Race, Gender, and Sexuality.* New York: Routledge, 192–217.

Hartman, Stephen (2025): Das Klassenunbewusste: Vom dialektischen Materialismus zum materiell Relationalen, in: Burgermeister, Nicole/Chamakalayil, Lalitha/Hutfless, Esther/Zach, Barbara (Hg.): *Psychoanalyse und soziale Ungleichheiten. Gesellschaftliche Machtverhältnisse auf der Couch.* Wiesbaden: Springer VS.

Holmes, Dorothy E. (2006): The Wrecking Effects of Race and Social Class on Self and Success. *Psychoanalytic Quarterly* 75, 215–235.

Horn, Klaus (1976): Psychoanalyse und gesellschaftliche Widersprüche. *Psyche – Z. Psychoanal.* 30, 26–49.

Hopper, Earl (1996): The Social Unconscious in Clinical Work. *Group* 20/1, 7–42.

Hutfless, Esther (2024): Gesellschaftliche Machtverhältnisse, Intersektionalitäten und das Unbewusste. Zur Psychoanalyse als kritischer Theorie sozialer Ungleichheit, in: Bauriedl-Schmidt, Christine/Fellner, Markus/Luks, Gregor (Hg.): *Politische Psychoanalyse: Zur Wiederkehr des Verdrängten in krisenhaften Zeiten. Jahrbuch für klinische und interdisziplinäre Psychoanalyse, Bd. 2.* Frankfurt a. M.: Brandes & Apsel, 255–278.

Kaplan, Donald (1990): Some theoretical and technical aspects of gender and social reality in clinical psychoanalysis. *The Psychoanalytic Study of the Child* 45, 3–24.

Korycki, Kate/Zawadzka, Anna (2018): *Out of gay, and into class closet. On politics of identity and reflexive sociology in Didier Eribon and Éduard Louis.* http://cejsh.icm.edu.pl/cejsh/element/bwmeta1.element.ojs-doi-10_11649_slh_1746/c/slh.1746-4692.pdf (31.7.2023).

Laplanche, Jean (1998): Die Psychoanalyse als Anti-Hermeneutik. *Psyche – Z. Psychoanal.* 52/7, 605–618.

Laplanche, Jean (2005): Implantation/Intromission, in: ders.: *Die unvollendete kopernikanische Revolution in der Psychoanalyse.* Gießen: Psychosozial, 109–113.

Laplanche, Jean (2011): *Neue Grundlagen für die Psychoanalyse.* Gießen: Psychosozial.

Laplanche, Jean (2017a): Drei Bedeutungen des Wortes »unbewusst« im Rahmen der Allgemeinen Verführungstheorie, in: ders.: *Sexual. Eine im Freud'schen Sinne erweiterte Sexualtheorie.* Gießen: Psychosozial, 173–189.

Laplanche, Jean (2017b): Gender, Geschlecht und Sexual, in: ders.: *Sexual. Eine im Freud'schen Sinne erweiterte Sexualtheorie.* Gießen: Psychosozial, 137–171.

Layton, Lynne (2002): Cultural Hierarchies, Splitting, and the Heterosexist Unconscious, in: Fairfield, Susan/Layton, Lynne/Stack, Carolyn (Hg.): *Bringing the Plague. Toward a Postmodern Psychoanalysis.* New York: Other Press, 195–223.

Layton, Lynne (2006): Racial Identities, Racial Enactments, and Normative Unconscious Processes. *Psychoanalytic Quarterly* 75/1, 237–269.

Leary, Kimberlyn (2025): »Racial Enactments« in der psychodynamischen Psychotherapie, in: Burgermeister, Nicole/Chamakalayil, Lalitha/Hutfless, Esther/Zach, Barbara (Hg.): *Psychoanalyse und soziale Ungleichheiten. Gesellschaftliche Machtverhältnisse auf der Couch.* Wiesbaden: Springer VS.

Lerch, Leonore (2022): Minority Stress. Psychische Belastungen in Systemen von Dominanz, Ungleichheit und Diskriminierung. *Stimme – Zeitschrift der Initiative Minderheiten* 123, 8–10.

Louis, Édouard (2022): *Anleitung ein anderer zu werden.* Berlin: Aufbau.

Parin, Paul (1975): Gesellschaftskritik im Deutungsprozeß. *Psyche – Z. Psychoanal.* 29/2, 97–117.

Ryan, Joanna (2017): *Class and Psychoanalysis. Landscapes of Inequality.* New York: Routledge.

Schulze, Sylvia (2018): Schwarz und Weiß im analytischen Raum: Über rassistische innere Objekte. *Psyche – Z. Psychoanal.* 72, 24–49.

Tisseron, Serge (2000): *Phänomen Scham. Psychoanalyse eines sozialen Affekts.* München: Reinhardt.

Über die Macht von Diskriminierung, Beleidigung und Heteronormativität, ihre Aus- und Einwirkungen auf homosexuelle Männer

Wolfgang Till

Einleitende Anmerkungen

Dieser Beitrag greift einen speziellen Aspekt des weiten Themenbereichs »Aus- und Einwirkungen von sozialen Normen und gesellschaftlichen Einflüssen auf die Psyche einzelner Individuen« auf – und dies insbesondere in Bezug auf sexuelle Identitäten – und stellt somit in gewissem Sinn eine Weiterführung und Spezifizierung des Beitrags von Esther Hutfless (S. 145–155) in diesem Tagungsband dar. Die Spezifizierung und damit auch Einschränkung in meinen Ausführungen besteht darin, dass ich mich ausschließlich mit der Situation von homosexuellen Männern beschäftige – auch wenn bei dem vorliegenden Themenkomplex eine Beschäftigung mit homosexuellen Frauen und anderen Personen aus dem LGBTIQ-Bereich ebenso angesagt wäre. Um die Zusammenhänge zwischen der gesellschaftlichen und der psychischen Situation homosexueller Männer verstehen zu wollen, scheint es notwendig zu sein, psychoanalytische ebenso wie soziologische Überlegungen aufzugreifen und zu versuchen, diese miteinander in Verbindung zu bringen.

Einleitend zitiere ich einen Satz, der das Thema Macht allgemein charakterisiert, der aber auch als Grundlage für das spezielle Thema des vorliegenden Beitrags Gültigkeit hat. Schlüter und Gross (2024) haben den Ankündigungstext für die diesjährigen Sigmund-Freud-Vorlesungen mit folgendem Satz begonnen: »Macht als Fähigkeit, andere dem eigenen Willen zu unterwerfen oder sie dazu zu bringen, sich so zu verhalten, ja sogar so zu denken, wie man selbst es möchte, ist eines der unzugänglichsten Phänomene der Psychologie.« Dieser Satz weist drauf hin, dass es Machtausübung nicht nur im Sinne äußerer Handlungen gibt (z. B. jemand wird strafrechtlich verurteilt oder jemand wird hinsichtlich bürgerlicher Rechte schlechter gestellt), sondern auch in dem viel diffizileren Sinne, einen anderen dazu zu bringen, so zu denken und (ich ergänze) so zu fühlen, wie man selbst es möchte – z. B. heteronormativen Erwartungen zu entsprechen oder homophobe Haltungen und Empfindungen zu übernehmen. Weiters zeigt dieser Satz, wie schwierig es ist, das Phänomen, wie Normen und Verurteilungen der Gesellschaft in einzelne Individuen eindringen und in ihnen ihren Niederschlag finden, zu erhellen und zu verstehen.

Wolfgang Till

Ein historischer und soziologischer Blick auf die gesellschaftliche Situation homosexueller Männer

Es ist eine Selbstverständlichkeit, dass die gesellschaftliche Situation für homosexuelle Männer einem historischen Wandel unterworfen und zu verschiedenen Zeiten und in verschiedenen Gesellschaften unterschiedlich ist. Die Bereiche Verfolgung, Diskriminierung, Beleidigung auf der einen Seite und Gleichstellung und Akzeptanz auf der anderen Seite haben vielfältige Ausformungen.

Historisch gesehen gab es drei gesellschaftliche Bereiche, in denen Diskriminierung vorrangig stattgefunden hat und die als *Diskriminierungsfelder* bezeichnet werden, nämlich Religion (Homosexualität als Sünde), Recht (Homosexualität als strafrechtlicher Tatbestand) und Medizin und Psychologie (Homosexualität als Krankheit). Der grausame Höhepunkt der Verfolgung war im 20. Jahrhundert die Ermordung von Homosexuellen als Träger des rosa Winkels in den KZs der Nazis. All diese Diskriminierungsfelder sind auch heute weiterhin von Bedeutung, wenn auch zum Teil in abgeschwächter und modifizierter Form. Zu ihnen wurde von Historiker*innen und Soziolog*innen viel geforscht und geschrieben, und man könnte dazu vieles näher ausführen. Das werde ich hier nicht tun, sondern ich werde den Schwerpunkt meiner Überlegungen auf alltäglichere Ausprägungen von Diskriminierung legen.

Diesbezüglich meint der Soziologe Didier Eribon (2016; 2019), dass *Beleidigung* ein bzw. das zentrale Merkmal der gesellschaftlichen Bedingungen für Homosexuelle und ein ständiger Begleiter für diese ist. Eribon definiert die Beleidigung als einen »Sprechakt, durch den demjenigen, dem sie zugedacht ist, ein bestimmter Platz in der Welt zugewiesen wird« (2019, 12) und der dem Heranwachsenden schon lange vertraut ist, bevor sie ihm galt. Die Beleidigung kann sich im Alltag in der Form von Klatsch, Anspielung, Unterstellung, Gerücht, mehr oder weniger gehässigem Witz, als quasi »scherzhafte« Bemerkung u.Ä. ereignen (Eribon, 2019). Über den Witz weiß man seit Freud (1905c), dass er u. a. ein Ventil für aggressive Impulse sein kann. Die Beleidigung wird dann in der Regel nicht explizit ausgesprochen, sondern indirekt ausgedrückt. Also auch durch verbale Äußerungen kann Macht über andere, im vorliegenden Fall über Homosexuelle, ausgeübt werden. Wer sagt und bestimmt, wer und wie man ist? Tut dies der bzw. tun dies die Homosexuellen selber und sind sie somit Subjekte eines Diskurses oder tut das die Umwelt bzw. die Gesellschaft und sind dann Homosexuelle nur Objekte eines Diskurses? Oft wird also mit beleidigenden Äußerungen *Definitionsmacht* ausgeübt.

Zu den bisher skizzierten Überlegungen drängt sich die Frage auf, inwieweit diese heute in unserem Kulturraum, also in einem liberalen, demokratischen Gesellschaftssystem, Gültigkeit haben. Denn in anderen Kulturräumen und unter anderen politischen Bedingungen gelten diese Überlegungen zur Diskriminierung Homosexueller auch heute sehr wohl und zum Teil massiv und in zunehmendem Maße. Ich verweise diesbezüglich auf die Stellung und den Umgang mit Homosexualität im Islam oder darauf, welche diskriminierende Haltung rechtspopulistische Politiker zu Homosexualität vertreten. Zu letztgenanntem Phänomen seien nur zwei Beispiele – von vielen möglichen – kurz erwähnt. Victor Orban hat im Juli 2024 in der Antrittsrede bei seiner Übernahme der EU-Ratspräsidentschaft behauptet, dass die LGBTIQ-freundliche Gesetzgebung einer von mehreren Faktoren für den Untergang der EU sei. Ron de Santis, der Gouverneur von Florida, hat 2023 in seinem Bundesstaat gefordert und durchgesetzt, dass Ärzte Homosexuellen wegen ihrer sexuellen Orientierung jegliche medizinische Behandlung verweigern können.

Zur gegenwärtigen Situation in westlichen liberalen Gesellschaften vertreten Henze, Lahl und Preiss (2019) in ihrem Buch »Psychoanalyse und männliche Homosexualität« die Meinung, dass die Toleranz eine oberflächliche sei und darunter tief verdrängt ein Stück der alten Furcht und des alten Hasses gegenüber Schwulen und Lesben schlummere. Weiters meinen sie, dass die Errungenschaften auf gesetzlicher Ebene nicht im selben Maße in der realen gesellschaftlichen Situation im Alltag Homosexueller ihren Niederschlag gefunden haben (2019, 12 f.).

Neben dieser allgemeinen Einschätzung liefern die Ergebnisse einer EU-weiten Online-Befragung an LGBTIQ-Personen ein detaillierteres und mit empirischen Daten untermauertes Bild der gegenwärtigen Situation in Europa. Diese Befragung, an der über 100.000 Personen teilgenommen haben, hat die Fundamental Rights Agency der EU (FRA) durchgeführt, und zwar im Jahr 2023 bereits zum dritten Mal. Das Kurzresümee dieser Untersuchung – im Vergleich mit den Befragungen von 2012 und 2019 – lautet: »Mehr LGBTIQ-Personen in Europa gehen nun offen mit ihrer Identität um. Gleichzeitig sind sie mehr Gewalt, Belästigung und Mobbing ausgesetzt als zuvor. Besonders gefährdet sind jüngere LGBTIQ-Personen.« (FRA, 2024a) Ich stelle Ihnen zur Veranschaulichung noch einige Zahlen vor – und zwar nur in Bezug auf schwule Männer in Österreich (FRA, 2024b): Demnach haben sich 39% wegen ihrer Homosexualität im letzten Jahr diskriminiert gefühlt; 15% haben in den letzten fünf Jahren Erfahrungen mit körperlichen oder sexuellen Angriffen aufgrund ihrer Homosexualität gemacht; 49% vermeiden oft oder immer, mit ihrem Partner in der Öffentlichkeit Händchen zu halten aus Angst, angegriffen, bedroht oder belästigt zu werden; 86% wurden während ihrer Schulzeit aufgrund ihrer Homosexualität von Peers verspottet, beleidigt oder bedroht.

Als ein weiteres alltägliches Beispiel erwähne ich noch folgende Begebenheit, die im Frühling 2024 in Wien stattgefunden hat und über die in den Medien relativ ausführlich berichtet wurde. Bei einem Fußballspiel zweier prominenter Wiener Fußballvereine gab es nach dem Ende des Spiels folgende Sprechchöre der Fans der siegreichen Mannschaft: »Wia san kane woamen Oaschlöcher.« Als Beleidigung der Besiegten durch die Sieger funktioniert Derartiges heute nach wie vor. Wobei man vermuten kann, dass in dieser Situation in einem euphorischen Wir-Gefühl über den tatsächlichen Inhalt des Gesagten bzw. Gesungene nicht nachgedacht wurde. Ungehemmt konnten so – quasi in der Masse – abwertende homophobe Haltungen durchbrechen und öffentlich geäußert werden. Bei dieser Begebenheit wird aber auch eine gesellschaftliche Veränderung im Sinne von mehr Bewusstheit über den diskriminierenden Charakter derartiger Sprechchöre deutlich. Es gab auf diesen Vorfall massive öffentliche Reaktionen mit Sanktionen gegen diesen Fußballverein (Punkteabzug und Geldstrafe). Vor einigen Jahrzehnten hätten wahrscheinlich derartige beleidigende Sprechchöre in der Öffentlichkeit keine kritischen, den Diskriminierungsaspekt aufgreifenden Reaktionen hervorgerufen.

Psychoanalytische Überlegungen zu frühen sozialen Diskriminierungserfahrungen

Um die Macht, die Diskriminierungserfahrungen auf homosexuelle Männer ausüben können, besser zu verstehen, ist es sinnvoll und notwendig, sich mit kindlichen Erfahrungen und mit der unbewussten Dimension näher zu beschäftigen. Dazu stelle ich nun neuere, aus den letzten 30 Jahren stammende psychoanalytische Überlegungen vor, die *das Spezielle der ödipalen Situation von proto-homosexuellen Jungen* aufzeigen. Folgende Grundannahmen bzw. Grunderkenntnisse stellen die Basis für diese spezielle Sicht des Ödipuskomplexes dar:

Die homosexuelle Präferenz – verbunden mit sexuellen Phantasien und Wünschen – ist schon sehr früh im Kern angelegt. Holler (2023, 380) meint dazu in Bezug auf Dannecker (2007, 58): »Es scheint so zu sein, dass sich die Homosexualität schon am Ende der präödipalen Entwicklung soweit ausgeformt hat, dass ›von einer Zentrierung der sexuellen Wünsche auf gleichgeschlechtliche Objekte gesprochen werden kann‹.« Dannecker (2000, 1261) sagt dazu an anderer Stelle: »Das, was erst sehr viel später als manifeste sexuelle Objektwahl zu beobachten ist, hat demnach schon lange davor eine […] unumkehrbare Entwicklungsrichtung angenommen […] – und das schon lange vor dem ödipalen Konflikt. […] Zur vollen Blüte kommt die im Subjekt angelegte homosexuelle Objektwahl zum ersten Mal während der ödipalen Situation.«

Die Theorie des vollständigen Ödipuskomplexes, die erst eine nicht-pathologisierende psychoanalytische Sicht auf Homosexualität ermöglicht hat, stellt die theoretische Grundlage für ein Verstehen des Speziellen des Ödipuskomplexes des proto-homosexuellen Jungen dar. Laut Isay (1989) und anderen Autoren, die sich auf ihn beziehen, tritt der proto-homosexuelle Junge also mit einem vorgegebenen gleichgeschlechtlichen Begehren in die ödipale Phase. Sein primäres Begehren und seine primären Liebesstrebungen richten sich demnach an den Vater. »Begehren und nichtgeschlechtskonformes Verhalten rühren an das Homosexualitätstabu und führen zu einer Zurückweisung durch den irritierten Vater« (Stakelbeck, 2017, 14).

> Die Ablehnung, die proto-homosexuelle Jungen von ihren Vätern erfahren, beruht darauf, dass die Väter ihre Aufmerksamkeit und Zuneigung von ihren Jungen abwenden, wenn sie – bewusst oder unbewusst – die »erotisch aufgeladene« Attraktivität ihrer Söhne wahrnehmen. […] In unserer gegenwärtigen Kultur bricht in Familien keine Freude aus, wenn ein Junge libidinöse Wünsche gegenüber seinem Vater äußert. Dies ist bei Mädchen anders, dann gilt es als kleine, phantasievolle Liebesgeschichte. Der Wunsch der kleinen Tochter, ihren Vater heiraten zu wollen, sorgt in vielen Familien für Erheiterung. (Lynch, 2019, 182 f.)

Ich möchte hier ergänzen: oft für eine liebevoll zugewandte Erheiterung und einen spielerischen Umgang des Vaters mit diesem Wunsch. Äußert der kleine Sohn, so Lynch weiter, »diesen Wunsch, wird er zurückgewiesen«. Die Zurückweisung kann in Form eines Nicht-Wahrnehmens, in ängstlich vermeidenden Reaktionen bis zu einer offen aggressiven Ablehnung erfolgen – Letzteres zum Beispiel im Sinne von Verächtlichmachung und Verspottung. Phillips weist auf einen prinzipiellen Unterschied in der heterosexuellen und in der homosexuellen ödipalen Enttäuschung hin. In der ersteren erklärt »der Vater diese spezielle Frau (also die Mutter) zum Tabu, während er das allgemeine Begehren des Jungen nach einer Frau wissentlich oder unwissentlich gutheißt. […] In der homosexuellen ödipalen Enttäuschung wird das Begehren des Jungen selbst mit Stumpf und Stiel in Frage gestellt: Das Begehren nicht nur für diesen speziellen Mann (also den Vater), sondern für jeden Mann ist tabu« (Phillips, 2001, 1256 f.; zit. nach Holler, 2023, 383). Anders ausgedrückt kann man – so Dogan (2024) – auch sagen: Das vom Vater vermittelte ödipale Inzesttabu stellt für den Knaben auch ein *Homosexualitätstabu* dar. Aufgrund der mangelnden positiven Resonanz des Vaters wird sich der proto-homosexuelle Junge als nicht begehrenswert erleben und den Eindruck gewinnen, dass es besser sei, die eigenen erotischen Wünsche und Sehnsüchte zu verbergen. Dies kann deutliche und ins Erwachsenenleben reichende Auswirkungen auf die Entwicklung einer homosexuellen Identität haben.

Ermann (2009, 355) weist noch auf einen anderen Aspekt dieses Dilemmas für den proto-homosexuellen Knaben hin. Die »rudimentäre homosexuelle Identität« passt nicht mit den »Identifikationsangeboten«, die von der Umwelt in den Interaktionen quasi angeboten werden, »zusammen, die in der Regel eine heterosexuelle Ausrichtung haben«. So kommt es zu einem basalen Mismatching in der frühen homosexuellen Entwicklung. Ermann bezeichnet dieses Dilemma als »homosexuelles Dilemma«, das er als einen zentralen Baustein homosexueller Existenz ansieht.

Ich möchte aber auch noch auf einen anderen, speziellen Aspekt des Mismatchings zwischen den von der Umwelt vermittelten, heteronormativen und dann internalisierten Bildern auf der einen Seite und den Wünschen und Phantasien proto-homosexueller Knaben (und zwar nicht nur in der ödipalen Situation, sondern auch danach) auf der anderen Seite hinweisen und beziehe mich dabei auf Leezah Hertzmann (2019). Diese weist aufgrund ihrer Erfahrungen in psychoanalytischen Paartherapien mit gleichgeschlechtlichen Paaren darauf hin, dass bei diesen oft die elterlichen Paarbeziehungen – die einem heterosexuellen Modell entsprochen haben – verinnerlicht wurden und diese v. a. dann störend wirksam werden, wenn Homosexuelle als Erwachsene intime Paarbeziehungen eingehen bzw. eingehen möchten.

Ich halte damit fest: Zurückweisung und die damit einhergehenden psychischen Verletzungen und Stigmatisierungen sind *essenziell* in der Entwicklung einer homosexuellen Identität. Die in dieser Form früh, heftig und unmittelbar vermittelte Heteronormativität hat machtvolle psychische Auswirkungen auf Homosexuelle. Sie hat einen Einfluss darauf, wie Homosexuelle später ihr Leben gestalten und wie sie möglichen Diskriminierungen im Erwachsenenleben begegnen und diese verarbeiten können.

Wolfgang Till

Identifizierung und Entidentifizierung

Welche Prozesse und Mechanismen am Werk sind, sodass diskriminierende Sozialisationseinflüsse bleibende psychische Auswirkungen auf Homosexuelle haben können, ist eine Frage, die nur schwer hinreichend zu beantworten ist.

Aus der Sicht der Psychoanalyse weiß man, dass Identifizierungsprozesse einen zentralen Mechanismus bei der psychischen Entwicklung und beim Aufbau von Person und Identität darstellen. Dabei scheint es selbstverständlich zu sein, dass Identifizierungen (insbesondere kindliche, unbewusste) aus unterschiedlichen Motiven in Gang gesetzt werden und unterschiedliche psychische Funktionen erfüllen können. Ebenso erscheint es selbstverständlich, dass – wenn man dem Konzept des vollständigen Ödipuskomplexes folgt – die Identifizierungen bezüglich Sex und Gender sehr komplex sind und mehrere Identifizierungen (u.a. mit beiden Eltern) nebeneinander in einem Subjekt existieren können. Für das vorliegende Thema sind v.a. Identifizierungen von proto-homosexuellen Jungen mit ihren Vätern und deren ablehnender und zurückweisender Haltung betreffend gleichgeschlechtlich-erotischer und sexueller Wünsche von Interesse. Dies kann als Abwehrmechanismus der *Identifizierung mit dem Aggressor* verstanden werden. Mit diesem Mechanismus können u. a. Kränkung und Enttäuschung sowie Ohnmachtsgefühle und Wut, die beim Knaben aufgrund der erlebten Zurückweisung vorhanden sind, abgewehrt werden. Reiche beschreibt diese Identifikationsprozesse folgendermaßen: Im Knaben gibt es einen Wunsch nach Anerkennung seines Soseins, die in der sich bereits bildenden proto-homosexuellen Objektwahl enthalten ist. »Dieser Wunsch nach Anerkennung geht dem Befremden und der Wut über die Nichtanerkennung voraus. Aus letzteren bildet sich dann die pathologische Identifizierung mit der Verachtung, die so oft das Lebensschicksal der Homosexuellen bestimmt« (Reiche, 2002, 300). Eribon (2019, 80) spricht – aus dem Blickwinkel der Soziologie – von einer *stigmatisierten Identität*, wo also eine Identifizierung mit dem Stigma stattfindet.

Bei der Frage, wie diskriminierende Erfahrungen psychische Auswirkungen haben können, drängt sich überdies auch die Frage auf, welche Entwicklungsaufgaben derartige Erfahrungen im Sinne von Entidentifizierung für Homosexuelle aufwerfen. Dabei greife ich nochmals die bereits erwähnten Überlegungen von Ermann (2009) zum homosexuellen Dilemma auf – also zum basalen Mismatching zwischen den gleichgeschlechtlichen Phantasien und Wünschen des proto-homosexuellen Jungen und den in der Regel heteronormativen Erwartungen und Identifikationsangeboten der Umwelt. Ermann sieht dieses Dilemma als eine Bedingung homosexueller Existenz an und rückt sie damit für die homosexuelle Entwicklung in eine Reihe mit Money-Kyrles »basic facts of life« (1971) (Getrenntheit und Abhängigkeit von anderen, Ausschluss von der elterlichen Urszene sowie Älterwerden und Tod). »Besteht in der heterosexuellen Entwicklung die Aufgabe darin, sich mit den Entwürfen zu identifizieren, so muss die ›gesunde‹ homosexuelle Entwicklung den umgekehrten Weg einschlagen: Hier besteht die zentrale Entwicklungsaufgabe darin, sich von ›falschen‹ heterosexuellen Lebensentwürfen zu entidentifizieren« (Ermann, 2009, 359), um so eine eigene, homosexuelle

Identität entwickeln zu können. Ermann versteht dies als einen aktiven psychischen Prozess, vergleichbar einer *Trauerarbeit*.

Zur Frage der Entidentifizierung sind auch die bereits erwähnten Überlegungen von Hertzmann (2019) bezüglich heterosexueller elterlicher Paar-Repräsentanzen von Interesse. Auch dabei ist für Homosexuelle eine Entidentifizierung von diesen verinnerlichten Bildern ein wesentlicher psychischer Schritt, um eine homosexuelle Paarbeziehung entwickeln und leben zu können, die nicht von einer binären Vorstellung von weiblich und männlich geprägt ist. Öfter ist es für Homosexuelle nicht einfach, den Gedanken zuzulassen, »dass eine gleichgeschlechtliche Beziehung nicht notwendigerweise einer heterosexuellen Verbindung entsprechen muss« (Hertzmann, 2019, 210), und es bedarf also auch dabei eines Entwicklungsschritts der Entidentifizierung.

Psychische Auswirkungen, klinische Erfahrungen

Psychische Auswirkungen diskriminierender und heteronormativer Einflüsse, die man in Anlehnung an Eribon (2016; 2019) auch als Deformationen der Beleidigung bezeichnen kann, werden oft unter den Begriffen »internalisierte Homophobie« oder »Selbstdiskriminierung« zusammengefasst. Sie können in folgenden Phänomenen ihren Niederschlag finden: Selbstwertprobleme, Spaltungsmechanismen (in dem Sinne, dass sexuelles Begehren nur mit abgewerteten Sexualobjekten möglich ist und mit positiv erlebten zwischenmenschlichen Beziehungen unvereinbar scheint), damit in Verbindung stehend Schwierigkeiten in partnerschaftlichen Beziehungen (unter Umständen werden Beziehungen gesucht, in denen der andere abgelehnt wird oder in dem man vom anderen abgelehnt wird); weiters depressive und psychosomatische Störungen, Suchtverhalten und auch gesundheitlich selbstschädigendes Verhalten – z. B. risikoreiche, ungeschützte Sexualpraktiken.

Zur Veranschaulichung stelle ich eine *Fallvignette* vor; diese wird nicht vollständig, sondern nur bruchstückhaft referiert, indem ich Aspekte herausgreife, die für das vorliegende Thema von Interesse sind.

Der New Yorker Analytiker Donald Moss (2002, 41 ff.) berichtet von einem homosexuellen Analysepatienten, Mr. C. Dieser ging in New York City mit seinem Liebhaber spazieren. Als sie eine Straße überqueren wollen, hält ein Autofahrer an, um sie passieren zu lassen. Als Mr. C und sein Lover das tun, öffnet der Autofahrer das Fenster und ruft laut: »Come on, girls, get moving!« Die erste Reaktion von Mr. C auf diese Beleidigung und Verspottung war eine mörderische Wut gegen den Autofahrer und der Wunsch, dessen Auto zu zertrümmern. Innerhalb von wenigen Minuten hat sich aber die innere Reaktion von Mr. C völlig gewandelt, und diese ließ ihn dann für längere Zeit nicht los. Er dachte sich, wie durchschaubar sie seien, wie offensichtlich ihre »Queerness« sei und wie eklig er und sein Lover und Männerpaare generell wären. Mr. C hat sich also mit dem Autofahrer und dessen Beleidigung identifiziert, was man als Identifizierung mit dem Aggressor verstehen kann. Diese Identifizierung hatte Abwehrcharakter. Hätte sich

Mr. C der Verspottung innerlich widersetzt, hätte er sowohl die Aggression des Fahrers als auch seinen eigenen mörderischen Impuls gegen diesen ertragen müssen. Es war für ihn anscheinend eher möglich, die Aggression gegen sich selber (und damit auch gegen seine Beziehung und seinen Liebhaber) zu richten.

Moss berichtet weiter, dass der mörderische Impuls gegen den Autofahrer in Zusammenhang mit der Beziehung von Mr. C zu seinem Vater, von dem er sich generell nicht wahrgenommen und beachtet gefühlt hat, zu sehen sei. Der aggressive Impuls gegen den Autofahrer war also von rachsüchtigen Wünschen und Phantasien dem Vater gegenüber durchsetzt und damit für Mr. C noch schwieriger zu ertragen und psychisch handzuhaben. Über die Ablehnung durch den Vater berichtet Moss nichts Näheres. Es wäre aber aus meiner Sicht von Interesse, sich die Frage zu stellen, ob das Nicht-Wahrnehmen und die Ablehnung durch den Vater vielleicht damit zu tun gehabt haben könnte, dass der Vater bei seinem Sohn ein feminineres Verhalten wahrgenommen, eine homosexuelle Entwicklung vermutet und ihn deswegen abgelehnt hat – wie dies oft bei proto-homosexuellen Knaben und Jugendlichen der Fall ist. Moss berichtet auch, dass sich durch den aktuellen Vorfall und die aktuelle Beleidigung die Übertragungsbeziehung verändert habe. Davor hatte der Patient den Analytiker langsam und in einer liebevollen Art sozusagen »gequeert«; er hatte im Analytiker genügend Beweise für eine Affinität mit Außenseitern gefunden, sodass die mutmaßliche Heterosexualität des Analytikers als Markierung einer fremden Identität an Bedeutung verloren hatte. Nun stellte Mr. C wiederum viel Fremdheit zwischen sich und dem Analytiker fest (er sagte: »Man steht entweder auf der einen oder der anderen Seite«) und lehnte auch die Analyse als »unmöglich« ab.

Das vorliegende Beispiel zeigt also, wie ein aktuelles beleidigendes Ereignis eine vorhandene verinnerlichte Homophobie wieder aufleben lässt, wie diese mit alten, kindlichen Erfahrungen verquickt sein kann und dass die wieder verstärkte Homophobie verschiedene psychische Funktionen haben kann.

Schlusswort

Ich habe versucht, mit meinen Überlegungen zu verdeutlichen, welche Macht diskriminierend-homophobe und heteronormative Einflüsse auf Entwicklung und Psyche homosexueller Männer haben können. Dies hat auch heute trotz gesellschaftlicher Liberalisierungstendenzen seine Gültigkeit. Insbesondere war mir wichtig, aufzuzeigen, dass frühe soziale Diskriminierungserfahrungen (v. a. im Sinne von Zurückweisungen) eine wesentliche Rolle bei der Entstehung von internalisierter Homophobie bei homosexuellen Männern spielen können sowie dabei, wie Diskriminierungen bei diesen im späteren Leben erlebt und verarbeitet werden. Dies scheint mir generell für ein Verstehen der sozialen und psychischen Situation homosexueller Männer und damit auch speziell für ein psychoanalytisches/psychotherapeutisches Arbeiten mit diesen wichtig zu sein. Abschließend möchte ich darauf hinweisen, dass Homophobie, die ein weitverbreitetes und diffiziles Phänomen ist, auch bei Psychoanalytiker*innen und Psychotherapeut*innen vorhanden sein kann. Dies kann dann den analytischen/therapeutischen Prozess störend beeinflussen. Holler formuliert das folgendermaßen präzise: »In der Behandlung von schwulen Männern spielt die verinnerlichte Homophobie sowohl beim Analysanden als auch beim Analytiker eine nicht zu unterschätzende Rolle« (Holler, 2023, 395).

Literatur

Dannecker, Martin (2000): Probleme der männlichen homosexuellen Entwicklung. *Psyche – Z. Psychoanal.* 54, 1251–1277.

Dannecker, Martin (2007): Probleme der männlichen homosexuellen Entwicklung, in: Sigusch, Volkmar (Hg.): *Sexuelle Störungen und ihre Behandlung.* Stuttgart: Thieme, 55–66.

Dogan, Ceren (2024): Die Bereitschaft zur »inneren Diversität« im Übertragungsgeschehen jenseits heterosexueller Liebesordnungen. *Forum der Psychoanalyse* 40, 163–175.

Eribon, Didier (2017): *Rückkehr nach Reims.* Berlin: Suhrkamp.

Eribon, Didier (2019): *Betrachtungen zur Schwulenfrage.* Berlin: Suhrkamp.

Ermann, Michael (2009): Das homosexuelle Dilemma. Zur Entwicklungsdynamik der normalen männlichen Homosexualität. *Forum der Psychoanalyse* 25, 349–361.

FRA (2024a): *FRA LGBTIQ-survey 2024.* https://fra.europa.eu/EU LGBTIQ Survey III/Pressemappen/14.05.2024 (20.10.2024).

FRA (2024b): *FRA LGBTIQ-survey 2024.* https://fra.europa.eu/EU LGBTIQ Survey III/report/Länderdaten (20.10.2024).

Freud, Sigmund (1905c): *Der Witz und seine Beziehung zum Unbewussten.* GW IV.

Henze, Patrick/Lahl, Aaron/Preis, Victoria (2019): »Einleitung«, in: dies. (Hg.): *Psychoanalyse und männliche Homosexualität.* Gießen: Psychosozial, 11–30.

Hertzmann, Leezah (2019): Die Ablehnung des Objekts … wenn lesbische und schwule Paare mit ihrer verinnerlichten elterlichen Paarbeziehung konfrontiert werden, in: Lemma, Alessandra/Lynch, Paul E. (Hg.): *Psychoanalyse der Sexualitäten – Sexualitäten der Psychoanalyse.* Frankfurt a. M.: Brandes & Apsel, 203–225.

Holler, Günter (2023): Der schwierige Weg vom proto-homosexuellen Jungen zum schwulen Mann. *Psyche – Z. Psychoanal.* 77, 377–402.

Isay, Richard A (1989): *Schwul sein. Die Entwicklung des Homosexuellen.* München: Piper.

Lynch, Paul E. (2019): Intimität, Begehren und Scham bei schwuler männlicher Sexualität, in: Lemma, Alessandra/Lynch, Paul E. (Hg.): *Psychoanalyse der Sexualitäten – Sexualitäten der Psychoanalyse.* Frankfurt a. M.: Brandes & Apsel, 179–202.

Money-Kyrle, Roger (1971): The Aim of Psychoanalysis. *Int. J. Psycho-Anal.* 52, 103–106.

Moss, Donald (2002): Internalized Homophobia in men: Wanting in the First Person Singular, Hating in the First Person Plural. *Psychoanalytic Quarterly* 71/1, 21–50.

Phillips, Sidney H. (2001): The Overstimulation of Everyday Life: I. New Aspects of Male Homosexuality. *Journal of the American Psychoanalytic Association* 49, 1235–1267.

Reiche, Reimut (2002): Der gewöhnliche Weg zur Homosexualität beim Mann, in: Bohleber, Werner/Drews, Sibylle (Hg.): *Die Gegenwart der Psychoanalyse – die Psychoanalyse der Gegenwart.* Stuttgart: Klett-Cotta, 288–303.

Schlüter, Sabine/Gross, Rainer (2024): *Macht. Psychoanalytische Betrachtungen. Call for Papers für die Sigmund-Freud-Vorlesungen 2024.*
Stakelbeck, Falk (2017): Ausgeschlagenes Erbe. Der vollständige Ödipuskomplex und das Homosexualitätstabu. *Forum der Psychoanalyse* 33, 1–18.

Durch perverses Pseudo-Containing zur politischen Macht?

Fritz Lackinger

Anders als erwartet, war das Ergebnis der US-Präsidentschaftswahl bereits rasch nach Urnenschluss eindeutig. Donald Trump wurde nach vier Jahren Unterbrechung wiedergewählt. Dass Dollar und US-Börse sofort einen Sprung nach oben machten, demonstrierte augenfällig, dass sich Finanzkapital und Großindustrie über das Ergebnis freuen.

Obwohl endlos viel über das Phänomen Trump und seine Gefahr für Amerika und die Welt geschrieben und diskutiert wurde (Lee, 2019; Navidi, 2022; Trump, 2020), beschäftigt viele immer noch die Frage: Wie konnte das geschehen? Wie konnte ein Mann, der den Klimawandel für einen chinesischen Schwindel hält, die Einnahme von Desinfektionsmittel gegen Covid empfiehlt, illegale Einwanderer als »Tiere« bezeichnet, stolz darauf ist, Frauen ungefragt zwischen die Beine zu greifen, wegen Vergewaltigung zu Zigmillionen Schadenersatzleistung verurteilt wurde, Wladimir Putin für einen großen Staatsmann hält und Kim Jong-Un als persönlichen Freund betrachtet – wie konnte so ein Kandidat 75 Millionen Stimmen bekommen? Wie ist das möglich?

Ich möchte in meinem Artikel einen psychoanalytischen Beitrag zum Verständnis des Erfolgs rechtsextrem-populistischer Propaganda leisten. Dabei darf nicht übersehen werden, dass zwischen den gesellschaftlichen Ursachen politischer Rechtsentwicklungen und der sozialpsychologischen Dimension ihrer Realisierung unterschieden werden muss (Adorno, 1951). Wir müssen die Gefahr einer reinen Psychologisierung der Politik vermeiden, zum Verständnis des *subjektiven Faktors* in der Politik ist der Beitrag der Psychoanalyse jedoch unverzichtbar (Lorenzer et al., 1971).

Ich gehe davon aus, dass gesellschaftliche Entwicklungen komplexe Ursachen haben (Elder-Vass, 2011), unter denen die Art und Krisenhaftigkeit des vorherrschenden Wirtschaftssystems eine wesentliche Rolle spielen. Man kann den derzeit weltweiten Aufschwung rechtsextremer Bewegungen und Parteien beispielsweise nicht verstehen, ohne die Rolle der Globalisierung und der damit verbundenen neoliberalen Angriffe auf staatliche Regularien in der Wirtschaft und auf wichtige sozialpolitische Errungenschaften zu berücksichtigen (Berberoglu, 2021). Ich werde hier aber nicht näher darauf eingehen, wie der Neoliberalismus der 1990er-Jahre auf vorhersehbare Weise in die Finanz- und Währungskrise der Jahre 2007/2008 mündete (Kotz, 2009), wie die Abwälzung der uneinbringlichen Bankschulden auf die Masse der Bevölkerung zu weiter wachsender Ungleichheit und v.a. im globalen Süden zu steigender Verarmung führte und dass das internationale Wirtschafts- und Finanzsystem bis heute keine nachhaltige Lösung für seine latente Krisenhaftigkeit gefunden hat (Ayers, 2024). Vielmehr sind in Gestalt von China und Indien mächtige Konkurrenten um transnationales Investitionskapital erschienen. Die Veränderungen im Bereich der technologischen Innovation, der Kapitalrentabilität und der diesbezüglichen Kräfteverhältnisse am Weltmarkt bilden meiner Meinung nach entscheidende objektive Hintergründe für die gegenwärtigen politischen Rechtsentwicklungen (Fraser, 2019). Der Zerfall der alten Weltordnung mobilisiert ungeheure Ängste in allen Schichten der Bevölkerung, die näher gerückten Kriege werden mehr oder weniger vorbewusst als Symptome einer kommenden Weltkriegsgefahr erlebt (Robinson, 2024). Die Tatsache, dass der eigene Arbeitseinsatz unbelohnt bleibt, dass die Arbeitsintensität durch Flexibilisierung und Digitalisierung der Arbeit ständig weiter steigt und das eigene Land trotzdem im internationalen Wettbewerb zurückfällt, löst in manchen Bevölkerungsgruppen auch wachsende Aggression aus. Angst und Wut resultieren unmittelbar aus den weltgesellschaftlichen Entwicklungen (Troost et al., 2023; Robinson, 2024).

Wie diese Emotionen verarbeitet oder eben nicht verarbeitet werden, ist nun allerdings eine andere Sache (Illouz, 2024). Es ist eine Frage der politischen Angebote. Dass seit Jahren die rechtsextremen Angebote an Terrain gegenüber linken Angeboten gewinnen, könnte dabei ebenfalls z.T. objektive, also nicht-psychologische Ursachen haben (Saage, 1981; Frankenberger et al., 2023). Der Zusammenbruch der Sowjetunion in den frühen 1990er-Jahren ist sicher einer der Hauptgründe, warum linke Alternativen zum globalisierten Kapitalismus als diskreditiert und unglaubwürdig gelten (Bartel, 2022). Ein anderer Grund mag die Anpassung der Sozialdemokratie an den Neoliberalismus in den 1990er- und 2000er-Jahren sein; Stichworte dafür sind: Tony Blair, Gerhard Schröder und Hartz IV. Die Sozialdemokratie wurde in der Folge von vielen Arbeitern nicht mehr als Alternative zu den bürgerlich-liberalen Parteien angesehen, sondern eher als eine Variante davon (Crouch, 2021).

Unter diesen weltpolitischen Bedingungen starteten die rechtsextremen Populisten also von vornherein mit vielen Vorteilen. Der Traum der Nachkriegsgenerationen vom Aufstieg, und sei es jener der eigenen Kinder, zerplatzt im 21. Jahrhundert immer häufiger. Die liberalen Demokratien scheinen auch seit geraumer Zeit das Sicherheitsgefühl ihrer Bevölkerungen immer weniger gewährleisten zu können. Organisierte Kriminalität, politischer Terror und wachsende Kriegsgefahr werden als Symptome eines schleichenden Sicherheitsverlustes empfunden (Frankenburger et al., 2022).

Trotz dieser sozioökonomischen und politischen Rahmenbedingungen bleibt allerdings ein Rest, eben der subjektive Faktor der gesellschaftlichen Entwicklung, der sich allein mit soziologischen und politikwissenschaftlichen Überlegungen nicht auflösen lässt (Fromm, 1932; Lorenzer, 1977). Wieso glauben Trump so viele Amerikaner mit mittlerem Einkommen, dass er in seiner Präsidentschaft die größten Steuersenkungen für die Mittelklasse durchgesetzt habe, obwohl zahllose Beweise vorliegen, dass fast ausschließlich Großverdiener und Unternehmen von seinen Steuersenkungen profitiert haben (Saez/Zucman, 2019)? Wieso glauben so viele aus der weißen Arbeiterklasse, dass allein Trump ein Jobwunder vollbringen und die Arbeitslosigkeit senken könne, obwohl während der Amtszeit von Joe Biden wesentlich mehr Arbeitsplätze geschaffen wurden als unter Trump und die Arbeitslosigkeit 2023 auf den tiefsten Stand seit 1969 gesenkt worden ist (Yale Insights, 2024). Wieso stört es so viele Amerikaner nicht, wenn Trump entgegen aller wissenschaftlichen Evidenz, aber auch entgegen der Alltagserfahrung behauptet, die globale Erwärmung sei erfunden (Schadwinkel, 2016)? Die Frageliste ließe sich noch lange fortsetzen. Dahinter steht die Wirkung irrationaler Faktoren in der Einschätzung der Lage durch die Wähler.

Diese irrationalen Faktoren aufzuhellen, ist die Aufgabe der psychoanalytischen Sozialpsychologie. Diese hat seit Freuds (1921c) Arbeit über »Massenpsychologie und Ich-Analyse« zahlreiche Ansätze hervorgebracht. Ich muss mich hier jedoch auf einen Ansatz und einen Aspekt beschränken.

Ich beziehe mich im Folgenden auf jene Traditionslinie der psychoanalytischen Sozialpsychologie, die sich von den Arbeiten am Londoner Tavistock Institute of Human Relations (Trist/Murray, 1990), insbesondere von Wilfred Bions (1961) »Erfahrungen in Gruppen«, herleitet. Bion unterschied bekanntlich zwischen Arbeitsgruppen und Grundannahmengruppen. Arbeitsgruppen sind kleinere oder größere Gruppen, die, wenn sie eine bestimmte Aufgabe erledigen sollen, eine funktionale Organisation ausbilden und einen realistischen Weltbezug herstellen. Sie bilden Untergruppen, um die Arbeit sinnvoll aufzuteilen, fördern den Wunsch zur Zusammenarbeit und unterstützen die Herausbildung einer effektiven Führung. Die Autorität der Leitung stammt aus ihrer funktionalen Notwendigkeit und nicht aus autoritären Übertragungen.

Wenn die Arbeitsgruppe wirkungslos gemacht wird, wenn also eine funktionale, realitätsorientierte Organisation fehlt, bilden sich (nach Otto Kernberg, 1998; 2000) zwei Stufen von regressiven Phänomenen heraus: narzisstische und paranoide Regressionen. Die narzisstische Regression entspricht im weiteren Sinne der Bion'schen Grundannahmengruppe der Abhängigkeit, die paranoide Regression der Grundannahme von Kampf-und-Flucht. Beide sind (nach Bion) latent immer vorhanden, werden aber nur unter unstrukturierten Bedingungen dominant. In Grundannahmengruppen misslingen Versuche, Subgruppen als regressionsbremsende Binnenstrukturen zu bilden, weil der regressive Sog zur Homogenisierung zu stark ist. Regressive Gruppenprozesse aktivieren unbewusste Phantasien, die die gleichen Spaltungsvorgänge benutzen, wie sie in der individuellen Psychopathologie vorzufinden sind. Sie sind im Grunde durch Synchronisierung verstärkte individuelle Regressionsprozesse.

Die Entstehung einer paranoiden Gruppe ist die Folge einer tiefergehenden Regression, als dies bei der narzisstisch-abhängigen Gruppe der Fall ist. Die paranoide Gruppe entwickelt die Vorstellung, einer Gefahr ausgesetzt zu sein, und baut eine entsprechend aggressive Angstabwehr auf. Der Gruppenprozess bringt eine Person mit hohem paranoidem Potenzial an die Spitze. Es entsteht eine paranoide, feindselige Stimmung. Der paranoide Führer schürt den Kampf gegen ein von ihm definiertes Feindbild, wodurch sich eine Großgruppe in einen aktiven »Mob« verwandeln kann.

Wer das Phänomen des rechtsextremen Populismus verstehen will, muss sich offenbar mit dem Verhältnis von Bewegung und Führung beschäftigen. Freud hatte den Führer der Masse als Wiederkehr des gefürchteten Urvaters betrachtet und seine Macht mit jener des Hypnotiseurs verglichen. Bion hatte sich in seinen Gruppenschriften, die unmittelbar nach dem Zweiten Weltkrieg entstanden, gegen diese Perspektive abgegrenzt und behauptet, der Führer unterliege in besonderem Maße der unbewussten Grundannahme der Gruppe. Diese lösche die eigenständige Persönlichkeit des Führers aus und verwandle ihn in einen Automaten. Vielleicht trifft eine dialektische Verbindung der Freud'schen und der Bion'schen Metaphern, also jener des Führers als Hypnotiseur der Massen und jener des automatenhaften Organs der Massen, die Realität am besten. Führer können nur aufsteigen, wenn ihre Persönlichkeit in ihrem Funktionsniveau konkordant mit der unbewussten Massenmentalität ist. Aber einmal an die Spitze gelangt, können Vorhandensein oder Fehlen spezifischer Fähigkeiten bei einem Führer die weitere Entwicklung der Massendynamik sehr deutlich beeinflussen.

Man könnte an dieser Stelle auch mit Bion gegen Bion argumentieren. Seine Konzepte aus den späten 1950er-Jahren und v. a. aus »Lernen durch Erfahrung« (Bion, 1962a) bieten nämlich eine Möglichkeit, die Beziehung von Masse und Führer komplexer zu verstehen. Vor allem Bions Konzept des Container–Contained, das ursprünglich als eine Theorie des Denkens (Bion 1962b) entwickelt und zugleich als eine Theorie der psychoanalytischen Behandlung vorgestellt worden war, wurde später auch als Beitrag zur Analyse von Führungsstilen in Gruppen (Billow, 2000; Correale, 1994) und sogar in politischen Systemen verwendet. Für eine auf den zeitgenössischen Rechtspopulismus fokussierte Lesart des Container-Modells beziehe ich mich hier insbesondere auf die Berliner Psychoanalytikerin Karin Zienert-Eilts (2018; 2020). Führungspersönlichkeiten, die die Wahrnehmungen und Gefühle ihrer Anhänger und Wähler aufgreifen und in eine für diese verstehbare, d. h. sinnvolle und zugleich realistische Politik verwandeln, übernehmen sozialpsychologisch und politisch eine ähnliche Funktion, wie sie Bion im individuellen Kontext bei aufmerksamen Müttern im Umgang mit den Bedürfnissen ihrer Babys beobachtete. Durch die im Container stattfindende sogenannte Alpha-Funktion bekommen die zuerst unerträglichen Affekte eine »Bedeutung«, die symbolisch ausgedrückt und damit »gedacht« werden kann.

Von Zienert-Eilts werden nun große politische Parteien ebenso wie demokratische Institutionen als Container für die emotionalen Projektionen des Wahlvolkes betrachtet. Dies gilt sowohl für Parlamente als auch für exekutive Amtsträger wie Präsidenten oder Premierminister. Ärger und Frustration, existentielle Zukunftsängste und Angst vor Zuwanderung, Enttäuschung über Arbeitslosigkeit und über Korruption, alle Beschwerden über die soziale und politische Lage werden an die politischen Repräsentanten gerichtet und in diese projiziert.

Hierbei ist zu beachten, dass diese explizit sozialen und politischen Gefühle im Unbewussten der Einzelmenschen mit zahlreichen verdrängten frühkindlichen Angstvorstellungen verbunden werden bzw. diese mobilisieren. Die politischen Führer und Repräsentanten müssen deshalb sowohl die bewussten als auch die unbewussten Gefühlslagen aufgreifen, und wie sie das tun, entscheidet letztlich darüber, wer sich von ihnen verstanden fühlt, und in der Folge, ob und von wem sie gewählt werden. Politiker mit »Antennen« für die emotionalen Botschaften der potenziellen Wähler haben dementsprechend gute Aussichten auf Wahlerfolge.

An dieser Stelle möchte ich zwei Beispiele aus dem Wahlkampf Donald Trumps anführen, die zumindest einzelne Aspekte seiner Kontaktaufnahme mit den Gefühlen des Wahlvolkes erhellen sollen. Ich möchte dann genauer darstellen, was Trump an die Stelle der Alpha-Funktion eines funktionierenden Containers setzt, wie er zwar primitive Affekte und Phantasiefragmente anspricht und aufgreift, diese aber in keiner Weise in zum Denken befähigende Alpha-Elemente umwandelt.

Eine Aktion, die Trump bereits im ersten Wahlkampf 2016 Erfolg einbrachte, wurde 2024 zu einem fast ständigen Bestandteil seiner Rallys (Morris, 2024; Giaritelli, 2024; Conklin, 2024), nämlich das Sich-Zeigen und scheinbar mitfühlende Interagieren mit Angehörigen von Mordopfern, deren Kinder oder Eltern durch Migranten getötet wurden (Forbes, 2024). Trump bittet diese Leute, ihre Geschichte zu erzählen, und hört dann vor Tausenden Teilnehmern zu, wie diese das Leben ihrer Liebsten beschreiben, Episoden aus glücklichen Tagen erinnern, oft begleitet von projizierten Familienvideos und Kinderfotos der späteren Opfer, und schließlich den Schock und die Verzweiflung zum Ausdruck bringen, die deren Ermordung in ihnen auslöste. Die Narrative sind so ergreifend, dass die sonst oft lauten und rüpelhaften Trump-Anhänger still zuhören. Nach dem Ende der Erzählung der Betroffenen hält Trump oft eine Schweigepause, bevor er in sanfter Stimme das Leid der Betroffenen reformuliert, schließlich darauf hinweist, dass dies Hunderte, ja Tausende Male in diesem Land geschehe, und dass es dafür auch Verantwortliche gebe. Trump spricht in einem langsamen Crescendo. Die migrantischen Täter würden ja ins Land gelassen, bewusst und absichtlich. Und dann erscheint plötzlich ein überbelichtetes Schwarz-weiß-Bild von Kamala Harris auf der überdimensionalen Projektionsfläche des jeweiligen Veranstaltungsortes. Hier sehe man die in den letzten Jahren Verantwortliche für die Grenze zu Mexiko, deklamiert Trump nun ziemlich laut. Wer wolle, dass das Morden durch Migranten aufhöre, müsse ihr das Handwerk legen. Und nun beginnt die wiedererwachte Masse der Trump-Anhänger zu skandieren, wahlweise: »Trump, Trump, Trump«, »Build the Wall« oder »Lock her up«, der Anti-Clinton-Slogan von 2016, der im Sommer 2024 gegen Harris gewendet wurde.

Was geschieht hier? Meiner Ansicht nach ist dies ein Musterbeispiel für einen Pseudo-Container. Trump scheint die Trauer und Verzweiflung der Opferfamilien aufzugreifen und aufzunehmen. Er lässt diesen Gefühlen einen gewissen Raum, sich zu entfalten, und löst damit in jedem seiner 5000 Zuhörer ein resonantes Mitgefühl aus. In der Verzweiflung steckt natürlicherweise immer auch ein Stück Aggression und Rachewunsch. Dieses Element der Gesamtreaktion wird nun herausgefiltert und durch den Hinweis auf die Häufigkeit solcher Taten vervielfacht. Der Rachewunsch gegen den Mörder wird aber nicht nur hervorgehoben, er wird auch mit den zahlreichen anderen Ressentiments in der Massenstimmung verlötet. Auch in all jenen, die keine Mordopfer in der eigenen Familie zu beklagen haben, also die große Mehrheit, stecken andere unbetrauerte Verluste und Kränkungen, die ebenfalls auf das allgemeine Rachekonto einzahlen. Und dieses riesige Konto wird nun aufgemacht, wenn das Bild der Gegenkandidatin am Bildschirm erscheint. Die böse Mutter, die für alle Versagungen seit der frühesten Kindheit verantwortlich ist, wird präsentiert – so hässlich wie möglich – und mit zahllosen unzusammenhängenden Vorwürfen überhäuft. Man will ihr etwas antun, indem man ihr den strafenden Vater vorzieht und sie einsperrt. 2016 wurde berichtet, dass die Masse gegen Hilary Clinton manchmal skandierte: »Kill her now!« Das wäre dann also die vollendete paranoide Phantasie, der Muttermord, der notwendig ist, um den regressiven Verschmelzungswunsch abzuwehren und die eigene Identität, v. a. die männliche, irgendwie zu retten.

Mein zweites Beispiel bezieht sich auf Trumps erratische Bemerkung im TV-Duell mit Kamala Harris, dass Migranten in Springfield die Hauskatzen der dortigen Anwohner verzehren würden (Ramirez et al., 2024). Mit einem ekelverzerrten Gesicht beharrte Trump auf dieser Behauptung, auch nachdem die Moderatoren einwarfen, dass das Gemeindeamt von Springfield bestritten habe, dass dies in ihrem Ort vorgekommen sei. Recherchen im Nachhinein ergaben, dass Vizepräsidentschaftskandidat J. D. Vance diese Geschichte erstmals in die Welt gesetzt hatte, woraufhin diese von einigen Medien weiterberichtet wurde. Als die Unhaltbarkeit der Behauptung offenkundig wurde, meinte Vance, er müsse solche Geschichten erfinden, um auf die unhaltbaren Zustände aufgrund der großen Zahl dort angesiedelter haitianischer Flüchtlinge in Springfield hinzuweisen. Außerdem wurde auf Social Media ein Video viral geschickt, das tatsächlich eine offenbar psychisch gestörte Frau zeigte, die laut Aussagen von Zeugen eine Katze zu essen versucht hatte. Das Video zeigte aber keinen Vorfall in Springfield, und außerdem war die Frau eine offenbar bereits bekannte Psychotikerin, die weder aus Haiti noch sonst eine Migrantin, sondern US-Staatsbürgerin war. Tatsächlich ging es Trump zu keinem Zeitpunkt um die Frage, ob Haitianer tatsächlich Katzen gegessen hatten. Vielmehr erfasste er intuitiv den Wert dieser Geschichte als propagandistische Trägerrakete. Migranten, die Katzen essen, sind ein Klischee, das mehrere unbewusste Projektionen zu verdichten erlaubt. Haustiere wie Katzen stehen in ihrer Unschuld und Anschmiegsamkeit für die Kinder der amerikanischen Bevölkerung. Migranten, die Kinder entführen und töten, erinnern sehr an die europäischen Ritualmordlegenden, denen zufolge Juden christliche Kinder töten und ihr Blut für religiöse Rituale verwenden würden. Unbewusst kann sich darin der eigene Neid und Hass auf Kinder und Jugendliche verbergen, im weiteren Sinne sicherlich auch die eigene orale Gier der Trump-Bewegung; man denke etwa an die massiven Steuerhinterziehungen der Trump-Organisation. Zugleich stehen Katzen im Politdiskurs des letzten Wahlkampfs bekanntlich auch für kinderlose Frauen. Es war wieder J. D. Vance, der Kamala Harris als Erster als Katzenfrau bezeichnete, weil sie keine eigenen Kinder habe. Der machistische Wunsch der Trumpisten, den Frauen ihre Unabhängigkeit wieder zu nehmen, lässt sich also auch als Diebstahl ihrer Katzen darstellen. Die Katzentötungsphantasie ist mithin nicht zuletzt eine Projektion der Frauenfeindlichkeit, die in der Trump-Bewegung endemisch ist. Frauen sollen wieder in die Familienarbeit zurückgedrängt werden. Insofern die Katzen allerdings auch generell für das Weibliche stehen, ist die Katzentötung gleichzeitig auch wieder ein Klischee für den Muttermord, der uns bereits in den Mordaufrufen gegen Hillary Clinton begegnete. Dass Mordphantasien auch gegen Kamala Harris in der Grundannahme der Trump-Bewegung latent aktiv waren und sind, konnte man auf

Social Media verfolgen, zeigte sich aber u. a. auch im Oktober 2024 in Florida, als ein 18-jähriger Trump-Unterstützer (Caleb James Williams) mit einer Machete zwei Frauen bedrohte, die Pro-Harris-Schilder trugen.

Die Geschichte von den getöteten und verzehrten Katzen appelliert an deutlich stärker unbewusste Phantasien als die manipulative Instrumentalisierung der Morde durch Migrant*innen. Letztere gibt es ja tatsächlich, und ihre Bedeutung wird lediglich maßlos übertrieben. Statistisch ist die Kriminalitätsrate von Migrantinnen nämlich nicht höher als jene der US-Staatsbürger. Die Katzenverzehr-Geschichte war hingegen vollkommen frei erfunden, zielte aber auf unbewusste Klischees, deren regressive Anziehungskraft durch die behauptete Realität der Vorfälle und ihre öffentliche Anprangerung massiv verstärkt wurde. Auch hier erwies sich Trump als Pseudo-Container, denn einerseits zeigte er seine Antennen für die aktivierbaren unbewussten Klischees, andererseits integriert seine Intervention keineswegs die abgespaltenen paranoiden Fragmente, sondern verstärkt und etabliert sie als bewusstseins- und gesellschaftsfähig. Man könnte sagen, dass Trump durch die unintegrierte und projektive Bewusstmachung verdrängter archaischer Phantasien neurotische trianguläre Strukturen aufbricht und in spaltende Borderline-Ruinen verwandelt.

Ich hatte eingangs festgehalten, dass die Ängste und Regressionstendenzen in den gegenwärtigen Gesellschaften eine Reihe von objektiven, in der disruptiven Entwicklung der Weltordnung und der Lebensbedingungen der Menschen wurzelnden Ursachen haben. Diese gewissermaßen von außen getriggerte Regression aktiviert dann aber auch archaische Gefühle aus der Kindheit der Einzelnen, die bisher mehr oder weniger stabil der Verdrängung unterlagen. Infantile paranoid-schizoide Muster erfassen auf diese Weise auch aktuelle soziale und politische Ereignisse und verzerren ihre Interpretation.

Die für den Neoliberalismus typische technokratische Politikerelite – man denke hier an Hillary Clinton und Joe Biden, in Europa aber genauso an Macron, Scholz oder Nehammer – erweist sich in ihrer Rhetorik als kaum aufnahmefähig für die krisenbedingt massiven und zunehmend regredierteren Angstzustände und Erlösungserwartungen in den betroffenen Schichten. Man könnte diesen Typus von Politikern im Hinblick auf ihre emotional-gesellschaftliche Funktion als »flache Container« bezeichnen. Das Gefühl, von den Politikern nicht mehr verstanden zu werden, führt zu einem zunehmenden Verlust an politischer Teilhabe von bestimmten Gruppen und Schichten, und ebendies wird auf einer unbewussten Ebene als Ausstoßung aus dem mütterlichen Container erlebt.

Wegen des systembedingten Versagens der liberalen Führungsschicht kommen die rechtsextremen populistischen Führer à la Trump, Le Pen und Kickl ins Spiel: Sie eskalieren die Rhetorik gegen die traditionelle Elite und gegen Minderheiten. Zienert-Eilts spricht von einer destruktiv-populistischen Passung auf paranoid-schizoidem Niveau, die sich herstellt zwischen einer hasserfüllten, regredierten und wenig strukturierten Masse und einer destruktiv-narzisstischen Persönlichkeit. Dem »Volk« wird durch die Darstellung narzisstischer Omnipotenz ein manisches Gefühl von Sicherheit gegeben und durch die Lenkung destruktiver Aggressionen auf Feindbilder eine projektive Abfuhr ermöglicht. Die Wahrnehmung der beteiligten Menschen verengt und entdifferenziert sich: »Es sind doch alle gleich.« Wie in den Beispielen gezeigt, werden die durch den destruktiv-populistischen Führer verstärkten Ängste nur scheinbar »contained«, wenn der Führer seinen Zuhörern wie aus der Seele spricht. Es findet aber keine Transformation statt, keine Symbolisierung, keine Integration und schon gar keine Entgiftung.

Destruktiv-populistische Politik ist ein politisches Pseudo-Containing. Es bewirkt einen manischen Triumph: Schuldgefühle werden über Bord geworfen, der politische Gegner trägt alle Schuld und soll sich schuldig fühlen. Vorwürfe gegen den eigenen Führer werden nicht ernstgenommen und reflexartig als Verdrehungen durch böswillige Gegner rationalisiert. In diesem omnipotenten Prozess der Verdrehung, Selbstrechtfertigung und Schuldprojektion bleiben wesentliche Aspekte der Realitätsprüfung auf der Strecke.

Der brasilianische Psychoanalytiker Paolo Cesare Sandler (1997) hat von einer Anti-Alpha-Funktion gesprochen, die dazu dient, Frustrationen zu vermeiden. Sie erzeugt das, was Bion das Feld des negativen Rasters, des negativen Wachstums oder minus K nannte (Bion, 1962a; 1963). Sandler schrieb:

> Die Anti-Alpha-Funktion kann als Lügenfabrik betrachtet werden, die mit »Konkretheit« und plausibler Rationalität ausgestattet ist, die es ihr ermöglicht, als Wahrheit und Realität durchzugehen [...] Es entsteht etwas Falsches und Zerstörerisches anstelle von Wahrheit. Die Anti-Alpha-Funktion ist ein Faktor bei der Förderung dessen, was Freud als »Rückkehr zum unbelebten Zustand« bezeichnete (Sandler, 1997, 47; Übers. F. L.).

Unter einer anderen Perspektive kann man sagen: Anstatt eines containenden Verdauens findet ein megalomaner Defäkationsprozess statt. Unverdaute paranoide und hasserfüllte Affekte werden in die Öffentlichkeit geschleudert, politische Gegner, unabhängige Journalisten und als illoyal abgestempelte ehemalige Freunde werden mit Dreck beworfen, die politische Atmosphäre wird zunehmend vergiftet, und die produzierten Fäkalien werden durch eine perverse Idealisierung auch noch als Wahrheit des Volkes, als Weltklugheit und weise Voraussicht hingestellt (vgl. dazu auch Chasseguet-Smirgel, 1978; 1984). Tatsächlich handelt es sich also um einen destruktiv-perversen Prozess, der ein Containing vortäuscht, tatsächlich aber gerade das Gegenteil bewirkt, nämlich Entdifferenzierung, Desymbolisierung, Entsublimierung und Brutalisierung.

Ich komme zurück zu meinen einleitenden Bemerkungen: Die psychologische und politische Regression in den Gesellschaften des 21. Jahrhunderts hat ihre grundlegenden Ursachen in der Krisenhaftigkeit des transnationalen Kapitalismus, im Zerfall der politisch-militärischen Nachkriegsordnung und in der breitflächigen Diskreditierung traditioneller bzw. dem Fehlen zeitgemäßer linker gesellschaftspolitischer Alternativen. Unter diesen Bedingungen können destruktiv-perverse Pseudo-Container die primitiven Affekte und unbewussten Klischees in der Bevölkerung ausnutzen, wachsende Bevölkerungsgruppen unter einen projektiven Beta-Schirm zerren und eine faschistoide Eskalation vorantreiben. Es stellt sich die historische Frage, ob es in dieser Situation emanzipative Container geben kann, die in Bezug auf die archaischen Emotionen in der Bevölkerung eine symbolisierend-transformative Funktion spielen können. Diese müssten gleichzeitig mit hoher emotionaler Sensibilität für politische Emotionen und deren Ursachen und mit einer realistischen politisch-ökonomischen Perspektive für die einzelnen Staaten, aber auch für die Welt insgesamt ausgestattet sein. Ein derartiger Container ist derzeit noch nicht in Sicht. Man soll die Hoffnung aber niemals aufgeben.

Literatur

Adorno, Theodor W. (1971): Die Freudsche Theorie und die Struktur der faschistischen Propaganda, in: Schülein, Johann/Wirth, Hans-Jürgen (Hg.): *Analytische Sozialpsychologie. Klassische und neuere Perspektiven.* Gießen: Psychosozial, 2011.

Ayers, Alison J. (2024): »The Fire This Time«: The Long Crisis of Neoliberal Capitalist Accumulation and Spectre of Neofascism. *Critical Sociology* 50/3, 413–435.

Bartel, Fritz (2022): *The Triumph of Broken Promises: The End of the Cold War and the Rise of Neoliberalism.* Boston: Harvard University Press.

Berberoglu, Berch (2021): *The Global Rise of Authoritarianism in the 21st Century: Crisis of Neoliberal Globalization and the Nationalist Response.* New York: Routledge.

Billow, Richard M. (2000): Relational Levels of the »Container-Contained« in Group Therapy. *Group* 24, 243–259.

Bion, Wilfred R. (1961): *Erfahrungen in Gruppen.* Stuttgart: Klett-Cotta, 2018.

Bion, Wilfred R. (1962a): *Lernen durch Erfahrung.* Frankfurt a. M.: Suhrkamp, 1992.

Bion, Wilfred R. (1962b): Eine Theorie des Denkens, in: Bott Spillius, Elisabeth (Hg.) (1988): *Melanie Klein heute. Entwicklungen in Theorie und Praxis, Bd. I: Beiträge zur Theorie.* Stuttgart: Klett-Cotta, 2020.

Bion, Wilfred R. (1963): *Elemente der Psychoanalyse.* Frankfurt a. M.: Suhrkamp, 1992.

Chasseguet-Smirgel, Janine (1978): Reflexions on the Connexions Between Perversions and Sadism. *Int. J. Psycho-Anal* 65, 27–35.

Chasseguet-Smirgel, Janine (1984): *Anatomie der menschlichen Perversion.* Stuttgart: DVA, 1989.

Conklin, Audrey (2024): Trump meets with Rachel Morin family at border, Maryland mom of 5 murdered by illegal immigrant suspect. *Fox News,* 23.8.2024: https://www.foxnews.com/us/trump-meets-rachel-morin-family-border-maryland-mom-5-murdered-illegal-immigrant-suspect (1.1.2025).

Correale, Antonello (1994): The Institutional Field: An Evolution of the Container Model. *British Journal of Psychotherapy* 11/1, 77–91.

Crouch, Colin (2021): *Postdemokratie – revisited.* Frankfurt a. M.: Suhrkamp.

Elder-Vass, Dave (2011): *The Causal Power of Social Structures: Emergence, Structure and Agency.* Cambridge: Cambridge University Press.

Forbes (2024): *Breaking News – Trump Plays Video of Mother Whose Daughter Was Killed Allegedly by Illegal Immigrants at New Mexico Rally:* https://www.youtube.com/watch?v=XckDT4tkOz8 (1.1.2025).

Frankenberg, Günter/Heitmeyer, Wilhelm (2023): *Treiber des Autoritären: Pfade von Entwicklungen zu Beginn des 21. Jahrhunderts.* Berlin: Campus.

Fraser, Nancy (2019): *The Old is Dying and the New Cannot Be Born: From Progressive Neoliberalism to Trump – and Beyond.* London, New York: Verso.

Freud, Sigmund (1921c): *Massenpsychologie und Ich-Analyse.* GW XIII, 71–161.

Fromm, Erich (1932): Über Methode und Aufgabe einer analytischen Sozialpsychologie: Bemerkungen über Psychoanalyse und historischen Materialismus, in: ders.: *Analytische Sozialpsychologie und Gesellschaftstheorie.* Gießen: Psychosozial, 2019.

Giaritelli, Anna (2024): Crime victim families endorse Trump at border: »He needs to be in office«. *Washington Examiner*, 22.8.2024. Online: https://www.washingtonexaminer.com/news/campaigns/presidential/3131189/crime-victim-families-endorse-trump-border/ (1.1.2025).

Heitmeyer, Wilhelm (1997): *Was treibt die Gesellschaft auseinander? Bundesrepublik Deutschland: Auf dem Weg von der Konsens- zur Konfliktgesellschaft.* Frankfurt a. M.: Suhrkamp.

Illouz, Eva (2024): *Explosive Moderne: Eine scharfsinnige Analyse unserer emotionsgeladenen Gegenwart.* Berlin: Suhrkamp.

Kernberg, Otto (1998): *Ideologie, Konflikt und Führung. Psychoanalyse von Gruppenprozessen und Persönlichkeitsstruktur.* Stuttgart: Klett-Cotta, 2022.

Kernberg, Otto (2000): Sanktionierte gesellschaftliche Gewalt. Eine psychoanalytische Sichtweise. *Persönlichkeitsstörungen – Theorie und Therapie* 4/1, 4–25.

Kotz, David M. (2009): The Financial and Economic Crisis of 2008: A Systemic Crisis of Neoliberal Capitalism. *Review of Radical Political Economics* 41/3, 305–17.

Lee, Bandy X. (2019): *The Dangerous Case of Donald Trump: 37 psychiatrists and mental health experts assess a president* – updated and expanded with new essays. New York: Thomas Dunne.

Lorenzer, Alfred/Dahmer, Helmut/Horn, Klaus/Brede, Karola/Schwanenberg, Enno (1971): *Psychoanalyse als Sozialwissenschaft.* Frankfurt a. M.: Suhrkamp.

Lorenzer, Alfred (1977): Sprachspiel und Interaktionsformen: Vorträge und Aufsätze zur Psychoanalyse, Sprache und Praxis. Frankfurt a. M.: Suhrkamp.

Morris, Kyle (2024): Trump spotlighting shock slaying of mom allegedly killed by illegal immigrant evokes effective 2016 strategy. *Fox News*, 21.6.2024: https://www.foxnews.com/politics/trump-spotlighting-shock-slay-mom-allegedly-killed-illegal-immigrant-evokes-effective-2016-strategy (1.1.2025).

Navidi, Sandra (2022): *Die DNA der USA: Wie tickt Amerika?* München: FinanzBuch.

Ramirez Uribe, Maria/Sherman, Amy (2024): »They're eating the pets«: Trump, Vance earn PolitiFact's Lie of the Year for claims about Haitians. *PolitiFacts*, 17.12.2024: https://www.politifact.com/article/2024/dec/17/theyre-eating-the-pets-trump-vance-earn-politifact/ (1.1.2025).

Robinson, William I. (2024): War, Global Capitalism and Resistance. London: IMG.

Saage, Richard (1976): *Faschismustheorien.* München: Beck, 3., durchges. Aufl. 1981.

Saez, Emmanuel/Zucman, Gabriel (2019): *Der Triumph der Ungerechtigkeit: Steuern und Ungleichheit im 21. Jahrhundert.* Frankfurt a. M.: Suhrkamp, 2021.

Sandler, Paolo Cesare (1997): The Apprehension of Psychic Reality: Extensions of Bion's Theory of Alpha-Function. *Int. J. Psycho-Anal* 78, 43–52.

Schadwinkel, Alina (2016): *Klimawandel: Sichert, was geht!* Online: https://www.zeit.de/wissen/umwelt/2016-12/klimawandel-donald-trump-klimaforschung-daten-usa/komplettansicht (1.1.2025).

Trist, Eric/Murray, Hugh (1990): *The Social Engagement of Social Science. A Tavistock Anthology, Vol. I: The Socio-Psychological Perspective.* Philadelphia: University of Pennsylvania Press.

Troost, Axel/Hickel, Rudolf/Reuter, Norbert (2023): *Soziale Kipppunkte, bedrohte Existenzen, wachsende Armut.* Hamburg: VSA.

Trump, Mary L. (2020): *Zu viel und nie genug: Wie meine Familie den gefährlichsten Mann der Welt erschuf.* München: Heyne.

Yale Insights (2024): *The Truth Beneath the Economic Misinformation.* https://insights.som.yale.edu/insights/the-truth-beneath-the-economic-misinformation (1.1.2025).

Zienert-Eilts, Karin (2018): Populismus als destruktiver Container. *Jahrbuch der Psychoanalyse* 77, 175–188.

Zienert-Eilts, Karin (2020): Populismus – destruktiver Narzissmus – pervertierter Container. Eine psychoanalytische Skizze, in: Zienert-Eilts, Karin/Hegener, Wolfgang/Reicheneder, Johann Georg (Hg.): *Herbert Rosenfeld und seine Bedeutung für die Psychoanalyse. Leben – Werk – Wirkung.* Gießen: Psychosozial.

Der schwierige Abschied vom Machtwort – causa non finita

Christian Schacht

Einleitung

Ich möchte mit einem Zitat von Thomas Pollak beginnen. Er schreibt:

> Die Psychoanalyse verfügt über eine charismatische Gründungsfigur in der Person Sigmund Freuds und über die »heilige« Gründungsschrift in seinem umfangreichen Werk und seinen Korrespondenzen. Freud war nicht nur ein genialer »Naturforscher«; seine Entdeckungen stehen in engem thematischem Zusammenhang mit seinen persönlichen Lebenskrisen und der unwiederholbaren historischen Leistung seiner Selbstanalyse. […] In unserem Zusammenhang geht es darum, wie sehr seine Person einen Urvater-Status erlangt hat, wie er sonst nur den Gründungsfiguren von Religionen oder religionsähnlichen politischen Bewegungen zukommt. In diesem Sinn eines Religionsstifters fungierte Freud dann als Garant einer unverbrüchlichen Wahrheit. (Pollak, 2014, 1111 f.)

Diese Problematik würde aber nicht nur dem historischen Erbe der Psychoanalyse entstammen, so Pollak, sondern sie hätte ihre Wurzeln auch in der Natur des psychoanalytischen Berufs, genauer: in der Angst und Unsicherheit, die die berufliche Befassung mit dem Unbewussten mit sich bringt. Auch die religionsähnlichen Züge psychoanalytischer Institutionen würden demnach eine Abwehr des Unbewussten darstellen und als solche eine »trügerische Sicherheit« versprechen (a. a. O., 1128).

Der Begriff »Machtwort« kommt hier nicht vor. Ich habe das Zitat trotzdem an den Anfang gestellt, weil es die Richtung andeutet, in die sich mein Beitrag bewegen wird. Ich gehe dabei von folgenden Vorannahmen aus:

1. Es gibt im psychoanalytischen Diskurs immer wieder Denkfiguren und Formulierungen, die uns als Behauptungen nicht hinterfragbarer Wahrheitsgewissheiten entgegentreten. Es handelt sich hier zwar nicht um Machtworte im Sinne von Befehlen, die mit realer Macht durchsetzbar wären. Als »Machtworte« können diese Behauptungen aber insofern verstanden werden, als mit ihnen ein Anspruch auf Endgültigkeit (i. S. v. »Ende der Debatte«) erhoben wird, vergleichbar dem jahrhundertelang im katholischen Europa praktizierten »Roma locuta – causa finita« (»Rom hat gesprochen – die Sache ist beendet«).
2. Bekanntlich findet sich Derartiges auch bei Freud. Man denke etwa an den Satz in seinem Brief an Ferenczi 1913: »Wir sind im Besitz der Wahrheit« (Freud, 1992, 216). Allerdings ist bei Freud ja gerade das Faszinierende, dass er sich mit einem

solchen »Besitz der Wahrheit« nie zufriedengegeben hat. Verglichen mit einer Zugfahrt: Der Zug ist scheinbar in den Endbahnhof eingefahren und damit das Ziel der Reise erreicht (hier passt »Kopfbahnhof« besonders gut). Der Reisende könnte sich also zufrieden niederlassen. Aber für Freud erweist sich der vermeintliche Kopfbahnhof meist doch als Zwischenstation, und seine Forschungsreise geht weiter. Die Causa ist eben *nicht* finita ... Anders gesagt: Was man als »Machtworte« Freuds verstehen (oder vielleicht auch: missverstehen) kann, wird oft von der Dynamik seines eigenen Denkens relativiert oder aufgelöst.

3. Anders als die religiösen Institutionen, gegen deren Denkverbote und Machtworte Freud bekanntlich energisch aufgetreten ist, konnte er selbst die eigenen »Machtworte« nur beschränkt durchsetzen. Gelingen konnte es, wenn seinem »Machtwort-*Angebot*« jeweils eine (v.a. dem Wunsch nach Sicherheit entstammende) »Machtwort-*Nachfrage*« entsprach. – Auch in der psychoanalytischen Literatur seit Freud lassen sich zahlreiche Beispiele für eine solche *Nachfrage* finden, nämlich immer dort, wo in strikter Orientierung an seinen Sätzen eine vermeintliche Wahrheitsgewissheit gesucht bzw. das Aushalten von Verunsicherung vermieden wird.[1]

Im Folgenden sollen aus der psychoanalytischen Literatur nun aber v.a. solche Anregungen aufgegriffen werden, die im Sinne eines »Abschieds vom Machtwort« interpretiert werden können – oder vielleicht präziser formuliert: als mögliche Hilfen beim *Abschied von der Sehnsucht nach dem Machtwort*. Das wird sich zuerst auf der Ebene der Theorie bewegen, später wird es dann praxisnäher.

Einige andere interessante Perspektiven auf das Thema »Machtwort« werden also ausgespart bleiben.[2] Was ich in meinem Vortrag genauer zu fassen versuche, ist die Spannung zwischen »Sätzen des Suchens« und »Sätzen des Gefundenhabens« (oder des Vorläufig-gefunden-Habens) in der Psychoanalyse.

---

1 Das gilt mitunter auch für ansonsten äußerst kreative und eigenständig denkende Autoren (absichtlich nicht gegendert). Als kleines Beispiel eine Formulierung Balints: »Hier habe ich sicheren Boden unter den Füßen, da ich Freud zitieren kann« (Balint, 1961, 169 – mit Dank an Ernst Falzeder für den Hinweis!).

2 Vom Begriff »Machtwort« aus wäre etwa eine Verbindungslinie denkbar zu Freuds Bemerkung, wonach »das Wort doch ursprünglich ein Zauber, ein magischer Akt [war]« (Freud, 1926e, 214). – Aus soziologischer Sicht ließe sich z.B. fragen, welche sozialen Strukturen Voraussetzung dafür sind, dass überhaupt ein »Machtwort« gesprochen werden kann. Oder es könnte auf Foucaults Behauptung eingegangen werden, wonach Freud »dem Arzt den quasi göttlichen Status der Allmächtigkeit verliehen« habe (Foucault, 1961, 535; zit. nach Whitebook, 1998, 516). – Ein wiederum völlig anderer Zugang wäre es, das Thema »Macht« und »Machtwort« mit dem Datum des Vortrags dieser Gedanken in Verbindung zu bringen, dem 9. November, also dem Tag der Reichspogromnacht 1938 – oder auch mit dem Ergebnis der letzten Nationalratswahl in Österreich.

2. Dogmatischer Wahrheitsvorbehalt und Überschreitung eigener Grenzsetzungen

Schülein beschreibt Freuds Ausgangsposition so, dass dieser zunächst versucht habe, »so zu tun, als sei Psychoanalyse nichts anderes als die Fortsetzung von Naturwissenschaft mit anderen, der Thematik entsprechenden Mitteln« (Schülein, 2012, 607).

Diese Einstellung habe für Freud eine wichtige *Funktion* erfüllt:

> Um die Bedeutung von Freuds Vorstellungen über Erkenntnis und Wissenschaft angemessen zu verstehen, muss man […] ihre *Funktion* für die Entwicklung der Psychoanalyse berücksichtigen. Denn seine Vorstellungen dienen vor allem als Hintergrundabsicherungen für seine abenteuerlichen Expeditionen in die Psyche. […] Die Überschätzung der Nähe seines Tuns zu den Naturwissenschaften half ihm, die Unsicherheit der Übergangsphase besser auszuhalten […]. Seine spezielle Definition von (Natur-)Wissenschaft hatte also vorrangig die Funktion, ihm den Rücken frei zu halten – und war dafür ausgezeichnet geeignet. (a.a.O., 610; Herv. i.Orig.)[3]

Auch wenn er laut Schülein diese »defensive Position« später verlassen und die Psychoanalyse als eigenständige Wissenschaft neben die Naturwissenschaften gestellt habe (a.a.O., 609f.) – an bestimmten Stellen hält Freud, wie Kimmerle kritisch anmerkt, doch am »empiristischen Mythos« fest (Kimmerle, 2012, 643): Das betrifft etwa seine Auseinandersetzung mit abtrünnigen Schülern. (Von dort stammt auch der vorhin zitierte, auf das Zerwürfnis mit C. G. Jung bezogene Satz: »Wir sind im Besitz der Wahrheit«.) Kimmerle schreibt:

> In den Grundriss, der einen gemeinsamen Boden für alle Psychoanalytiker absteckt, schreibt Freud einen dogmatischen Wahrheitsvorbehalt ein, der zeitüberdauernd zwischen dem trennen soll, was als psychoanalytisch zutreffend anerkannt und was als verfehlt verworfen wird. Das Verbot, diesen Wahrheitsboden zu verlassen, wird durch die Gewissheit empirisch gewonnener Einsichten begründet. (a.a.O., 646)

Und doch ist das Bild des auf diese Weise dogmatische »Machtworte« sprechenden Freud nur eine Seite der Medaille:

> Das eigentlich Interessante an den Auseinandersetzungen Freuds mit seinen Schülern ist […] nicht die Einhegung, die er vergeblich zu erzwingen sucht, sondern die Entgrenzung, die sich für ihn daraus ergibt.

---

3 »Freud war kein profilierter Erkenntnis- und Wissenschaftstheoretiker«, stellt Schülein fest und meint dazu in einer Fußnote: »Man kann sagen: ein Glück! Ob Freud, beladen mit der Last der Diskurse von Aristoteles bis Descartes, von Kant und Hegel bis zu Mill, Dilthey und Husserl noch den Mut gehabt hätte, so konsequent seinen Weg zu gehen, ist fraglich.« (Schülein, 2012, 610).

> Freud selbst verlässt nämlich den Boden, den er gelegt zu haben behauptet, und überschreitet Grenzen, die er für unverrückbar erklärt hat. Sein Beharren auf einem Grundbestand an unveräußerlichen Gegebenheiten bedeutet nicht, dass er unverändert bewahrt, was er verteidigt. Es gehört zu den Ironien der Wissenschaftsgeschichte, dass diese Verteidigung zu grundlegenden Umwälzungen führt. Zwar besteht Freud auf seinen errungenen Einsichten, aber er gerät dadurch nicht in einen bewahrenden Stillstand, sondern treibt seine Theoriebildung in der Auseinandersetzung mit den Abtrünnigen voran. […] Dieser dialogische Einschlag seiner Theoriebildung bleibt jedoch wissenschaftstheoretisch von ihm selbst unbedacht. […] Die Streitfragen, die zum Bruch geführt haben, sind nur scheinbar entschieden, sie treiben ihn weiter um. (a.a.O., 646 f.)

Dies als gelungene Charakterisierung dessen, was im Vergleich oben mit den »Kopfbahnhöfen« gemeint war, die sich für Freud dann doch als Zwischenstationen erweisen.

3. Freuds Religionskritik und die Vorstellung von einer vollendeten Wissenschaft

Aus Freuds Schriften zur Religion greife ich hier nur zwei durchaus »machtwortartige« Formulierungen heraus. Zunächst eine, in der Freud offensichtlich wissenschaftliche Forschung kurzerhand mit »Wahrheit« gleichsetzt: »Es ist nun einmal so, dass die Wahrheit nicht tolerant sein kann, keine Kompromisse und Einschränkungen zulässt, dass die Forschung alle Gebiete menschlicher Tätigkeit als ihr eigen betrachtet und unerbittlich kritisch werden muss, wenn eine andere Macht ein Stück davon für sich beschlagnahmen will.« (Freud, 1933a, 173) Wenig später meint er dann emphatisch:

> Es ist unsere beste Zukunftshoffnung, dass der Intellekt – der wissenschaftliche Geist, die Vernunft – mit der Zeit die Diktatur im menschlichen Seelenleben erringen wird. Das Wesen der Vernunft bürgt dafür, dass sie dann nicht unterlassen wird, den menschlichen Gefühlsregungen und was von ihnen bestimmt wird, die ihnen gebührende Stellung einzuräumen. […] Was sich, wie das Denkverbot der Religion, einer solchen Entwicklung widersetzt, ist eine Gefahr für die Zukunft der Menschheit. (a.a.O., 185)

Worauf Freud sich in seiner Religionskritik immer wieder beruft, ist der »wissenschaftliche Geist« (a.a.O., 179, 180, 182) bzw. die »wissenschaftliche Weltanschauung«, von der er meint, dass von ihr »die *Einheitlichkeit* der Welterklärung zwar auch […] angenommen [wird], aber nur als ein Programm, dessen Erfüllung in die Zukunft verschoben ist« (a.a.O., 171; Herv. i. Orig.).

Diese Rede Freuds von der »wissenschaftlichen Weltanschauung« erscheint etwa Gerhard Gamm (1989, 153) »in höchstem Maße verdächtig«: Sie lasse nämlich »die Vermutung aufkeimen, dass Freud Wissenschaft nach Maßgabe eines religiösen Weltverhältnisses interpretiert«.⁴ Im Übrigen sei »wissenschaftliche Weltanschauung« eine contradictio in adjecto, weil Wissenschaft »der religionsanalogen Erwartung auf eine Weltauslegung im Ganzen […] vom Grundsatz her entgegengesetzt« sei (ebd.).

Hier ist ein Themenbereich berührt, von dem man sagen könnte, dass Freud *diesen* Kopfbahnhof tatsächlich nicht mehr verlassen hat: nämlich denjenigen eines idealisierten Wissenschafts- und Vernunftbegriffs – auch wenn sich in seinem Spätwerk durchaus skeptische Sätze dazu finden lassen.⁵

Allerdings haben andere seither für eine gedankliche Weiterreise gesorgt. So bringt Joel Whitebook (2014) die Problematik präzise und unpolemisch auf den Punkt: In Freuds Religionskritik erscheine die Hinnahme der Endgültigkeit des Todes als ein Maßstab dafür, ob ein Glaubenssystem sich aus der Sphäre der Illusionen befreit hat oder im magischen Denken steckengeblieben ist. Dem stehe die Konzeption von Wissenschaft gegenüber, der Freud sich verpflichtet gefühlt habe – allerdings mit dem Paradox, dass Freuds Behauptung, die Wissenschaft würde die Allmacht *in toto* überwinden, offenkundig selbst im Register der Allmacht verharre und mithin ein Selbstwiderspruch sei. Whitebook präzisiert daher:

> Die *Wissenschaft* ist eine Institution des Denkens und der Praxis, welche die Hartnäckigkeit unserer Neigung zu magischem Denken erkennt und methodisch zu überwinden sucht. Sie will eine subjektunabhängige Realität so weit wie möglich akzeptieren. […] Wir können diesem Ziel nur »ausreichend gut«, also asymptotisch näherkommen, es aber nie voll erreichen. Tatsächlich ist die Vorstellung von einer vollendeten Wissenschaft – wie die von einem durchanalysierten Individuum – eine Illusion der Allmacht. (Whitebook, 2014, 1184; Herv. i. Orig.)⁶

---

4 In seinem Artikel »Die Wiederkehr des Religiösen in der Psychoanalyse: Freuds kritische Analyse der Religion als Darstellung der latenten Struktur seines wissenschaftlichen Denkens« bietet Passett (1994) eine andere, ungewöhnliche Perspektive auf das Thema an, aus der ich hier nur eine kurze Passage zitiere: »Die Religion war immer der Bereich des expliziten Umgangs mit dem Nicht-Sagbaren, Nicht-Darstellbaren. Und Freud hat mit der Psychoanalyse eine Theorie und eine Praxis entworfen, die im nachreligiösen Zeitalter diese Funktion der Religion übernehmen soll und doch den Anforderungen dessen, was ihm allein als Wissenschaft galt, gerecht wird. Das Nicht-Sagbare ist zum Unbewussten geworden und das ›therapeutische‹ Reden über das, worüber man eigentlich nur schweigen könnte, ersetzt das religiöse Ritual. […] Das Wesentliche der analytischen Rückbindung besteht darin, dass jene eigene Geschichte, welche der Analysand in Kooperation mit dem Analytiker sich erdichtet, ihn nicht mit seinem Volk, seiner Kultur verbindet, sondern mit seinem Unbewussten.« (a. a. O., 263)

5 Etwa: »Sie wissen, Wissenschaft ist keine Offenbarung, sie entbehrt, lange über ihre Anfänge hinaus, der Charaktere der Bestimmtheit, Unwandelbarkeit, Unfehlbarkeit, nach denen sich das menschliche Denken so sehr sehnt. Aber so wie sie ist, ist sie alles, was wir haben können. Nehmen Sie hinzu, daß unsere Wissenschaft sehr jung ist, […] und daß sie sich ungefähr mit dem schwierigsten Stoff beschäftigt, der menschlicher Forschung vorgelegt werden kann […].« (Freud, 1926e, 218)

6 Ähnlich formuliert Zenaty bezüglich Freuds Kritik an den Illusionen der Religion: »Ob diese Neigung zur Illusion durch eine ›Diktatur der Vernunft‹ überwunden werden könne, müssen wir allerdings nach den Erfahrungen von Holocaust und anderen Massengenoziden in Frage

Der letzte Satz, den ich für äußerst wichtig halte, erinnert mich an einen Gedanken von Schülein (2015), der sich allerdings nicht auf die Psychoanalyse bezieht. Es heißt dort nach einem Überblick über unterschiedliche erkenntnistheoretische Positionen:

> Von definitiver »Wahrheit« ist in neueren erkenntnistheoretischen Diskursen […] nicht mehr die Rede. Das klingt nach Scherbenhaufen, ist es aber nicht. Man kann diese Entwicklung auch als Entlastung und als Erreichen der »depressiven Position« sehen: Erkenntnis- und Wissenschaftstheorien stehen nicht mehr unter dem Zwang, etwas Unbegründbares begründen zu müssen […]. Sie können sich ganz darauf konzentrieren, Bedingungen und Problemlagen von Erkenntnis und die Versuche, mit ihnen umzugehen, zu analysieren. Und in dieser Hinsicht hat sich – parallel zum Verblassen der heroischen Wahrheitsidee – viel getan […]. (Schülein, 2015, 81)

Dass in diesem Zusammenhang ein psychoanalytischer (kleinianischer) Begriff auftaucht (»depressive Position«), klingt ungewöhnlich, ist hier aber durchaus plausibel. Ebenso plausibel erscheint mir der Versuch, Schüleins Befund auf den psychoanalytischen Diskurs zu übertragen. Auch hier, so meine These, geht es um den Abschied von einer – v.a. von Männern tradierten – »heroischen Wahrheitsidee« (samt »Machtwort«), und um die Notwendigkeit, die »depressive Position« (immer wieder neu) zu erreichen.

Was die erkenntnistheoretischen Grundlagen der Psychoanalyse betrifft, so weist eine Arbeit von Christoph Frühwein in die angedeutete Richtung.

4. Die Anerkennung unvermeidbarer Unschärfen als Abschiedshilfe

Unter der Überschrift »Die Heisenberg'sche und die Freud'sche Unschärferelation« schlägt Frühwein (2018) einen Bogen von der Psychoanalyse zur Welt der Quantenphysik, genauer: zur erkenntnistheoretischen Bedeutung der Unschärferelation, wie sie deren Entdecker Heisenberg formuliert hat. Ich fasse extrem verkürzt zusammen:

Je weiter die Forschung in mikrophysikalische Welten vordringt, umso unvermeidlicher sei eine Wechselwirkung zwischen Forschungsanordnung und Forschungsgegenstand. Aufgrund dieser Wechselwirkung generiere die Forschung einmalige Ereignisse, die anders nicht zustande gekommen wären. Heisenberg habe das Grundprinzip der Wechselwirkung zwischen Gegenstand und Forscher formuliert, und zwar, so Frühwein, »exakt analog zu dem, was wir in der Psychoanalyse als unbewusste Wechselwirkung von Übertragung und Gegenübertragung […] untersuchen« (a.a.O., 449). In beiden Fällen könne dem Dilemma der »Unschärfe« nur durch Anerkennung der Rolle der Interpretation, des Beitrages der menschlichen Forschungssubjektivität, begegnet werden.

Allerdings macht Frühwein auf einen überaus wichtigen Unterschied aufmerksam:

---

stellen. *Vielleicht ist das Illusionsbedürfnis doch ein wesentlicher Teil der menschlichen ›Natur‹ – und die Annahme, Illusionen ließen sich eliminieren, ihrerseits eine Illusion.«* (Zenaty, 2022, 330; Herv. Ch. S.)

> In der Untersuchung der unbelebten materiellen Natur steht die Interpretation *am Ende der Empirie*. Im Paradigma des Experiments ist eine historisch erfolgreiche Forschungspraxis festgeschrieben, die sich *so lange wie möglich darum bemüht*, ein distanziert-objektiviertes, kontrollierendes Verhältnis zum Untersuchungsgegenstand beizubehalten. […][7]
>
> *In der Psychoanalyse ist dieses Verhältnis umgekehrt.* Es besteht *von Anfang an* in jedem von uns eine nicht zu beseitigende unmittelbare Nähe zum Untersuchungsgegenstand, der menschlichen Psyche oder Subjektivität, nämlich in uns selbst. […] Die subjektive interpretative Introspektion steht damit – im Unterschied zur Physik – *am Anfang des Wissenschaftsprozesses*, und das Bemühen um die Objektivierbarkeit des Erkennens im Sinne epistemischer Objektivität folgt *danach* – und mit anderen Methoden.[8] (a. a. O., 452; Herv. Ch. S.)

Wie kann nun aber ein solcher Forschungsansatz, der einer »subjektiven interpretativen Introspektion« einen Platz einräumt, in der Praxis genutzt werden, ohne in Willkür, Subjektivismus oder Esoterik zu verfallen?[9]

Frühwein bringt hier einen verblüffend naheliegenden, in der Literatur aber – jedenfalls was die erkenntnistheoretische Dimension betrifft – auffällig vernachlässigten Gedanken ins Spiel, indem er die *gemeinsame psychoanalytische Falldiskussion* zur »Methode der Wahl« erklärt. Diese diene nämlich nicht nur dem Fortschritt unserer Behandlungen: »In den gemeinsamen, ritualisiert ablaufenden Fallbesprechungen ist die universelle Dimension unserer Wissenschaft enthalten, und zwar […] nicht obwohl, sondern *weil* die konkrete subjektiv-individuelle Erfahrung und das emotionale Erleben des Analytikers darin im Zentrum stehen und mit anderen geteilt, durchgearbeitet und durchgedacht werden können.« (a. a. O., 458; Herv. i. Orig.)

---

[7] Dies würde, wenn ich es richtig verstanden habe, etwa Schüleins idealtypischer Charakterisierung der »nomologischen Realität« entsprechen, deren Gesetzmäßigkeiten ohne Informationsverlust in »denotativen Theorien« erfasst werden können – im Gegensatz zur »autopoietischen Realität«, der gegenüber Theorien ein »konnotatives« Leistungsprofil brauchen, in der etwa Begriffe (statt Zeichen) verwendet werden und in der es zu einer wechselseitigen Beeinflussung von autopoietischer Realität und ihrer Reflexion kommen kann (Schülein, 2015, 55). – Einen interessanten Aspekt formuliert Schülein pointiert: »Typisierend könnte man sagen, dass denotative Theorien und Methoden wegen ihrer strikten Festlegung gewissermaßen mit masochistischer Unterwerfung und analsadistischer Disziplinierung korrespondieren und die Anlehnung an ein starkes Objekt erlauben, während konnotative Theorien ein Feld für die Expansion des Größenselbst und oralen Solipsismus sind, weil es relativ leicht ist, sich einen Schrebergarten privater Theorien und Begründungen anzulegen.« (a. a. O., 59)

[8] In diesem Punkt wird also Freuds Aussage widersprochen, in der er meint: »Geist und Seele sind in *genau der nämlichen Weise* Objekte der wissenschaftlichen Forschung wie irgendwelche menschenfremde Dinge.« (Freud, 1933a, 171; Herv. Ch. S.)

[9] Hier ist daran zu erinnern, dass auch Freuds Bemühung um eine »wissenschaftliche Weltanschauung« sich ja nicht nur gegen die Illusionen der Religion gerichtet hat. Es ging ihm ebenso um Abgrenzung von subjektivistischen Positionen, wenn er sich etwa gegen die »anarchistische Lehre« bzw. den »intellektuellen Nihilismus« wandte (1933a, 190; heute würden wir von »radikalem Konstruktivismus« sprechen).

Die Objektivierung des Wissens erfolge demnach erst in einem *zweiten Schritt*, nämlich im gemeinsamen Durcharbeiten (v.a. der Gegenübertragung), wobei über kreisförmig-diskursive Abstraktionsschritte Strukturen und Gesetzlichkeiten des Materials erarbeitet werden (a.a.O., 459).[10]

5. Abschied vom Machtwort zugunsten der Anerkennung und disziplinierten Reflexion des »subjektiven Faktors«

Ich bleibe bei meinem Thema, dem vermeintliche Sicherheit gebenden »Machtwort«: Wenn wir Frühweins Gedanken folgen, so heißt das, dass wir uns auch in der psychoanalytischen Falldiskussion *zuerst einmal* auf einem Terrain befinden, auf dem uns kein Machtwort – von wem auch immer – vor »Unschärfen« schützen würde.[11]

Im Bemühen, die damit verbundene Verunsicherung zu vermeiden, können wir *entweder* unsere jeweiligen theoretischen Vorannahmen vorschnell dem konkreten Fall überstülpen *oder*, im anderen Extrem: Wir setzen unser subjektives Erleben absolut – etwa in einer »totalistischen« Auffassung der Gegenübertragung (vgl. Weiß, 1999, 894 ff.). Allerdings geraten wir in beiden Fällen in Sackgassen, was wir daran merken werden, dass der reflexive Austausch erheblich erschwert oder überhaupt gelähmt wird. (Die »causa« scheint ganz schnell »finita« …)

Psychoanalytische Falldiskussionen sind daher methodisch auf etwas anderes hin ausgerichtet: Indem die Beteiligten ihre Aufmerksamkeit zuerst den eigenen subjektiven Reaktionen auf das Erzählte und auf die Erzählszene zuwenden und dann dieses Erleben möglichst präzise artikulieren, kann im Austausch und in der Reflexion darüber untersucht werden, ob und wie sich auf dieser Meta-Ebene etwas von dem widerspiegelt, wovon erzählt wurde. Auch die meisten SupervisorInnen sehen ihre Funktion darin, genau diesen Prozess immer wieder anzuregen (und nicht in einer Vorgabe von »richtig« vs. »falsch«). Das bedeutet: In ritualisierten Fallbesprechungen gibt es, ähnlich wie in der analytischen Situation selbst, innerhalb des vereinbarten Rahmens *kein Machtwort*. Man könnte sie (idealtypisch) als themenzentrierte, »machtwort-lose« Reflexionsräume bezeichnen.[12]

---

10 Vgl. dazu die Schilderung Brittons über seine Erfahrungen in einer klinischen Arbeitsgruppe: Nur in der detaillierten Betrachtung der Arbeit eines Analytikers mit einem bestimmten Fall würden sich die jeweiligen unbewussten Aspekte der Gegenübertragung auffinden lassen, wobei *»die Einstellung und das Verhalten eines Analytikers unvermeidlich durch seine unbewusste Gegenübertragung beeinflusst werden. Das lässt sich herausfinden, aber nicht vorhersehen«* (Britton, 2011, 127; Herv. Ch. S.).
11 Die folgenden Überlegungen sehe ich als ergänzende Perspektive zu Bions »negative capability«. Bei ihm steht eine wichtige Fähigkeit im Zentrum: zeitweiliges Aushalten eines Zustands von Ungewissheit, Offenheit für das Noch-nicht-Sagbare usw. (vgl. Mertens, 2018, 251–260; Böök, 2022). Mir geht es um die besondere Funktion von gemeinsamen Fallbesprechungen *auf dem Weg dorthin*.
12 Das erinnert nicht zufällig an einen bestimmten Aspekt der rabbinischen Kultur, in der nach einer Formulierung von Johanna Naumann der heilige Text des Judentums »unendlich kom-

Nun ist auf die Wichtigkeit von regelmäßigen Fallbesprechungen für seriöse analytische Arbeit schon oft und zu Recht hingewiesen worden. Mir geht es um eine besondere Facette des Geschehens: Ich sehe eine spezielle, bereichernde Chance von Falldiskussionen nämlich darin, dass hier – anders als in rein theoretischen Diskursen – auch sehr unterschiedliche, zunächst oft unklare und unverstandene »subjektive Faktoren« zur Sprache kommen können. Anders gesagt: Gerade dadurch, dass diese »subjektiven Faktoren« hier konzeptuell *nicht* von vornherein ausgeblendet werden – wie es dann geschieht, wenn sie lediglich als potenzielle Fehlerquellen missverstanden oder sozusagen ins restneurotische Eck gestellt werden –, können sie von uns überhaupt erst als solche anerkannt und reflektiert werden.

Auch die individuellen Hintergründe unserer jeweiligen Theorieselektion können dabei als nachdenkenswerte Phänomene begriffen und immer wieder auf mögliche unbewusste Aspekte hin abgeklopft werden.[13] Das muss nicht öffentlich diskutiert werden (was natürlich ebenso für die Frage gilt, wieso jemand einen Vortrag ausgerechnet zum Thema »Abschied vom Machtwort« hält). In dieser Situation, also im kollegialen Austausch über konkrete Fälle, kann es auch am ehesten gelingen, mit Verunsicherungen durch unterschiedliche Denkmodelle produktiv umgehen zu lernen.

Freud selbst blieb in der steten Weiterentwicklung seiner Theorien und in der Auseinandersetzung mit Gegnern nur wenig Raum für die präzise Versprachlichung von »subjektiven« Unsicherheiten. Am ehesten, so meine These, gelang ihm das in Briefen.[14] Von vielen möglichen Beispielen will ich nur zwei anführen:

---

mentiert und aktualisierend ausgelegt [wird], *denn es gibt ja kein päpstliches Diktum, kein letztes Wort, das die Wahrheit verkündet, sondern eine potenziell endlose Suche nach ihr«* (Naumann, 2022, Eintrag zum 18. Mai; Herv. Ch. S.).

13 Mertens stellt dazu fest: »Die Ablehnung der Selbstpsychologie könnte z. B. mit geschlechtsspezifischen Präferenzen zu tun haben (sich als Selbstobjekt i.S.v. Kohut verwenden zu lassen, könnte einem männlich orientierten Psychoanalytiker als eine zu passive und masochistische Einstellung erscheinen, während ihm die Haltung des Detektivs, der die Äußerungen seiner Patienten nicht für bare Münze nimmt, um vieles mehr gefällt; die Bevorzugung selbstpsychologischer Theorieansätze […] könnte mit der Angst vor Sinnlichkeit und Aggression zu tun haben; der klassische Triebpsychologe könnte aber auch sein eigenes Bedürfnis nach Gespiegeltwerdenwollen verleugnen und abstreiten u.v.m.).« (Mertens, 1993, 133) – Das Thema beschäftigt mich schon lange (vgl. Schacht, 2003).

14 Von Ernst Falzeder (2010a) stammt eine – von ihm zu Recht als »Perlen-Sammlung« bezeichnete – Zusammenstellung von Zitaten aus Freud-Briefen (siehe auch Falzeder, 2010b). Ähnlich wie bei Loewalds Unterscheidung zwischen Freuds »offizieller«, auf die Rolle des Vaters als Repräsentant der »Realität« konzentrierter Position (mit einer Vorstellung von individueller Reife als »Beherrschung« der inneren Natur) einerseits und einer »inoffiziellen« Position andererseits, in der es um die lebenslange Integration von väterlichen und mütterlichen, ödipalen und prä-ödipalen Perspektiven geht (vgl. Whitebook, 2018, 167–187) – oder auch ähnlich wie bei Dieter Thomä, der in Freuds Argumentation einen »Hauptweg« (mit einer Konzentration auf hierarchische, vertikal organisierte Beziehungen) von einem »Nebenweg« unterscheidet, in dem Freud Vergemeinschaftungsformen nicht nur als vertikal, sondern auch als horizontal angelegt sieht (Thomä, 2012, 408 ff.): Ähnlich ließe sich vielleicht auch ein Freud, der in seinem Werk manchmal apodiktische »Machtworte« ausspricht, von einem

> Ich gestand mir endlich […], daß ich diese Kranken [gemeint sind Psychotiker; Ch. S.] nicht liebe, daß ich mich über sie ärgere, sie so fern von mir und allem Menschlichen empfinde. […] Benehme ich mich dabei wie frühere Ärzte gegen die Hysteriker, ist es die Folge einer immer deutlicher gewordenen Parteinahme für den Primat des Intellekts, den Ausdruck einer Feindseligkeit gegen das Es? Oder was sonst? (Brief an István Hollós vom 4. Oktober 1928; zit. nach Schur, 1973, 10)[15]

Wir sehen: Freud deklariert seine Unsicherheit und nimmt sie ernst. Und die Frage bleibt letztlich offen. – Weit weg von jeglicher »Machtwort-Attitüde« auch die folgende Stelle aus einem Brief an Pfister:

> Der Todestrieb ist mir kein Herzensbedürfnis, er erscheint nur als unvermeidliche Annahme aus biologischen wie aus psychologischen Gründen. […] Natürlich ist es leicht möglich, daß sich in allen drei Punkten in die Irre gehe, in der Unabhängigkeit meiner Theorie von meiner Disposition, in der Schätzung meiner Argumente für diese Theorien und im Inhalt dieser selbst. Sie wissen, je großartiger die Prospekte, desto geringer die Sicherheit, desto leidenschaftlicher auch – wobei wir nicht mittun wollen – die Parteinahme der Menschen. (Brief vom 7. Februar 1930; zit. nach Freud/Pfister, 1963, 144)

Ich finde, das sind großartige Sätze, über die beispielsweise in der psychoanalytischen Ausbildung m. E. zu wenig nachgedacht wird.

In Bezug auf diesen letzten Punkt, den Zusammenhang zwischen meinem Thema und der psychoanalytischen Ausbildung, beschränke ich mich darauf, Ihnen die Lektüre eines spannenden Artikels von Erika Kittler zu empfehlen, der den Titel trägt »Der Psychoanalytiker, die Fehler und die Lehranalyse« (Kittler, 2019). Ich zitiere daraus nur ihre Hauptthese, nämlich den Satz, »dass die analytische Ausbildung eine Einübung in Verunsicherung ist« (a. a. O., 84).[16]

Nachzutragen bleibt mir die Feststellung, dass ich in analytischen Fallbesprechungen seit 40 Jahren das (zwar disziplinierte, konzentrierte, aber eben: »machtwort-lose«) gemeinsame Nachdenken über Verwirrungen, Unsicherheiten und Ängste im Zusam-

---

anderen Freud unterscheiden, der die Wahrnehmung eigener Begrenztheit und eigener Zweifel in seinen Briefen auf eindrucksvolle Weise zum Thema macht. (Auch für ihn ist und bleibt eben manches an der »causa« durchaus nicht »finita« …)
15 Zu Freuds Arbeit mit Psychotikern vgl. Augusta, 2021.
16 Dem stand eine Zeitlang in manchen psychoanalytischen Ausbildungsinstitutionen eine Tradition gegenüber, in der die normative (und damit Sicherheit verheißende) Vorstellung einer »Idealtechnik« zu vermitteln versucht wurde. Dabei hat man sich – zu Unrecht – gerne auf Kurt R. Eissler berufen. – Aron von Blarer und Irene Brogle (1983) stellen dazu fest: »Als K.R. Eissler (1953) seinen Stein in das Wasser der psychoanalytischen Theorie der Technik geworfen und das Deuten zur Idealtechnik erklärt hatte, konnte er nicht ahnen, dass die Wirkung seiner Thesen vergleichbar sein würde mit derjenigen der Gesetzestafeln, die einst Moses vom heiligen Berg mitgebracht hatte« (a. a. O., 73; Herv. i. O.). Das »Machtwort«-Thema lässt grüßen …

menhang mit unserer Arbeit nicht nur als wertvoll, sondern auf spezifische Weise auch als *lustvoll* erlebe. (Dies wiederum gemeint nicht als »erreichter Zustand«, sondern als immer wieder neu begonnene *Bewegung* in diese Richtung ...)

Und da es offensichtlich nicht nur mir so geht, bin ich verwundert, dass davon doch relativ selten die Rede ist.

Literatur

Augusta, Georg (2021): Sigmund Freud und die psychoanalytische Behandlung von Psychosen. Überlegungen zur Diskrepanz zwischen Behandlungsanweisungen und angewandter Praxis. *Psyche – Z. Psychoanal.* 75, 67–98.

Balint, Michael (1961): Ein Zwischenfall. Bericht über eine nichtverbale analytische Intervention. *Jahrbuch der Psychoanalyse* 2, 161–173.

Böök, Viveka (2022): »Negative Capability« bei Keats und bei Bion. *Jahrbuch der Psychoanalyse* 44, 224–230.

Britton, Ron (2001): *Glaube, Phantasie und psychische Realität. Psychoanalytische Erkundungen.* Stuttgart: Klett-Cotta.

Falzeder, Ernst (2010a): Perlensammlung. *Zeitschrift des SAP* 17, 20–29. Online: https://sap.or.at/wp-content/uploads/2016/08/Falzeder_Perlen_Zeitung_Nr17.pdf (2.2.2025).

Falzeder, Ernst (2010b): Freuds Briefwechsel als paralleles Œuvre. *Zeitschrift des SAP* 17, 8–19. Online: https://sap.or.at/wp-content/uploads/2016/08/Falzeder_Briefe_Zeitung_Nr17.pdf (2.2.2025).

Freud, Sigmund (1926e): *Die Frage der Laienanalyse. Unterredungen mit einem Unparteiischen.* GW XIV, 207–286.

Freud, Sigmund (1933a): *Neue Folge der Vorlesungen zur Einführung in die Psychoanalyse.* GW XV.

Freud, Sigmund/Pfister, Oskar (1963): *Briefe 1909–1939*, hg. von Freud, E. L./Meng, H. Frankfurt a. M.: S. Fischer.

Freud, Sigmund/Ferenczi, Sándor (1992): *Briefwechsel, Bd. I/1*, hg. von Brabant, Eva/Falzeder, Ernst/Giamperi-Deutsch, Patricia. Wien: Böhlau.

Frühwein, Christoph (2018): Die Heisenberg'sche und die Freud'sche Unschärferelation. Zur Bedeutung methodischer Subjektivität in einer naturwissenschaftlich verstandenen Psychoanalyse. *ZpTP* 33, 441–461.

Gamm, Gerhard (1989): Rezension zu Peter Gay: »Ein gottloser Jude«. *Luzifer–Amor* 2/3, 152–155.

Kimmerle, Gerd (2012): Am Beispiel Freud. Wahrheitsvoraussetzungen in der Wissenschaftsgeschichte. *Psyche – Z. Psychoanal.* 66, 638–648.

Kittler, Erika (2019): Der Psychoanalytiker, die Fehler und die Lehranalyse. *ZpTP* 34, 83–98.

Mertens, Wolfgang (1993): *Einführung in die psychoanalytische Therapie, Bd. III.* Stuttgart: Kohlhammer.

Mertens, Wolfgang (2018): *Psychoanalytische Schulen im Gespräch über die Konzepte Wilfred R. Bions.* Gießen: Psychosozial.

Neumann, Erich (2022): Jüdische Wurzeln der Psychoanalyse, in: Nolte, Tobias/Rugenstein, Kai (Hg.): *365x Freud.* Stuttgart: Klett-Cotta.

Passett, Peter (1994): Die Wiederkehr des Religiösen in der Psychoanalyse: Freuds kritische Analyse der Religion als Darstellung der latenten Struktur seines wissenschaftlichen Dankens, in: Schneider, Peter D./Knellessen, Olaf/Strassberg, Daniel/Passett, Peter: *Freud-Deutung.* Tübingen: Edition Diskord.

Pollak, Thomas (2014): Psychoanalyse als Religion? Zur kirchlichen Verfasstheit psychoanalytischer Institutionen. *Psyche – Z. Psychoanal.* 68, 1108–1131.

Schacht, Christian (2003): Das »psychoanalytische Überich« – ein Gespenst in verschiedenen Erscheinungsformen. *texte. psychoanalyse.ästhetik.kulturkritik* 23, 92–111.

Schülein, Johann A. (2012): »Ewige Jugend« – Warum psychoanalytische Theorie die Probleme hat, die sie hat. *Psyche – Z. Psychoanal.* 66, 606–637.

Schülein, Johann A. (2015): Angst und Frust oder: Warum tun sich multiparadigmatische Wissenschaften wie die Psychoanalyse mit Kontakten und interdisziplinärer Forschung so schwer? *ZpTP* 30, 48–64.

Schur, Max (1973): *Das Es und die Regulationsprinzipien des psychischen Geschehens.* Frankfurt a. M.: S. Fischer.

Thomä, Dieter (2012): Demokratie und Diktatur nach Freud. Eine Kontroverse zum Verhältnis zwischen Politik und Generationenspiel. *Psyche – Z. Psychoanal.* 66, 408–432.

von Blarer, Arno/Brogle, Irene (1983): Der Weg ist das Ziel. Zur Theorie und Metatheorie der psychoanalytischen Technik, in: Hoffmann, Sven O. (Hg.): *Deutung und Beziehung. Kritische Beiträge zur Behandlungskonzeption und Technik in der Psychoanalyse.* Frankfurt a. M.: Fischer Taschenbuch.

Weiß, Heinz (1999): Die Verabsolutierung der Gegenübertragung: ein neues Gespenst? *Psyche – Z. Psychoanal.* 53, 894–904.

Whitebook, Joel (1998): Freud, Foucault und der »Dialog mit der Unvernunft«. *Psyche – Z. Psychoanal.* 52, 505–544.

Whitebook, Joel (2014): Imagine. Zur Verteidigung des Säkularismus der Psychoanalyse. *Psyche – Z. Psychoanal.* 68, 1167–1195.

Whitebook, Joel (2018): *Freud. Sein Leben und Denken.* Stuttgart: Klett-Cotta.

Zenaty, Gerhard (2022): *Sigmund Freud lesen. Eine zeitgemäße Re-Lektüre.* Bielefeld: transcript.

Wenn die Beendigung der Analyse zur Machtfrage wird[1]

Thomas Jung

In der analytischen Situation gibt es wohl kaum eine größere agierte Unmutsäußerung, als wenn Analysanden[2] regelmäßig zu spät in die Sitzungen kommen. Die Sitzung früher zu verlassen, erfordert hingegen deutlich mehr Courage und kommt – im Zuge einer laufenden Analyse – daher selten vor (jedenfalls in der Behandlung Erwachsener). Einzig im gänzlichen Fernbleiben von den Sitzungen liegt noch eine Steigerung des über Handlung ausgedrückten Widerstands. Als äußerstes Mittel bleibt der Abbruch der Behandlung. Agiert werden muss das, was nicht in die Sprache kommen kann, und ist letztlich immer Ausdruck von Ohnmacht. Angriffe auf den Rahmen stellen somit Versuche dar, dem Erleben von Ohnmacht gegenüber dem Analytiker Herr zu werden, indem Analysanden an jener Stellschraube drehen, die in ihrer Hand liegt: zu kommen oder nicht zu kommen, pünktlich oder verspätet, und damit den Zeitpunkt ihres Erscheinens bestimmend.

Ich werde im Weiteren von einem Analysanden sprechen, dem ich als Ausdruck für seine Ambivalenz den Doppelnamen Jan-Matthias geben möchte. Jan-Matthias erschien vor dem Hintergrund einer stark ausgeprägten zwanghaften Störung in den ersten Jahren seiner Analyse pünktlichst zu jeder Sitzung. Im achten Jahr schlich sich dann eine erste Verspätung ein, die aufgrund der bisherigen Pünktlichkeit umso bedeutsamer zu sein schien. Ein Widerstand, der zugleich eine Bewegung darstellte im Sinn einer Lockerung seiner zwanghaften Abwehr? Mehrere Wochen danach die nächste Verspätung. Obwohl ich den Widerstand ansprach, steigerte sich das zunächst vereinzelte Zuspätkommen innerhalb von vier Jahren zur Regel: Jan-Matthias verspätete sich zu beinahe jeder Sitzung. Auch die Zeitspanne des Zuspätkommens erfuhr eine massive Steigerung: Aus anfangs wenigen Minuten wurden schließlich zwanzig, dreißig, vierzig Minuten bis hin zu seinem Erscheinen eine Minute vor Sitzungsende. »Ich habe es wieder nicht geschafft«, ließ mich Jan-Matthias erregt und grinsend wissen, oder auch: »Dabei hätte ich heute so viel zu erzählen.« So viel hätte er zu erzählen, doch leider: Es fehlt die Zeit.

Parallel dazu hatte Jan-Matthias seine Analyse mehr und mehr in eine annähernd reine Lustquelle verwandelt. Das Interesse am Verstehen und Durcharbeiten war dem unbedingten Streben nach direkter Triebbefriedigung gewichen. Alles, was ich sagte oder nicht sagte, dass ich etwas sagte oder nicht sagte, wann ich etwas sagte oder nicht sagte, wie ich schaute oder nicht schaute, verursachte ihm Lust. Zugleich beklagte er,

---

1 Die Arbeit an diesem Beitrag wurde von der Stadt Wien Kultur gefördert.
2 Im vorliegenden Text kommt aus Gründen der besseren Verständlichkeit das generische Maskulinum zur Anwendung.

dass sich nichts verändere, dass die Analyse nichts bringe und ein Ende haben müsse, ohne aber entsprechende Schritte einzuleiten. Ein Zeichen von Jan-Matthias' Lust war das Lächeln oder Grinsen, das seine Klagen regelmäßig begleitete und im Widerspruch zu den quälenden Inhalten zu stehen schien. Dafür dürfte ein psychisches Geschehen verantwortlich sein, das Freud in »Jenseits des Lustprinzips« wie folgt beschreibt: »Wiederholungszwang und direkte lustvolle Triebbefriedigung scheinen sich dabei zu intimer Gemeinsamkeit zu verschränken.« (Freud, 1920g, 22) Angesichts dieser Dynamik drängte sich mir im zwölften Jahr erstmals der Gedanke an Freuds technische Maßnahme der Festsetzung einer Frist zur Beendigung der Analyse durch den Analytiker auf. Bereits während der Erstgesprächsphase waren mir Parallelen zwischen Freuds Wolfsmann Pankejeff und meinem Analysanden Jan-Matthias aufgefallen. An das Mittel der Fristsetzung hatte ich bislang hingegen nicht gedacht. Über seine Veranlassung dazu macht Freud folgende Angaben:

> Der Patient, mit dem ich mich hier beschäftige, blieb lange Zeit hinter einer Einstellung von gefügiger Teilnahmslosigkeit unangreifbar verschanzt. Er hörte zu, verstand und ließ sich nichts nahe kommen. Seine untadelige Intelligenz war wie abgeschnitten von den triebhaften Kräften, welche sein Benehmen in den wenigen ihm übrig gebliebenen Lebensrelationen beherrschten. Es bedurfte einer langen Erziehung, um ihn zu bewegen, einen selbständigen Anteil an der Arbeit zu nehmen, und als infolge dieser Bemühung die ersten Befreiungen auftraten, stellte er sofort die Arbeit ein, um weitere Veränderungen zu verhüten und sich in der hergestellten Situation behaglich zu erhalten. Seine Scheu vor einer selbständigen Existenz war so groß, daß sie alle Beschwerden des Krankseins aufwog. Es fand sich ein einziger Weg, um sie zu überwinden. Ich mußte warten, bis die Bindung an meine Person stark genug geworden war, um ihr das Gleichgewicht zu halten, dann spielte ich diesen einen Faktor gegen den anderen aus. Ich bestimmte, nicht ohne mich durch gute Anzeichen der Rechtzeitigkeit leiten zu lassen, daß die Behandlung zu einem gewissen Termin abgeschlossen werden müsse, gleichgültig, wie weit sie vorgeschritten sei. Diesen Termin war ich einzuhalten entschlossen; der Patient glaubte endlich an meinen Ernst. Unter dem unerbittlichen Druck dieser Terminsetzung gab sein Widerstand, seine Fixierung ans Kranksein nach, und die Analyse lieferte nun in unverhältnismäßig kurzer Zeit all das Material, welches die Lösung seiner Hemmungen und die Aufhebung seiner Symptome ermöglichte. (Freud, 1918b, 33 f.)

War das nicht auch im Umgang mit meinem Analysanden ein stichhaltiges Argument für eine Fristsetzung? Trotzdem: Es widerstrebte mir (das tut es noch immer), als Analytiker das Ende der Analyse festzusetzen. Ich verwendete auch einige Sitzungen an Supervision darauf, um mehr Klarheit zu erhalten. Entgegen meiner Erwartung bestärkte mich die Supervisorin in Richtung Fristsetzung. In der Zwischenzeit hielten in der Analyse sowohl Jan-Matthias' Klagen als auch sein im Sadomasochismus verankertes Genießen an. Als er – gepaart mit großer Verspätung – wieder einmal klagte, dass alles furchtbar sei, sich nichts verändere und er die Analyse beenden sollte, erwiderte ich: »Wir können Ihre Klagen ernstnehmen und gemeinsam einen Termin für das Ende Ihrer Analyse festsetzen.« Es folgte der Vorwurf, wenn nicht er allein das Ende bestimmen könne, sei es doch nicht seine Analyse, woraufhin ich deutete, eine gemeinsame Entscheidung sei für ihn nicht vorstellbar, es gehe ihm um Dominieren oder Unterliegen. Darauf Jan-Matthias: »Ich bin heute nur hergekommen, weil ich mich so einsam gefühlt habe.« Ich kommentierte: »Auch das klingt nach einer Niederlage.« Seine Antwort war schlagend: »Ich weiß nicht, ob ich da nicht einen zu guten Kompromiss gefunden hab' mit dem Zuspätkommen und Nichtkommen zwischen ganz Aufhören und Weitermachen.«

Diese Aussage war Programm. Als sich auch drei Monate später an dieser Dynamik und dem ständigen Zuspätkommen nichts geändert hatte, dachte ich erneut über die Fristsetzung nach. Ich verstehe meinen Rückgriff auf die »erpresserische Maßregel« (Freud, 1937c, 61) der Fristsetzung ebenso als Ausdruck von Ohnmacht wie Jan-Matthias' Zuspätkommen und Nichterscheinen zu den Sitzungen. Hatte er damit endlich erreicht, was er mich unbedingt projektiv erleben lassen wollte?

Was waren die Gründe, im Fall von Jan-Matthias eine Fristsetzung zu favorisieren, sofern man diese nicht grundsätzlich als »Verzweiflungstat« abweist? Zum einen seine Beschwörung, die Analyse müsse enden bei gleichzeitigem Unvermögen, diesen Schritt von sich aus zu setzen. Diese Schwierigkeit basierte auf der verinnerlichten symbiotischen Beziehung mit einer primären Bezugsperson. Die besondere »Klebrigkeit der Libido« (Freud, 1937c, 87) musste daran einen wesentlichen Anteil haben. Dann die Länge der Behandlung – 13 Jahre sind ein langer Zeitraum, auch wenn die Komplexität seiner Störung dies rechtfertige. Nicht zuletzt, wenn man davon ausgeht, dass die Analyse Jan-Matthias vor dem Abgleiten in massiv selbstschädigende Zustände bewahrte. Doch war eine Fristsetzung vor diesem Hintergrund nicht verantwortungslos? Nicht, wenn man ebenso berücksichtigt, dass Jan-Matthias auch auf beachtliche Ich-Leistungen zählen kann, wie sein berufliches Vorankommen beweist. Zudem machte ich bereits mehrfach die Beobachtung, dass sich Jan-Matthias mir gegenüber kränker und regressiver präsentierte, als er war, er seine Fortschritte also vor mir zu verbergen trachtete. Auch dies ist ein Niederschlag seiner Vergangenheit. Er hatte gelernt, dass ihm Kranksein besondere Aufmerksamkeit beschert. Auch sein Analyseplatz und damit die Übertragungsbeziehung mit mir war nur so lange gesichert, solange es einen Behandlungsgrund gab. Mit der Fristsetzung durch seinen Analytiker würde diese Veranlassung, weiter krank zu bleiben, entfallen. Des Weiteren hatte Jan-Matthias die Analyse zu einer nahezu reinen Lustquelle gemacht. Eine Fristsetzung sollte, nach dem Vorbild der Erfahrungen Freuds mit dem Wolfsmann, wieder Bewegung in die sich allem Anschein nach leer drehende Analyse bringen. Wenn Zeit keine Rolle spielt, weil kein Ende in Sicht ist, kann man notwendige Konfrontationen, notwendiges Durcharbeiten ständig weiter hinausschieben. Vor dem Hintergrund des Umstands, dass sich Jan-Matthias mit seinem Zuspätkommen und Nicht-Kommen als Herr über die Zeit wähnte, würde die Fristsetzung die Zeitlichkeit betonen. Die Festsetzung des Endes würde ihm auch die Auseinandersetzung mit Trennung zumuten und wäre ein Angebot, seine Aggression deutlicher zu zeigen, in Sprache zu bringen und durchzuarbeiten. Mit der Fristsetzung (ähnlich den Behandlungsunterbrechungen) würde ich mich empfänglich zeigen gegenüber der dadurch zu erwartenden Aggression. Im Sinn einer väterlichen Geste wäre die Botschaft zudem: Ich traue dir ein selbstständiges Leben zu.

Sechs Monate nach dem ersten Gedanken an eine Fristsetzung war ich aufgrund der anhaltenden Dynamik schon beinahe entschlossen, diesen Schritt zu wagen. Wann aber sollte ich die Frist setzen? Sollte ich Rücksicht auf allgemeine Anlässe nehmen, auf Weihnachten, Ostern oder den Sommer? Ich entschied mich dafür, jenes Datum zum Ausgangspunkt zu nehmen, an dem ich meine Entscheidung getroffen haben würde. Damit würde ich markieren, dass die Fristsetzung aus dem Prozess der Analyse heraus entstanden war und nicht aus äußeren Gründen. Wie lang sollte die Frist sein? Weder sollte sie zu kurz ausfallen, damit Zeit zum Durcharbeiten bliebe, noch zu lang, damit sich das Prokrastinieren nicht weiter fortsetzte. Letztlich entschied ich mich dafür, Freuds Beispiel zu folgen: Jan-Matthias' Analyse würde exakt ein Jahr nach Verkündung der Fristsetzung enden.

Die Fristsetzung

Nachdem – bei allen Zweifeln – meine Entscheidung für eine Fristsetzung gefallen war, informierte ich den Analysanden am Beginn der nächstmöglichen Sitzung darüber. Zu jener Sitzung erscheint Jan-Matthias mit 15 Minuten Verspätung. Ich bitte ihn, einen Moment im Sessel Platz zu nehmen, und eröffne ihm: »Ich hab' mich entschlossen, eine Frist für die Beendigung Ihrer Analyse zu setzen; heute in einem Jahr wird Ihre Analyse enden.« In einer ersten Reaktion erwidert Jan-Matthias nur: »Okay.« Ich mache eine öffnende und zugleich auf die Couch verweisende Geste, und Jan-Matthias huscht in Windeseile zur Couch. Dann liegt er starr auf die Couch gepresst vor mir. Er schweigt und sagt dann:

P: Ich dachte: Dann brauch' ich überhaupt nicht mehr hierherkommen! Was bringt das noch? (*Pause*) Wozu soll ich dann überhaupt hierherkommen, wenn Sie mich nicht mehr haben wollen. (*Pause*) Ich dachte mir: Wie Sie mich jetzt allein lassen können mit dem, was ich – was *wir* da aufgerissen haben. Weil da haben *wir* etwas aufgerissen – ich *und* Sie! Das war nicht ich alleine.
A: Wir haben ein Jahr.
P: Was ist schon ein Jahr! Nichts! (…) Sie haben gesagt, dass wir das Ende gemeinsam festlegen. So schnell haben Sie es sich anders überlegt?
A: Ich hab' es mir anders überlegt, ja.
Schweigen.
P: Ich dachte: Interessant! Weil das, was ich heute hierherbringen wollte, auch dazu passt. Weil ich noch am Wochenende gedacht hatte: *Game over*. Dass ich einfach nicht mehr kann. Mit der ganzen Überwachung wieder (*die dem Versuch dient, seine aggressiven Impulse zu kontrollieren*), dass ich einfach nicht mehr kann. (*Nun spricht Jan-Matthias von Unvereinbarkeiten zwischen regelmäßigen beruflichen Meetings und den Analysesitzungen, über die er sowieso mit mir habe reden wollen. Dann kommt er wieder zur Fristsetzung zurück.*) Wie soll das gehen, in einem Jahr?, dachte ich. Wenn bis jetzt nichts

Wesentliches weitergegangen ist, was soll dann in einem Jahr weitergehen? (…) Ob das das Eingeständnis Ihres Scheiterns ist?
A: Sie sehen es als Eingeständnis des Scheiterns.
P: Es *ist* auch ein Eingeständnis des Scheiterns – Ihres und meines. Wir haben uns aneinander die Zähne ausgebissen. (…) Warum soll ich Ihnen jetzt noch persönliche Dinge anvertrauen?
Schweigen.
A: Sie haben mehrfach beklagt, dass Ihnen die Zeit davonrennt im Leben, dass das alles zu lang dauert, dass nix weitergeht, dass Sie die Analyse beenden wollen. Sie haben die Stunden massiv verkürzt, und das über Monate. Und Sie sind nicht darauf eingegangen, als ich gesagt hab´, dass wir gemeinsam ein Ende festsetzen können.
P: Ich denke jetzt an etwas anderes; ich denke an mein Leben draußen. Dass das ein Tribut an die Hartnäckigkeit meiner Krankheit ist, dass ich jetzt wieder zurückkehre zu der Überwachung von früher (*beinahe wie zu jener Zeit, als er zu mir in Behandlung kam*). Dann dachte ich: Was, wenn ich in dem einen Jahr nichts weiterbring' und so rausgeh', wie ich jetzt bin? (*Pause*) Andererseits ist ein Jahr auch nicht nichts (…). Andere haben überhaupt nichts. Noch dazu, wenn ich die Stunden nicht verkürze. (*Pause*) Ich dachte noch: Wie viele Dinge ich noch mit Ihnen ausprobieren wollte – eine Beziehung draußen. Das wollte ich alles mit Ihnen besprechen. Das wird jetzt nicht mehr gehen. (*An dieser Stelle bin ich sehr berührt und denke mir: War es ein Fehler, diese Frist zu setzen?*) Und: Es *wird* ein Thema sein, nachdem ich jetzt zehn Jahre alleine war. Außerdem wird es jetzt auch beruflich herausfordernder. Da werde ich auch eingespannter sein – was eh gut ist! (*Pause*) Jetzt musste ich daran denken, dass ich letzten Freitag mich dann noch massieren lassen war. (*Nun ist die alles dominierende Lust wieder da und damit die maßgebliche Veranlassung dazu, ihm die Frist gesetzt zu haben.*) Weil ich es nicht mehr anders ausgehalten habe. Ich *musste* mich massieren lassen! (…) Andererseits gibt mir auch zu denken, dass ich von hier weggehe und sofort wo hinrennen muss, weil ich es sonst nicht mehr aushalte. (…) Was ich mit meiner Überwachung wieder aufführe – das entzieht sich meinem Verständnis. Einen Furz zurückhalten, dachte ich. Ein Wallner[3] sind Sie, dachte ich (*er bezieht sich damit auf seinen früheren, väterlichen Vorgesetzten, der letztlich aber gezwungen war, die Abteilung aufzulösen*).
A: Aha.
P: Einer, der mich rausschmeißt. (*Pause*) Wenn ich mein Leben nicht in den Griff bekomme in dem einen Jahr, dann wird's schwierig. Wir hätten das schon viel früher machen sollen.
A: Alles zu seiner Zeit.
P: Und wer hat jetzt gewonnen? (*Er geht wieder ganz in der Lust auf.*)
A: Darum geht's?
P: Mir noch immer.

---

3 Dabei handelt es sich ebenfalls um einen Decknamen.

Jan-Matthias' große Verspätungen änderten sich in den nächsten sechs Monaten nicht wesentlich. Dieses Mittel, sich zu behaupten, konnte er nicht aufgeben. Er beklagte weiter seinen schlechten Gesundheitszustand und was aufgrund der Fristsetzung nun alles nicht mehr möglich sein werde. Zugleich stellte sich mit der Fristsetzung die Zeitlichkeit der Zeitlosigkeit des Unbewussten entgegen. Immer öfter äußerte er: »Eigentlich hab' ich keine Zeit mehr, zu sagen: Schauen wir uns das irgendwann an!« Und er begann – etwa in folgenden Worten – die Trennung von seinem Analytiker zu betrauern: »nach so einer langen Beziehung«. Alles in allem überzeugte mich die Resonanz nicht von der Richtigkeit, eine Frist gesetzt zu haben. Anders als Freud konnte ich keine entscheidenden Durchbrüche und Erkenntnisse beobachten. Doch vielleicht war das Ende einfach noch in zu weiter Ferne und damit noch nicht ausreichend erlebbar für Jan-Matthias. Mit dieser Zwischenbilanz gingen wir in die letzte Sommerpause vor Ablauf der Jahresfrist.

»Damit Sie mich wieder sehen«

Zur ersten Sitzung nach der Sommerpause erscheint Jan-Matthias mit 15 Minuten Verspätung. Er sieht abgekämpft aus. In großer Erregung huscht er zur Couch und nimmt eine angespannte Liegeposition ein. Sobald ich hinter ihm Platz genommen habe, beginnt er unverzüglich zu sprechen:

> Ich kann nicht mehr (…). Es geht mir immer schlechter. Deshalb habe ich beschlossen, dass ich die Analyse noch vor dem vereinbarten Termin beenden will. Und ich will eine Reduktion der Stunden auf zwei Stunden in der Woche. Ich weiß schon, dass ich nach der Pause damit zu Ihnen komme und ich weiß, dass das eine Rolle spielt. Aber es geht mir seit einem halben Jahr immer schlechter (*womit er exakt den Zeitraum seit der Fristsetzung nennt*). Ich kann mir das nicht mehr leisten. Deshalb habe ich beschlossen, dass ich die Analyse früher beenden will und dass ich bis dahin eine Reduktion auf zwei Stunden will. Ich wollte das eigentlich im Sitzen mit Ihnen besprechen, um Ihnen zu sagen, dass ich das so beschlossen habe.

Auf diese Eröffnung antworte ich: »Das ist eine Entscheidung, die zwischen uns beiden getroffen wird.« – »Was ist das?«, empört sich Jan-Matthias, »Eine Entscheidung, die zwischen uns beiden getroffen wird?« (…) »Dann ist es jetzt für mich beendet!« Jan-Matthias springt von der Couch auf und eilt zur Tür. Dort angekommen, hält er unentschlossen inne. Ich folge seiner Bewegung mit einer langsamen Drehung meines Sessels. Wieder mir zugewandt, äußert Jan-Matthias: »Ich will nicht, dass es so endet, aber ich will, *dass* es endet.« Dann stürmt er auf den fürs Arbeiten im Vis-à-vis bereitstehenden Freischwinger zu und reißt ihn so herum, dass er frontal auf mich ausgerichtet ist. Dabei zieht er den Sessel weit zurück, sodass die größtmögliche räumliche Distanz zwischen uns liegt.

»Herr Jung, ich kann nicht mehr. (…) Es dringt schon alles nach außen. Es beginnt Ihnen zu schaden, weil es nach außen dringt.« Was damit gemeint ist, kommt in der Äußerung zum Ausdruck: »Herr Jung, ich habe in der Pause bei einer Hotline angerufen. Ich habe Ihren Namen nicht genannt und ich habe meinen Namen nicht genannt.« Die darin enthaltene Drohung ist unverkennbar. Sollte ich der Stundenreduktion nicht zustimmen, verlangt er zudem, »dass noch ein Dritter dazukommt«.

Die Möglichkeit, einen Dritten beizuziehen, schließe ich aus. Jan-Matthias bestürmt mich weiter, was ich zu einem früheren Ende und einer Reduktion auf zwei Sitzungen pro Woche sage. Auf meine Erwiderung, mich so schnell nicht dazu zu äußern, will er eine Deadline erfahren. Wiederholt betont er, er habe kein Vertrauen mehr in die Psychoanalyse und kein Vertrauen mehr zu mir. Ich werfe die Frage auf, warum er überhaupt noch kommen wolle, wenn er kein Vertrauen mehr habe. Jan-Matthias legt offen: »Ich möchte mir das Gute, was ich in der Analyse und von Ihnen bekommen habe, nicht kaputtmachen. Deshalb will ich auch nicht einfach so gehen. Aber so oft kann ich nicht mehr.«

Auf die Klage, er könne sich das nicht mehr leisten, folgt bezeichnenderweise die Aussage: »Wissen Sie, wie viel mich das gekostet hat, dass ich Ihnen das so sage? Es ist das erste Mal, dass ich Ihnen das so sagen kann.« Er hat vollkommen recht; den Unmut, den Zorn, die Aggression, die er mir bislang nur in Andeutungen oder über Handlungen mitzuteilen vermochte, kann er nun in Worte fassen. Dass ihm dies nur nach einer entsprechenden Verschlechterung seiner Verfassung möglich ist, kommt in dieser Sitzung ebenfalls zum Ausdruck: »Normalerweise würde ich Sie nicht so überfallen. Das zeigt, wie sehr das Fass schon übervoll ist. Ich kann so nicht mehr. Es dringt alles nach außen.«

In der darauffolgenden Sitzung äußert Jan-Matthias gleich zu Beginn: »Ich möchte mich nicht auf die Couch legen.« Mehr fragend als bestimmend fügt er hinzu: »Ich möchte bitte sitzen.« Dann reißt er den Freischwinger herum und positioniert diesen wieder frontal auf mich ausgerichtet, erneut auf größtmögliche Distanz. Er erklärt, warum er nicht wieder auf die Couch will: »Ich weiß, dass sich dann wieder Nähe und Intimität herstellen würde. (…) Und es würde mir schwerer fallen, mich zu trennen.« Auch in den nachfolgenden zwei Sitzungen richtet er dasselbe Setting ein. Im Verlauf von vier Sitzungen wandelt sich das gewaltsame Reißen zunehmend zu einem behutsamen An-sich-Nehmen des Sessels. Jan-Matthias nutzt die Sitzungen, um mir weitere Vorhaltungen zu machen. Er ist sichtlich bemüht darum, mir das ganze Ausmaß seines Elends vor die Füße zu legen. Er nutzt die Sitzungen aber auch dazu, seine Wünsche mir gegenüber zu artikulieren. Nachdem er mir viele Vorhaltungen gemacht hat, konstatiere ich: »Die Liste meiner Verfehlungen ist lang.« Daraufhin löst er seine in die Augen gepressten Finger, lugt hinter seiner Hand hervor, schmunzelt und sagt: »Das erkennen Sie.«

Im Vorfeld der vierten Sitzung nach der Sommerpause haben Jan-Matthias und ich offenbar beide den Eindruck, nun sei es wieder an der Zeit, zum gewohnten Setting zurückzukehren. Um diesen Eindruck zu markieren, verbleibe ich auch nach Jan-Matthias' Verrückung des Freischwingers in jener Sitzposition, die ich hinter der Couch einnehme. Das bedeutet, dass ich dem Analysanden in meinem Drehstuhl nicht mehr frontal zugewandt bin, sondern leicht abgewandt. Auf diese Weise kann er mich nicht mehr in gleicher Form fixieren. Im Verlauf dieser Sitzung wird Jan-Matthias wieder zum Couch-Setting zurückkehren bzw. in seinen Worten: »wieder zurück an meinen Platz«. Bevor dies geschieht, setzt er sich wieder frontal auf mich ausgerichtet und drückt sich seine Finger in die Augen. Nach kurzem Schweigen äußert er: »Ich fragte mich, ob das Sitzen mit der Sehnsucht zu tun hat, wegen der Vernachlässigung durch Sie.« Auf meine Nachfrage hin erklärt Jan-Matthias: »Ich fragte mich, ob das alles ein Aufschrei gewesen ist, damit Sie mich wieder sehen.«

Diese Aussage meines Analysanden öffnete mir buchstäblich die Augen. Nun verstand ich, dass das federführende bewusste Motiv für die Fristsetzung, den *Analysanden* »wachzurütteln«, einen unbewussten Begleiter meinerseits hatte: In mindestens gleichem Ausmaß sollte die Fristsetzung offenbar dazu dienen, *mich* wachzurütteln, um erneut Augen für Jan-Matthias zu haben. Beklagte dieser doch nichts anderes, als dass ich libidinöse Besetzung von ihm abgezogen hatte. Ein Umstand, der mir bislang unbewusst geblieben war. Weshalb musste ich erst durch Jan-Matthias' Agieren darauf gebracht werden? Was waren die so wirkmächtigen Motive für meine Widerstände gegen diese Erkenntnis?

Ich hatte den Eindruck, mit den bisherigen Erklärungsversuchen weder mir noch unserem gemeinsamen jahrelangen Prozess gerecht zu werden. Etwas trübte auch weiterhin meinen Blick. Also gab ich meinem Bedürfnis nach, sämtliche Aufzeichnungen zu dieser bereits 13 Jahre dauernden Behandlung zu sichten. Ohne die Schwierigkeiten zu übersehen, war ich beeindruckt davon, was bereits alles durchgearbeitet werden konnte. Das reichte so weit, dass ich mir nicht mehr erklären konnte, was mich dazu getrieben hatte, je eine Fristsetzung in Erwägung zu ziehen. Ich las Seite um Seite, Eintrag um Eintrag, und wartete gebannt darauf, was den affektiven Umschwung in mir bewirkt hatte.

Wiederholt hatte Jan-Matthias versucht, Außenstehende in die Analyse zu involvieren, genauer gesagt, zum Eingreifen zu veranlassen. Da sich mein Analysand v.a. in den Sommerpausen Ersatzobjekte suchte – ausgenommen die letzten beiden Jahre vor der Fristsetzung, was ich als Niederschlag einer zunehmenden Objektkonstanz verstehe –, wurden diese zu Adressaten für seine Beschwerden über mich. Er beklagte die Schwierigkeiten der Analyse, womit er eigentlich meine Abwesenheit beklagte. Als Ersatzobjekte dienten verschiedene Fachleute aus dem medizinischen Bereich und – ein Analytikerkollege. Dazu kamen Auffälligkeiten, welche Autoritäten wie die Polizei auf den Plan riefen. Das Ereignis, *dessen Tragweite* ich verdrängen musste, war Folgendes: Jan-Matthias hatte durch die massive Verschärfung seiner Symptomatik die Eltern zum Handeln gedrängt. Seine Mutter kontaktierte mich mehrfach. Als ihr Sohn das Schloss seiner Wohnung austauschte, um den Eltern auf diese Weise den Zutritt zu verwehren, und den Kontakt zu ihnen völlig abbrach, machten sie die Analyse dafür verantwortlich. Im Versuch, sich Zugriff auf Jan-Matthias' Analyse zu verschaffen, mobilisierten sie eine öffentliche Instanz. Diese Attacke bedeutete einen massiven Einbruch der Realität und eine echte Bedrohung für mich. Damals dachte ich: Wenn das der Lohn dafür ist, dass …!, und: Bis hierhin und nicht weiter! Was nicht zu Bewusstsein kommen sollte, war die enorme Folgewirkung dieser Attacke: der Abzug meiner libidinösen Besetzung von Jan-Matthias in bedeutsamem Ausmaß. Wie andere früh traumatisierte Menschen reagierte er umgehend darauf: Mit einer Zunahme von agiertem Protest wie massivem Zuspätkommen zu den Sitzungen, mit einer Verschärfung seiner Symptomatik und nicht zuletzt mit einem Rückgriff auf seine technische Überwachung – was bleibt einem auch anderes, wenn sich das Objekt abwendet und zurückzieht!

Der Fristsetzung war also eine innerliche Grenzsetzung vorausgegangen – aufgrund der Attacke mit realen Auswirkungen hatte ich mir gesagt: Bis hierhin und nicht weiter, was einen Besetzungsabzug zur Folge hatte. Auch wenn seine Eltern »die Tat ausführten«, war Jan-Matthias unbewusst der Strippenzieher. Durch die Verschärfung seines Agierens brachte er mich in weiterer Folge zur Festlegung einer Einjahresfrist zur Beendigung seiner Analyse. Wie ich in der Auseinandersetzung mit meinem Gegenübertragungswiderstand herausfand, drängte mich Jan-Matthias zu diesem »gewaltsamen technischen Mittel« (Freud, 1937c, 61), um meine Aufmerksamkeit wiederzugewinnen. Ohne Zweifel wählte er dazu einen langen und aufwändigen Weg, gleichsam lust- wie qualvoll, ganz so, wie es seine Zwangserkrankung von ihm verlangt. Ein halbes Jahr nach der Fristsetzung bzw. ein Dreivierteljahr nach dem Eingreifen seiner Eltern hatte er meine Zuwendung wiedergewonnen. Genauer gesagt: meine nach vorangegangenem Besetzungsabzug *erneute* Zuwendung, die Jan-Matthias benötigte, um in der Übertragungsbeziehung erfahren zu können, dass seine Aggression nicht todbringend auf das Liebesobjekt wirkt, wie es ihm seine Vergangenheit suggeriert. Rückt man regressive Tendenzen in den Vordergrund, könnte es Jan-Matthias auch geglückt sein, mich erneut in eine symbiotische Beziehung zu verstricken, um so die bevorstehende Trennung weiter zu verleugnen.

Was war bis dahin durch die Fristsetzung erreicht? Zum einen konnte ich meinen Analysanden durch das Durcharbeiten meines Gegenübertragungswiderstandes erneut ausreichend libidinös besetzen. Zum anderen war es dem Analysanden möglich geworden, seine bislang durch Handlungen und Andeutungen geäußerte Aggression deutlicher zu verbalisieren. Meine oben genannten bewussten Gründe für die Fristsetzung hatten jedoch auch am Ende des dargestellten Zeitraums weiter Bestand. Wie in der Behandlung des Wolfsmannes erst gegen Ende der Frist »[u]nter dem unerbittlichen Druck dieser Terminsetzung« entscheidendes Material auftauchte, kann die Wirkung der Fristsetzung auch im Fall meines Analysanden nur vom Behandlungsende her evaluiert werden. In diesem Beitrag war es mir wichtiger, aufzuzeigen, wie und mit welcher Vehemenz mich Jan-Matthias durch sein massives Agieren an die Notwendigkeit gemahnte, ihn wieder stärker libidinös zu besetzen. Denn ohne ausreichende libidinöse Besetzung kann Aggression nicht empfangen werden.

Literatur

Freud, Sigmund (1918b): *Aus der Geschichte einer infantilen Neurose.* GW XII, 27–157.
Freud, Sigmund (1920g): *Jenseits des Lustprinzips.* GW XIII, 1–69.
Freud, Sigmund (1937c): *Die endliche und die unendliche Analyse.* GW XVI, 59–99.

Alles ist möglich, nichts ist genug!
Wir verlustieren uns zu Tode:
Über die Macht des Genießens und ihre
Erscheinungsformen in Psyche und Gesellschaft

Judith Ransmayr

Inwiefern ist das Unbewusste politisch?

Veränderte Formen von Herrschaft und Macht erzeugen entsprechende Strukturen der Formierung von Subjekt und Unbewusstem. Die Abhängigkeit des Menschen vom anderen strukturiert ein soziales Band, das die Bedingungen von Macht und Herrschaft reflektiert. Und umgekehrt wählen die unter diesen Bedingungen geformten Subjekte bevorzugt Herrschaftsformen, die die gängigen Pfade des Genießens am besten bewirtschaften.

Im Folgenden werde ich versuchen, einen kursorischen Überblick zu geben; eine präzisere Beschreibung des Eindrucks, den die zeitgenössischen Produktionsverhältnisse in den sozialen Beziehungen einerseits und im psychischen Apparat andererseits bewirken, soll an anderer Stelle nachgeholt werden.

Wir sind nicht Herr im eigenen Haus, das hat uns schon Freud ins Stammbuch geschrieben. Die Gründe für den Rechtsruck in den westlichen Demokratien, der Aufstieg von faschistoiden, angeblich populistischen Parteien, werden in Zeitungen und Büchern viel besprochen und analysiert. Fast alle Kommentatoren sind sich darüber einig, dass rationale Motive bei der Entscheidung für diese Parteien und ihre Führer (von Haider über Berlusconi bis Trump) kaum eine Rolle spielen. Eine lange Liste des Abstimmungsverhaltens von rechtsextremen Parteien wie FPÖ oder AfD illustriert eindrucksvoll eine Politik, die sich gegen die Interessen des »Volkes«, des »kleinen Mannes« (die kleine Frau ist immer mitgemeint, wird aber nicht adressiert) stellt und, in althergebrachter Manier, die Interessen der Einfluss-Reichen schützt.

Da es keine herkömmlichen, autoritären Vater- bzw. Führerfiguren mehr gibt, gegen die man rebellieren könnte, bleibt der Kampf gegen das Unbill, gegen das, was dem eigenen Glück oder einem gelingenden Leben im Weg steht (und das Genießen dabei, das wird später noch genauer auszuführen sein) im Allgemeinen/unbestimmt und richtet sich gegen mehr oder minder imaginäre Sündenböcke, seien es »die Flüchtlinge«, die »Eliten« oder schlichtweg die Anderen, die nicht so sind wie »wir«. Man identifiziert sich wollüstig mit denjenigen, deren Genießen und deren Macht scheinbar keine Grenzen kennt: die sich rühmen, für nichts zur Verantwortung gezogen zu werden und sich alles erlauben zu können; wie z. B. jemanden auf der 5th Avenue zu erschießen, Frauen zwischen die Beine zu greifen, die Ermordung ganzer Bevölkerungsgruppen als unbedeutenden Vogelschiss in der Geschichte abzutun usw.

Auf der Suche nach einem »purpose«, einem Begehren, einem Grund, für den es sich zu leben lohnt, begegnet das zeitgenössische Subjekt einem gähnenden Abgrund, einer Leere, besetzt vom einzig verbleibenden großen Anderen: dem Markt. Dieser (andere) Herr verlangt, dass wir konsumieren. Wohl und Wehe von Gesellschaft und Individuum hängen davon ab, dass es dem Markt gutgeht; und dem Markt geht es nur gut, wenn er weiterwächst. Wachsen kann er aber nur, wenn wir weiter, schneller, mehr konsumieren bzw. dem Markt zur Verwertung zur Verfügung stehen.

Wer nicht glücklich und zufrieden ist, hat nur noch nicht das Richtige gefunden. Ob es der »richtige« Fitnesstrainer ist, der »richtige« Job, die »richtige« sexuelle Orientierung oder sonst ein Objekt; alles ist möglich, wenn wir uns nur genügend anstrengen und diejenigen bekämpfen, abschieben, zum Verschwinden bringen, die uns daran hindern, alles, was im Angebot steht, zu genießen.

Vermittelt und gestaltet wird diese Beziehung zwischen Subjekt und Außenwelt durch eine Struktur, die Lacan den »Diskurs des Wissens« nennt. Lacans Diskursmodell versucht eine Formel zu finden, um die entscheidenden Elemente, die sowohl das Subjekt wie die Gesellschaft formen, darzustellen. Die vier Positionen, die er dabei definiert, nennt er den Agenten, den Anderen, die Wahrheit und das Produkt. Formalisiert dargestellt werden hier Struktur und Entstehung eines spezifischen Subjekts, seine Verknüpfung mit dem Anderen, dem Objekt (a) und dem Herrn. Ebenso werden Entstehung und Abhängigkeit des Individuellen vom Sozialen kenntlich gemacht.

Heute vorherrschend und von Lacan schon anlässlich der Bewegung der 68er-Studentenrevolten benannt, ist der Diskurs des Wissens (auch Diskurs der Universität genannt). Möglicherweise befinden wir uns aber auch schon an einem Kipppunkt: zum Diskurs des Kapitalisten, der eine weitere Beschleunigung und Engführung mit sich bringt. Ohne hier weiter ins Detail zu gehen – das würde den Rahmen dieser Erkundungen sprengen –, kann man festhalten, dass das Wesen dieser gesellschaftlichen Formation eben damit zu tun hat, dass der »Herr«, der Meister unter den Tisch fällt. An der Stelle desjenigen, der das Sagen hat, sitzt die Wissenschaft, das Wissen.

Wir leben in einer Welt, in der alles möglich scheint, es muss nur weiterentwickelt, erforscht und vermarktet werden. Die Verbindung zwischen Subjekt und Außenwelt ist hier, in der Gestalt dieses Diskurses, also dieses sozialen Bandes, schon wesentlich geprägt durch die Unterminierung und Verleugnung des Unmöglichen und damit der Spaltung des Subjekts, auch bekannt unter dem Namen »symbolische Kastration«. Der Verlust, die prinzipielle Unerreichbarkeit einer Einheit mit sich selbst, einer Identität, die sich ganz und gar selbst versteht, wird in diesem System grundsätzlich in Abrede gestellt. Das Glück bzw. die Erfüllung ist immer nur einen Schritt weit entfernt: Wenn wir uns richtig ernähren oder sonstwie optimieren, genug und im richtigen Modus schlafen, unser Geld für uns arbeiten lassen, die richtigen Konsumgüter kaufen, kurz und gut: auf die jeweils richtige und angesagte Art genießen, ist alles möglich und alles erfüllbar.

Eine andere Beschreibung des Zustandes, in dem wir uns befinden, wäre die Bezeichnung »postödipale Gesellschaft«.

Der Herr oder Vater, gegen den revoltiert werden kann, ist nicht mehr zur Stelle, hat seine Macht verloren. Das, was an seinem Platz auftaucht und den Herrn ersetzt, ist ein (unsicheres/ungesichertes) Wissen. Das Genießen, das sich bisher in der Rebellion gegen das Gesetz des Herrn eingestellt hat, ist somit herrenlos und sucht einen anderen Anschluss.

Wie Freud schon in »Massenpsychologie und Ich-Analyse« (1921c) ausführt, ist die Identifizierung mit dem Führer und den anderen in der Masse eine Bedingung für dieses Genießen. Der verführerischste Anführer in der gegenwärtigen politischen Kultur scheint derjenige zu sein, für den kein Gesetz gilt, der sich alles erlauben, sich widersprechen und damit eben alles genießen kann, völlig unabhängig von symbolischen und realen Grenzen; er stellt sich als absoluter Herr dar, ein später Verwandter von Freuds »Urvater«, jemand, der über dem Gesetz steht und der von der symbolischen Kastration nicht betroffen ist. Die sogenannte Verschiebung des Diskurses in den öffentlichen Debatten in grenzwertige, protofaschistische und menschenverachtende Argumentationen speist sich meiner Meinung nach aus eben diesem Genießen – dem Mit-Genießen in der Identifikation mit dem grenzenlos genießenden Führer.

In den gegenwärtigen Erscheinungsformen des Sozialen wird die Abhängigkeit vom Anderen zunehmend verleugnet. Die Rede von der Spaltung in den westlichen Gesellschaften ist eine Folge eben dieser Verleugnung. Der Andere soll eliminiert werden, abgespalten, jegliche Auseinandersetzung wird mehr und mehr als Kampf um Sein oder Nichtsein empfunden und gedeutet. Vielleicht könnte man auch von einer Verschiebung sprechen: Die Spaltung des Subjekts (in ein bewusstes und ein unbewusstes Subjekt) wird immer schlechter vertragen und daher nach außen verschoben, in die Gesellschaft: Nicht das Subjekt ist gespalten, sondern die Gesellschaft. Indem diese anderen verteufelt und – zumindest in Rede und Schrift – der Ausbürgerung, Ausschaffung, Vernichtung preisgegeben werden sollen, taucht hier wieder die Gestalt des einheitlichen, ungebrochenen »Volkskörpers« in seiner phantasmatischen Ganzheit auf.

Der Begriff des »Genießens« ist schwer zu fassen, weil er einerseits Widersprüchliches bis Unvereinbares bezeichnet und andererseits – ähnlich wie der Trieb – an der Grenze zwischen Symbolischem und Realem, Körper und Psyche, wie Freud den Trieb definiert hat, beheimatet ist. Ich versuche im Folgenden einen kurzen Einblick zu geben.

Freud beschreibt 1920 in seiner Abhandlung »Jenseits des Lustprinzips« (1920g) eine Lust, die im Wiederholungszwang die Unlust sucht und somit mit dem Streben nach Lustgewinn in Widerspruch gerät. Schon 1759 schreibt Voltaire in seiner Romansatire »Candide«: »Das heißt also, […] daß er ein Vergnügen daran hat, kein Vergnügen zu haben!« Lacan führt diesen Gedanken weiter und entwickelt einen Lustbegriff, den er *jouissance* nennt und der diesen Widerspruch Lust–Unlust immer schon in sich trägt. Das menschliche, psychische Leben kommt nicht ohne *jouissance* aus. Aber *jouissance* meint eben ein Genießen, das immer auch verneint wird, maskiert, wie der Krankheitsgewinn, von dem Freud spricht. Unterstellt wird dem Anderen, dass er mehr genießt; das aber ist unerträglich, muss bekämpft und abgeschafft werden.

Ein Patient, der über seine Einsamkeit klagt, beschreibt, wie der Blickkontakt zu einer Frau, die ihm gefällt, völlig überraschend erwidert wird, und beide lächeln. Er beeilt sich, den Raum zu verlassen. Auf Nachfrage, warum er es so eilig hatte, wegzukommen, zählt er viele altbekannte Geschichten auf, in denen er zurückgewiesen wurde und andere erfolgreich waren. Er lächelt dabei.

Das Lächeln ist das Zeichen seines Genießens.

Jouissance wird oft als Unlust erlebt; die Schwierigkeit in der Analyse besteht darin, dass sich das Genießen nur im Vollzug zeigt, sich also daher der symbolischen Repräsentanz und damit der Bearbeitung zu entziehen sucht.

»Genuß ist das, was zu nichts dient«, schreibt Lacan, es steht im Zusammenhang mit dem Todestrieb und dem Wiederholungszwang. Was aber natürlich nicht bedeutet, dass es nicht bis zu einem gewissen Grad tatsächlich Genuss verschafft. Das Genießen spielt immer mit.

Die gegenwärtigen sozialen und psychischen Beziehungen scheinen allerdings zunehmend unter einem anderen Stern zu stehen: Wenn das Genießen insgeheim im Zentrum steht, das Genießen zu einem Über-Ich-Befehl wird, gibt es keine Grenze mehr. Genießen wird zur unbedingten Maxime, der man folgen muss.

Wir verlustieren uns zu Tode und konsumieren uns dabei selbst. Verlustieren, dieses altwienerische Wort, scheint mir exakt auf diesen Kern hinzuweisen: Lust und Verlust sind hier untrennbar verbunden.

Im Gegensatz zum Genießen steht das Begehren. Ein Begehren, das davon lebt, nie vollständig (ganz) ans Ziel zu kommen, immer wieder unerfüllt bleibt und dadurch weitergetrieben wird.

Begehren nach einem Objekt, das unerreichbar bleibt, wird im zeitgenössischen Kontext aber als Versagen gedeutet und erlebt und muss daher vermieden werden.

Nachdem Begehren immer gebunden ist an ein Objekt, das nicht eingeholt, besessen oder gekauft werden kann, hat es das zeitgenössische Subjekt schwer, ein Begehren zu finden, dem es folgen kann. Das, was bei Lacan als Objekt klein a definiert wird, stellt in der Bildung des Subjekts eine Art Urknall dar, das es in Bewegung setzt und am Laufen hält. Es geht dabei um die Trennung und Beziehung zum ersten Anderen, der mütterlichen Figur, und um die Anerkennung, dass der Andere, von dem man abhängig ist, nicht zur Verfügung steht und eigentlich auch nie ganz zu haben war. Das Objekt klein a entsteht als Produkt dieser Trennung.

Im Diskurs des Wissens, der unser soziales Biotop derzeit prägt, wird diese Unerreichbarkeit aber zunehmend in Abrede gestellt: Es scheint immer weiterzugehen, alles ist möglich, selbst die Unsterblichkeit ist denkbar und wird als machbar – zumindest für die Elon Musks und Peter Thiels dieser Welt – vorgestellt.

Die psychoanalytische Arbeit besteht zu einem guten Teil darin, das Genießen im Wiederholungszwang sukzessive umzuleiten in die Bahnen eines anderen Genießens, eines Begehrens, das einem anderen Genießen Bahn bricht.

Unser Über-Ich, das einer narzisstischen Fusion zwischen Ich-Ideal und Ideal-Ich erlegen ist, befiehlt uns – tyrannisch, wie es ist –, zu genießen. Daher ist es nur folgerichtig, wenn diejenigen, die das am deutlichsten und ungeniertesten zur Schau stellen, gewählt werden, um uns zu repräsentieren. Die klinischen Folgen dieser Erosion des Begehrens – ebenso wie des Einflusses des Über-Ichs – zeigen sich in der Zunahme bestimmter Symptome genauso wie in einem diffusen Unbehagen (in der Kultur) … Unbestimmte Angstzustände, Gefühle von Leere, Suchtverhalten und depressive Stimmungen, die sich oft nur schwer mit lebensgeschichtlichen Ereignissen assoziieren lassen, treten in den Vordergrund. Der Wunsch nach einer Einordnung, einer Diagnose, zeigt sich sowohl bei Patientinnen und Patienten wie auch in den Registern der Diagnosemanuale, die immer längere Listen von Syndromen und Krankheitsdefinitionen anbieten. Massimo Recalcati spricht in diesem Zusammenhang von einem Verschwinden des Unbewussten. Ich sehe eher eine strukturelle Veränderung des Unbewussten; die Träume meiner jungen PatientInnen sind oft wenig bearbeitet im Sinne der Traumarbeit – Verdichtung, Verschiebung –, kurz, sie präsentieren sich in einer Form, die wirkt, als ob sie ohne größere Verdrängungsleistung auskommen würden. Und Symptome im Freud'schen Sinn scheinen auch zunehmend aus der Mode zu kommen: Unbewusste Konflikte, verklebt mit Abwehrformationen, rätselhaft und signifikant, machen vermehrt einem anderen Leidensdruck Platz. Beklagt werden diffuse Zustände des Unbehagens, die sich zusammenhanglos bis unerklärlich geben und häufig mit Wünschen nach besserem Selbstmanagement erledigt, bekämpft, zum Verschwinden gebracht werden sollen.

Solange es genießbar ist, ist auch der ödipale (?) oder vielmehr postödipale Traum vom Geschlechtsverkehr mit dem Vater kein Problem, das einer Bearbeitung bedarf. Alles ist möglich, nichts ist genug. Es stellt sich vielmehr ein Genießen ohne Genießen ein: Je mehr konsumiert wird, desto mehr »Durst« oder »Hunger« nach dem befriedigenden Objekt entsteht. Ein Hunger nach Hunger, eine Sucht nach Sucht (siehe Pierre Bruno, 2020).

Die Struktur des Unbewussten und des Über-Ichs, der Umgang mit Objekten und das Genießen, alles ist geprägt von der politischen Ökonomie, also davon, wie der gesellschaftliche Austausch organisiert ist. Dieser Austausch ist seit der zunehmenden Aufhebung von Regulierungen der Finanzialisierung sämtlicher Bereiche des menschlichen Lebens gekennzeichnet von einer Akkumulation ohne Grenzen. Geld, das Geld »macht«, gebiert, erzeugt; Wert wird nur mehr gemessen in Zahlen; Wachstum bedeutet, dass sich die Zahlen vergrößern sollen. Das ist das »Gut«, um das sich alles dreht. Oder, um es mit Lacan auszudrücken: Geld, der Wert des Geldes, die Zahl, ist in der Gegenwart das Objekt klein a, die Produktion und die Erfüllung aller Ansprüche. Das grundlegende Muster in spätkapitalistischen Gesellschaften ist eben dieses: weitermachen, alles ist Ware (Kommodifizierung), es gibt keine Grenze (keine symbolische Kastration), alles ist genießbar.

Dieser Imperativ, der kein Entkommen zulässt, bringt das Subjekt in große Bedrängnis.

Um die Maschinerie am Laufen zu halten, braucht es aber auch einen Feind, einen Ausschluss.

Warum? Irgendjemand muss schuld daran sein, dass es nicht gelingt, dass die versprochene Befriedigung ausbleibt. Das Genießen ist nicht befriedigend, es ist ein Genießen ohne Genießen. Daher braucht es *die anderen*, die das haben, was *uns* vorenthalten wird.

Ohne die *anderen* geht es nicht. Die Abgrenzung und Identifizierung in der Masse und mit einem Führer, wie Freud schon in »Massenpsychologie und Ich-Analyse« (1921c) beschrieben hat, funktioniert nur, wenn es die anderen gibt, die außerhalb dieser Masse lokalisiert sind. Das, was ausgestoßen werden muss: das ist derzeit wieder bevorzugt das Nicht-Volk, die Fremden, Flüchtlinge, gerne aber auch die »Grünen«, Linken usw.

Um den Zusammenhang zwischen dem Subjekt und seinem Unbewussten einerseits und der politischen Ökonomie andererseits zu unterstreichen, zitiere ich hier Samo Tomšič: »Es gibt ebensowenig private Symptome, wie es eine Privatsprache gibt.« (Tomšič, 2022, 219)

Eine interessante Erklärungsmöglichkeit für die Notwendigkeit dieser zum Abschuss freigegebenen anderen können wir auch bei Freud finden. In seiner Schrift »Das Unbehagen in der Kultur« beschreibt er den »Narzissmus der kleinen Differenzen« wie folgt: »Es ist immer möglich, eine größere Menge von Menschen in Liebe aneinander zu binden, wenn nur andere für die Äußerung der Aggression übrigbleiben.« (Freud, 1930a, 474)

Man könnte die Dynamik der Gegenwart auch als Versuch auffassen, durch narzisstische Vereinnahmung dem Abzug libidinöser Besetzungen, der Entwertung des Ichs entgegenzuwirken. Zeitgleich mit der Idealisierung einer skrupellosen Identifikationsfigur und in der Identifizierung mit Gleichgesinnten ergibt das ein wenig Halt in einer zunehmend durchökonomisierten Welt, die bis in die Psyche hineinwirkt.

Kapitalismus ist nicht nur eine Produktionsform, sondern die herrschende Form der gesellschaftlichen Organisation. Daher hat Lacan auch 1972 den Diskurs des Kapitalisten als fünften Diskurs in seine Theorie des Sozialen eingefügt. In diesem Modell ist die Beziehung zwischen dem Wissen und dem Unbewussten unterbrochen. Der Zugang zum unbewussten Wissen ist nur möglich über den Kapitalisten, den Herrn(signifikanten) dieses Diskurses. Der zunehmend deregulierte Kapitalismus reproduziert und erhält sich nicht, indem ein spezifisches Bewusstsein produziert wird, sondern dadurch, dass der Zugang zum Unbewussten versperrt ist. Der einzige Weg des Genießens, der bleibt, ist daher derjenige der »kapitalistischen Libido«, wie Pierre Bruno (2020) sie nennt: das unablässige Streben nach mehr, nach dem nächsten Objekt, das Befriedigung verspricht.

Obszön, ja sogar sadistisch ist das Gesetz (des »Genieße!«) deshalb, weil es in diesem Kollaps der Schranke zwischen Subjekt und Genießen das Subjekt der Subjektivierung seines Genießens – und damit seines singulären Kerns – beraubt, welche bisher von der symbolischen Kastration ermöglicht wurde. Genießen wird somit zu einem Zwang, der eine durchschlagende Wirkung hat: Es gibt keine Befriedigung. Die Suche danach kommt nicht zur Ruhe, muss immer weitergehen. Das Ideal des Machbaren, die Illusion des für alle erreichbaren Glücks – z. B. in der Vorstellung, dass alle so reich werden können wie die Reichsten, wenn sie sich nur genug anstrengen, und von den *anderen,* die sich vordrängen, nicht beraubt oder behindert werden –, versperren die Wahrnehmung und Bearbeitung und damit eben auch die (libidinöse) Besetzung von strukturellen Konflikten.

Ohne Konflikt ist das Unbewusste aber nicht mehr das Freud'sche Unbewusste. Ebenso wie im Feld des Politischen, wo an die Stelle von Konflikten, Klassengegensätzen und unterschiedlichen Interessen Identifizierungsangebote treten, die ein Mit-Genießen in der Identifizierung ermöglichen. Über dieses Mit-Genießen – siehe Trump und seine Anhängerschaft oder die Interviews, die einige WählerInnen der FPÖ vor Kurzem gegeben haben – kommt es zu einem Kollaps von Askese und Genießen. Ein Kreislauf, der sich selbst antreibt und immer schneller dreht und in dem ein Anhalten immer schwieriger, wenn nicht unmöglich wird. Weil es kein *Außerhalb* mehr zu geben scheint, nichts anderes, das zählt, und die Dynamik dieses Diskurses eine ständige Beschleunigung mit sich bringt, die eine andere Positionierung immer schwieriger macht. Wie in einem Karussell, das sich so rasend dreht, dass ein Aussteigen gefährlich bis unmöglich erscheint.

Die Formen des Genießens in der politischen Linken müssten natürlich ebenso analysiert werden. Die Erscheinungsformen differieren; die sogenannte Identitätspolitik nimmt breiten Raum ein und dominiert das Feld in den letzten Jahren. Das Phantasma des unbeschränkten Genießens und des ganz mit sich identischen Subjekts wird auch hier verhandelt. Die Klagen über die Nicht-Anerkennung der anderen in Wort und Tat nehmen manchmal sehr subtile Formen an. Dahinter steht das Verlangen nach uneingeschränkter, von keinem Bruch beeinträchtigter Unversehrtheit, und alle, die nicht die richtige Form der Ansprache verwenden usw., werden verantwortlich gemacht dafür, dass das Genießen der eigenen Identität nicht so zufriedenstellend ist wie erhofft. Das soll natürlich nicht heißen, dass die vielfältigen Formen von rassistischer, sozialer, sexistischer und anderer Diskriminierung nicht existieren und als solche auch bekämpft werden sollten.

Dem Imperativ, zu genießen!, sind wir alle unterworfen, nur die Formen des Umgangs damit unterscheiden sich.

Im politisch-ökonomischen Feld setzen sich ebenfalls Dynamiken durch, die eine immer rasantere, uneingeschränkte Akkumulation von Kapital und Vermögen in den Händen von immer weniger AkteurInnen befördern. Wir können eine sich jährlich beschleunigende Zunahme der Vermögen des obersten einen Prozents sehen, die Ausmaße erreicht, die, wie uns die ForscherInnen sagen, an die Vermögens- und Einkommensunterschiede in den Gesellschaften vor der Französischen Revolution herankommen und diese teilweise schon übertreffen. Es gibt inzwischen einige Firmeninhaber und Familienkonglomerate, die über mehr Vermögen verfügen als viele Staaten. Und 26 Individuen besitzen genauso viel wie die Hälfte der Menschheit.

Zurück zum Individuum: »Der Imperativ des Genießens steht für die eigentliche Einschreibung von Liberalismus und Neoliberalismus in den mentalen Apparat«, schreibt Samo Tomšič (2022, 213).

Wie soll man sich diese Einschreibung vorstellen?

Anstelle eines Befehls zum Verzicht haben wir es mit dem Befehl zu tun, alles zu genießen. Wer nicht genießt, macht sich schuldig. Wer es nicht versteht, zu genießen, unglücklich ist oder sonst ein Problem hat, muss daher möglichst schnell einen Ausweg finden: ein besser zu genießendes Objekt, muss eine Wertsteigerung organisieren, sich besser verwerten, um sich selbst genießen zu können und nicht unterzugehen.

Der Wert, um den es geht, ist eine entropiefreie Form des Mehr-Genießens. Es geht dabei also nichts verloren, sondern es wird immer weiter akkumuliert. Jede Schwankung im *Selbstwert* wird dementsprechend als Entwertung empfunden, als Versagen im Sinne des Über-Ich-Befehls: Genieße!

Diese Anforderungen, denen das Subjekt unterliegt, fördern eine Klinik der Angepasstheit und Konformität. Konflikthaftes wird nicht bearbeitet, sondern durch Kommodifizierung vereinnahmt. Das heißt, dass alles, was einen Widerspruch oder Widerstand darstellt, in kürzester Zeit in eine konsumierbare, der Logik der Verwertung unterstellte Ware verwandelt werden muss und sich damit – zumindest eine gewisse Zeitlang – genießen lässt. Verdrängung durch Kommodifizierung ist die gängige Version von Verdrängung und Widerstand im zeitgenössischen Kapitalismus.

Die rasante Verwandlung in ein Konsumgut betrifft nicht nur die Sexualität, sondern die Subjektivität insgesamt, wie uns die verschiedenen Formen der Vermarktung von allen Aspekten des Menschlichen in den Internetplattformen eindrucksvoll beweisen. Das Subjekt wird zum Fetisch seiner selbst. Die Möglichkeit eines verlustfreien Genießens, eines mangellosen Daseins, scheint immer nur einen Schritt weit entfernt zu sein. Und der Bereicherungstrieb wird zur zentralen Komponente des kapitalistischen sozialen Bandes (Tomšic, 2022).

Ich weiß, das klingt in dieser verkürzten Darstellung vielleicht übertrieben und zu alarmistisch.

Aber es gibt eine deutlich spürbare Verunsicherung und Ratlosigkeit bei vielen Menschen in den westlichen Demokratien. Und es ist unklar, wie wir aus diesem selbst verschuldeten Schlamassel herauskommen könnten.

Samo Tomšič rät dazu, auf die Gesellschaft zu übertragen, was Freud uns gelehrt hat: erinnern, wiederholen, durcharbeiten.

Literatur

Arendt, Hannah (1970): *Macht und Gewalt*. München: Piper.
Brown, Wendy (2018): *Die schleichende Revolution. Wie der Neoliberalismus die Demokratie zerstört*. Berlin: Suhrkamp.
Bruno, Pierre (2020): *Lacan and Marx. The Invention of the Symptom*. London, New York: Routledge.
Fleury, Cynthia (2023): *Hier liegt Bitterkeit begraben. Über Ressentiments und ihre Heilung*. Berlin: Suhrkamp.
Freud, Sigmund (1920g): *Jenseits des Lustprinzips*. GW XIII, 1–69.
Freud, Sigmund (1921c): *Massenpsychologie und Ich-Analyse*. GW XIII, 71–161.
Freud, Sigmund (1930a): *Das Unbehagen in der Kultur*. GW XIV, 419–506.
Kläui, Christian (2017): *Tod – Hass – Sprache. Psychoanalytisch*. Wien: Turia + Kant.

Lacan, Jacques (2017): *Das Seminar XX: Encore.* Wien: Turia + Kant.

Lacan, Jacques (2023): *Die Kehrseite der Psychoanalyse. Das Seminar XVII.* Wien: Turia + Kant.

Recalcati, Massimo (2010): Estinzione dell'inconscio? Una recente mutazione antropologica, in: ders.: *L'uomo senza inconscio. Figure della nuova clinica psicoanalitica.* Milano: Raffaello Cortina Editore, 7–10.

Recalcati, Massimo (2022): Auslöschung des Unbewussten? Eine neue anthropologische Mutation, in: Soiland, Tove/Frühauf, Marie/Hartmann, Anna (Hg.): *Postödipale Gesellschaft, Bd. 1.* Wien, Berlin: Turia + Kant, 259–291.

Reckwitz, Andreas (2020): *Das hybride Subjekt.* Berlin: Suhrkamp.

Soiland, Tove/Frühauf, Marie/Hartmann, Anna (2022): *Postödipale Gesellschaft, Bd. 1.* Wien, Berlin: Turia + Kant.

Tomšič, Samo (2013): *The Capitalist Unconscious: Marx and Lacan.* London, New York: Verso Books.

Tomšič, Samo (2019): *The Labour of Enjoyment.* Berlin: Matthes & Seitz.

Tomšič, Samo (2022): Psychoanalyse, Kapitalismus und Kritik der politischen Ökonomie, in: Soiland, Tove/Frühauf, Marie/Hartmann, Anna (Hg.): *Postödipale Gesellschaft, Bd. 1.* Wien, Berlin: Turia + Kant, 213–225.

Voltaire (1759): *Candide oder der Optimismus.* München: dtv, 2005.

The Servant (GB 1963)
Einführende und weitergehende Gedanken zu dem im Rahmen der November-Tagung gezeigten Film

August Ruhs

The Servant/Der Diener
Großbritannien 1963
114 Minuten
Regie: Joseph Losey
Drehbuch: Harold Pinter

Darsteller:
Dirk Bogarde (Hugo Barrett)
James Fox (Tony)
Sarah Miles (Vera)
Wendy Craig (Susan)
Catherine Lacey (Lady Mounset)
Richard Vernon (Lord Mounset)
Joseph Losey

1. Vorbemerkung

Das British Film Institute wählte den Film »The Servant« auf Platz 22 der besten britischen Filme des 20. Jahrhunderts. Losey selbst kennzeichnete ihn als »den einzigen Film, den ich in meinem Leben je gemacht habe, bei dem es von Anfang bis Ende keinerlei Einmischung gab, weder beim Buch, noch bei der Besetzung, bei der Montage, Musik oder irgendetwas anderem« (Losey, 1977, 108). Als zentrales Thema erachtete er »die zerstörende Gewalt, die in dem Versuch liegt, nach veralteten und falschen Prinzipien zu leben, Prinzipien, bei denen uns der Verstand zwar sagt, dass sie veraltet sind, die wir aber gefühlsmäßig immer noch als Leitfaden betrachten« (ebd.). Die gesellschaftskritische Perspektive, die der Autor mit diesem Hinweis in den Vordergrund stellt, kann allerdings die psychologische Bedeutung des Films nicht an den Rand drängen, sie ist aber ein Verweis auf das politische Engagement des Regisseurs während seiner ganzen Schaffenszeit.

Joseph Losey ist 1909 im US-Staat Wisconsin geboren, wo er zunächst Medizin, dann Literatur studierte, sich aber mehr und mehr dem Theater und dem Kino zuwandte. Er engagierte sich früh in der sozialistischen Bewegung, besuchte 1935 einen Regiekurs von Sergej Eisenstein in Moskau und lernte dort auch Brecht, Hanns Eisler und Erwin Piscator kennen. 1939 übernahm er mit einem Kurzfilm seine erste filmische Regie, führte aber danach hauptsächlich Radiomoderationen durch. Schließlich kam es zu einer engen Zusammenarbeit mit Brecht und Eisler für das Stück »Das Leben des Galilei«, das Losey später auch in New York mit Charles Laughton herausbrachte. Ab 1950 fiel immer öfter der Name Losey bei den Verhören der McCarthy-Kampagne, zumal Losey kurzzeitig Mitglied der Kommunistischen Partei war. Er verstand sich auch nach dem Austritt aus der Partei als Marxist und fand wegen seiner Verfolgung kaum Arbeit in den USA, jedoch öfter in Europa. Schließlich ging er 1953 endgültig ins europäische Exil und ließ sich in England nieder. Dort drehte er in der Folge die meisten seiner Filme, mehrmals auch in Zusammenhang mit dem Dramatiker Harold Pinter. Bei diesen Filmen, zu welchen auch »The Servant« gehört, steht die Auseinandersetzung mit gesellschaftlichen Machtstrukturen im Zentrum, deren individualpsychologische Aspekte im Sinne von Herrschaft, Unterwerfung und Aufstand mit allegorisch wirkenden Gestalten abgehandelt werden.

1984 starb Joseph Losey in London.

2. Inhalt des Films

Der einer wohlhabenden Familie entstammende Gentleman Tony kauft nach einem Auslandsaufenthalt ein großes und renovierungsbedürftiges Haus in London und engagiert mit Hugo Barrett einen überkorrekten und ganz in seiner beruflichen Funktion aufgehenden Diener, der Tonys uneingeschränktes Vertrauen genießt. Susan, seine Verlobte, ist allerdings skeptisch und misstraut der ihr übertrieben erscheinenden Unterwürfigkeit Barretts, die tatsächlich nach und nach zu seiner alles kontrollierenden Haltung führt und eine Vertauschung der Rollen einleitet. So lässt Tony es auch zu, dass Barrett seine angebliche Schwester Vera als Dienstmädchen in den Haushalt einführt. In Wirklichkeit ist sie Barretts Geliebte, der es nach Barretts Plan gelingt, Tony in eine Affäre zu verwickeln und ihn damit erpressbar zu machen. Als Tony und Susan eines Abends Barrett und Vera bei Liebeshandlungen in Tonys Bett überraschen, entlässt Tony den Diener, der wiederum Susan gegenüber Andeutungen über die Affäre ihres Verlobten macht. Daraufhin wird Tony von Susan verlassen. In seiner Hilflosigkeit und Verzweiflung verfällt Tony mehr und mehr dem Alkohol und sieht sich dazu gezwungen, seinen entlassenen Diener wieder einzustellen, der nun alle Schuld auf Vera lädt, welche letztlich sie beide betrogen habe. Unter dem Einfluss zunehmender Verwahrlosung Tonys kehrt sich das Machtverhältnis zwischen ihm und Barrett vollständig um, der vormalige Diener wird zum Herrn des Hauses, der auch Vera wieder aufnimmt. Susan, die Tony zu retten versucht, findet ihn verstört und unzurechnungsfähig auf einer ausschweifenden

Hausparty wieder. Susan stellt Barrett zwar zur Rede, lässt aber auch seine erotische Annäherung ohne eine Reaktion Tonys kurzzeitig zu, bevor sie endgültig das Feld räumt. Tonys Schicksal und sein Untergang sind offensichtlich besiegelt.

3. Psychoanalytische Bemerkungen zu Macht- und Unterwerfungsfragen

Diese filmische Geschichte gibt einen willkommenen Anlass, einige grundlegende philosophische und psychoanalytische Perspektiven der Machtfrage auf der Ebene intersubjektiver Diskurse und Dispositive herauszustellen.

Dabei ist zunächst die Philosophie Hegels in Betracht zu ziehen, in dessen Werk Macht eine zentrale Rolle innehat. Unter den Begriffen »Herrschaft und Knechtschaft« wird das Motiv im gleichnamigen Kapitel seiner »Phänomenologie des Geistes« aus dem Jahr 1807 abgehandelt.

Anhand der Herr-Knecht-Metaphorik behandelt Hegel zunächst die Entwicklung des allein dem Menschen zukommenden Selbstbewusstseins und begreift dessen Konstituierung als dialektische Bewegung. Das eine Moment des Selbstbewusstseins wird durch die Anerkennung des jeweils anderen begründet und zu einer Einheit verbunden. Das auch den anderen Lebewesen zukommende Bewusstsein ist dem Menschen *an sich* gegeben, aber durch die Anerkennung des anderen wird es zu einem *an und für sich*, also zu einem Selbstbewusstsein als Subjektivität, welches genuin aus einer Subjektivität heraus entsteht.

Was klingt dabei an?

Über die aristotelische Kennzeichnung des Menschen als »zoon politicon« ist man rasch bei Karl Marx, der in der 6. Feuerbachthese feststellt, dass im Individuum das Ensemble der gesellschaftlichen Verhältnisse versammelt ist. Damit gelangen wir zu Freud, der in »Massenpsychologie und Ich-Analyse« (1921c) beschrieben hat, wie sich der Mensch erst an seinem Nebenmenschen aufrichtet, sodass von Anfang an Individualpsychologie und Sozialpsychologie eine Einheit bilden.

Damit in Zusammenhang stehend hat Lacan seine von Mallarmé entliehene Ich-Definition als »Ich ist ein Anderer« postuliert. Eine dementsprechende Subjektkonstituierung hat er bekanntlich in die entwicklungspsychologische Zeit zwischen dem 6. und dem 18. Lebensmonat verlegt und als »Spiegelstadium« gekennzeichnet. Über die Macht des Imaginären, über sein äußeres und vornehmlich visuelles Bild kommt das Kleinkind unter Bestätigung und Anerkennung durch eine erwachsene Bezugsperson zu einem ersten Selbstbewusstsein und zu einer primären Ich-Identität, bevor es sich über die Sprache, die ihm wiederum von außen entgegentritt, als symbolisches Subjekt, als ein der Sprache unterworfenes *subjectum* begreifen kann.

Neben diesen externen existenziellen Mächten, die auf ein werdendes Individuum einwirken, beschreibt die Psychoanalyse unter Einbeziehung der Wirkmächtigkeit des Unbewussten mannigfaltige Machterfahrungen im Laufe der kindlichen psychosexuellen Entwicklung (vgl. Lacan, 1938):

– Da ist zunächst die Macht des mütterlichen Begehrens, die ihre Wirksamkeit daraus bezieht, dass der Säugling kurz nach seiner Geburt das Gesicht der Mutter gegenüber anderen Gesichtern erfassen kann. Dieses Begehren äußert sich über den mütterlichen Blick während des Stillens bzw. Fütterns, welcher vom Kind sehr bald reproduktiv erwidert wird. Der Glanz im Auge der Mutter zu sein, ist der mächtigste Willkommensgruß, der dem Kind nach seinem Eintritt in die Welt zuteil wird.
– Der Mutter kommt aber auch die Macht über die Bedürfnisbefriedigung zu, weshalb das abhängige Kind einen Anspruch im Sinne eines Appells anmelden muss, welcher neben dem Begehren und dem Bedürfnis die menschlichen Wunschformationen bildet.
– Die Macht der Bilder und der sprachlichen Verlautbarungen zur Bildung der Identität ist bereits erwähnt worden.
– Die Macht des Kindes über seinen Körper schließlich ist ein sehr später Erwerb und ist der verfrühten Geburt des Menschen und der damit verbundenen Unfertigkeit von Organsystemen geschuldet.
– Eine wichtige Etappe in diesem Aneignungsprozess des Körpers ist die Reinlichkeitserziehung, bei der es nicht nur um die Beherrschung von Körperfunktionen geht, sondern auch um erste Machtausübungen gegenüber den Bezugspersonen: Das Wechselspiel von Hergeben und Zurückhalten gibt bekanntlich Anlass für spätere Charakterzüge wie etwa die sogenannte *anale Trias* von Pedanterie, Sparsamkeit und Eigensinn. Hier findet sich aber auch die Wurzel für pathologische Macht- und Herrschaftsentwicklungen im Sinne von Masochismus und Sadismus.
– Eine nicht unbedeutende Rolle in der aktiven und passiven Machterfahrung des Kindes spielen die Begegnungen mit seinesgleichen respektive mehr oder weniger Gleichaltriger, insbesondere in den Beziehungen zu Geschwistern. Dabei stehen Neid und Eifersucht als *Archetypen der Sozialgefühle* im Vordergrund, verbunden mit Identifizierungsprozessen als mentale Identifizierungen. Dafür charakteristisch ist ein Wechsel zwischen Nonkonformität und gegenseitigem Durchdringen. Beobachtungen an Kleinkindern eines gewissen Alters und eines nicht zu großen Altersunterschieds zeigen bei ihrer Konfrontation Verhaltensweisen, die sich als hochmütige Parade, als Verführung oder als Despotismus verstehen lassen. Diese kleinen Inszenierungen kann man auch in Verhaltensweisen gegenüber dem eigenen Spiegelbild vorfinden, wenngleich in den jeweiligen Posen das konträre Partnersubjekt offensichtlich nur imaginiert wird.[1] Im Falle der beschriebenen Zweierbeziehung ist das Paradox erkennbar, dass jeder der beiden Partner die Rolle des anderen mit seiner eigenen verwechselt und sich mit ihm identifiziert.
– Schließlich tritt das Kind in die Herrschaftsverhältnisse seiner erwachsenen Umwelt ein, inauguriert durch die Aufspaltung eines ursprünglich uniformen Gegenübers in

---

1 Solche Aktionen und Reaktionen zeigen sich eindrücklich im Dokumentarfilm »Svyato« von Victor Kossakovsky (Russland 2005), bei dem der zweijährige Protagonist und Sohn des Regisseurs seine ersten Spiegelerfahrungen als erste Begegnungen mit sich selbst erlebt.

die zwei als differenziert wahrgenommenen Subjekte von Mutter und Vater, die im Gegensatz zu den kleinen anderen (Kindern) im Sinne Lacans die großen und sprechenden *Anderen* verkörpern. In dem damit beginnenden Ödipuskomplex stellt sich dem Phantasma der einverleibenden Macht der Mutter nun auch die kastrierende Macht des Gesetzes gegenüber, inkarniert im symbolischen Vater als Bewahrer von Geboten und Verboten – eine Rolle, die freilich nicht zwangsläufig an das männliche Geschlecht gebunden ist.

Wenn wir nun nach dem kleinen Streifzug durch die Machtfrage aus psychoanalytischer Perspektive zum Anfang und zur Philosophie Hegels zurückkehren, können wir auch den soziologischen und politischen Implikationen nachgehen, die sich aus dieser Konzeption von Herrschaft und Knechtschaft ergeben.

Hegel macht deutlich, dass Herrschaft und Knechtschaft interdependent sind. Der Knecht ist zwar Knecht kraft seiner erzwungenen Unterordnung, jedoch ist der Status des Herrn von der Anerkennung seiner Herrschaft durch den Knecht abhängig. Denn von einem anderen Herrn kann aus logischen Gründen der Herr keine Anerkennung erhalten. Der Herr bezieht sein Selbstbewusstsein aus der Tatsache, anerkannt zu werden, also auch aus dem Faktum, dass er in einem Überlebenskampf sein Leben riskiert hat. Er arbeitet nicht, sondern er leistet, wie er von sich selbst behauptet. Der Knecht arbeitet jedoch für den Herrn. Im Laufe der Zeit bezieht allerdings der Knecht sein Selbstbewusstsein nicht nur daraus, für einen (großen) Anderen zu sein und zu arbeiten, sondern er gelangt durch seine Arbeit zur Herrschaft über die Natur. Hegels Schlussfolgerung besteht darin, dass über den langen Umweg der Geschichte am Schluss der Sklave zum absoluten Wissen und damit zu seiner Befreiung kommt. Dies bedeutet, dass der Knecht zum Herrn über den Herrn wird, bzw. wird der Herr durch den Staat und das protestantische Gewissen substituiert. Auf eine solche Machtumkehr, exemplifiziert an zwei Subjekten, läuft auch die Geschichte von »The Servant« hinaus. Zu seiner Entstehungszeit 1963 war man diesbezüglich nicht unbedingt pessimistisch. Mittlerweile scheinen Hegels Zielvorstellungen der Geschichte als Utopien, und seine Sicht erscheint uns in ihrer archaischen Zuspitzung als überkommene Denkweise. Dabei ist auch zur Kenntnis zu nehmen, dass sich mittlerweile bei Jürgen Habermas in Anbetracht seiner insbesondere von Hegel beeinflussten Diskursethik die Auffassung durchgesetzt hat, dass das Ziel des herrschaftsfreien Diskurses faktisch nicht zu erreichen ist.

Ein solches Desiderat hat es freilich in der von Lacan konzeptualisierten Diskurstheorie, die zur vernunftorientierten kommunikationstheoretischen Position der Frankfurter Schule eher als gegensätzliche Einstellung zu betrachten ist, nie gegeben. Lacans Diskurssystem mit den vier Diskursen des Herrn, der Universität, der Analyse und der Hysterie beruht ursprünglich ebenso auf Hegels »Herr-Knecht-Dialektik«, ihre Weiterentwicklung ist aber eher als Fortentwicklung von den dialektischen Grundlagen des deutschen Philosophen zu betrachten. Denn 1972 führte Lacan einen fünften Diskurs ein – den *Diskurs des Kapitalisten* –, welcher eine Pervertierung des Herrndiskurses darstellt und auf eine zweite Phase des Kapitalismus verweist.

Damit wird einer gesellschaftlichen Entwicklung Rechnung getragen, die schon in der zweiten Hälfte des 19. Jahrhunderts begonnen und übrigens Wesentliches zur Entstehung der Psychoanalyse Freuds beigetragen hat. Dieser tiefgreifende Wandel beruhte v.a. auf *Säkularisierungsbestrebungen* und einem *Machtverlust der Kirche,* auf dem *Niedergang der patriarchalen Ordnung* und auf der *Veränderung der sozialen Stellung der Frau* (vgl. Ruhs, 2019). Die darauf gründenden neuen Mentalitäten, Subjektivitäten und Sozialisationsformen im Zusammenhang mit ökonomischen Entwicklungen der industriellen Vorherrschaft haben schließlich zur kapitalistischen Gesellschaftsordnung geführt, die in ihrer derzeitigen Form von einer Exzessivität geprägt ist, die in ihren Auswirkungen auf alle Lebensbereiche für das Unbehagen der gegenwärtigen Zivilisation weltweit einzustehen hat. Bezogen auf psychoanalytische Implikationen lassen sich entsprechende Konstellationen herausarbeiten, die zusammen mit den Grundprinzipien der Postmoderne die Auflösung des sozialen Bandes in einem postödipal zu nennenden Zeitalter mit sich führen. Hervorzuheben ist dabei, dass die Anforderungen von Kultur und Gesellschaft den Individuen gegenüber weniger durch Triebversagungen als vielmehr durch Lustzwänge gekennzeichnet sind.

Anlässlich eines Vortrags an der Universität Mailand im Jahr 1972 griff Jacques Lacan die schon früher geäußerte Frage nach der Möglichkeit eines spezifischen kapitalistischen Diskurses im Kontext seiner Theorie der »vier Diskurse« auf. »Der kapitalistische Diskurs«, so heißt es dort, »ist etwas ganz Tückisches. Alles läuft wie am Schnürchen, besser könnte es nicht laufen. Aber es läuft einfach zu schnell, es verschleißt sich, und verschleißt sich so sehr, dass es sich verzehrt« (Lacan, 1972; zit. nach Dufour, 2005).

Diesen Diskurs, der also die Grundlage der gegenwärtigen sozialen Verhältnisse unter dem Diktat des Kapitalismus bildet, betrachtet Lacan insofern als eine Pervertierung des Herrndiskurses, als er in dieser Entstellung die Triebmaschine nicht mehr durch das einschränkende und untersagende Gesetz bremst und hemmt, sondern das Subjekt unaufhörlich dazu drängt, immer wieder und immer schneller neue Objekte an jene Stelle zu setzen, die, strukturell gesehen, im unaufhebbaren Mangel der menschlichen Existenz und im unauffüllbaren Loch des Realen begründet liegt. Der imaginäre Mangel, der sich aus den letztlich unbefriedigenden Ersatzobjekten ergibt, führt dazu, dass der kapitalistische Diskurs in einen Zustand der allgemeinen Frustration mündet. Wo der Herrndiskurs die Kastration einsetzt und unter dem Gewicht der symbolischen Schuld den existenziellen Mangel in einen imaginären Mangel, in die Unvorstellbarkeit des Phallus als Objekt überführt, überdreht der Diskurs des Kapitalisten das Räderwerk des Bedürfnisses und befiehlt dort eine grenzenlose Freiheit und ein Genießen, wo das Gesetz des symbolischen Vaters im Herrndiskurs gerade das Zurückweichen vor dem Genießen zum Ziel hat.

Indem die Position der Macht nicht mehr von Individuen besetzt wird, sondern von der Ökonomie des freien Markts, so bestimmt dieser eine permanente Anregung der Nachfrage, die auf die Produktion idolatrisch-fetischistischer Objekte mit Heilsversprechen gerichtet sind, die Heilserwartung jedoch leerlassen, um eine Zirkularität des Konsums zu erwirken. Die Leere des Objekts wird durch immer neue Gadgets scheinbar ausgeglichen, die aber immer wieder neue Mängel mit Überhitzung des Kreislaufs des Konsums bis zur Explosionsgefahr beleben. Die Hyperaktivität der Zirkularität führt schließlich zur Inaktivität des großen Anderen, der aus jenen symbolischen Ordnungen und Institutionen besteht, die Freud unter Kultur und unter Kollektivität des sozialen Raums verstanden wissen wollte und dessen Hauptaufgabe darin besteht, die Beziehungen der Menschen untereinander zu fördern und zu regeln. Er hätte die Aufgabe, die Arbeit der Aufklärung und der Analyse des gegenwärtigen gesellschaftlichen Fehlwuchses mit seinen spezifischen psychopathologischen Ausläufern, wie sie z. B. unter dem Begriff der »neuen Leiden der Seele« (Kristeva) zusammengefasst werden, zu übernehmen.

Andererseits erleben wir auf dem politischen Feld mit Sorge die weltweit um sich greifende Tendenz, die Position des Herrn wieder mit Machtträgern zu besetzen, die als Oligarchen und neue Patriarchen Karikaturen und Zerrbildern väterlich zu nennender Macht entsprechen und dem Bild eines uneingeschränkt herrschenden Urvaters gefährlich nahekommen.

Dies wäre auch ein Punkt der Wiederannäherung an Loseys Film, um aus der Perspektive eines kollektiven Zusammenhangs des Themas dessen Protagonisten Tony und Barrett mit führenden Gestalten gegenwärtiger und möglicherweise zukünftiger Politiken zu besetzen. Dies würde auf die Geschichte eines Umsturzes hinauslaufen, bei der eine unterdrückte antisoziale Volksschicht unter der Maske eines einfachen Dieners ihre von Ranküne durchwirkte Bösartigkeit und Rüpelhaftigkeit zutagetreten lässt und als grausamer Herr traditionelle und bürgerlich-demokratisch geprägte Herrschaftsformen autokratisch umformt.

Literatur

Dufour, Dany-Robert (2005): Die absehbaren Folgen des neoliberalen Ökonomismus. Vom Rohmenschen zum Schrumpfkopf. *taz,* 15.4.2005. Online: www.taz.de/dx/2005/04/15/a0071.1/text (15.11.2024).
Kristeva, Julia (2007): *Die neuen Leiden der Seele.* Gießen: Psychosozial.
Lacan, Jacques (1938): *Die Familie,* in: ders.: Schriften III. Olten: Walter, 1980.
Losey, Joseph (1977): *Josef Losey. Reihe Film 11*. München: Hanser.
Ruhs, August (2019): Nervöse Zeiten. Über einiges, was der Kultur des Fin de Siècle und der Wiener Moderne vorausgeht, in: Wipplinger, Hans-Peter (Hg.): *Wien 1900. Aufbruch in die Moderne. Katalog zur gleichnamigen Ausstellung im Leopold Museum Wien*. Köln: Verlag der Buchhandlung Walther König, 47–55.

Autorinnen und Autoren

Elisabeth Brainin, Dr.in, Fachärztin für Psychiatrie und Neurologie, Psychoanalytikerin, Kinder- und Jugendanalytikerin, Lehranalytikerin (WPV/IPA), Mitglied der ACP (Association for Child Psychoanalysis) und der SEPEA (Société Européenne pour la Psychanalyse de l'Enfant et de l'Adolescent). Mitglied der International Psychoanalytic Study Group on Antisemitism. Publikationen zur Geschichte der Psychoanalyse, zu den Folgen von Verfolgung und KZ-Haft, zu Kinderanalyse, Antisemitismus und Trauma. Zahlreiche Publikationen gemeinsam mit Samy Teicher.

Karl Fallend, Univ.-Doz. Dr., Sozialpsychologe. Lebt in Wien als freiberuflicher Wissenschaftler. Zahlreiche Arbeiten zur Geschichte der Psychoanalyse und Aufarbeitung des Nationalsozialismus. Seit 2011 Mitherausgeber der Schriftenreihe zur Geschichte der Sozialarbeit und Sozialarbeitsforschung (Löcker-Verlag).
www.karl-fallend.at

Franz Huber, Dr. med., Facharzt für Psychiatrie, ehem. Psychoanalytiker (WPV), bis 2004 psychiatrischer Psychotherapeut in einem Kassenambulatorium für Psychotherapie, dort mit Begutachtung von Psychotherapie-PatientInnen beauftragt.

Esther Hutfless, Mag:a Dr:in, Philosoph:in, Psychoanalytiker:in (WAP/IPA) und Psychotherapiewissenschaflter:in, Professor:in für queer-feministische Psychotherapiewissenschaft und Psychoanalyse an der Sigmund-Freud-Privatuniversität in Linz, Lehrende:r an der Universität Wien und der Wiener Psychoanalytischen Akademie. Forschungsfelder: Psychoanalytische Theorie und Praxis, feministische und queere Ansätze in Psychotherapie und Psychotherapiewissenschaft, Poststrukturalismus, Posthumanismus, Dekonstruktion, Geschlecht und Sexualität, Trauma, gesellschaftliche Machtverhältnisse und das Unbewusste, psychoanalytische Gesellschaftstheorien.
www.hutfless.at

Thomas Jung, DI, Psychoanalytiker (WAP/IPA) und Gruppenanalytiker (ÖAGG, D3G) für Erwachsene, Kinder und Jugendliche in eigener Praxis in Wien. Mitglied des Herausgeberbeirats des »Jahrbuchs Internationale Psychoanalyse«, Chair des »Forum for the Psychoanalysis of Children« (EPF).

Fritz Lackinger, Priv.-Doz. Dr., Privatdozent für klinische Psychologie, Psychotherapie und Psychoanalyse an der Alpen-Adria-Universität Klagenfurt, niedergelassener Psychoanalytiker und Lehranalytiker in Wien (WAP/IPA), 2015–2019 Vorsitzender des Wiener Arbeitskreises für Psychoanalyse. Lehrtherapeut und Supervisor für Psychoanalytisch orientierte Psychotherapie (PoP) und Übertragungsfokussierte Psychotherapie (TFP) sowie koordinierender Leiter des Schwerpunktmoduls Psychoanalytische Sozial- und Kulturwissenschaft im Rahmen des Universitätslehrganges Psychotherapie – Psychoanalytische und psychodynamische Methoden (ULG-PPPM) an der Medizinischen Universität Wien. Zahlreiche Artikel zu Themen der forensischen Psychotherapie und der psychoanalytischen Klinik, Mitherausgeber des Buches »Psychodynamische Psychotherapie bei Delinquenz« (Schattauer, 2008). Letzte Buchpublikation (zusammen mit H. Rössler-Schülein): »Psychoanalyse und Universität. Zur Verbindung von akademischer Lehre und analytischer Praxis« (Psychosozial, 2017).

Anna Leszczynska-Koenen, Dipl.-Psych., BA, aufgewachsen in Warschau und Wien, Bachelor of Arts in Geschichte an der University of Sussex in England, Studium der Psychologie in Heidelberg, psychoanalytische Ausbildung am Sigmund-Freud-Institut in Frankfurt, dort als Psychoanalytikerin in eigener Praxis niedergelassen. Dozentin am Frankfurter Psychoanalytischen Institut (DPV), am DPG-Institut in Frankfurt, im Rahmen der Weiterbildung in psychodynamischer Psychotherapie an der Uniklinik Mainz und im Rahmen der Weiterbildung in psychodynamischer Psychotherapie am Mental Health Center in Shanghai. Lehranalytikerin am Anna-Freud-Institut in Frankfurt. Mitarbeit an der LAC-Studie des Sigmund-Freud-Instituts in Frankfurt zur Wirkung analytischer Langzeitpsychotherapie bei chronischen Depressionen. Zahlreiche Veröffentlichungen, u. a.: »Herzasthma – Exil und Objektverlust«, »Verstehen und Nichtverstehen – über Fremdheit in psychoanalytischen Behandlungen«, »Legenden vom Blut – kritische Glosse zur Beschneidungsdebatte«, »Psychiatrie nach Auschwitz«, »Das geheime Leben der Worte – über das Finden der Sprache in der Psychoanalyse«, »Warum Krieg und warum psychoanalytische Antworten nicht genügen« (alle in der *Psyche*), »Heimat ist kein Ort« (Tagungsband der DPG 2016).

Eveline List, ao. Univ.-Prof.[in] i. R., Dr.[in] phil., Mag.[a] rer. soc. oec., Studium der Geschichte, Psychologie und Volkswirtschaft, Professorin i. R. für Kulturgeschichte am Institut für Geschichte der Universität Wien, Psychoanalytikerin und Lehranalytikerin in privater Praxis (WAP/IPA) sowie Mitglied der Madrider Psychoanalytischen Vereinigung (APM). Zahlreiche Publikationen zur Mentalitäten- und Wissenschaftsgeschichte (darunter »›Warum nicht in Kischniew?‹ – Zu einem autobiographischen Tondokument Igor Carusos«, *ZpTP*, 2008), zur Religionsgeschichte, zur Massenpsychologie sowie zur theoretischen, klinischen und angewandten Psychoanalyse. Buchpublikationen u. a.: »Mutterliebe und Geburtenkontrolle – zwischen Psychoanalyse und Sozialismus. Die Geschichte der Margarethe Hilferding« (Mandelbaum, 2006), »Psychoanalyse: Geschichte, Theorie, Anwendungen« (UTB, 2. Aufl. 2014) sowie »Psychoanalytische Kulturwissenschaften« (UTB, 2013).

Ti Liu-Madl, Dr.ⁱⁿ phil., Psychoanalytikerin (SAP), Mitarbeiterin der Sexualberatungsstelle Salzburg, als Psychoanalytikerin in eigener Praxis tätig.

Fridolin Mallmann, MSc der Psychologie, Psychoanalytiker (WPV/IPV) in freier Praxis und forensischer Psychotherapeut beim Forensischen Ambulatorium für Nachsorge und Prävention Wien.

Bernd Nitzschke, Dipl.-Psych., Dr. phil., Studium der Psychologie, Philosophie, Soziologie und Politikwissenschaften in Erlangen, München und Marburg, Promotion mit einer Arbeit über Freud und Schopenhauer. Neben und nach dem Studium Tätigkeit als Verlagslektor (u. a. Rowohlt) und Wissenschaftspublizist (u. a. DIE ZEIT). 1979–1987 wissenschaftlicher Mitarbeiter am Klinischen Institut für Psychosomatische Medizin und Psychotherapie an der Heinrich-Heine-Universität Düsseldorf, seit 1988 dort in eigener Praxis niedergelassen. Lehranalytiker, Supervisor und Dozent am Institut für Psychoanalyse und Psychotherapie Düsseldorf. Zahlreiche Veröffentlichungen, u. a. »Die Psychoanalyse Sigmund Freuds. Konzepte und Begriffe« (VS-Verlag, 2011). http://www.werkblatt.at/nitzschke/index.html

Klaus Posch, Mag. Dr., Studium der Evangelischen Theologie, Psychologie und Soziologie an den Universitäten Wien und Salzburg, Psychoanalytiker und Gruppenpsychotherapeut, bis 2024 Leiter des Arbeitskreises für Psychoanalyse Linz/Graz (APLG). Fachhochschul-Professor und 2001–2015 Leiter des August-Aichhorn-Instituts für Soziale Arbeit an der FH JOANNEUM in Graz. Zuvor ab 1979 Bewährungshelfer und von 1983 bis 2001 Leiter der Bewährungshilfe Steiermark. Publikationen auf den Gebieten der Sozialen Arbeit, insbesondere Methoden in der Sozialarbeit, klinische Psychologie (Dissozialität), Psychoanalyse und Sozialmanagement. https://www.klausposch.at/

Angelika Purkathofer, Mag.ᵃ Dr.ⁱⁿ med., Studium der Medizin und Philosophie, Fachärztin für Psychiatrie und psychotherapeutische Medizin, Ausbildung zur Psychoanalytikerin (WPV/IPA). Mehrjährige Tätigkeit in verschiedenen psychiatrischen Kliniken in Deutschland und Österreich, nunmehr in eigener Praxis tätig.

Judith Ransmayr, Dr.ⁱⁿ med. univ., Studium der Politikwissenschaften und der Medizin, Psychoanalytikerin und Supervisorin in freier Praxis, Ausbildung zur Psychoanalytikerin (WPV/IPA), Mitarbeiterin und Leiterin des Kinderschutzzentrums Wien, Mitglied der »Neuen Wiener Gruppe/Lacan-Schule« und Gründungsmitglied der Forschungsgruppe Psychoanalyse »stuzzicadenti«. Derzeitiger Forschungsschwerpunkt: Libido und *jouissance,* welche Rolle spielen sie in Bezug auf Demokratie und neofaschistische bzw. rechtsradikale Erscheinungen? Veröffentlichungen u. a. in der Zeitschrift »texte.psychoanalyse.ästhetik.kulturkritik«.

August Ruhs, Univ.-Prof., Dr. med., Facharzt für Psychiatrie und psychotherapeutische Medizin, Psychoanalytiker und Lehranalytiker (WAP/IPA), Gruppenpsychoanalytiker, Psychodramalehrtherapeut. Bis 2011 stellv. Leiter der Univ.-Klinik für Psychoanalyse und Psychotherapie der Medizinuniversität Wien. 2007–2015 und 2019–2023 Vorsitzender des Wiener Arbeitskreises für Psychoanalyse. Mitbegründer und Vorsitzender der »Neuen Wiener Gruppe/Lacan-Schule«, Mitherausgeber der Zeitschrift »texte. psychoanalyse.ästhetik.kulturkritik«. Zahlreiche Publikationen sowie Übersetzungen aus dem Bereich der klinischen, theoretischen und angewandten Psychoanalyse.

Christian Schacht, Psychoanalytiker und Supervisor in eigener Praxis, Lehranalytiker im Salzburger Arbeitskreis (SAP), derzeit auch Leiter des SAP, Mitarbeiter der Sexualberatungsstelle Salzburg. Seit 2003 Mitorganisator der jährlichen »Freiberg«-Symposien (www.psychoanalyse-freiberg.at). 2005–2016 Lehrbeauftragter der Universität Klagenfurt. Mehrere Veröffentlichungen, u. a. in der Zeitschrift »texte« sowie im »Werkblatt«. Zuletzt Buchveröffentlichung: »Vielleicht ist es so. Protokoll einer Psychoanalyse« (Verlag Tandem, 2022).

Elisabeth Skale, Dr.[in] med., Fachärztin für Psychiatrie, Lehranalytikerin (WPV/IPA), Psychoanalytikerin in freier Praxis und im Wiener psychoanalytischen Ambulatorium. Derzeit ärztliche Leiterin des Wiener Psychoanalytischen Ambulatoriums, 2009–2012 Vorsitzende der WPV, 2014–2017 Leiterin des Lehrausschusses der WPV. Publikationen zu Theorie und Technik der Psychoanalyse. Mitherausgeberin von »Initiating Psychoanalysis: Perspectives« (Routledge, 2012).

Samy Teicher, Dipl.-Psych., Psychoanalytiker, Kinder und Jugendanalytiker (WPV/IPA), Gruppenanalytiker und Lehranalytiker (FS GPA im ÖAGG), Mitglied der ACP (Association for Child Psychoanalysis) und der SEPEA (Société Européenne pour la Psychanalyse de l'Enfant et de l'Adolescent). Mitglied der International Psychoanalytic Study Group on Antisemitism. Publikationen zur Geschichte der Psychoanalyse, zu den Folgen von Verfolgung und KZ-Haft, zu Kinderanalyse, Antisemitismus und Trauma. Zahlreiche Publikationen gemeinsam mit Elisabeth Brainin.

Wolfgang Till, DDr., Psychoanalytiker (WPV/IPA), Psychotherapeut (PA, POP, IGT), Klinischer Psychologe, Gesundheitspsychologe und Jurist, in freier Praxis tätig. Langjährige Mitarbeit im Wiener Kriseninterventionszentrum, 1999–2004 Psychotherapeutischer Leiter dieses Zentrums. Lehrtherapeut und Lehrsupervisor für Psychoanalytisch orientierte Psychotherapie (PoP) an der Wiener Psychoanalytischen Akademie und für Integrative Gestalttherapie im ÖAGG. Arbeitsschwerpunkte: psychoanalytische Psychotherapie, Krisenintervention (insbesondere eine psychoanalytische Sicht von Krisenintervention), Suizidalität, Trauma, Homosexualität. Lehr- und Publikationstätigkeit zu diesen Themen.

Der Frankfurter Verlag für Psychoanalyse

Sigmund-Freud-Vorlesungen Wien

Victor Blüml / Sabine Schlüter (Hrsg.)

Der Nabel des Traums
träumen – denken – phantasieren

Sigmund-Freud-Vorlesungen 2022

In der Traumdeutung prägte Freud das Bild vom »Nabel des Traums« als jene Stelle, wo der Traum dem Unerkannten aufsitzt. Genau an dieser Stelle, wo das Bekannte das Unbekannte berührt, wollen die Sigmund-Freud-Vorlesungen 2022 die Frage nach dem Traum und dem Träumen wiederaufnehmen und einen Überblick über den gegenwärtigen Stand der psychoanalytischen Traumforschung geben.

256 S., Pb. Großoktav, € 29,90, ISBN 978-3-95558-343-9

Sabine Schlüter / Victor Blüml (Hrsg.)

Fuck you – Zur Psychoanalyse von Aggression, Destruktivität und Gewalt

Sigmund-Freud-Vorlesungen 2021

Die Sigmund-Freud-Vorlesungen 2021 erkunden, wie Aggression, Zerstörung und Gewalt aus psychoanalytischer Sicht zu verstehen sind. Dabei werden Fragen der metapsychologischen Verortung ebenso gestellt wie Fragen danach, welche Rolle die Aggression in der individuellen Entwicklung, in der therapeutischen Klinik, in Kunst, Kultur und Gesellschaft spielt.

236 S., Pb. Großoktav, € 29,90, ISBN 978-3-95558-322-4

Victor Blüml / Sabine Schlüter (Hrsg.)

Me, myself and I – psychoanalytische Perspektiven zum Narzissmus

Sigmund-Freud-Vorlesungen 2020

Die Frage nach dem primären Narzissmus wird im Lichte der modernen Säuglingsforschung kontrovers diskutiert. Wie ist es ferner um das Verhältnis von Narzissmus und Geschlechtlichkeit bestellt? Schließlich stellt sich die Frage nach der Fruchtbarkeit des Begriffs im außerklinischen Kontext für die Analyse gesellschaftlicher Prozesse

216 S., Pb. Großoktav, € 29,90, ISBN 978-3-95558-298-2

Ulrike Kadi / Sabine Schlüter / Elisabeth Skale (Hrsg.)

Psychoanalyse – nicht ohne meinen Körper

Sigmund-Freud-Vorlesungen 2019

Der Körper ist ein Ort der Manifestation von Lust wie von Schmerz. Und er ist ein soziales Organ. Im Ausgang von der infantilen Sexualität haben sich Zonen von Lust und Unlust auf dem Körper gebildet. Schon früh fungiert er als narzisstischer Bezugspunkt. Seine phantasmatische Anatomie betrifft das Geschlecht eines Subjekts und dessen sexuelle Präferenzen. Für die Psychoanalyse ist der Körper nicht mehr und nicht weniger als eine nicht selten symptomtragende Facette des psychischen Apparats, die in enger Weise mit dem Ich verbunden ist.

244 S., Pb. Großoktav, € 29,90, ISBN 978-3-95558-291-3

Der Frankfurter Verlag für Psychoanalyse

Sigmund-Freud-Vorlesungen Wien

Victor Blüml / Sabine Schlüter (Hrsg.)

Wahnsinn! Zur Psychoanalyse der Psychosen

Sigmund-Freud-Vorlesungen 2023

Die im Buch versammelten Beiträge geben einen Überblick über den aktuellen Stand der psychoanalytischen Auseinandersetzung mit psychotischen Störungen aus theoretischer und klinischer Perspektive. Aufbauend auf den Freud'schen Grundlagen werden von den AutorInnen vor allem britische (Klein, Rosenfeld, Segal, Bion) und französische (Lacan, Green, Kristeva, Aulagnier) Ansätze zum Verständnis der Psychosen fruchtbar gemacht.

Nicht zuletzt widmen sich mehrere Beiträge dem komplexen Verhältnis von Psychose und künstlerischem Schaffensprozess.

Mit Beiträgen von Georg Augusta, Sebastian Baryli, Simon Delacher, Gertraud Diem-Wille, Michael Ertl, Martina Ferrari, Stephan Fock, Rainer Gross, Wolfgang Groysbeck, Sándor Ivády, Uta Karacaoğlan, Tjark Kunstreich, Greta Lippauer, Katrin Mackowski, Thomas Müller, Ute Müller-Spiess, Franz Oberlehner, Gerald Pail, Hemma Rössler-Schülein, Marianne Scheinost-Reimann, Johanna Wagner-Fürst

244 S., Pb. Großoktav, € 29,90, ISBN 978-3-95558-370-5

Unseren Psychoanalysekatalog erhalten Sie kostenlos:
Brandes & Apsel Verlag • Scheidswaldstr. 22 • 60385 Frankfurt am Main
info@brandes-apsel.de • www.brandes-apsel.de

Der Frankfurter Verlag für Psychoanalyse

Sigmund-Freud-Vorlesungen Wien

Victor Blüml / Sabine Schlüter (Hrsg.)

Der Nabel des Traums
träumen – denken – phantasieren

Sigmund-Freud-Vorlesungen 2022

In der Traumdeutung prägte Freud das Bild vom »Nabel des Traums« als jene Stelle, wo der Traum dem Unerkannten aufsitzt. Genau an dieser Stelle, wo das Bekannte das Unbekannte berührt, wollen die Sigmund-Freud-Vorlesungen 2022 die Frage nach dem Traum und dem Träumen wiederaufnehmen und einen Überblick über den gegenwärtigen Stand der psychoanalytischen Traumforschung geben.

256 S., Pb. Großoktav, € 29,90, ISBN 978-3-95558-343-9

Sabine Schlüter / Victor Blüml (Hrsg.)

Fuck you – Zur Psychoanalyse von Aggression, Destruktivität und Gewalt

Sigmund-Freud-Vorlesungen 2021

Die Sigmund-Freud-Vorlesungen 2021 erkunden, wie Aggression, Zerstörung und Gewalt aus psychoanalytischer Sicht zu verstehen sind. Dabei werden Fragen der metapsychologischen Verortung ebenso gestellt wie Fragen danach, welche Rolle die Aggression in der individuellen Entwicklung, in der therapeutischen Klinik, in Kunst, Kultur und Gesellschaft spielt.

236 S., Pb. Großoktav, € 29,90, ISBN 978-3-95558-322-4

Victor Blüml / Sabine Schlüter (Hrsg.)

Me, myself and I – psychoanalytische Perspektiven zum Narzissmus

Sigmund-Freud-Vorlesungen 2020

Die Frage nach dem primären Narzissmus wird im Lichte der modernen Säuglingsforschung kontrovers diskutiert. Wie ist es ferner um das Verhältnis von Narzissmus und Geschlechtlichkeit bestellt? Schließlich stellt sich die Frage nach der Fruchtbarkeit des Begriffs im außerklinischen Kontext für die Analyse gesellschaftlicher Prozesse

216 S., Pb. Großoktav, € 29,90, ISBN 978-3-95558-298-2

Ulrike Kadi / Sabine Schlüter / Elisabeth Skale (Hrsg.)

Psychoanalyse – nicht ohne meinen Körper

Sigmund-Freud-Vorlesungen 2019

Der Körper ist ein Ort der Manifestation von Lust wie von Schmerz. Und er ist ein soziales Organ. Im Ausgang von der infantilen Sexualität haben sich Zonen von Lust und Unlust auf dem Körper gebildet. Schon früh fungiert er als narzisstischer Bezugspunkt. Seine phantasmatische Anatomie betrifft das Geschlecht eines Subjekts und dessen sexuelle Präferenzen. Für die Psychoanalyse ist der Körper nicht mehr und nicht weniger als eine nicht selten symptomtragende Facette des psychischen Apparats, die in enger Weise mit dem Ich verbunden ist.

244 S., Pb. Großoktav, € 29,90, ISBN 978-3-95558-291-3

Der Frankfurter Verlag
für Psychoanalyse

Sigmund-Freud-Vorlesungen Wien

Victor Blüml / Sabine Schlüter (Hrsg.)

Wahnsinn!
Zur Psychoanalyse
der Psychosen

Sigmund-Freud-Vorlesungen 2023

Die im Buch versammelten Beiträge geben einen Überblick über den aktuellen Stand der psychoanalytischen Auseinandersetzung mit psychotischen Störungen aus theoretischer und klinischer Perspektive. Aufbauend auf den Freud'schen Grundlagen werden von den AutorInnen vor allem britische (Klein, Rosenfeld, Segal, Bion) und französische (Lacan, Green, Kristeva, Aulagnier) Ansätze zum Verständnis der Psychosen fruchtbar gemacht.

Nicht zuletzt widmen sich mehrere Beiträge dem komplexen Verhältnis von Psychose und künstlerischem Schaffensprozess.

Mit Beiträgen von Georg Augusta, Sebastian Baryli, Simon Delacher, Gertraud Diem-Wille, Michael Ertl, Martina Ferrari, Stephan Fock, Rainer Gross, Wolfgang Groysbeck, Sándor Ivády, Uta Karacaoğlan, Tjark Kunstreich, Greta Lippauer, Katrin Mackowski, Thomas Müller, Ute Müller-Spiess, Franz Oberlehner, Gerald Pail, Hemma Rössler-Schülein, Marianne Scheinost-Reimann, Johanna Wagner-Fürst

244 S., Pb. Großoktav, € 29,90,
ISBN 978-3-95558-370-5

Unseren Psychoanalysekatalog erhalten Sie kostenlos:
Brandes & Apsel Verlag • Scheidswaldstr. 22 • 60385 Frankfurt am Main
info@brandes-apsel.de • www.brandes-apsel.de